Latin-Edition.de

Samuel M. Gardenhire

PAULUS
Lux Crucis

Geschichten aus der Zeit des großen Apostels

1. Auflage
Umschlagsgestaltung: Matthias Schwarze
Zeichnungen: R. Stache
Übersetzung: Matthias Schwarze
Erscheinungsjahr der Originalausgabe: 1905

Verlag & Druck: tredition GmbH, Halenreie 40-44, 22359 Hamburg

ISBN

Paperback	978-3-347-33496-0
Hardcover	978-3-347-33497-7
e-Book	978-3-347-33498-4

Cäsarea

Die Stadt Cäsarea erwachte zu neuem Leben.

In dem am meisten bevölkerten, nordwestlichen Stadtteil tauchten da und dort durch die Öffnungen auf den flachen Dächern der niederen Häuser schon ab und zu einzelne menschliche Gestalten auf, die ihre Teppiche oder Schafsfelle auf dem Steinboden ausbreiteten und dann zu stillem Gebet niederknieten. Die Sonne war über der Hügelreihe im Nordosten aufgegangen und übergoss die benachbarten Höhen mit zartem rot; ihre Strahlen vergoldeten die Giebel des römischen Theaters und die Säulen der neuen Arena hinter der Kaserne der römischen Soldaten. Ein Teil der Wüste, ein schmaler Ausläufer der unfruchtbaren Einöde Arabiens, lag als eine weiße Sandmatte in dem erwachenden Lichte weit draußen im Osten, während im Westen still und friedlich im Glanze der hellen Morgensonne das Meer dalag, auf dessen grüner Tiefe sich die im Hafen liegenden stolzen römischen Galeeren widerspiegelten.

Das hervorragendste und vornehmste Gebäude der ganzen Gegend war ein prächtiger Palast mit herrlicher Aussicht auf das Meer, in dessen großem, offenen Vorhof eine von dem römischen Adler gekrönte Marmorsäule stand. Südlich von dem Palaste lag ein langgestrecktes niedriges Haus, das durch eine mäßig hohe Mauer von der engen Straße abgeschlossen war. Von der Rückseite dieses Hauses führte eine steinerne Galerie zu einem stattlichen Kuppelbau, dem Gerichtshof, von dem aus die römischen Behörden ganz Palästina beherrschten. Die Mauern und Säulengänge dieses niederen Hauses waren üppig mit Reben bewachsen, deren Blätter und Ranken sogar bis zu den Korridoren hineingingen, der sich an der Längsseite des Gebäudes hinzog und dessen kahle Backsteinwand von einer größeren Anzahl dunkler, festverschlossener, mit vergitterten Öffnungen versehener Türen unterbrochen wurde. Jetzt herrschte in diesem Hause noch das tiefe Schweigen der Nacht, keine Spur von Leben ließ sich darin vernehmen.

Der frische, von dem Meer her wehende Morgenwind spielte mit dem Laubwerk an dem Säulengang. Sogar bis in die düsteren Zellen hinter dem Korridor drang dieser Hauch des erwachenden Tages und er wurde mit großer Freude von einem an der Öffnung in seiner Türe stehenden Gefangenen begrüßt. In dem Dunkel, das noch im Inneren des Hauses herrschte, konnte man zwar die Gestalt des Mannes nicht genau erkennen, aber sein Gesicht war deutlich sichtbar und die um die eisernen Stäbe gelegten Finger waren weiß und schön geformt.

Der Mann hatte ein äußerst angenehmes Gesicht; die kühn blickenden Augen und die festen, kräftigen Züge drückten Mut und Entschlossenheit aus und machten durchaus nicht den Eindruck, als sei ihr Besitzer durch die über ihn verhängte Haft bedrückt oder eingeschüchtert. Ein heiterer, aber in seiner Weise spöttischer Zug spielte um seine Lippen und deutet auf frische, übersprudelnde Lebenskraft. Der Gefangene betrachtete mit gespannter Aufmerksamkeit einen unbestimmten dunklen Schatten neben einer der Säulen des Korridors, der, als es heller wurde, allmählich immer festere Umrisse annahm; jetzt konnte der Beobachter die Gestalt eines knienden, in andächtiges Gebet versunkenen Mannes erkennen, dessen tiefgesenktes Haupt halb auf seinem Arm ruht, mit dem er sich an die Säule anlehnte. Aber so wenig sich der Betende der nachdenklichen Blicke bewusst war, die ihn von der Türöffnung aus beobachteten, ebenso wenig hörte er den immer lauter werdenden Straßenlärm, noch das zunehmende Getriebe in dem anstoßenden Gebäude. Ganz versunken in sein Gebet, war er der Welt um sich her völlig entrückt.

Durch die Fensterbogen fiel allmählich immer helleres Licht; das laute Wagengerassel auf der Straße weckte endlich den Gefangenen aus seinem Nachdenken auf und auch die Ruhe und Andacht des Betenden wurde schließlich dadurch gestört. Langsam erhob sich der Mann von den Knien, trat an das Fenster und blickte sinnend hinaus.

„Holla, guter Jude“, rief der Gefangene aus seiner Zelle heraus. „Die ganze letzte Stunde hast du im Elysium verbracht und solltest dort gelernt haben, Barmherzigkeit zu üben. Luft und Licht sind hier zu kostbar, um ausgeschlossen zu werden; aber deine Gestalt wehrt der herrlichen Morgenluft den Eingang. Und noch eins – ich bin durstig. Könntest du mir nicht einen Trunk frischen Wassers verschaffen?“

Ohne ein Zeichen der Überraschung oder der Bestürzung wandte sich der Jude langsam vom Fenster weg. Er war klein, aber gut und stark

gebaut und die Muskeln seines Nackens traten kräftig hervor. Den kahlen Kopf trug er frei und aufrecht; durch den dichten Vollbart war die Gesichtsform nicht deutlich zu erkennen; aber die scharfgeschnittene Adlernase gab dem Antlitz Charakter; die Augen leuchteten wie Sterne und in dem ganzen Wesen des Mannes lag ein Ausdruck unerschütterlicher Entschlossenheit. Zuerst betrachtete der Jude den Sprecher mit dem ruhigen Blick eines Mannes, der gewöhnt ist, seinen Gegner immer erst gelassen abzuschätzen; dann aber zeigte sich auf seinem ernsten Angesicht ein freundliches Lächeln.

„Einen Liebesdienst fordert niemand vergeblich von mir und ganz gewiss möchte ich dir nichts vorenthalten, am allerwenigsten das Himmelslicht und die Himmelsluft. Deine Aussprache lautet angenehm und ruft mir liebe und traute Erinnerungen ins Gedächtnis zurück. Wie nennt man dich?“

„Nicht so, wie ich es verdiene, mein lieber Jude, und zwar infolge des menschlichen Unverstandes. Sonst hätte der Kaiser allen Grund, mich zu beneiden.“

„Ich habe dich nach deinem Namen gefragt“, sagte der Mann im Korridor und sein Gesicht wurde immer freundlicher.

„Du hast mich indirekt danach gefragt und ich habe dir mit meiner Andeutung von meinen Vorzügen geantwortet. Aber mein Name tut nichts zur Sache. Solltest du bei meinem Verhör im Gerichtssaal anwesend sein, so würdest du hören, wie der Statthalter mir allerlei Namen beilegt. Die ich aber durchaus nicht verdiene. Doch will ich mich“, fuhr er trocken fort, „nicht über das Los des Tugendhaften beklagen, dessen Schicksal ja stets ist, verkannt zu werden.“

Der Jude erwiderte nichts. Ruhig ging er den Korridor entlang und kam bald mit einem Krug Wasser zurück, den er dem Gefangenen durch die Öffnung in seiner Zelle darreichte, der ihn sogleich begierig an den Mund setzte.

„Der Segen der Götter sei mit dir“, rief er herzlich aus, als sein Durst endlich gelöscht war. „Lass den Krug lieber gleich da. Hier neben mir liegt mein Gefährte, steif wie ein Holzklotz, in tiefem Schlaf; wenn er aufwacht, möchte er gewiss auch einen Schluck nehmen. Hörst du ihn nicht schnarchen?“

„Ich höre ihn“, erwiderte der andere ruhig.

„Sein Schnarchen hört sich gerade an, wie wenn der Wind durch die baltischen Wälder braust, die die Heimat dieses Schläfers sind. Trotz des ihm drohenden Strafgerichtes eurer Obrigkeit schläft er jetzt hier ebenso ruhig wie einst in seiner heimatlichen Höhle. Ich werde ihn nur mit Mühe im Zaum halten können, wenn man uns zum Verhör führt. Wie ich gehört habe, soll heute Gericht gehalten werden.“

„Was hast du getan?“, fragte der Jude.

Der Gefangene seufzte – es war aber kein schwerer, vom Kummer ausgepresster Seufzer, nein, viel eher ein fröhliches Aufatmen; aber in die Augen des Mannes trat dabei ein sonderbarer, zweifelnder Blick. Fast schien es, als sei er jetzt, da er an sein Vergehen erinnert wurde, selbst höchst erstaunt über sein eigenes Betragen.

„Etwas recht törichtes“, antwortete der Gefangene. „Der Sand eurer Wüste hatte mich ausgetrocknet und die Erinnerung an ein schöneres Land hatte mich durstig gemacht. Da ich nicht recht wusste, wie die Zeit totzuschlagen, ging ich auf den Marktplatz und kaufte mir einen Krug roten Weines. Die Tochter des Kerls, der den Wein feilbot, war hübsch und wir Römer sind nicht gewöhnt dein Volk zu achten. Auf das meinem keuschen Gruß folgende Geschrei stürzten die Soldaten herbei. Ich und mein Diener hätten sie wohl zurückschlagen und ihnen entgehen können, aber einige arabische Reiter ritten uns über den Haufen. Wären wir nicht so unvermutet festgenommen und dadurch abgehalten worden, Gebrauch von unseren Waffen zu machen, so hätte ich nicht sechs höchst langweilige Tage hier zubringen müssen mit der angenehmen Aussicht, in meinem Richter einen Feind wiederzutreffen. Wenn ich nur mit meinem Diener draußen wäre, in Zeit von einer Stunde wollte ich an Bord der Galeeren sein. Vor zwei Tagen hörte ich von dem glücklichen Einlaufen der Schiffe.“

„Du hast einen Diener?“, fragte der Mann draußen im Gang nachdenklich. „Da du also den höheren Ständen angehörst, brauchst du doch das Urteil nicht zu fürchten: als Römer wirst du natürlich freigesprochen werden. Mich wundert nur, dass du überhaupt hier bist.“

„Du magst recht haben“, sagte der Römer lachend, „aber du darfst nicht vergessen, dass ich mich gar nicht um meine Freilassung bemüht habe. Felir hat guten Grund, sich meiner zu erinnern; glaube mir nur, es wird seine Laune nicht verbessern, wenn ich vor ihn gebracht werde.“

„Felir ist nicht mehr hier“, sagte der Jude. „Der Römer Festus ist jetzt Landpfleger. Er kam auf den Galeeren an und sitzt heute zum ersten Male zu Gericht. Felir ist schon abgesegelt.“

„Portius Festus!“, rief der Gefangene frohlockend. „Bei den Göttern, das ist gute Botschaft! Wie heißt du, mein Freund? Meinen eigenen Namen darf ich nicht ohne weiteres nennen, obgleich Felir dort ist, aber wenn ich in die Kaiserstadt zurückkehre, will ich den deinen auf dem Altar niederlegen.“

„Mein Name liegt schon auf dem Altar, Römer“, sagte der Jude ruhig, „und täglich flehe ich Gott an, ihn für immer dort zu lassen. Ich heiße Paulus.“

„Bist du Soldat? Du verhälst dich wie ein solcher.“

„Ich bin Soldat gewesen.“

„Unter Agrippa?“

„Unter dem Kaiser.“

„Freund“, sagte der Gefangene mit ernstem Lächeln, „wenn du dich so hinstellen kannst, dass meine Arme dich erreichen können, möchte ich dich als meinen Bruder umarmen. Du warst Offizier, dessen bin ich sicher. Was hast du getan, dass du jetzt ein jüdischer Kerkermeister bist?“

„Ich bin nicht der Kerkermeister. Wie du, bin auch ich ein Gefangener und warte hier seit zwei Jahren auf mein Urteil. Wenn ich überhaupt irgendeinen Menschen meinen Feind heißen möchte, müsste ich wohl zuerst Felir als solchen bezeichnen. Ich bin ein Jude, aber in Tarfus als römischer Bürger geboren.“

„Tarfus, den Ort kenne ich; geboren kann man allenfalls dort werden, aber nur in Rom wird man ein wahrer und echter Römer, mein guter Paulus. Ach, wäre ich nur jetzt dort! Zwei Jahre, sagst du, hier in dieser Stadt und immer noch gefangen! Diese Behandlung eines römischen Bürgers ist unerhört, wenn nicht das begangene Verbrechen sie rechtfertigt und bei dir bezweifle ich das! Wessen beschuldigt man dich?“

„Meine Schuld besteht darin, die Wahrheit gesprochen zu haben, was aber sicherlich kein Vergehen gegen das römische Gesetz ist.“

„Es ist aber doch ein Vergehen“, antwortete der Gefangene herbe. „Nun wundere ich mich nicht mehr über deine Gefangenschaft, sondern darüber, dass du überhaupt noch lebst. Versuche es einmal, am Hofe des Kaisers offen die Wahrheit zu sagen und dann sieh zu, was dir geschieht.“

„Hast du je den Namen Jesus nennen hören?“

„Gewiss, oftmals. An der Südküste ist er sehr gebräuchlich. Was soll die Frage?“

„Viel. Ich sehe, dass du ihn nicht kennst, den Jesus, der unser Herr ist – Christus, den Sohn Gottes.“

Das ganze Wesen des Juden machte einen tiefen Eindruck auf den Römer. Verwirrt schaute er durch die Fensteröffnung seiner Zelle; er sah aus, als gäbe er sich Mühe, den Sinn der bedeutsamen Worte des Sprechers zu verstehen.

„Welches Gottes?“, fragte er schließlich.

„Es gibt nur einen Gott – den Gott, der Herr über alles ist!“

„Guter Paulus“, sagte der Römer, indem er seine Arme auf den Rand der Öffnung der Tür lehnte und beim Hinausgehen sein Kinn auf den Armen ruhen ließ. „Sowohl an Alter als an Weisheit bist du mir überlegen, denn deine Augen, wenn sie durch das Dunkel in dieser Zelle dringen könnten, würden kein einziges graues Haar auf meinem Kopf entdecken. Aber als Soldat des Kaisers bin ich weit in der Welt herumgekommen. Auf jedem Berg wohnen ja Götter und ich habe nur ganz wenige Länder gesehen, wo nicht mehr als ein einziger verehrt wurde. Allein in Mazedonien, das weißt du doch selbst, wohnen auf dem Gipfel des Berges Olympus sechzig Götter und Göttinnen; und wie viele noch in den Tälern sind, weiß ich nicht einmal.“

„Still!“, sagte Paulus streng mit erhobener Hand. „Wie heißt du, unehrerbietiger Jüngling? Du hast ein gutes Antlitz und, wie ich vermute, auch einen guten Namen. Sage mir diesen, damit ich deiner in meinen Gebeten gedenken und für dich den wahren Glauben erflehen kann, der dich zum ewigen Leben führen wird.“

„Mein Name ist Fabian. Aber was für Rätsel sind das?“, rief der Gefangene trotzig, mit verdüsterter Miene. „Ich schwöre es dir, all diese neuen Glaubenslehren machen mich ungeduldig; würde ich sie alle beachten, wäre ich bald arm. Hier steht ein Tempel, dort ein anderer, hier ist ein bettelnder Zeus, dort eine hungrige Isis; es ist nur ein Wunder, dass dem Volk noch etwas zu essen übrigbleibt. Verzeih mir, guter Paulus, aber ich habe alles Recht, ärgerlich zu sein. Erst beim letzten Wettrennen im Zirkus opferte ich einem neuen Gott; aber der verlogene ägyptische Priester betrog mich und ließ mich die Wette verlieren.“

Der Ausdruck auf dem Gesicht des Paulus blieb so ernst wie zuvor.

„Darum solltest du an einem Gott glauben, dessen Diener keine lügnerischen Priester sind. Ein Gott, der dem Menschen nur in diesem Leben hilft, kann ihm wenig nützen. Du hast ein frisches Gesicht, aber es wird erbleichen, eine kräftige Gestalt, aber sie wird vergehen. Dein

Leib kann eine Beute der wilden Tiere werden, aber deine Seele gehört dem Herrn!"

„Meinen Leib will ich lieber einer Göttin als einem Gott weihen und *Seele* ist ein syrisches Wort, das für mich gar keinen Sinn hat. Aber *ewiges Leben*, ja dieses Wort hat einen angenehmen Klang."

Der Jude lachte leise und seine Augen leuchteten. „Ewiges Leben! Wie das die Sehnsucht im Menschen erregt! Der Tod folgt den römischen Legionen; der Tod hat die Wüste mit Gebeinen besät; der Tod wartet auf jedes Menschenkind; und das Leben – ein Nichts, ein leerer Schein im Sonnenlicht! Der einzige wahre Gott ist der, der alle Dinge geschaffen hat und sie erhält, er, der im gerechten Zorn über die Welt und ihre Verderbtheit unserer Seele – das in uns, was hofft und liebt – zur Hölle verdammt hätte. Aber sein Sohn hatte um unser zukünftigen Verdammnis willen Mitleid mit uns, er kam auf die Erde, als Jesus Christus wurde er in diese Welt geboren, er lebte und litt unter uns und ließ sich schließlich, um seines Vaters Zorn zu stillen, als Opfer ans Kreuz heften, damit wir das ewige Leben haben möchten. Niemand hat größere Liebe denn die, dass er sein Leben lässt für seine Freunde."

Der Gefangen hatte schweigend diesen Worten gelauscht. Ein Etwas in dem Wesen des Sprechenden ging ihm zu Herzen.

„Mit Freuden höre ich dich noch länger sprechen", sagte er jetzt, „mag es auch über einen neuen Glauben sein und mich Geld kosten. In deiner Rede ist ein Klang, der mir wohltuend in die Ohren fällt. Das ewige Leben – mir ist, als hätte ich diese Worte schon aus Myrrhas Munde gehört."

„Myrrha", murmelte der Jude. Er senkte den Kopf auf die Brust und sprach mit ernster, weicher Stimme: „Das ist mir ein sehr lieber Name."

„Und mir auch, mein guter Paulus", sagte der Gefangene mit freudig blitzenden Augen. „Heißt vielleicht deine Frau so?"

Der sanfte Ausdruck in dem Gesicht des Juden verschwand und gab einem düsteren, ernsten, sogar schmerzlichen Aussehen Raum.

„Nein", sagte er. „Myrrha war meine geliebte Schwester, die mit allen meinen schönsten Jugenderinnerungen aufs Innigste verwoben ist. Ich bin selbst römischer Soldat gewesen; aber ich habe den Kaisern und ihren Heeren viel zu verzeihen. Myrrha folgte ihrem Mann nach Sizilien; sie hatte zwei Kinder, die kleine Myrrha und einen Knaben; und sie alle habe ich verloren! Obgleich ich weit herumgezogen bin und vielen hunderten von Menschen gepredigt habe, ließ mich doch Gott nirgends auch nur eine Spur der Meinigen wiederfinden."

„Verloren!", rief der Gefangene. „Da ich selbst Krieger bin, kann ich mir den Sinn deiner Worte denken. Gewiss sind dir die Deinen durch den Krieg entrissen worden?"

„Durch den Krieg, ja", antwortete der Jude mit einem schweren Seufzer. „aber in Rom habe ich noch nicht gesucht – doch genug davon. Es ist eine lange Geschichte und hat kein Interesse für dich. Zur rechten Zeit wird Gott gewiss alles wohl machen."

Paulus trat zurück und der römische Gefangene wandte sich zu seinem schlafenden Gefährten, um ihn aufzuwecken.

„He, Volgus, wach auf! Die Kerkermeister bringen unser Essen."

Am Ende des Korridors wurde eine Türe aufgerissen; unter Waffengeklirr nahte sich jetzt die nicht aus römischen, sondern aus eingeborenen Soldaten bestehende Gefängniswache. Voraus schritten zwei Sklaven; sie trugen große Platten, auf denen Brotlaibe aufgehäuft lagen und verteilten diese im Vorbeigehen in die verschiedenen Zellen.

Der Anführer der Wache hielt vor dem am Fenster stehenden Juden an.

„Sei gegrüßt, Paulus", sagte er, indem er seinen Speer auf den Boden stellte und sich bequem an die Wand lehnte. „Nun brauchst du nicht mehr lange im Zweifel über dein Schicksal zu bleiben. Der neue Landpfleger ist hier und bald wirst du vor ihn gerufen werden."

„Vor den Römer!"

„Vor seinen Richterstuhl. Herodes Agrippa ist gegenwärtig auch in Cäsarea, um seine Schwester Berenike und den Landpfleger zu begrüßen. Berenike ist mit Festus von Rom hierhergereist."

Der Jude hatte sehr aufmerksam zugehört. Sein entschlossener Charakter zeigte sich in seinem festen Blick.

„Und der Hohepriester – der Sprecher?"

„Tertullus?"

„Ja."

„Sind alle hier. Auch haben sie einen gegen dich erregten Volkshaufen und Dutzende von Zeugen mitgebracht. Wenn ihnen daran liegt, können sie dich des Hochverrats überführen. Du sollst nach der heiligen Stadt zurückgeführt werden und auf Golgatha, wo sie deinen Herrn gekreuzigt haben, wollen sie auch dich kreuzigen. Aber die Nägel, mit denen sie dich an das Holz heften, sollen zuvor weißglühend gemacht werden und der Hohepriester Ananias hat sogar damit geprahlt, er wolle dir einen langen dünnen Stift durch den Bauch stoßen lassen."

Ein Ausdruck der Verachtung flog über das edle Gesicht des Juden. Unerschrocken hielt er den forschenden Blick des Kerkermeisters aus.

„Ich bin bereit", sagte er ruhig. „Es ist mein heißestes Gebet, dass ich möchte, würdig befunden werden, in die Fußstapfen meines Herrn zu treten."

Der Wächter lachte roh.

„Auch auf dem Todesweg?", fragte er.

„Auch auf dem Todesweg."

„Wir dürfen zwar kein Wort gegen die Priester sagen", rief der Soldat freundlicher. „aber den Ananias kann ich nicht leiden. Ich wünsche dir von Herzen alles Gute."

„He, Kerkermeister", rief jetzt der Römer aus seiner Zelle. „Hast du auch einen Namen?"

„Ja, und einen sehr schönen. Ich heiße Samuel und bin aus dem Stamme…"

„Deine Abkunft", unterbrach ihn der Gefangene schnell, „deine Abkunft will ich dir verzeihen, denn für die bist du eigentlich nicht verantwortlich und deinen Namen mögen dir die Götter deinen Eltern vergeben. Werde auch ich heute vor Gericht gestellt?"

Der Soldat steckte die Spitze seines Speers durch die Öffnung in der Türe und stieß mit seiner Waffe ganz erbost in das Dunkel der Zelle.

„Beim Barte Abrahams, das wirst du und der dicke Tölpel ebenfalls. Solltest du aber nach deiner Verurteilung in meine Hände fallen, dann wirst du mir noch mehr als nur meinen Stamm zugutehalten müssen."

„Halt ein, du Sohn meines Volkes", sagte Paulus. „Bittet für die, die euch beleidigen, sagt mein Herr und Meister."

Ehe der jüdische Soldat Zeit zu einer Antwort hatte, erschollen draußen Trompetenstöße. Ihr Widerhall erklang in dem Korridor des Gefängnisses und augenblicklich ordnete der Anführer seine Mannschaft.

„Ich werde in den Gerichtshof gerufen“, sagte er zu Paulus, „doch du hast noch Zeit, dein Frühstück zu essen und dich auf dein Erscheinen vor dem Richterstuhl des Landpflegers vorzubereiten. Beeil dich aber.“

Er gab seinen Leuten ein Zeichen mit dem Speer und führte sie den Korridor entlang und durch einen Torbogen auf den Platz, der das Gefängnis von dem stattlichen Kuppelbau trennte. Schweigend sah der Jude der Schar nach, die in Reih und Glied über den Hof schritt und langsam durch den Eingang zog, der zu der Rotunde des Gerichtshofes führte.

Die Berufung auf den Kaiser

Zwei Stunden waren vergangen und die Sonne stand jetzt hoch am Himmel. Vor den Portalen des Gerichtshofes wurde das Getriebe immer lebhafter und als die Offiziere aus den umliegenden Kasernen und reiche Bürger in ihren kostbaren Heftgewändern angefahren kamen, entstand ein großes Wagengedränge. Vor dem Palast waren Soldaten aufgestellt, die die Menge in respektvoller Entfernung hielten. Heute war Festtag in Cäsarea und die Kaufleute hatten ihre Läden geschlossen, um dem bevorstehenden Schauspiel beiwohnen zu können. Der König mit seinem Hofstaat war aus Jerusalem eingetroffen, ebenso der Hohepriester und sein Gefolge; sie waren gekommen, die langjährigen, unversöhnlichen Feinde des von jüdischem Glauben angefallenen Gefangenen, des Predigers einer neuen Lehre, die ebenso viele Beleidigungen gegen die Religion der Juden enthielt als Vorwürfe gegen die in den Tempeln Griechenlands und Roms herrschenden Ausschweifungen. Heute sollte dieser Jude Paulus von dem erhabenen Konsul gerichtet werden, in dessen bewaffnete Hand die Macht und Gewalt des römischen Kaisers gelegt war. Eine ungeheure Menschenmenge erfüllte den großen freien Platz vor dem Gerichtsgebäude, denn arm und reich war zusammengeströmt, um diesen festlichen Aufzug zu bestaunen.

Jetzt ertönten von den Toren des Palastes her zwölf Trompetenstöße und ein Zug römischer Soldaten marschierte in strammer Haltung ernst und gemessen, die auf den freien Platz mündende, enge Straße herunter.

Der Anblick der Soldaten erweckte in den besiegten, friedlichen, ihre Heimat über alles liebenden Hebräern ein Gefühl ehrfurchtsvoller Scheu, die aber doch mit Bewunderung gepaart war: denn die auch in den entferntesten Provinzen stets aufrechterhaltende strenge Mannszucht des römischen Heeres verhinderte jede direkte Bedrückung der Einwohner und die Soldaten behandelten die Bevölkerung nicht unfreundlich. Wenn sie Ordnung hielten und Gehorsam leisteten, wurden die Besiegten zwar streng, aber doch nie grausam behandelt. Der römische Feldherr, bei Hof ein untertäniger Speichellecker, trat draußen als Machthaber auf und verwaltete sein Herrscheramt zwar mit Gerechtigkeit, doch auch mit großer Strenge. Im Ganzen vertrugen sich die Römer ganz gut mit den sanfteren Hebräern. Für die jüdischen Mädchen waren die prächtigen Gestalten der kaiserlichen Soldaten unwiderstehlich, deren freigiebige Gutmütigkeit und derber, aber schlagender Witz sie zu sehr beliebten Kunden bei den jüdischen Händlern machten. In ihren Freistunden verkehrten die Soldaten viel mit den Bewohnern der Stadt und vergeudeten die in fremden Ländern gemachte Beute so verschwenderisch, dass der Handel auf dem Marktplatz blühte.

In dem großen Gerichtsgebäude ging es sehr lebhaft zu. An den weit geöffneten Türen, die Luft und Licht ungehindert Eintritt gewährten, standen Schildwachen, auf jeder Seite je ein römischer Soldat mit einem jüdischen Lanzenträger als Gefährten. Unterbeamte hielten die Menge von der erhöhten Tribüne im Gerichtssaal ab, auf der ein purpurner Thronhimmel errichtet war, dessen Vorhänge durch schwere Schnüre mit silbernen Quasten zurückgehalten wurden. Drei mit einem weichen syrischen Teppich belegte Stufen führten zu einem breiten thronartigen Sitz empor. Im Hintergrund der Tribüne war der Eingang zu einem inneren Zimmer, in dem sich die Richter für ihr Erscheinen in der Gerichtshalle bereitmachten und an dieser wichtigen Türe war eine aus Römern und Juden bestehende Wache in militärischer Ordnung aufgestellt. Rom trug der Empfindlichkeit seiner unterworfenen Provinz Rechnung und gewährte deren Patriziern wenigstens noch den Schein der Herrschaft.

Mit dem Ausdruck gespannter Erwartung auf den erregten Gesichtern war in einer Ecke der großen Halle eine Anzahl von Priestern in ihrer Amtstracht versammelt. Um sie her stand das Gefolge, das ebenso aufgeregt war, wie die Gebieter; die Leute sprachen leise und hastig miteinander und strichen nervös über die gelockten, salbenduftenden Bärte, die lang auf die kostbaren Gewänder herabfielen. Mit wachsender Aufregung und Ungeduld wartete die Menge; in buntem Durcheinander standen Männer und Frauen und besprachen laut und mit lebhaftem Gebärdenspiel die kommende Gerichtsverhandlung.

Der Statthalter war noch nicht erschienen, aber der Befehl, die Gefangenen hereinzuführen, war einstweilen erteilt worden; jetzt ertönte in dem zum Gefängnis führenden Gang das Geräusch ihrer Schritte, das beim Näherkommen immer deutlicher wurde. Draußen erschollen die Rufe der Obsthändler durch die rötliche Morgenluft, während die kleinen Wasserträger sich in die Halle drängten und den erhitzten Zuschauern einen frischen Trunk feilboten.

Bei dem Eintritt der Gefangenen entstand eine plötzliche Stille in der Versammlung – aller Blicke hefteten sich fest und durchdringend auf die Angeklagten. Neugier, Hass, Erwartung, all das drückten diese Blicke aus, denn der Hauptverbrecher, der heute endlich abgeurteilt werden sollte, hatte ja seit langem gegen die Religion der Juden gefrevelt und trotz des Verbotes des hohen Rates die Lehren des Nazareners gepredigt – jenes Nazareners, den das Volk hasste und der vor den Augen von hunderten der hier Anwesenden, die jetzt auch einen Jünger verderben wollten, ans Kreuz geheftet worden war. Der Hohepriester von Jerusalem und die Schriftgelehrten aus dem Tempel traten als Ankläger auf. Zum zweiten Male wollten sie der heiligen Stadt das Schauspiel einer solchen Hinrichtung verschaffen, die, wenn auch vielleicht nicht ganz so aufregend, doch der blutdürstigen Menge nicht minder willkommen gewesen wäre; denn diese sehnte sich mit echt orientalischer Gier nach dem Nervenkitzel, den ihr die Todesqualen eines ans Kreuz genagelten blutenden Menschen verursachten. Derartige Schauspiele konnte man in Rom sehen; Athen rühmte sich eines Amphitheaters und hier in Cäsarea sollte der neue Zirkus binnen kurzem durch die Gladiatoren eingeweiht werden; aber an dieses vom ganzen Volk gehasste Schlachtopfer hatte Jerusalem ein Anrecht und der Hohe Rat war gekommen, dessen Blut zu fordern.

Auf die Stille folgte bald wieder leises Gemurmel, das zu lautem Schreien und Toben anschwoll, als die Gefangenen ihre Plätze einnahmen; aber vor den erhobenen Speeren der Ruhe gebietenden römischen Wachen verstummte der Lärm schnell. Nur drei Gefangene waren heute vorgeführt worden: Paulus, der Jude, an dem die Blicke gierig hingen, Fabian sowie sein Diener Volgus, der jetzt ganz demütig hinter seinem Herrn stand. Der Jude blickte unerschrocken auf die drohende Menge; stolz und aufrecht stand er da und unter dem zurückgeworfenen Mantel wurde sein sehniger nackter rechter Arm sichtbar; Schweißtropfen glänzten auf seiner Stirn, aber seine klaren Augen schauten ohne Furcht in die finsteren Gesichter.

Fabian, der Mitgefangene des Paulus, bot beim Tageslicht eine sehr anziehende Erscheinung. Er war groß und schlank gewachsen und von geschmeidiger Gestalt. Durch die kurze Hast hatte zwar sein Gesicht etwas von seiner frischen Farbe verloren, aber doch verriet jeder Zug darin den Krieger. Seine Haut glänzte noch von der morgendlichen Waschung und in seinem für das Erscheinen vor Gericht besonders geordneten Anzug war er ein Bild männlicher Schönheit, das den Frauen Ausrufe der Bewunderung entlockte. Für die neugierige Menge war aber die Person seines Dieners kaum weniger interessant. Dieser war von riesenhafter Länge, hatte eine niedrige Stirne und große, weit auseinanderliegende Augen; zwischen den dicken Lippen glänzten kerngesunde weiße Zähne hervor. Mit der Grazie eines Elefanten schob sich der Mann auf den ihm angewiesenen Platz, schlug die stämmigen Arme übereinander und sah sich ebenso frei und ungezwungen im Saale um wie sein Herr, wobei sein Gesicht einen Zug gutmütigen Erstaunens zeigte über die Lage, in der er und sein Gebieter sich befanden.

Während Fabian sich die versammelte Menge betrachtete, trat ein spöttisches Lächeln auf seine Lippen und er neigte sich leicht zu seinem Gefährten. Die ihm zunächst Stehenden bemerkten den verächtlichen Ausdruck in seinen Zügen und schüttelten die geballten Fäuste gegen ihn.

„Eine nette Bande!“, flüsterte der Römer Paulus hörbar zu. „Das ist wohl dein Freund, der Hohepriester dort, der dich mit einem so zärtlichen Blick betrachtet? Hätte ich nur mein Schwert und die Erlaubnis des Statthalters! Im Handumdrehen wollte ich durch einen Haufen Leichen Jerusalems Platz für einen neuen Hohen Rat schaffen!“

Das gutmütige Gesicht des Riesen verzog sich zu einem breiten Lachen, als er zu den Worten seines Herrn Beifall grunzte.

„Dazu hätte ich nicht einmal ein Schwert nötig“, murmelte er.

„Ein früherer Gladiator, Paulus“, sagte Fabian, mit einer Kopfbewegung auf seinen Untergebenen deutend. „Er ist ein Freigelassener aus meines Oheims Dienerschaft, den ich mit mir nahm, als ich einer unbedeutenden Angelegenheit wegen hierherreiste. Schon der Geruch all dieses Geschmeißes hier ist dem Riesen ein Gräuel. Lass dich nur durch diese Bande nicht in Furcht jagen, ich stehe stets zu dir."

„Und ich werde dir das nie vergessen", antwortete Paulus lächelnd. „Im Namen Christi, dessen Apostel und Diener ich bin, verspreche auch ich, stets dein Freund zu sein."

Jetzt ließ sich in der Versammlung wieder ein Gemurmel hören, denn hinter dem Thron wurde es lebendig und die Soldaten wichen zurück. Aus dem inneren Zimmer trat der römische Statthalter und hinter ihm schritt, in knechtischer, unterwürfiger Ehrerbietung das Haupt senkend, der jüdische König. Eine Frau von wunderbarer Schönheit folgte den beiden.

„Berenike, die Schwester des Königs", ging es flüsternd von Mund zu Mund, während sich die Lanzenspitzen zum Gruße senkten.

Ein silberner Reif hielt die schweren, dunklen Haarmassen der schönen Frau zurück und über ihrer weißen Stirne funkelte ein Diamantstern. Ihre wallenden, seidenen Gewänder entsprachen der neuesten, römischen Mode und wie sich die weichen Falten um den herrlichen Körper schmiegten, verrieten sie mehr, als sie verhüllten, die fehlerlosen Formen, die die ganze üppige Grazie einer orientalischen Tänzerin hatten. Obgleich Berenike eine jüdische Fürstin war, hatte sie doch längere Zeit in der Kaiserstadt gelebt und war erst vor wenigen Tagen mit dem Statthalter Festus auf den Galeeren nach Palästina zurückgekehrt.

Festus und seine Gäste nahmen ihre Sitze mit umständlicher Feierlichkeit ein, ohne auf die erhobenen Arme und den allgemeinen Willkommensgruß zu achten. Der römische Statthalter saß hochaufgerichtet mit der stolzen Haltung des Herrschers da, während Herodes Agrippa, nachdem er seine Purpurgewänder um seine mit Sandalen bekleideten Füße geordnet hatte, mit würdevoller Majestät über die Versammlung hinschaute. Berenikes Augen begegneten dem neugierigen Anstarren des Volkes mit dem ruhigen Blick einer an das Befehlen gewöhnten, vornehmen Frau. Diese drei von dem Schicksal so hoch über die anderen gestellten mächtigen Menschen achteten die Volksmassen nicht höher als eine Schar Hunde. Jetzt neigte sich Berenike zu dem zwischen ihr und ihrem Bruder sitzenden Statthalter und flüsterte ihm einige Worte zu. Sie machte ihn auf die Haltung des

Juden aufmerksam, der unverwandt zu ihnen herübersah. Plötzlich fiel ihr Auge auf den gefangenen Römer – und heiß stieg ihr das Blut in die Wangen.

„Was gibt es?", fragte der Statthalter, der die Überraschung auf ihrem Gesicht bemerkte.

Sie berührte seine Schulter und ihren Blicken folgend, erkannte Festus nun auch den Gefangenen.

„Fabian Amicius!", rief er aus. „Bist du es wirklich?"

Der Römer trat vor, während das Volk schweigend und ehrfürchtig zuhörte. Er verbeugte sich tief vor der Dame auf dem Thron, dann richtete er sich hoch auf und reichte dem Statthalter die Hand zum Gruße.

„Heil dir, mein Festus!", rief er. „Welche Freude, dich wiederzusehen!"

„Was soll das heißen?", rief der römische Statthalter und seine Augen schossen Blitze. „Ein römischer Tribun in jüdischer Gefangenschaft?"

„Mein Freund mit der Lanze", sagte Fabian und sah sich nach dem jüdischen Anführer der Wache um, der mit erschrockenem, tief erblasstem Gesicht bei der Türe stand. „Der Mann aus dem Stamme – doch ich wollte ihm ja seine Abkunft verzeihen und aus Barmherzigkeit will ich vergessen, dass er Samuel heißt."

Herodes Agrippa zog die Stirn in düstere Falten; zornig sah er um sich und der jüdische Offizier wich vor seinen drohenden Blicken scheu zurück.

„Mich trifft keine Schuld", sagte der König leide zu Festus. „Kein Wort wurde mir gemeldet und außerdem war Felir noch hier. Doch werde ich sofort Untersuchung einleiten."

„Ich werde selbst untersuchen und auch strafen", antwortete Festus mit zunehmender Wut. „Was bedeutet denn dieser Vorfall, edler Tribun?"

„Es ist ein Scherz", antwortete Fabian, „kaum wert, dich darüber zu ärgern. Ich kam in eigener Angelegenheit nach Judäa und Felir war mir niemals hold. Deshalb habe ich mich nicht an ihn gewendet, als ich gegen die jüdischen Gesetze verstieß. Die edle Berenike kann sich vielleicht den Grund denken."

„Ich werde mir nicht den Kopf darüber zerbrechen!“, gab Berenike lachend zurück; und mit vornehmer Gleichgültigkeit, ohne der horchenden Menge zu achten, fuhr sie fort: „Wer von Rom her deine Sorglosigkeit kennt, wundert sich über nichts mehr, was du auch tun magst. Uns genügt jedoch, dass wir dich hier finden.“

„Ich werde später Licht in die Sache bringen“, sagte jetzt der Statthalter. „Bleibe hier, mein Fabian, bis die Sitzung geschlossen ist und begleite uns dann in den Palast. Und Volgus!“, fuhr er lächelnd fort, „Wie würden seine alten Kameraden lachen, wenn sie ihn hier von jüdischen Kerkermeistern bewacht sehen könnten.“

Der Riese lachte grimmig; mit einem Blick der Verachtung auf seine bisherigen Hüter gehorchte er einem Wink seines Herrn und stellte sich neben die römischen Soldaten. Mit boshaftem Vergnügen ließ er seine Augen auf dem Gesicht des unglücklichen Samuel ruhen, der sich hinter einer Säule zu verbergen suchte.

„Lass mich ein gutes Wort für den Juden Paulus einlegen“, sagte jetzt Fabian zu dem Statthalter. „Er ist geborener römischer Bürger.“

Festus richtete seine Blicke auf die bewegungslos vor dem Throne stehende Gestalt, während Fabian auf die Tribüne stieg, sich über Berenike beugte und ihr einige Worte zuflüsterte. Mit einem bei ihr ganz ungewöhnlichen tiefen Erröten hörte ihm die Fürstin zu und ihre Bekannten am kaiserlichen Hof hätten mit großer Verwunderung das Rot auf ihren Wangen bemerkt. Als sie aber nun des Bruders Auge auf sich gerichtet sah, stieß sie den Sprecher lachend zur Seite.

„Das ist Paulus, ein Jude, hochedler Landpfleger“, rief jetzt, vortretend, der Hohepriester. „Er hat sich gegen die jüdischen Gesetze verfehlt und stand deshalb vor dem Richterstuhl des Felir, deines erhabenen Vorgängers. Der huldvolle Felir hat keinerlei Friedensstörungen in Judäa geduldet, das sich ja ganz auf das Einschreiten der kaiserlichen Macht verlassen muss. Dieser Paulus hat den Tempel entheiligt und Spaltung in den Schulen gepredigt; und da er nun lange genug in der Gefangenschaft des Felir gewesen ist, bitten wir jetzt dringend, ihn nach Jerusalem führen und dort nach jüdischem Gesetz aburteilen zu dürfen.“

„Eine schöne Aussicht auf ein unparteiisches Urteil!“, bemerkte Fabian, als er die giftigen Blicke der Priester sah. „Er würde ungehört verdammt werden. Aber, beim Mars, da hat er doch ein besseres Los verdient!"

„Nur Strafe hat er verdient, hochedler Römer."

„Zahl ihm das heim, guter Paulus", schlug Fabian vor. „Frag ihn nach seiner Abstammung."

„Ruhe, Fabian!", gebot Festus.

„Er ist ein Jude", heulte der der Hohepriester.

„Wenn das ein Vergehen wäre", erwiderte Festus, „müsste ich ja diesen großen König hier zu meiner Rechten auch für schuldig erklären. Und wie stände es mit der schönen Frau hier neben mir, wenn schon ihr Blut ein Verbrechen wäre? Was hast du noch zu sagen?"

„Es ist kein Verbrechen, Jude zu sein, großer Römer", sagte der jüdische Rechtsgelehrte, „wenn man nur auch wirklich als Jude lebt; ein Jude soll die jüdischen Gesetze befolgen. Übrigens hat der Landpfleger Felir eingewilligt, dass der Angeklagte, der nun einmal Jude ist, sich auch vor einem jüdischen Gericht verantworten soll. So lautet der Vertrag zwischen Rom und Judäa."

„Der Mann spricht die Wahrheit", sagte der König leise. „Felir hätte gleich darnach handeln sollen."

„Ich habe bis jetzt noch keine Bestimmungen getroffen, werde mich aber in keiner Weise von dem Tun meines Vorgängers beeinflussen lassen", sagte Festus bestimmt. „Tritt näher, Paulus!"

„Wir haben von dir reden hören", fuhr er fort. „Diese edle Frau hier hat Interesse für die seltsamen Lehren, die du, wie man sagt, predigst. Trotz dieser Abgesandten von Jerusalem soll dir dein römisches Bürgertum wohl zu statten kommen, vorausgesetzt, dass du auch eines Römers Glauben hast."

„Hat Rom überhaupt einen Glauben?", fragte Paulus. Zum ersten Mal sprach er und seine Stimme klang voll und melodisch.

„Sicherlich", sagte der Statthalter, Paulus voll Erstaunen ansehend. „Roms Glauben hat das Schwert der ganzen Welt verkündet: Treue dem Kaiser, Gehorsam den Göttern und Vorherrschaft dem römischen Volk!"

„Diesen Glauben lehre ich nicht", antwortete Paulus kühn.

„Höre ihn, edler Festus", rief der Priester. „Er bekennt weder den Glauben der Römer noch sonst einen, der der Beachtung wert wäre. Er ist ein Zauberer aus Tarfus, ein Tempelschänder und ein vom Glauben seiner Väter Abtrünniger. Gib ihn in unsere Hände!“

Festus schwieg, während Paulus seinem Ankläger ruhig in die Augen sah. Aber Fabians Benehmen gegen die Schwester des Königs war ihm aufgefallen und er richtete jetzt seinen Blick prüfend auf den jungen Mann. Er bemerkte die Erregung der Fürstin sehr wohl und erkannte trotz der anscheinenden Gleichgültigkeit des Paares Zeichen eines alten vertraulichen Verhältnisses. Das machte Paulus nachdenklich und erst die Worte des Statthalters lenkten seine Aufmerksamkeit wieder auf die für ihn so wichtige Verhandlung hin.

„Das sind schwere Anschuldigungen, die gegen dich erhoben werden und deine eigenen Worte scheinen sie zu bestätigen“, sagte Festus streng. „Was hast du dagegen zu sagen?“

„Ich habe eine Mission auszuführen“, antwortete Paulus. „Sonst wäre ich gerne bereit, nach Jerusalem zurückzukehren und mich dort, wie schon früher, meinen Anklägern gegenüberzustellen, sogar vor allem Volk. Wie der König vielleicht weiß, habe ich das schon Felir gesagt.“

Agrippa machte eine abwehrende Handbewegung.

„Lass mich aus dem Spiel“, sagte er zornig. „Wenn ich dich zu richten hätte, würde ich wenig Worte machen.“

„Du bist nicht vom Stamm Seiner Majestät, guter Paulus“, bemerkte Fabian kühl. „Ich sagte dir doch, mein Festus, dass er römischer Bürger ist.“

„Du sagst viel, wenn der Tag lang ist“, erwiderte der Statthalter ärgerlich.

„Ich will ihn dafür bestrafen“, sagte Berenike und schlug kokett mit ihrem Fächer aus Pfauenfedern nach Fabian. Dann wandte sie sich aufmerksam Paulus zu, der fortfuhr:

„Der Finger dessen, dem ich diene, deutet nach Rom und nicht nach Jerusalem. Wie er mich führt, so gehe ich. Mir ist es nicht beschieden gewesen, meinen geliebten Herrn und Meister, den man ans Kreuz geschlagen hat, zu sehen, solange er noch hier auf Erden weilte. Erst nach seinem Tode ist er mir in himmlischer Klarheit erschienen!“

„Nach seinem Tode?“, wiederholte Festus. „Mensch, was redest du?“

„Höre, wie er lügt!“, schrie der Priester. „Der überspannte Gottesleugner!“

„Stille!“, gebot der römische Statthalter streng. „Du hast ruhig mit mir zu sprechen!“

„Ich gehöre zum Tempel“, war die in kaum unterdrückter Auflehnung gegebene Antwort. „Ich bin der Hohepriester.“

„Ein recht unangenehmes Amt – wenn es dich unverschämt macht“, sagte Fabian trocken. „Ein römischer Statthalter kann dem Pluto sogar Könige zuschicken.“

„Den Pluto kenne ich nicht“, antwortete der Hohepriester grimmig. „Überdies spreche ich mit dem Landpfleger, nicht mit dir.“

„Wie fein er sich beträgt“, sagte Fabian lachend. „Hast du ihn gehört, mein Festus?“

„Friede!“, erwiderte der Statthalter leise lächelnd, während der Hohepriester mit den Zähnen knirschte. „Sprich weiter, Paulus!“

Der Jude änderte jetzt seine ganze Haltung. Voll edler Majestät stand er da und streckte mit befehlender Handbewegung seinen Arm aus. In seiner Stimme lag ein tief ergreifender Ton, als er langsam und bei der im Saal herrschenden atemlosen Stille allen deutlich vernehmbar zu sprechen anhob:

„Du, edler Festus, warst zu jener Zeit, von der ich jetzt rede, noch nicht geboren, aber dein Vater lebte und hier sind noch viele, die sich dieser Zeit erinnern können. Damals, als der neue Stern, von dem auch du gehört hast, am Himmel erschien, ist zu uns Juden und zu der ganzen Welt ein Kind vom Himmel herabgekommen. Es wurde in Bethlehem in einem Stall geboren und in eine Krippe gelegt. In den jüdischen Schriften war das Kommen eines Messias schon seit langer Zeit vorhergesagt, aber nur wenige wussten, dass dieses Kind der erwartete Messias sei. Ein großes Werk hatte ihm Gott aufgetragen und eine hochgesegnete frohe Botschaft brachte er uns. Er kam vom Himmel, um die Welt aus ihrer Sündennot zu erlösen und alle Mitmenschen vom Tode zu erretten.“

„Schade, dass ihm sein Werk augenscheinlich missglückt ist“, sagte Festus mit nachsichtigem Lächeln, „denn seine Anhänger sterben ja auch noch wie andere Leute. Und er selbst ist doch auch gestorben, nicht wahr?“, fuhr er, den Juden neugierig ansehend, fort.

„Ja!“, rief Paulus mit weithin schallender Stimme und hocherhobenen Armen. „Er, unser Herr und König, ist am Kreuz gestorben. Einen jammervollen Tod hat er für mich, für dich, für die ganze Welt erlitten. Für alle Menschen hat er sein Leben dahingegeben und als sein Werk vollbracht war, ist er als der Erste wieder auferstanden und hat uns allen damit die Gewissheit eines Lebens nach dem Tode gegeben."

„Uns allen?", fragte Festus erstaunt, indem er sich vorbeugte und mit dem Finger auf sich selbst deutete. „Meinst du damit auch mich?"

„Er ist für den Kaiser so gut wie für die ganze übrige Menschheit gestorben", antwortete Paulus mit feierlich erhobener Hand. „Aber damit die Menschen des Himmels und des ewigen Lebens auch wert würden, forderte der Herr ein reines Leben schon in dieser Welt. Kein Wunder, dass, wer ihn hörte, ergriffen wurde; solche Worte hatte man noch nie zuvor auf Erden gehört. Er hat uns geboten, alle Menschen mit Barmherzigkeit und Liebe zu umfassen."

Der römische Statthalter blickte auf die holde Frauengestalt an seiner Seite, aber der zärtliche Ausdruck in seinen Augen ließ aus diesen weißen Wangen nicht die Rosen erblühen, die sein Freund dort hervorgerufen hatte. Mit jeder Miene gab Berenike seinen Blick zurück und nickte dann Paulus zu.

„Das ist eine sehr schöne Lehre, Paulus, die wir aber schon lange befolgen", sagte Festus. „Venus hat gar viele Tempel."

„Die Liebe, die mein Herr und Meister predigt, übersteigt alle Frauenliebe", antwortete Paulus. Seine Stimme wurde immer mächtiger und seine strengen Züge wurden weicher. „Er verlangt Liebe für unseren Nächsten – die Liebe, die Mitleid mit unseren Tränen hat und diese trocknet, die Liebe, die zerschlagene Herzen tröstet und ihnen in der Dunkelheit und in der Nacht den Weg zu den ewigen Sternen weist, die den Armen und Schwachen hilft und uns lehrt unseren Feinden zu vergeben!"

„Eine sehr lobenswerte Lehre, aber nichts für einen Römer", meinte Festus. „Sie passt weit eher für die sanften Hebräer. Ich wundere mich nicht mehr, dass der Hohepriester über dich erzürnt ist, da du ihm ja die schönsten Vorrechte seines Amtes genommen hast. Übrigens, Agrippa", und Festus wandte sich zu dem mürrischen Monarchen an seiner Seite, „wenn du die Lehren dieses Mannes befolgen willst, werden wir nur eine milde Herrschaft zu führen haben."

„Christus selbst herrscht über uns alle“, sagte Paulus. „Nicht mit Krone und Zepter, die von dieser Welt stammen – sie sind nur von wesenlosem Scheine – nein, sein Königreich liegt in den Herzen der Menschen.“

„Das wird der Kaiser sicher nicht für Hochverrat halten“, sagte Fabian. „Vielmehr macht Paulus Übergriffe in das Reich, wo Berenike herrscht.“

„Der Mann spricht gut“, sagte Festus. „Weiter!“

„Früher habe ich die Waffen des Kaisers getragen“, fuhr Paulus fort. „Als ich einst mit meinen Soldaten nach Damaskus zog, um auch dort die Christen zu verfolgen, erschien mir der Herr des Himmels, der Herr, der am Kreuz gestorben und wieder auferstanden ist. Meine Leute hörten den furchtbaren Donnerschlag, der uns alle zu Boden streckte und befanden sich selbst in der tiefen Finsternis, die uns plötzlich umgab; aber die Stimme, die zu mir sprach, hörten sie nicht. Meine Augen wurden für alles Irdische mit Blindheit geschlagen, aber die himmlische Klarheit, die mich umstrahlte, sah ich wohl. In seiner Güte hat Gott nach drei Tagen die leibliche Blindheit wieder von mir genommen. Seither habe ich, was mir damals geoffenbart worden ist, überall gepredigt. Es ist das Wort des Lebens für alle, die es annehmen.“

„Das alles klingt höchst wunderbar“, sagte Berenike, von dem ganzen Wesen des Juden tief ergriffen. „Paulus scheint mir aufrichtig zu sein. Kann er nicht mit uns allein reden?“

Festus nickte zustimmend, heftete aber seine Augen fest auf Paulus, der fortfuhr:

„Ich bin ein römischer Bürger, hochedler Festus. In vielen Städten habe ich schon gepredigt und möchte nun nach Rom gehen. Ich berufe mich auf den Kaiser.“

„Es sei dir gewährt“, antwortete Festus und sah mit gerunzelter Stirne die wutentbrannten Priester an, die bei dieser Entscheidung in lautes Murren ausbrachen. „Deine Worte lauten ganz schön, aber für einen Mann, der ein Schwert trägt, haben sie keinen Sinn. Ein Soldat vergibt seinen Feinden nie und Roms Macht liegt im Krieg und nicht im Frieden. Deine Gelehrsamkeit hat dich zum Dichter, aber auch verrückt gemacht.“

„Wir dürfen ihn wirklich nicht mit uns nehmen?“, rief der Hohepriester sehr ergrimmt.

Festus stand auf und winkte einem Hauptmann.

„Wirf den Pöbel hinaus!“, befahl er.

Die jüdischen Abgesandten stießen einen Wutgeschrei aus und das Volk stimmte mit ein. Im Vertrauen auf die Anwesenheit der Priester und die Macht des Königs stürzte die Menge auf die Tribüne zu.

Ein verächtliches Lächeln lag auf Fabians hübschen Gesicht, als die römischen Wachen dem Angriff entgegentraten und die Menge mit den vorgehaltenen Lanzen zurückdrängten. Blind vor Wut und in der Hoffnung, der Tempelschänder möchte in dem Durcheinander getötet werden, reizten die Priester das Volk zu immer neuem Vordringen auf. Fabian stieg die Stufen herunter und stellte sich neben den Gefangenen; ihm zur Seite pflanzte sich die Riesengestalt des Volgus auf. Furchtlos, aber mit glühendem Interesse, einem Gefühl, das von dem römischen Statthalter geteilt wurde, sah Berenike dem Tumult zu.

„Genug!“, rief endlich Festus mit lauter, durch die ganze Halle tönender Stimme. „Ruhe!“

Auch Agrippa gebot Ruhe. An der Seite des römischen Befehlshabers stehend, winkte er seinen Soldaten, der römischen Wache Beistand zu leisten. Doch das war nicht nötig. Die bestürzten, unterlegenen Priester zogen sich zurück und die Menge folgte ihnen aus der Gerichtshalle auf die Straße.

„Du wirst in den Palast gebracht werden, Paulus“, sagte Festus, vom Thron herabsteigend, freundlich zu dem Gefangenen. „Bis ich dich nach Rom schicken kann, übergebe ich dich der Obhut meines Hauptmann Julius. Die edle Berenike möchte später noch Weiteres von dir hören und auch ich habe diesen Wunsch. Einstweilen, mein Fabian, will ich beim Wein Näheres über deine Angelegenheiten hören. Die Gerichtssitzung ist geschlossen.“

Berenike

Begleitet von Agrippa, Berenike und Fabian ging Festus durch den Säulengang, der den Palast mit dem Gerichtshof verband und gelangte in einen von einer Säulenhalle umgebenen achteckigen Hof, von dem aus Türen in die verschiedenen Gemächer führten. Hier entließ er seine Leibwache und auch der jüdische König zog sich gleich zurück, um sich zum Mittagsmahl bereit zu machen. Berenike sprach noch einige Augenblicke mit Fabian, nickte dem Statthalter freundlich zu und entfernte sich. Als sie allein waren, setzte sich Festus auf eine mit Kissen belegte Ruhebank zwischen den Säulen und winkte Fabian, an seiner Seite Platz zu nehmen.

„Erzähle mir nun deine Erlebnisse", begann Festus. „Ich bin noch starr vor Verwunderung, dich hier zu sehen, trotz Berenikes Ausspruch, von dir sei einfach alles zu erwarten. Als ich vor einiger Zeit von Thessalien nach Rom zurückkehrte, vermisste ich dich dort allerdings; aber ich hatte keine Gelegenheit, bei deinen Verwandten nach dir zu fragen. Deinen guten Oheim bekam ich gar nicht zu Gesicht, aber im kaiserlichen Palast sah ich von einem Balkon aus, der auf die Gärten hinausgeht, einen Augenblick deine zwei holden Basen. Sie machten gerade mit der edlen Fulvia einen Respektsbesuch bei Poppäa. Nero selbst bemerkte die jungen Mädchen und machte mich auf ihre Grazie und Schönheit aufmerksam. Du bist zwar mit Leib und Seele Soldat; aber, wenn du einer dieser Jungfrauen herumführtest, würde dein Leben doch unendlich reicher werden, selbst wenn du dann nicht mehr zu Felde ziehen könntest. Freilich, die Wahl zwischen den beiden ist schwer, beide passen für dich, beide sind gleich schön."

„Ja, gewiss, man könnte von Britannien über Ägypten hierherreisen und würde doch nirgends ihresgleichen finden", antwortete Fabian warm. „Ich habe beide Mädchen herzlich lieb, aber in mir steckt leider nur ein schlechter Ehemann. Allerdings könnte ich die Versuchung – wenn ich würdig wäre – doch nein, lass uns von etwas anderem reden."

„Gut. Also von deinem Auftrag hier. Was wollte denn der Kaiser in dieser Gegend, dass er Felir nicht anvertrauen konnte? Wenn er mir nachspionieren ließe, wäre mein Posten hier bald frei.“

„Aber ich bin doch kein Spion; selbst Felir ist sicher vor mir“, sagte Fabian lachend. „Mein Auftrag war nur ein Vorwand; meine Reise hatte einen anderen Grund.“

„Dann will ich dich nicht weiter fragen, sondern zu etwas anderem übergehen.“

„Den Grund meines Hierseins brauche ich nicht geheim zu halten, wenigstens nicht vor dir, mein Festus. Du hast vorhin von meinen zwei Basen gesprochen; aber nur Valentina ist meine Verwandte, Myrrha ist nach dem Gesetz meines Onkels Leibeigene.“

„Wie?“, rief Festus erstaunt aus. „Das wusste ich ja gar nicht!“

„In Rom hat man es beinahe vergessen, aber Myrrha ist wirklich eine Kriegsgefangene, die mein Oheim aus dem Osten mitheimbrachte, als er mit den Heeren des Claudius von einem Feldzug zurückkehrte. Das

Mädchen wurde stets wie eine Tochter gehalten und wie eine Tochter geliebt, aber trotzdem liegen die Verhältnisse so, wie ich dir eben sagte. Doch merkwürdig, auch Kinder haben bestimmte Erinnerungen. Myrrha hatte einen Bruder, dessen Andenken ihre Mutter, solange sie lebte, in des Kindes Herzen lebendig erhielt. Wie ihr Vater ums Leben gekommen ist, weiß Myrrha nicht genau und sie wagte nicht, meinen Onkel danach zu fragen; dazu ist sie zu sanft, denn er wollte, sie solle vollständig vergessen, dass sie außer ihm noch irgendwelche Verwandte haben könnte. Ihre Heimat ist Judäa, das hat sie oft gefragt und ich weiß, dass sie nur schweren Herzens an die Ihren denkt. Deshalb zog ich einen Isispriester zu Rat und der hat mir seltsame Dinge berichtet. Der Bruder sei nicht tot, sondern lebe unter fremdem Namen. Er werde aber der ihn betrauernden Schwester einst wiedergeschenkt werden. Da nun dieser Ausspruch Myrrha beunruhigte, versprach ich ihr, ihren Bruder zu suchen und deshalb unternahm ich auf dieses törichte Luftgebilde hin die Reise hierher, um nach einer Spur des Bruders zu suchen. Könnte ich nur einigermaßen gute Nachrichten mit nach Hause bringen!"

„Deine Reise war jedenfalls ein mutiges Unternehmen und ehrt dich", sagte Festus. „Sollten deine Bemühungen bis jetzt erfolglos gewesen sein und meinst du, meine Macht könne dir nützen, so stehe ich dir gerne zu Diensten."

„Ich kam nur aufs Ungewisse und schenke dem verlogenen Priester wenig Glauben. Auch habe ich daheim den Grund meiner Reise nicht angegeben. Das Sehen meiner süßen Base finde ich aber ganz natürlich."

„Und ebenso natürlich finde ich, dass du mit ihr fühlst", antwortete Festus lachend. „Dein Misserfolg tut mir herzlich leid, aber der Krieg verwischt eben gar zu leicht jede Spur. Wann beabsichtigst du heimzureisen?"

„So bald als möglich. Im Fall du die Galeeren zurückschickst, möchte ich sie gerne benützen."

„Sie fahren nach der Südküste", erwiderte der Statthalter.

Seine Stirn umzog sich, trübe schaute er zu Boden, dann aber richtete sich sein Blick zu der Decke der Säulenhalle empor, in die aus dem offenen Hof der herrliche Sonnenschein mit goldenem Glanze hereinflutete.

„Könnte ich nur mit dir zurückkehren", fuhr Festus fort. „Auch die Macht hat ihre Grenzen und der Herrscher über eine Provinz ist oft nur der Sklave seines Amtes. Des Kaisers Günstlinge leben in einer Üppigkeit, gegen die selbst die Pracht des Tiberius verschwindet. Auch ich hätte den Aufenthalt in Rom verdient. Du, der du dich von aller Politik fern hälst und nur Soldat bist, du kannst leben, wie und wo es dir gefällt. Doch sage mir, wie kamst du denn ins Gefängnis?"

„Durch einen Zufall. Ich war in eine Schlägerei verwickelt worden und schämte mich, es in Rom bekannt werden zu lassen. Felir hätte die Sache sicher gemeldet; ich ließ mich deshalb lieber ein paar Tage von den Juden in Gewahrsam halten. Wärst du nicht gekommen, so hätte ich die Wächter bestochen und wäre entflohen."

Belustigt lachte Festus laut auf.

„Ganz sicher hätte Felir die Geschichte deinem Onkel, deinen Basen, dem Kaiser und jedem Tagedieb und Faulenzer bei Hof erzählt. Doch genug davon. Felir ist abgereist und geht neuem Ruhm und, wie ich innigst hoffe, dem Schwert eines Barbaren entgegen. Mir war er stets höchst zuwider."

„Er war sehr wenig beliebt", bemerkte Fabian. „Aber genau genommen ist das kein Maßstab für seine Verdienste. Doch auch ich habe nichts dagegen, wenn er einem Barbaren in die Hände fällt."

Nach einer kleinen Pause begann Festus nachdenklich: „Dieser Paulus erweckt in mir ein seltsames Interesse; vielleicht weil ich hier ein mir ganz fremdes Volk beherrschen soll, ein Volk mit Adlernasen und Adleraugen. *Liebe deine Feinde!* Wie stünde es da mit Berenike, die ich übrigens nicht zu meinen Feinden rechne und mit Felir, von dem wir eben sprachen? Diese neue Religion würde den ganzen römischen Hof auf den Kopf stellen."

„Und der weichherzige Nero! Dann wäre ja seine Mutter noch am Leben und könnte ihn zurechtweisen; und Britannicus..."

„Nimm dich in Acht, mein Fabian", warnte Festus. „Obgleich diese korinthischen Säulen auf hebräischen Sand stehen, könnten sie doch einen Widerhall bis nach Rom tragen."

Jetzt lachte Fabian.

„Vorsichtig ist dieser Paulus nicht", sagte er. „Wäre er klug, so könnte er seine Berufung auf den Kaiser rückgängig machen. Wenn er aber nach Rom geht, werde ich treu zu ihm stehen. Da er keine Furcht kennt und frei herausredet, sehe ich ihn schon deutlich in der Arena zwischen den Löwen. Doch sag mir, was ist das Neueste vom Hofe? Wie steht´s mit der Gesundheit des Kaisers? Schon einige Zeit vor meiner Abreise habe ich mich vom Hofe ferngehalten; aber ein außerhalb Roms verlebter Tag ist gleich einem verlorenen Jahr. Damals war Seneca bei Nero in Ungnade. Steht er wohl jetzt wieder in der kaiserlichen Gunst? Da hast du den wahren Philosophen! Er kennt nicht nur alle Weisheit der alten Ägypter, sondern weiß auch, welcher Rennwagen im Zirkus Maximus gesiegt hat. Es ist eine wahre Freude, zuzusehen, wie er seiner nächsten Wette wegen, die Muskeln eines Ringkämpfers befühlt und dabei einen Vortrag über das Unheil hält, das alle diese Spiele über die Griechen gebracht haben."

„Hör´, Fabian, da kommt mir ein Gedanke, dessen Ausführung dir sicher bei deiner Rückkehr den Ehrenplatz am Hof verschaffen kann", sagte Festus. „Du solltest zwischen dem Juden und Seneca ein Wortgefecht veranstalten und Nero als Schiedsrichter müsste sein Urteil in einem Gedicht abgeben. Als passender Höhepunkt des Vergnügens könnte er dann beide Redner den Löwen vorwerfen lassen. Nach Senecas Besitztümer ist er ja ohnehin schon lange lüstern."

Über diese Rede brachen beide in lautes Lachen aus; dann fuhr Festus fort:

„Ich wollte nur, du bliebest einige Zeit hier; es wird hier langweilig werden."

„Mich kannst du leicht entbehren. Du hast ja Berenike."

Die Miene des Statthalters umzog sich wieder.

„Sie kehrt auch nach Rom zurück. Der Glanz des Hofes lockt sie und mich hält meine Pflicht hier fest. Mit dem ersten Schiff will sie abfahren; ich glaube, der verräterische fuchsäugige Agrippa steckt dahinter. Er sucht seinen Einfluss auf den Kaiser festzuhalten und ich weiß, Berenike lächelte auch dem Felir zu, als ihm die Macht hier übertragen wurde. Hast du den jüdischen König beobachtet? Wenn ich sicher wüsste, dass er seine Schwester dazu überredet hat, würde der Kaiser wohl bald die Nachricht bekommen, der König sei tot im Keller seines Palastes gefunden worden und es sollte schwerfallen, den Täter zu finden."

„Gemach, mein Freund. Wenn du so heißes Blut hast, tust du gut daran, nur sehr vorsichtig von den Weinen dieses durstigen Wüstenlandes zu trinken. Sonst könnte es geschehen, dass man nicht den Agrippa tot im Keller, wohl aber den römischen Statthalter am Fieber sterbend in seinem Palaste fände. Halte dir nur einen guten Arzt."

„Ein gutes Schwert will ich bereithalten. Ach, ich wollte, ich könnte mit dir nach Rom zurückkehren."

Festus stand auf, streckte seine Arme aus und sah sich mit düsteren Blicken in der prächtigen Halle um.

„Ohne Freunde ist man hier doch nur wie in einem Gefängnis", fuhr er fort. „Allerdings habe ich noch die Götter, sowohl die griechischen als die römischen, zum Troste, und die Religion dieser Hebräer kann ich mir auch etwas näher betrachten; sie verschafft ihnen wenigstens den Genuss der Aufregung. Hast du bemerkt, wie die Priester diesen Paulus hassen? Es muss doch eine Wonne sein, ein solch unbedeutende Sache so tief empfinden zu können! Agrippa hat mir erzählt, unter Pilatus hätten die Juden den Lehrer des Paulus gekreuzigt. Wer würde den Juden Freude an solchen Belustigungen zutrauen? Gut in Szene gesetzt, wäre eine derartige Hinrichtung gewiss so anziehend wie die Arena. Schlage das doch einmal dem Nero vor."

„In solchen Dingen ist Nero selbst ein Genie und außerdem ist das nicht meine Sache", sagte Fabian bedrückt. „Mir ekelt vor diesen Spielen."

„Was, dir, einem Soldaten, der bis an die Knöchel im Blut gewatet hat! Erzähl´ das nur dem Tigellinus!"

„Sogar dem Jupiter wollte ich es mit Freuden erzählen, wenn dadurch Tiggellinus von der kaiserlichen Tribüne in die Arena heruntergestoßen würde. Er hat die Blutgier eines Löwen und das Mitleid eines Schakals."

„Und die Gunst des Kaisers! Wenn uns unser Leben lieb ist, dürfen wir das nicht vergessen. Doch nun muss ich gehen. Du bist hier zu Hause, mein Fabian. Im nördlichen Flügel ist ein römisches Bad mit griechischer Bedienung."

Fabian erhob sich und blieb stehen, bis der Statthalter verschwunden war. Als er sich dann auch zum Gehen anschickte, stutzte er über ein leises unterdrücktes Lachen. Neugierig sah er sich in der großen Halle um und bemerkte nun die Schwester des Königs, die hinter einer der Marmorsäulen hervorlugte.

„Wie du siehst, habe ich euch belauscht", rief sie. „Das ist ja das Vorrecht der Frau – einen doppelzüngigen Politiker und einen fahrenden Ritter."

Fabian lächelte Berenike freundlich zu und deutete auf die Bank, von der er eben aufgestanden war.

„Nein", sagte sie mit einem Blick auf die Türe, hinter der Festus eben verschwunden war. „In diesem Palast gibt es auch weniger leicht zugängliche Gemächer. Komm!"

„Du weißt, dass ich ein gutes Gedächtnis habe", sagte der Römer. „und dennoch, trotz meiner traurigen Erfahrungen würde ich dir – allein, fern von der Heimat, in einem Land, wo die römischen Götter keinen Schutz gewähren, ohne alle Vorsicht – selbst bis nach Hybernien folgen."

„Wo liegt denn dieses Land?", fragte die Fürstin lachend. „Nordwestlich von Rom. Es ist das Ende der Welt, wo der Rand der Erde auf den Rücken der olympischen Elefanten ruht. Jupiters Winterland mit dem bodenlosen Abgrund. Dort wohnt die Venus in einer blauen, mit Schnee umsäumten Wolke."

„Venus! Wie doch die Gedanken der römischen Krieger immer wieder zu ihr zurückkehren! Sonderbar, dass die Griechen ihren Zeus eine andere Frau gaben! Ihr sind Tausende von Bildsäulen errichtet und doch kenne ich Frauen, die ebenso schön sind."

„Ich kenne nur eine einzige", lautete Fabians Antwort.

Berenike lächelte wieder und verließ in Fabians Begleitung den Hof durch einen Torbogen, der zu den Frauengemächern des Palastes führte.

Bald erreichte das Paar einen wohlgepflegten Garten, wo unter reichblühenden Rosenbäumen eine Bank mit herrlicher Aussicht auf das Meer stand. Von hier aus konnte man auch den neuen Kai erblicken, auf dem die unzähligen Arbeiter nur kleine schwarze Punkte zu sein schienen. Weiter draußen sah man die stolzen Galeeren sich auf den grünen Wellen schaukeln.

„Kehrst du bald wieder nach Rom zurück?", fragte Berenike, nachdem sie sich gesetzt hatten.

„Gewiss. Mein Auftrag hier ist erledigt. Wie mir Festus sagte, fährt nächstens ein Schiff ab und du hast ja selbst gehört, dass Paulus unter der Obhut des Hauptmanns Julius auch mitreisen soll. Ich habe versprochen, ihm am kaiserlichen Hofe beizustehen."

Berenike sah den Sprecher schelmisch von der Seite an, während sie mit den Rosen spielte, die er gepflückt und ihr in den Schoß geworfen hatte.

„Auch ich kehre nach Rom zurück."

Lachend sah er ihr voll ins Gesicht und ergriff ihre Hand, aber seine Finger zitterten dabei nicht mehr im Glück seliger Erregung wie in vergangenen Tagen.

„Hast du vergessen?", fragte Fabian. „Du sagst das mit so schelmischem Lächeln, mit so süßer Stimme, dass ich eigentlich vor Erstaunen auffahren wollte! Ach, welche Freude! Sollte ich beim Gedanken an eine gemeinschaftliche Reise ausrufen!"

Mit funkelnden Augen zog Berenike ihre Hand heftig zurück. Ihre Lippen bebten bei seinem leichten spöttischen Ton und ihre Züge konnten die bis ins Innerste verletzte Eitelkeit der Orientalin nicht verbergen. Aber bei Fabians sichtlicher Verwunderung legte sich ihr Zorn bald wieder.

„Mit dieser himmlischen Botschaft hast du mich zu überraschen gemeint", sagte er, „und du standest doch hinter dem Pfeiler neben Festus und hörtest, wie er in Trauertönen Kunde von deiner Abreise gab. Ein doppelzüngiger Politiker und ein fahrender Ritter können es nicht mit der Schwester eines Königs aufnehmen, die am römischen Hofe gelebt hat."

Jede Spur des Ärgers schwand von Berenikes Angesicht und aus ihren Augen strahlte neuer Glanz.

„Davon habe ich kein Wort gehört. Hat dir Festus das wirklich gesagt?"

Fabian ließ einen leisen Pfiff hören, jenen Ton, der seit Anbeginn der Welt den Zweifel des Mannes an der Wahrhaftigkeit der Frau ausgedrückt hat.

„Nein, wahrhaftig, ich habe es nicht gehört", versicherte die Fürstin. „Ich spreche die Wahrheit."

„Wenn du die Wahrheit sprichst, will ich mein Schwert entzweibrechen", erwiderte der Römer. „Meine Rüstung will ich meinen Dienern geben und selbst als der Unterwürfigste von allen deinen Verehrern mit einem Fächer aus Pfauenfedern hinter dir hergehen. Ich hatte zwar deinen Dienst verschworen und glaubte mich von dem Zauberbann deiner Augen gerettet zu haben, aber – ich gelobe mich deinem Dienst!"

„Du sollst diesen Posten bekommen und den Fächer auch. Auf der Reise nach Rom werde ich dich dann deine Pflichten lehren. Gedenke an deine Worte!"

„Ich denke daran", sagte Fabian aufstehend, „dass es jetzt Essenszeit ist. Bei Tisch werden wir den Juden Paulus sprechen hören."

Berenike bemerkte wohl den veränderten Ton seiner Stimme, aber nicht die Niedergeschlagenheit, die ihn plötzlich erfasste und selbst wenn ihr diese aufgefallen wäre, hätte sie sich keinen Grund dafür denken können. Übte sie doch auf alle Männer, die in ihren Bannkreis kamen, einen eigentümlichen Reiz aus! In Agrippas lasterhaftem Hofe erzogen, war schon ihre Jugend eine Kette von Leichtfertigkeiten und Eroberungen gewesen und Rom hatte sie in den Listen und Künsten ihres Geschlechts nichts mehr lehren können. Selbst Poppäa hatte für ihren Platz an der Seite Neros gezittert, aber die schlaue Jüdin erkannte die Gefahr, den Zorn der Kaiserin zu erregen. Unter den Bewerbern um die Gunst der Fremden war sogar Tigellinus gewesen. Auch Fabian Amicius hatte damals deren Zauber empfunden und fühlte ihn jetzt von neuem. Mit dem Scharfblick ihres Geschlechts sah Berenike wohl, welche Macht sie noch über den jungen Römer hatte und wie er unter ihrem Lächeln und Zürnen errötete und erbleichte. Aber eine andere wahre und aufrichtige Neigung, die sein ganzes Herz ausfüllte, beschützt ihn jetzt vor ihrem Einfluss. Allerdings fühlte er den Zauber immer noch, aber er beherrschte sich und ließ sich zu keiner unüberlegten Handlung hinreißen. Er blieb sich selbst treu, aber auch er war nur ein Mensch. Während er sich gegen die Fürstin stets mit ritterlicher Höflichkeit benahm, unterdrückte sein stolzer Charakter die Leidenschaft, die sie wieder in ihm erweckte. Einst hatte Berenike die Eroberung von Fabian Amicius für ihren stolzesten Triumph gehalten und hatte mit allen Mitteln der Schönheit und Koketterie gesucht, sich den Patrizier zu erobern und jetzt, wo er von neuem in ihrem Banne war, dachte sie nicht daran, ihn aufzugeben.

Heute wurde sich Fabian der Macht dieser Frau völlig bewusst und er sah voraus, dass die Vertraulichkeiten der beabsichtigten Reise seine Gemütsruhe sehr bedrohen würden. Wie er widerstehen sollte, wusste er nicht; aber es zu tun, war er fest entschlossen. In seinem Herzen lebte eine alles andere überwältigende Neigung und er wäre lieber gestorben, als dass er die Hoffnung, die sein ganzes Wesen erfüllte, aufgegeben hätte. Seine edle Natur drückte auf sein Gemüt.

„Wollen wir hineingehen?“, fragte Fabian schließlich.

Mit anmutiger Bewegung reichte ihm Berenike ihre Hand und zusammen verließen sie den Garten.

Ein Abend in Rom

Die Amicier waren das vornehmste Patriziergeschlecht Roms. Schon in den ältesten Chroniken der Stadt wurde diese Familie als sehr einflussreich erwähnt und ihre Macht war stetig gewachsen, bis in der ersten Zeit des Kaiserreichs die Imperatoren das stolze Geschlecht mit Eifersucht und Misstrauen zu betrachten begann. An ihrer Treue wurde zwar nicht gezweifelt, aber die Familie war ihnen zu ehrgeizig. Dennoch durften die Kaiser die Amicier sich nicht entfremden, denn sie waren sowohl im Senat wie im Heer sehr mächtig, wurden vom Volke verehrt und von ihren eigenen Standesgenossen hochgeachtet und geschätzt. Während der Regierung des Claudius war der Glanz des alten vornehmen Hauses einigermaßen erbleicht. Stolz, Wagemut, heiße Leidenschaften und grenzenloser Ehrgeiz hatten die Zahl seiner Glieder verringert; aber jetzt unter Nero hatte es seine alte Größe wieder erreicht, wenn auch sein Stern den Zenit überschritten zu haben schien. Das Haupt der Familie, Lucius Amicius, obgleich Feldherr und Senatsmitglied, stand am kaiserlichen Hofe nicht in Gunst. Poppäa, von zwei Männern geschieden, die frühere Geliebte des Soldaten Burrhas und – wie der Hofklatsch sich leise zuflüsterte – auch die des Tigellinus, jetzt die Gemahlin Neros, hasste den Patrizier; noch mehr aber hasste sie Fulvia, seine Frau, deren edler Charakter in scharfem Gegensatz zu dem ihren stand. Und Poppäas Hass glich einem giftigen Mehltau; bei weniger hochstehenden Familien als den Amiciern wirkte er völlig vernichtend. Den Tribun Fabian Amicius, Neffe des Lucius, hatte sie indes in ihren Hass gegen seine Familie nicht eingeschlossen. Neros Gunst hatte er sich durch das Lob von dessen Versen, die der Kaiserin durch das Rühmen ihrer Schönheit erworben. Poppäa war ebenso eitel wie schön und die Gegenwart des gewandten Hofmanns Fabian, der so liebenswürdige Schmeicheleien sagen konnte, war ihr immer willkommen. Sie bewunderte seine männliche Schönheit und ergötzte sich an seinem schlagfertigen Witz. Eine gewisse ihm eigene Ehrlichkeit verlieh seinem Lob ganz besonderen Wert und da er sich durch ein ruhiges und gesetztes Wesen wohltätig von den anderen ausschweifenden Höflingen unterschied, wurde sein Urteil noch höher geachtet und seine Persönlichkeit dementsprechend geschätzt.

Weit entfernt von dem kaiserlichen Palast, auf dem Abhang des Pincius, hatte sich Lucius Amicius sein Haus gebaut. Die Hofschranzen bemäkelten die Wahl dieses Platzes sehr und suchten allerlei dunkle Absichten in diesem Verlangen nach Abgeschlossenheit. Wirklich hatte auch Lucius danach gestrebt, außerhalb der Nachbarschaft der ihm gar nicht zusagenden Hofreise zu wohnen, denn er scheute für sich selbst und noch mehr für seine jungen Töchter eine Nähe, die durch Wortgefechte und schlüpfrige Reden gefährlich war. Aber seine Wohnung war der Würde ihres Besitzers durchaus angemessen und zu ihrer Einweihung hatte sich damals Nero mit seinem Gefolge als heiterer Festgast eingefunden.

Die neue Villa war wirklich eine der vornehmsten ihrer Art. An ihrer Vorderseite zog sich eine breite Veranda hin, deren Dach durch eine Reihe korinthischer Säulen getragen wurde. Um diese Säulen rankten sich Reben empor, Schlangen sich oben um das Gesims und umgaben in reichem Blätterschmuck die Ketten, an denen zwischen je zwei der Säulen silberne Lampen herabhingen. Die Marmorplatten des Fußbodens reichten bis an den sanft abfallenden Rasen hin, von dem eine Steintreppe hinunter auf die Straße führte. Hinter der Veranda lag die Vorhalle, wie gewöhnlich ein achteckiges, großes, reich mit griechischen und römischen Statuen geschmücktes Gemach. Griechische Kunstwerke behaupteten hier den Vorrang, denn während sich Rom auf dem Gebiet der Kunst nicht mit Athen messen konnte, begehrte die bewaffnete Faust, die die Welt regierte, dennoch deren wertvollste Erzeugnisse nie vergebens für sich. Durch die hohen Torbögen trat man aus der Vorhalle in die verschiedenen Gemächer des Hauses.

Eine vornehme Abgeschlossenheit kennzeichnete die Wohnungen der Reichen – eine stolze Pracht, in Übereinstimmung mit der Würde ihrer Besitzer und der hohen Meinung, die diese von sich selbst hatten und mit der sie auf die Plebejer niederschauten.

Der Abend war angebrochen, aber noch herrschte sanftes Zwielicht. Von der Anhöhe des Pincius aus sah man die Straßen der Stadt und dahinter das silberne Band des Tiber. Man konnte die Menschen unterscheiden, die durch die Straßen gingen, in den offenen Hallen umherstanden oder sich um die Weinschänken an den Ecken drängten. Die milde Abendluft genießend, saß der Herr des prächtigen Besitztums auf dem Pincius in seiner Veranda und sah voll Interesse dem regen Treiben auf den Straßen zu. Er war eine ehrfurchtgebietende Erscheinung mit einem milden klugen Gesicht und grauem, von der Stirne zurückgestrichenem Haar. Seine weiße, mit einem breiten roten Streifen besetzte Toga wurde auf der Schulter durch eine Schnalle von Edelsteinen festgehalten und um sein Handgelenk trug er ein mit kostbaren Juwelen besetztes, massiv goldenes Armband. Dem Hausherrn zur Seite befand sich dessen trotz ihrer fünfzig Jahre immer noch hübsche Gattin Fulvia und neben ihr saßen zwei Mädchen von auffallender Schönheit. Der Glanz des verflossenen Tages schien noch auf ihren holden Zügen zu ruhen und es war, als hätten die Rosen, deren süßer Wohlgeruch die Luft erfüllte, die Wangen der Mädchen mit ihrer Lieblichkeit angehaucht. Beide Jungfrauen waren das Bild vollkommener Gesundheit und strahlende Jugend lachte aus ihren Augen.

Die eine war Valentina, die Tochter des Lucius, die andere Myrrha, deren Pflegeschwester. In der Gesellschaft befand sich noch Paolo Attilius, ein junger Patrizier aus wohlhabender Familie und auf dem Ehrenplatz saß ein Gast, der in jeder Gesellschaft die Aufmerksamkeit auf sich gezogen hätte. Sein Gesicht war trotz des düsteren Ausdrucks von eigenartig fesselnder Schönheit; hinter der marmorweißen Stirne schien sich eine Welt von Zweifeln zu bergen; die Züge trugen den Stempel tiefen Nachdenkens und zugleich auch des kräftigen Wollens und seine glänzenden Augen blickten scharf und durchdringend. Dieser Mann war Brabano, der Leibarzt der Kaiserin. Seinem Rang und Reichtum entsprechend trug er eine tiefschwarze Toga von schwerer ägyptischer Seide, deren Falten durch auffallend prächtige Edelsteine gehalten wurden. Zwei weitere Personen vervollständigten die Gesellschaft, ein behäbiger Mann von etwas sechzig Jahren, Fulvias Bruder Regnus, ein reicher Kaufmann und der Diener Volgus. Dieser lehnte an einer der Säulen in der nachlässigen Haltung eines Menschen, der sich, obgleich ein Untergebener, seiner bevorzugten Stellung im

Hause wohl bewusst ist und weiß, dass er sich auf die Güte und Nachsicht seiner Gebieter verlassen kann.

Eine Zeitlang herrschte Schweigen in der um den Tisch sitzenden Gesellschaft – das Schweigen, das einer guten Mahlzeit zu folgen pflegt, bei der die Unterhaltung so reichlich wie der Wein geflossen ist. Alle sahen auf die Stadt hinab; die Einzelheiten verschwanden nach und nach in dem zunehmenden Dunkel und in den Straßen leuchteten die bleichen Flammen der Fackeln auf.

„Seht", sagte Brabano und seine weiße, mit kostbaren Ringen geschmückte Hand deutete auf die Stadt hinab. „Ist das nicht ein großartiger Anblick? Gallier, Germanen, Ägypter, Kelten und mein eigenes altes Volk, alle sind hier in großer Zahl versammelt! Welche Stadt! Wohl kann man Rom die Ewige nennen, da sie ihre Kraft aus allen Teilen der Welt schöpft!"

„Ja, dieser Anblick muss jeden Römer zum Patrioten, aber auch zum Soldaten machen", antwortete Lucius. „Wir hätten alle Ursache, unsern Stolz mit Vorsicht zu paaren, denn unter dieser Menschenmenge sind gar viele, die uns mit Vernichtung drohen. Für Feinde innerhalb seiner Mauern ist Rom nicht uneinnehmbar. Ist es nicht niederträchtig, dass eine Sekte der Juden unser Leben zu gefährden sucht? Nero hat bestimmte Kunde von ihrer Absicht, die Tempel anzuzünden. Mich hat er mit der Aufgabe betraut, diesen scheußlichen Plan zu vereiteln; leider komme ich mit dessen Aufdecken nur langsam vorwärts. Indessen habe ich doch schon so viel ergründet: die Anstifter gehören einer neuen, in Judäa entstandenen Religion an, deren Grundzug Hass und Eifersucht ist."

„Vorsicht ist immer nützlich; sie ist ebenso gut eine Tugend des Kriegers wie der Mut", sagte Brabano langsam. „Solchen Gerüchten schenke ich übrigens wenig Glauben; da sie jedoch den Kaiser interessieren, müssen auch wir sie geduldig anhören; aber mich wundert nicht, dass du wenig Erfolg hast; diese neuen Religionen sind immer schwierig zu behandeln und der von ihrer Priesterschaft angedachte Hass kann leicht zu Verbrechen führen. Aber Rom ist unbesiegbar. Wenn heute die Flammen auch ihre letzte Spur von der Erde vertilgten, morgen erstünde die ewige Stadt in doppelter Kraft und Schönheit aus der Asche. Ich habe ihr das Horoskop gestellt."

„Ich aber habe nur mit dem heutigen Rom zu tun", erwiderte Lucius, unbehaglich hin und her rückend. „Und da fühle ich mich sehr beunruhigt. Nur dass sie Verderben bringt, weiß ich von dieser Sekte, sonst fast gar nichts. Bis jetzt scheint sie noch auf die armselige Bevölkerung jenseits des Tiber beschränkt zu sein, aber die elenden Schlupfwinkel dort sind gar schwer zugänglich."

„Glaubst du wirklich an die Absicht dieser Leute, die Stadt anzuzünden?"

„Der Kaiser glaubt daran und das genügt."

„Hast du noch gar niemanden verhaftet?"

„Wenn meine Arbeit so erfolglos gewesen wäre, müssten die Spiele in der Arena auf die Gladiatoren und die wilden Tiere beschränkt werden. Jetzt kann der Kaiser dem Volke etwas Aufregendes versprechen, obgleich meine Gefangenen eine ärmliche Bande sind. Wenn ich nur die Anführer in sicherem Gewahrsam hätte, denn Anführer sind da. Einen habe ich bestimmt nennen hören."

„Welche Gründe mag diese Sekte für ihre Absichten haben?", fragte Regnus.

„Die Gründe der Bosheit sind schwer herauszufinden", antwortete sein Schwager. „Wir brauchen auch gar nicht danach zu suchen, da wir den Befehl des Nero haben, diese Leute zu verhaften. Gewiss sind sie Räuber, sie wollen die Stadt anzünden und dann im Durcheinander Leute deines Schlages ausplündern."

„Bei allen Göttern! Da wünsche ich dir von ganzem Herzen Erfolg!", rief Regnus lebhaft. „Haben sie solche Absichten, dann ist deine Aufgabe deiner Fähigkeiten würdig."

„Wie schon gesagt, habe ich es mit einem armseligen Feind zu tun", erwiderte Lucius. „Aber mit einer brennenden Fackel in der Hand kann auch ein solcher in einer dicht bevölkerten Stadt gefährlich werden. Über die Verschwörung weiß ich noch nichts Sicheres. Die Schufte sind Fanatiker und Verräter und haben diese Sekte organisiert, um den Umsturz des Staates herbeizuführen. Sie hassen unseren Isisdienst, ihr Anführer sucht Macht zu gewinnen, seine Anhänger Beute. In Judäa reizte jener die ärmeren Klassen zu einem Aufstand auf und rief sich selbst zum König aus. Leider können mir meine Spione nur wenig über diesen Menschen sagen. Er ist ein Jude, namens Christus; wie man mir gesagt hat, ist er mit wunderbarer Macht begabt und fesselt seine Anhänger durch Zauber an sich. Diese verbergen ihn mit unverbrüchlicher Treue und darum ist er mir auch bis jetzt stets entkommen."

Fast mir einem Lächeln hatte der freigelassene Volgus der Unterhaltung gelauscht. Jetzt schob er sich an eine mehr in der Nähe der Gesellschaft stehende Säule hin, verhielt sich aber stille und beobachtete nur aufmerksam Brabanos Gesicht.

Inzwischen hatten Sklaven Fackeln auf die Veranda gebracht und zündeten jetzt die silbernen Lampen an. In der Halle hing über einem Marmorbecken eine Kugellampe von der Decke herunter und warf ihre Strahlen auf den sprudelnden Springbrunnen, der die um den Rand des Bassins stehenden Sträucher und Blumen mit feinem Sprühregen übergoss. Das Licht aus der Halle vermischte sich mit den Strahlen der Lampen in der Veranda und erfüllte die Halle und Portikus mit einem milden, goldenen Schein.

Bei den Worten Lucius machte sich auf Brabanos Gesicht zunehmendes Interesse bemerkbar, ein Interesse, dass sich fast zur Aufregung steigerte.

„Fahre fort", bat Brabano, als der Hausherr jetzt innehielt. „Was weißt du noch mehr von diesem Christus?"

„Nichts weiter", antwortete Lucius etwas erstaunt.

„Wie ich dir schon gesagt habe, kann ich fast gar nichts über ihn erfahren."

„Ich weiß etwas von dieser Sache, edler Herr." erklang jetzt die Stimme des Freigelassenen.

„Du? Von was?"

„Nun, von dem Christus, von dem du eben gesprochen hast."

„So! Was weißt du denn von ihm?"

„Wie du gesagt hast, handelt es sich um eine Sekte unter den Juden", erklärte Volgus. „Ich kenne einen Fechter, einen Thraker, namens Selma, der ist in ihre Hände gefallen. Die Leute kamen in die Fechtschulen und lockten ihn in ihre Versammlungen beim Fischmarkt und Selma ließ wirklich die Gladiatoren im Stich und predigt jetzt diese neue Lehre in Korinth. Da ist für einen schlechten Zweck ein guter Kerl zugrunde gegangen. Aber schlau, wie die Füchse sind diese Juden! Dieser Christus war ein jüdischer Dichter, er ist aber schon lange tot!"

„Das zu hören ist mir eine Erleichterung, obgleich dann die Löwen um ihn betrogen sind", sagte Lucius mit einem tiefen Seufzer. „Es ist eine alte Erfahrung: wenn die Anführer gefallen sind, erlischt eine Verschwörung nach kurzer Zeit. Die Bösewichter müssen nun bald in die Hände meiner Soldaten fallen und nach den Spielen wird keiner mehr übrig sein, der Rom mit Feuer bedrohen könnte. Ist dieser Christus hier in Rom gestorben?"

„Nein, edler Herr", sagte Volgus mit einem Blick auf die funkelnden Augen Brabanos. „Er ist nie hier gewesen. Der Jude Paulus, der, wie du ja weißt, mit meinem Herrn Fabian von Cäsarea hierherkam, ist ein Priester dieses Christus und spricht fast von nichts als von seiner Religion. Ich habe ihn sagen hören, Christus sei vor Jahren in Palästina getötet worden."

„Was soll das heißen?", rief Lucius ungeduldig. „Haben mich denn meine Offiziere betrogen?"

„Beruhige dich, guter Lucius", sagte Brabano ruhig. „Jetzt weiß ich, woran ich bin; der Name hat mir die Sache erklärt. Dieser Christus war ein edler Jude, der einst viel von sich reden gemacht hat; zur Zeit des Tiberius ist er unter dem Statthalter Pontius Pilatus hingerichtet worden. Diese Leute hier sind nur seine Anhänger."

„Seine Anhänger – und was war er selbst?"

„Er war", – Brabano hielt einen Augenblick inne und fuhr dann zu sprechen fort – „er war ein wunderbarer Mensch mit wunderbaren Kräften, für etwas anderes kann ich ihn nicht halten. Die Betrachtung seines Lebens ist sehr gefährlich für einen Mann mit meinen philosophischen Ansichten."

„Ich will dir sagen, was dieser Christus war, edler Oheim", rief Myrrha lebhaft und mischte sich damit zum ersten Mal in das Gespräch. „Er war ein Gott."

„Ein Halbgott genügt; wir werden doch den Juden nicht mehr als den Griechen zugestehen", sagte Valentina lachend.

„Sonderbar, dass bei uns Römern keine Götter erstehen", sagte Paolo, der ohne alles Interesse dem Gespräch zugehört hatte.

„Ja“, gab Valentina lachend zur Antwort, „da die Eroberer der Welt nicht viel mit dem Himmel gemein haben, stehe ich diesen ausländischen Gottheiten etwas zweifelhaft gegenüber. Ein jüdischer Gott muss doch ein recht ärmliches Ding sein.“

„Dieser Christus war sehr arm“, bemerkte Brabano nachdenklich. „Der Überlieferung nach war er zwar aus edlem Geschlecht, aber doch nur der Sohn eines Zimmermanns in Nazareth.“

„Und doch hat mir meine Mutter erzählt, der Fürst der Finsternis habe ihm alle Schätze der Welt angeboten“, sagte Myrrha.

In Brabanos Augen blitzte es hell auf; seine Blicke hafteten so durchdringend auf dem schönen Antlitz der Jungfrau, dass diese verwirrt das Köpfchen senkte.

„Und was sie gesagt hat, wollen wir als wahr annehmen“, sagte der Arzt sanft. „Er war also ein Gott.“

„Wie kommt es, dass ich jetzt erst all das höre?“, rief Lucius. „Seit Wochen arbeiten meine Leute im Judenviertel und täglich statten sie mir ungenügende Berichte ab. Und nun erfahre ich hier in meinem eigenen Hause Dinge, nach denen ich draußen vergeblich geforscht habe.“

„Du solltest dir deine Spione besser ziehen, lieber Vater“, rief Valentina lachend.

„Ich habe schon in meiner Kindheit von diesen Dingen gehört“, sagte Myrrha. „Mein Vater war ein Anhänger des Christus.“

„Dein Vater!“, rief Brabano freundlich. „Was sagt er?“

„Meine Erinnerungen sind sehr undeutlich“, antwortete sie. „Mein Vater Lucius hier kann dir sagen, wie wenig ich meinen leiblichen Vater kannte.“

„Ja, das ist wahr“, sagte Lucius seufzend. „Es scheint lange her zu sein und doch ist das Kind noch sehr jung. Ich war mit meinen Legionen in Sizilien, wo eine Empörung gegen unser Heer ausgebrochen war. Im Aufruhr war Myrrhas Vater, ein Sizilianer, unschuldiger Weise getötet und sein Haus zerstört worden. Um sich zu retten, flüchtete seine Frau mit Myrrha und deren Bruder in mein Zelt. Erinnerst du dich der schönen Frau nicht mehr? Sie lebte hier im Hause der Drufa. Ich brachte die Mutter mit den Kindern hierher nach Rom, aber unterwegs verloren wir den Knaben. Empört über den Tod seines Vaters, den er meinen Leuten zuschrieb, schlich er sich eines Nachts davon und lief in die

Wälder. Das Herz seiner Mutter brach beinahe vor Schmerz über den herben Verlust. Ein paar Jahre lebte sie noch in tiefer Trauer dahin und nach ihrem Tode wurde Myrrha ganz unser Kind."

Der liebevolle Blick, mit dem er bei diesen Worten Myrrha betrachtete, zeigte klar genug, welche Stelle das Mädchen in seinem Herzen einnahm.

„Und war der Vater wirklich ein Christ?", fragte Brabano.

„Ja. Aber das Kind trifft keine Schuld."

„Sicher nicht. Und sollte es selbst der Fall sein, so wären meine Lippen die letzten, die Myrrha darüber zur Verantwortung ziehen würden."

„Wie mein Vater, so war auch meine Mutter eine Anhängerin des Christus", sagte Myrrha. „Deshalb tut es mir auch sehr weh, dass die Menschen, die denken, wie meine Eltern dachten, ein solch schweres Schicksal zu tragen haben."

„Sie stehen eben beim Kaiser in Ungnade", antwortete Lucius.

„So ist´s", bestätigte Brabano, „und als Paolo vorhin sagte, es gebe keine Götter unter den Römern, vergaß er unsere heimische Gottheit."

„Der Gründer dieser Sekte mag ja recht edel gewesen sein, sonst wäre deine Mutter sicher nicht seine Anhängerin geworden, Kind. Aber die Sekten ändern sich und jetzt treiben diese Leute Zauberei. Ich zweifle überhaupt, ob das dieselbe Religion ist."

„Die Sekte ist jedenfalls dieselbe, wenn jetzt vielleicht auch andere Gebräuche bei ihr herrschen", sagte Brabano. „Hat sich doch sogar die Art der Isisverehrung geändert, seit ich sie kenne und die Priester der Kypris und des Asklepios wechseln die Formen ihrer Gottesverehrung, wie sie ihre Kleider wechseln. Wenn ich wollte, könnte ich ihre Tempel kaufen und Weinschänken daraus machen. Halten jene Leute Versammlungen hier in der Stadt, Volgus?"

„Im geheimen", erwiderte der Freigelassene. „Vergebens habe ich versucht, Näheres darüber zu erfahren. Ehe ich mit meinem Herrn in den Osten reiste, hatte ich davon gehört, aber Bedeutung hat die Sache für mich erst bekommen, als ich den Gesprächen zuhörte, die mein Herr mit dem Juden Paulus führte. Ein merkwürdiger Mann, erlauchter Lucius, wie mein Herr Fabian sagt und auch die Fürstin Berenike ist seiner Ansicht, auf die Paulus einen tiefen Eindruck gemacht hat."

„Auch meine Soldaten erzählen von geheimen Versammlungen, wenn diese Sekte tatsächlich dieselbe sein sollte, woran ich jetzt zweifle", sagte Lucius. „Fabian hat mir gegenüber nichts davon erwähnt."

„Dazu hatte er gar keine Zeit, lieber Vater", sagte Valentina. Er war ja nur einen Augenblick hier, um uns zu begrüßen und hat deshalb versprochen, heute Abend herzukommen."

„Das ist wahr und dieser Paulus, den er mitbringen will, ist also ein Priester dieser Sekte", sagte Lucius nachdenklich. „Zweifellos können wir da genaue Auskunft über die Christen erhalten. Wenn das wahr ist, wäre es ein glücklicher Zufall für mich und würde den Priester keinen Schaden bringen. Fabian kann dafür sorgen, dass er frei ausgeht und wir verhaften nur die Unwürdigen seiner Glaubensgenossen und die, welche Zauberei treiben."

„Paulus wird sicher keinen einzigen verraten, edler Herr", rief Volgus lachend. „Jahrelang hat er seines Glaubens wegen im Gefängnis gesessen und sein heißester Wunsch ist, so zu sterben wie sein Herr. Von all diesen Dingen wird viel in den Fechtschulen gesprochen und diese Juden haben den Gladiatoren ein Leben nach dem Tode versprochen, falls sie in dem neuen Glauben sterben. Die Leute, die es mit diesen Juden halten, würden sich lieber von den wilden Tieren zerreißen lassen, als ihre Freunde verraten. Die jüdischen Frauen legen ihnen ein Siegel auf die Lippen."

„Könnten wir jetzt nicht diese Geschichte ruhen lassen, bis Fabian kommt?", fragte Paolo. Das Gespräch langweilte ihn und er wollte von etwas anderem reden. „Heute war ich in meiner Fechtschule, in jener beim Tempel der Vesta; dort wurde der alte Volgus sehr vermisst."

Der Freigelassene drückte durch ein behagliches Grunzen seine Befriedigung über diese Worte aus.

„Es tut einem gut, in der Welt draußen gewesen zu sein, Paolo", sagte er. „Auf meiner Reise mit meinem Herrn habe ich nichts entbehrt, weder die Arena noch die Fechtschulen. Alle die Gefahren, die mir hinter dem kleinen Schild drohen, sind nichts im Vergleich mit den Gefahren auf hoher See, dem Schiffbruch und all dem Unheil, das uns, wie du wohl schon gehört hast, auf der Heimreise zugestoßen ist."

„Mag sein, aber, Volgus, in der Fechtschule ist ein Gallier, der kürzlich gekommen ist. Er hat dort und auch im Amphitheater in

Pompeji seine Kunst geübt. Heute kämpfte er mit deinem Lieblingsschüler und hat ihn gehören verhauen."

„Den Marturen besiegt!", rief der Ex-Gladiator. „Das muss ich selbst mit ansehen!"

„Tu das nur", rief der junge Mann lachend. „Sie haben gesagt, er würde auch dich unterkriegen."

„Wer hat das gesagt?"

„Camor, Virgil, Placidus – alle haben es gesagt."

„Mit dem Schlagriemen?", fragte der Freigelassene. „Und was hast du dazu gesagt?"

Der junge Mann betrachtete Volgus spöttisch.

„Alter Volgus, ich habe dich zwar manchen niederwerfen sehen, nachdem ich aber den Gallier erblickt hatte, verstimmte ich."

„Er will dich nur necken, lieber Volgus", rief Valentina.

„So", sagte der Fechter verächtlich. „Diesen Gallier will ich mir einmal besehen. Beim Herkules! Aber so viel weiß ich, der gute Fabian hätte gleich eine treffende Antwort bereit gehabt, wenn ich abwesend gewesen wäre und mich nicht hätte selbst verteidigen können."

„Fabian hat den Gallier noch nicht gesehen", bemerkte der junge Mann.

„Morgen werde ich ihn in der Fechtschule aufsuchen", sagte Volgus. „Und meine holden Gebieterinnen müssen mitkommen und sehen, wie ich dich beschäme und dir dazu noch eine Wette abgewinne. Sie dürfen doch mitgehen, erlauchter Lucius?", fuhr er fort, sich an diesen wendend.

„Er will dich nur necken, alter Geselle", antwortete Lucius. „Meine Tochter hat es dir ja gesagt. Aber mit dem Gallier magst du dich messen, ich habe nichts dagegen. Wenn er dir nur standhält, schlägst du ihn sicher zu Boden."

„Da hast du deine Antwort, edler Paolo!", rief Volgus frohlockend.

„Dürfen wir mitgehen, Vater?", fragte Valentina lebhaft.

„Nein", sagte Myrrha ängstlich. „Diese grausamen Spiele sind mir zuwider und Volgus hat seine Ruhe verdient. Er hat mir auch versprochen, nicht mehr zu fechten."

„In der Arena, holde Herrin. Aber du willst doch nicht, dass ich aus Mangel an Übung einroste?"

„Es ist tatsächlich nur etwas Übung für Volgus, Liebling, nur ein Zeitvertreib", sagte Lucius. „Geh nur und sieh, wie er diesen Emporkömmling bestraft. Du willst doch deinen alten Beschützer nicht beschämen lassen."

„Ho ho!", rief Volgus. „Sicher nicht!"

„Willst du wetten?", fragte Paolo.

„Mein Halsband gegen dreihundert Sesterzen, natürlich auf Volgus!", rief Valentina.

„Auch ich will auf ihn wetten", sagte Myrrha. „Wenn wir doch gehen, will ich auch etwas gewinnen."

„Nimm deinen Beutel in Acht, edler Paolo", rief Volgus.

„Ich will ein Halsband gewinnen, das ich meiner Liebsten schenken kann", sagte Paolo, seine Notiztafeln herausziehend. „Mit der lieblichen Myrrha will ich aber auch noch wetten. Armer Volgus!"

Mit verächtlichem Lachen zog sich der Gladiator auf seinen alten Platz an der Säule zurück, während Paolo Valentina lächelnd ansah.

„Es kommt jemand", bemerkte Lucius, als zwei Personen auf dem Weg von der Treppe her aus dem Dunkel auftauchten.

„Das ist Fabian", sagte Myrrha. Unwillkürlich erhob sie sich etwas, setzte sich aber schnell wieder.

Und die lebhaft geröteten Wangen ließen die Jungfrau noch schöner als sonst erscheinen.

Der Apostel

Fabian stellte seinen Gefährten vor und setzte sich dann zu den jungen Mädchen. Aus Myrrhas Augen leuchtete die Freude über seine Anwesenheit und er fühlte das wohl; aber trotzdem gehörte in diesem Augenblick sein ganzes Interesse dem Juden, den er als den Apostel einer neuen Lehre erkannt hatte. Und diese Lehre erfüllte jetzt den jungen Römer mit Achtung, wenn nicht gar mit tiefer Ehrfurcht. Seine Verwandten kannten zwar die Hauptereignisse seiner Rückreise von Cäsarea, aber von dem eigenartigen Charakter seines Reisegefährten, der heute ihr Gast war, hatte Fabian ihnen nichts gesagt. Sie sollten durch eigene Beobachtung die Bedeutung von dessen Aufgabe und des von ihm bekannten Glaubens auf seinen Onkel und dessen Familie machen würde, konnte Fabian nicht vorhersehen; aber durch allerlei früher gemachte Bemerkungen Myrrhas, deren Bedeutung er jetzt erst verstand, vermutete er, das junge Mädchen stehe dieser seltsamen Religion nicht ganz fremd gegenüber, sondern habe schon in ihrer Kindheit davon sprechen hören. Fabian wurde durch das Benehmen seines Begleiters in keiner Weise enttäuscht. Der Apostel hatte zu viel von dem Leben und Treiben der Welt gesehen, um sich nicht in jeder Gesellschaft zurechtzufinden. Den Mann, der das Leben so gründlich kannte, der in so vielen Herzen bis auf den tiefsten Grund geblickt hatte, konnten menschliche Macht und Gewalt nicht mehr mit Scheu erfüllen. Paulus beantwortete freundlich die an ihn gestellten Fragen. Sein ruhiges, ernstes Wesen zog alle an; bald fühlten sie den Zauber seiner Persönlichkeit und besonders auf Brabano machte er einen tiefen Eindruck. Mit scharfen Augen beobachtete der Arzt den Apostel aufs gründlichste und sein Scharfblick erkannte gar wohl die unter dem ruhigen Äußeren verborgene Kraft, das edle Metall, das unter den prüfenden Hammerschlägen einen hellen Klang geben würde.

Fabian beteiligte sich nicht an der Unterhaltung; schweigend betrachtete er Myrrha, deren Schönheit sein ganzes Herz erfüllte; wie schon so oft bewunderte er die Lieblichkeit ihres Profils und die zarte Anmut ihres Antlitzes.

Der Apostel hatte wohl die Schönheit des Besitztums und die hervorragende Pracht des Hauses bemerkt, eine Pracht, durch die sogar der Glanz des kaiserlichen Palastes in Cäsarea und die Wohnungen der reichen Byzantiner und Athener in Schatten gestellt wurden. Durch die hellerleuchteten Fenster sah Paulus die kostbaren Kunstschätze, die aus den verschiedensten von den Römern besiegten Ländern hierhergebracht worden waren; doch erweckte all diese Herrlichkeit keine Spur von Neid in ihm, nein, sie machte ihn nur nachdenklich, denn er kannte die Wertlosigkeit des vergänglichen Reichtums. Als er die Verwandten seines Freundes besuchte, war sein ganzes Herz erfüllt von dem erhabenen Zweck seines Lebens; er wollte den Freund und dessen Lieben alle retten – sie alle dem Gott zuführen, den er anbetete. Sein von Natur strenges und ernstes Wesen war jetzt ganz von Liebe durchdrungen; jeder Augenblick war dem Dienst seines gekreuzigten Herrn gewidmet. Wohl hatte der Widerstand, der ihm seit Beginn seiner Arbeit entgegentrat, der Hass, den seine Lehre bei den Ungläubigen entzündete, und die tiefgehende Feindschaft seines eigenen Volkes, das sich durch seine Worte getroffen fühlte, seinen Charakter immer mehr gestählt, aber sein Herz war dabei nicht hart geworden. Sein inniger Glaube hatte sein ganzes Wesen gemildert und obgleich er stets furchtlos und offen redete, verletzten seine Worte doch nie. Der Apostel bemerkte bald das Interesse, dass er in Brabano geweckt hatte und seine innersten Entschlüsse erhielten dadurch neue Kraft.

Fabian kannte den Leibarzt, seine Macht und seinen Reichtum recht gut; aber obwohl Brabano für den jungen Soldaten eine warme Freundschaft zeigte, hatten die beiden bis jetzt doch nur oberflächlich verkehrt, selbst damals, als Fabian noch häufiger in der nächsten Umgebung Neros zu finden war. Der Unterschied im Alter erklärte das teilweise; doch zeigte Brabano noch viel Jugendlust und suchte eher die Jugend und ihre Freuden auf, als dass er sie mied. Den Spielen im Amphitheater wohnte er mit einer Regelmäßigkeit an, die ein Wohlgefallen an den Gräueln dort verriet, was Fabians Verwunderung erregte. Übrigens war die Freude an den grausamen Spielen bei Leuten vom Range des Leibarztes nicht ungewöhnlich; sie gehörte eigentlich zum guten Ton, denn die Arena stand ganz unter dem Einfluss des Hofes und der Kaiser selbst gab dort die nötigen Befehle. Der Senat machte geltend, das Volk verlange die Spiele und benutzte dies als Vorwand, die Erlaubnis zu gewähren. Immerhin gab es auch in Rom genug Leute, die sich von Zeit zu Zeit gegen diese Gräuel auflehnten. Trotzdem das Volk durch Krieg und Blutvergießen aller Art recht verroht war, fühlte sich doch der nie ganz ausgestorbene Bürgersinn, der Rom zu einem geordneten Gemeinwesen gemacht hatte, von diesen Grausamkeiten beleidigt. Der Mutterinstinkt und der Familiensinn erstarkten in den kurzen Friedenszeiten immer wieder und machten sich in dem Herzschlag des Volkes bemerkbar. Fabian wusste nur wenig von diesen Zuständen, aber Paulus erkannte sie und hoffte, es werde aus dieser in die Herzen gestreuten Aussat der wahre Glaube emporsprießen, der sich über die ganze Welt verbreiten und eine reiche Ernte bringen sollte. Aber diese sanfteren Empfindungen begannen in den Herzen der Römer erst zu keimen und ihr Wachstum war sehr langsam. Im großen Ganzen war das römische Volk wirklich verroht. Nero wusste das wohl und seine Ratgeber machten es sich zunutze. Burrha erklärte, das Amphitheater bilde tüchtige Soldaten heran, Seneca passte seine Philosophie dem Gewissen seines Herrn an und behauptete, Grund der Unbesiegbarkeit Roms sei die Tatsache, dass das zum Schlag erhobene Schwert niemals durch Mitleid zurückgehalten worden sei. „Der wahre Soldat“, sagte er, „muss vernichten. Hat er seinen Feind erschlagen, so kann ihm niemand mehr sein Anrecht an die Beute streitig machen.“

So viel man beurteilen konnte, führte der Leibarzt der Kaiserin ein sittenreines Leben. Wo er es für nötig hielt, teilte er mit vollen Händen Geschenke aus, denn Bestechung war eines der Mittel, durch das man zu Macht gelangen konnte, aber er war kein Heuchler. Lucius achtete ihn sehr hoch und Brabano brachte ihm dafür treue Freundschaft entgegen. Im Senat hatte der Leibarzt außer Lucius noch andere Freunde, die seine Gesinnung teilten. Sie alle waren zwar an die Sitten ihrer Zeit gewöhnt, aber sie verabscheuten Verbrechen und Grausamkeiten; den Krieg hielten sie des Erfolges wegen sehr hoch und waren stolz auf die römische Weltherrschaft; sie liebten Rang und Würden und maßen ihren eigenen Stellungen großen Wert bei; aber Sie waren weder gemein noch sinnlich. Obgleich sie den Gelagen am kaiserlichen Hof beiwohnten, verachteten sie doch den Tyrannen, unter dessen Herrschaft sie standen. Nur ihre Machtlosigkeit und jene Treue, die edlen Naturen stets der Regierung entgegenbringen, der sie untertan sind, hielten sie von offenem Aufstand zurück.

Als Fabian halb träumend der Unterhaltung zuhörte, kam ihnen plötzlich der Gedanke, wie wichtig der Einfluss des mächtigen Arztes auf das noch unentschiedene Schicksal des Apostels in Rom sein könnte. Er wusste wohl, welchen Widerstand die Predigt des Paulus erregen würde, begriff aber auch, dass dieser sich durch keine Furcht beeinflussen lassen würde. Und Rom war Rom, mit einem Nero als Kaiser, außerdem standen die Spiele zu Ehren Neptuns nahe bevor. Vor dem kaiserlichen Zorn war selbst der Höchststehende nicht sicher und Paulus kannte keine Furcht. Die Lehre: „Liebe deine Feinde!“, würde einem Tyrannen nicht versöhnen und schon der Gedanke, seinen Feinden zu vergeben, war am Kaiserhofe Ketzerei. Fabian sah deutlich, dass sein neuer Freund am Rande eines Abgrunds dahinschritt und dass auch ihm selbst Gefahr drohte. Bis jetzt war diese zwar noch nicht sichtbar, aber sicher wuchs sie und nahmen feste Gestalt an, sobald Paulus in Rom bekannt wurde. Und noch mehr! Der junge Mann fühlte deutlich, dass in diese Gefahr auch seine Verwandten mit hineingezogen werden mussten. Aber trotz alledem konnte er dem Drang seines innersten Herzens nicht widerstehen, den neu erwachten Empfindungen treu zu sein.

„Hast du schon am Altar der Isis den Dank für deine glückliche Ankunft in Rom dargebracht?“, fragte jetzt Brabano.

„Nein“, antwortete der Apostel ruhig. Lucius verstand den Sinn dieser Frage wohl und lauschte mit gesenktem Kopfe.

„Der Tempel ist wunderschön“, fuhr Brabano fort. „Die Skulpturen und Fresken sind aus Athen und der Marmorfußboden schmückte einst den Tempel in Jerusalem; obgleich von hohem Alter, ist doch alles sehr gut erhalten. Die Priester sind freigiebig und die Göttin ist äußerst huldreich.“

„Es gibt gar keine Göttin Isis“, sagte Paulus bestimmt. „Sie ist nur ein Steinbild, von Menschenhänden gemacht, für Lob und Bitte ebenso taub, wie jeder andere Stein. Geradesogut wie vor ihr, könnte ich vor einer dieser Säulen die Knie beugen.“

„Doch nicht“, antwortete der Arzt lächelnd. „Ein unerklärliches Etwas in uns selbst ist in diesem Bild der Isis verkörpert; und außerdem ist der Kult sehr alt.“

„Hast du je gehört, dass aus diesem Kult, so alt er auch sein mag, Gutes erwachsen ist?“, fragte Paulus.

„Die Priester versichern es“, sagte Brabano lächelnd.

„Behaupten sie auch, die Göttin werde nach dem Tode deine Seele erretten?“

Jetzt lachte Brabano hell auf.

„Wenn ich erst tot bin, bleibt wenig genug zum Retten übrig. Mein Vermögen mag der Kaiser nehmen und mein Andenken wird bald vergessen sein.“

„Meine Aussichten sind nicht so trostlos, wie die deinen“, sagte der Apostel. „Und auch dir winkt eine schönere Zukunft. Hättest du Lust, davon zu hören?“

„Das möchte ich wohl“, erwiderte Brabano ernst. „Erzähle mir davon, wenn du es kannst.“

„Weder ich noch ein anderer Mensch, der an den Herrn Jesus Christus glaubt, wird jemals sterben.“

Mit nachdenklicher Stirne hörte Lucius zu, aber Brabano sah dem Sprecher fest in die Augen.

„An welchen Christus?“, fragte er. „Ist´s der, der unter Pilatus in Jerusalem hingerichtet wurde?“

„Ja, dieser ist es und dieser Christus war der Sohn des lebendigen Gottes.“

„Sagte ich es doch, ein Halbgott“, mischte sich Valentina lachend ins Gespräch. Aber bei dem tadelnden Blick ihres Vaters senkte sie schnell das Köpfchen. Der Apostel wandte seine Augen, aus denen ein heiliges Feuer leuchtete, auf das Mädchen und einem unwillkürlichen Drang nachgebend, sah sie ihn an.

„Dieser Christus“, fuhr Paulus fort, „starb, um die Menschheit zu erlösen.“

„Von was erlöst er sie? Sagtest du nicht, du werdest nicht sterben?“, fragte Lucius verwirrt.

Brabano nickte zustimmend, als habe er dieselbe Frage stellen wollen.

„Nicht sterben meine ich in dem Sinne von nicht verloren sein", erwiderte der Apostel. „Mag auch mein Atem diese sterbliche Hülle verlassen, der Geist, der in dem zerbrechlichen Tempel dieses Leibes wohnt, er, der redet, hofft und liebt, wird ewig leben. Warum sollen wir sterben? Was ist der Zweck des Todes? Gibt es denn keinen Ort, wo wir für die hier auf Erden erduldeten Leiden entschädigt werden? Woher stammt die heiße Liebe, mit der Lucius die Seinen umfasst? Und wenn er sie selbst einmal nicht mehr beschützen könnte, würde er sich sicher an jemand wenden, der diese Macht hat. Lohnt es sich denn, zu leben, wenn wir nur für dieses Leben etwas zu hoffen haben? Aus diesem Gedanken allein kommt alle Bitterkeit des Todes."

„Jawohl und das ist auch natürlich", sagte Brabano.

„Nein, es ist ganz unnatürlich", fuhr Paulus nachdrücklich fort. „Es muss sich eine Antwort auf diese Fragen finden lassen. Und ich habe sie gefunden. Meine Lehre gibt nicht nur Hoffnung, nein, sie gibt Gewissheit."

Jetzt lauschten alle gespannt. Fulvia lehnte sich weit vor, um das Gesicht des Redners besser sehen zu können und Myrrhas strahlende Augen leuchteten in ungewohntem Glanz.

„Es ist Torheit, in der Natur nur vergängliche Schönheit sehen zu wollen", fuhr der Apostel fort. „Torheit, keinen ernsten dauernden Zweck in dem Himmel über uns, in der Erde unter uns, zu erblicken. Warum sollen wir fürchten, da hoffen doch so viel schöner ist? Warum sollen wir hassen statt lieben? Warum sollen die Menschen eine Beute des Todes werden, vor dem allen graut?"

„Dennoch hält der Tod unter uns seine Ernte", sagte Lucius. „Ich kenne ihn seit meiner Kindheit."

„Aber du hast ihn nie geliebt", antwortete Paulus milde. „Und wenn er in deinem Familienkreis tritt, wirst du darum nicht weniger weinen, du hättest denn erfahren, dass der Tod nur ein Schlafen ist, aus dem die, die du liebst, zu einem neuen besseren Leben in Christus, unserem Herrn, erwachen werden."

„Du wirst also aus dem Tode wieder erwachen?", fragte Brabano.

„Ja, mit allen, die den Herrn lieben und an ihn glauben."

„Und weiterleben?"

„In Ewigkeit!", sagte der Apostel feierlich.

„Sage uns mehr!“, rief Myrrha und es wurde ihr kein tadelnder Blick zugeworfen.

Lucius dachte nicht mehr an seine Pläne gegen die Christen. Die von Brabano dem Fremden geschenkte Aufmerksamkeit hatte sein Interesse geweckt; aber nun machten die soeben vernommenen Wort einen tieferen Eindruck auf ihn als alles, was er je zuvor gehört hatte.

Langsam begann der Apostel zu erzählen. Er berichtete von dem neuerschienenen Stern, von dem Hirten auf dem Felde, von dem Kinde in der Grippe zu Bethlehem und von der Bedeutung seiner Geburt; von seinem Leben bis zum Mannesalter, von seinem Lehren, seinen Leiden, seinen Sterben, seiner Auferstehung und der uns dadurch gegebenen Verheißung. Sogar Volgus schlich näher herzu, als er die bekannten Worte hörte, die seinen Herrn auf der Reise so tief ergriffen hatten. Die Lichter auf der Straße waren erloschen, ehe Paulus seine Erzählung beendet hatte.

Ein Fremdling in Rom

Der Morgen war weit vorgeschritten, als eine sehr vornehme Gesellschaft von vier Personen mit zahlreichem Gefolge den Marktplatz im Süden der Subura überschritt und die Via Sacra entlang ging. Auf dem Markte war zwar das Hauptgeschäft beendet, aber noch standen Leute genug umher, die sich für die zu so ungewöhnlicher Zeit daherkommenden Gesellschaft lebhaft interessierten und jedes einzelne Glied beim Vorübergehen neugierig betrachteten. In den Straßen Roms und in der nächsten Umgebung derselben waren Patrizier nichts Ungewöhnliches; sie bewegten sich häufig zwanglos unter der bunt zusammengewürfelten Bevölkerung der Weltstadt, waren aber gewöhnlich zu Wagen oder in Sänften und von einem bewaffneten Gefolge begleitet. Damit war auch die eben erwähnte Gesellschaft wohl versehen; voraus schritten zwei Soldaten von der Garde, feierlich in Helm und Brustharnisch und eine mit Lanzen und kurzen Schwertern bewaffnete Dienerschar schloss den Zug. Aber die Patrizier gingen zu Fuß und zwei von ihnen, zwei Mädchen, waren jung und so schön, dass sie der gaffenden Menge Ausrufe der Bewunderung und des Wohlgefallens entlockten. Bei festlichen Aufzügen des Hofes und bei den öffentlichen Spielen, wo sie auf den erlesensten Plätzen saßen, hatte das Volk diese schönen Jungfrauen schon oft gesehen und sie waren ihnen daher bekannt; als Anführer der römischen Leibwache war die stolze Gestalt des Lucius ohnedies den Leuten nicht fremd. Auch des Volgus muskelöse Riesengestalt war allen vertraut, denn ein Gladiator erregte ganz besonders in den von Plebejern bewohnten Stadtteilen stets die allgemeine Aufmerksamkeit. Der einstige Fechter stapfte vor den Soldaten her und hinter diesen Schritt Lucius mit Tochter und Pflegetochter in Paolos Begleitung.

Jetzt hatte die Gesellschaft ihr Ziel erreicht, denn die Soldaten hielten, dem zuvor erhaltenen Befehl gemäß, vor einem düsteren Hause und erwarteten das Herankommen ihres Gebieters. Die neugierigen Zuschauer hätten gar zu gerne gewusst, was solche vornehmen Leute zu so ungewöhnlicher Stunde in die Fechtschule führe; sie folgten ihnen also, allerdings in respektvoller Entfernung, bis fast an die Tore des großen Gebäudes. Vor dem Haus lag ein kahler, gepflasterter Platz, auf dem zur Abwehr der Müßigen und Neugierigen eine Reihe von niederen Stangen mit Warnungstafeln errichtet war. Der hohe Steinbau mit den kleinen Fensteröffnungen hatte rechts und links gewaltige runde Türme und den Eingang bildete ein dunkler Torbogen in der Mauer. Bedeckte Korridore führten vom Hauptgebäude zu einigen dahinter liegenden kleinen Häusern, die augenscheinlich als Wohnungen dienten, denn unter den hier bedeutend größeren offenen Fenstern waren Männerkleider zum Trocknen aufgehängt und an den Wänden in den Gemächern sah man Waffen, Schilde und Speere. Eine in die Augen fallende nachlässige Unordnung ließ auf das Fehlen jeder weiblichen Fürsorge schließen; das Ganze machte den Eindruck einer Kaserne. In dem größeren Gebäude, dass die Gäste nun betraten, herrschte mehr Ordnung. Ein großer, runder Platz in der Mitte des Raumes war sorgfältig gereinigt; von den ringsherum amphitheatralisch aufsteigenden Sitzen konnten die Zuschauer die Übungen in der ganzen Halle bequem übersehen. An den Säulen lehnten schwere eiserne Stangen und allerlei glänzend geputzte Waffen hingen an Ständern. Auf dem Boden lagen schwere Kugeln und Steine zum Stemmen und in dem großen anstoßenden Gang, der sich durch die ganze Länge des Gebäudes hinzog und durch eichene Säulen abgeteilt war, fanden sich überall Geräte zu Kraftübungen.

Ein Haufen herumstehender Männer wurde gleich auf die Fremden aufmerksam und betrachtete sie mit wohlwollendem Interesse. Alle die Männer waren sehr groß und von gewaltigem Körperbau; die stark hervortretenden Muskeln und Sehnen ihrer nackten Arme und Schultern gaben Zeugnis von großer, durch Übung gestählter Kraft und unbesiegbarer Stärke. Das waren die Fechter, die in der Arena zum Vergnügen des römischen Volkes kämpften, die Männer, die dem Schicksal ins Gesicht lachten und den Tod als einen Zeitvertreib betrachteten.

Mit großem Interesse sahen sich Valentina und Myrrha überall um. Obgleich sie den Spielen schon oft zu gesehen hatten, war dies doch ihr erster Besuch in der Fechtschule, wo zwar bevorzugte Patrizier nach

Belieben aus und ein gingen, aber die vornehmen Römerinnen seltene Gäste waren. Weder Valentina noch Myrrha fühlten sich Scheu oder verlegen; die Patrizierinnen waren sich stets ihres Ranges bewusst und hier waren ja nur Männer, deren einziger Anspruch auf Beachtung sich auf ihrer Körperkraft gründete.

Ein Gladiator trat vor; sein Benehmen zeigte, das er gewöhnt war, mit Patriziern zu verkehren.

„Willkommen, hochedler Feldherr!“, rief er und verbeugte sich dann tief vor den Jungfrauen. „Na, alter Volgus, es ist eine Augenweide, dich wieder daheim zu sehen. Was führt dich zu uns?“

„Eine Wette, Cainor“, sagte Paolo. „Gestern Abend erzählte ich von Calcus und da erklärte Volgus, den wolle er im Faustkampfe unterkriegen. Die edlen Damen hier haben auf seinen Sieg gewettet.“

„Mögen die Götter ihnen geneigt sein“, antwortete der Fechtmeister. „Ein edles Herz steht treu zum Freunde und der Glaube an den Sieg ist schon der halbe Sieg. Glück zu, alter Kamerad!“

„Holet den Gallier“, antwortete der Freigelassene kurz. „Meine Fechtkunst ist zwar alt, aber seit ich, wie auch du, mir in der Arena die Freiheit erkämpft habe, bin ich wieder jung geworden. Der Schlagriemen ist zwar für einen Gladiator nur eine ärmliche Waffe – aber ein junger Kant wie dieser Paolo soll mir meine hundert siegreichen Kämpfe nicht verspotten. Schlagriemen oder Schwert und Schild – mir ist alles recht.“

„Gut, alter Held“, sagte der Oberaufseher lächelnd. „Heh da, Virgil, rufe den Calcus!“

Mit funkelnden Augen kamen die Fechter bei diesem Worten ihres Meisters von allen Seiten herbei und versammelten sich auf dem freien Platz in der Mittel der Halle, indem sie Volgus beifällig und freundschaftlich zunickten.

Bald gesellte sich auch der Gallier zu ihnen, der rasch durch eine Hintertüre hereinkam.

Groß und schlank gewachsen, war Calcus die verkörperte Muskelkraft und Stärke. Sein dunkler, biegsamer Körper schimmerte förmlich im Lichte und unter der glänzenden Haut war das Muskelspiel deutlich sichtbar. Beim Näherkommen erinnerten seine Bewegungen an die Geschmeidigkeit des Tigers und die Augen funkelten wild unter den schwarzen Brauen.

„Auf zum Faustkampf, Bursche!“, sagte Cainor. „Ein altes Mitglied der Schule und der Arena will sich mit dir messen; er ist ein Freigelassener und dient jetzt dem erlauchten Lucius. Als der edle Paolo diesen schönen Frauen von deiner Geschicklichkeit erzählte, versprach ihnen der alte Volgus, mit dir zu kämpfen. Meinst du, du wirst mit ihm fertig werden?“

Der Gallier lächelte. Von den zarten Gestalten der Mädchen wandten sich seine Blicke der Riesengestalt seines Gegners zu und er betrachtete ihn aufmerksam vom Scheitel bis zur Sohle.

„Ja“, sagte er, ohne zu zögern. „Ich glaube schon.“

„Gut geantwortet!“, rief der Meister. Volgus fuhr bei diesen Worten auf und sprang schnell in den Kreis. „Mach´ dich zurecht, Junge! Es ist eine wichtige Stunde für dich, das kann ich dir sagen. Hier, Kinder, trefft alle Vorbereitungen!“

„Bravo, alter Volgus“, rief Virgil. „Es ist noch keine Woche her, da sagte Placidus“, – dabei deutete er auf einen als Schwertkämpfer in der Arena berühmten Riesen an seiner Seite – „wir würden dich sicher wieder einmal auf dem Kampfplatz sehen. Besser wäre freilich für dich das Schwert und ein anderer Gegner als dieser Gallier. Aber wenn du bei dem das Spiel verlierst, ist es wenigstens keine Schande.“

„Gut gesprochen, Virgil!“, rief der Meister. „Diese freundlichen Worte gereichen dir zur Ehre.“

„Auch ich danke dir“, sagte Myrrha und lächelte dem Athleten, dessen braunes Gesicht vor Freude strahlte, freundlich zu. „Ich habe auf meinen alten Freund gewettet.“

„Hoho“, grunzte Volgus, der seinen Mantel abgeworfen hatte und nun die Schlagriemen um seine Handgelenke befestigte.

„Glaubst du noch immer, Gallier, dass du ihn besiegen wirst? Jetzt aufrecht, Mann!“

„Halt!“, rief Lucius, indem er den Arm ausstreckte und gebieterisch um sich sah. „Wer sind denn die Fremden dort, Cainor?“

Dabei zeigte er auf zwei Männer, die etwas entfernt von den Gladiatoren standen und neugierig den Begebnissen zusahen.

Der eine war ein Jude, ein alter Mann mit weißem Haar und Bart, dessen ganzes Wesen eine gewisse Würde und vornehme Haltung zeigte. Seine Kleidung, obgleich einfach und dunkel, war doch sauber und aus gutem Stoff gearbeitet und der Stab, auf den er sich stützte, hatte einen goldenen Knopf. Aber sogar in der Weltstadt Rom fiel der Gefährte des Juden, ein fremdartig gekleideter junger Mann, durch seine ungewöhnliche Erscheinung auf. Dieser mochte etwas sechsundzwanzig Jahre zählen; seine Haut war zwar von der Sonne gebräunt, aber die Haare waren blond und die Augen tiefblau. In der hohen, prächtigen Gestalt und der stolzen Haltung des Fremdlings lag dieselbe ruhige Sicherheit, dasselbe edle Selbstbewusstsein, wie in dem Auftreten des Lucius.

Der junge Mann trug eine Tunika von grüner Seide und Stiefel aus Leopardenhaut; breite Riemen aus weißem Ziegenleder, zwischen denen die schwarzen Flecken des Fells heraussahen, umschnürten das Schuhwerk und die Beine bis über die Knie. Von der Schulter fiel ein roter, durch ein goldenes Achselband festgehaltener Mantel über den Rücken herab und an dem silbernen Gürtel hing statt des kurzen Schwertes der Römer ein langes, glänzendes Schlachtschwert.

Bei den Worten des Generals richtete sich der Fremde hoch auf und erwiderte unerschrocken dessen Blick; doch wurde das Feuer dieses Blickes durch die Achtung vor dem Alter und Rang des Patriziers sichtlich etwas gedämpft.

Der Jude berührte seinen Turban und kam mit tiefen Bücklingen demütig näher.

„Hinweg!", rief Cainor hastig, indem er ihm den Weg vertrat und ihm winkte, fortzugehen. „Geh, Zekiah, der edle Lucius befiehlt es. Wenn er fort ist, kannst du wiederkommen."

„Nein", sagte der Jude, zur Seite tretend und sich immer wieder verneigend. „Erst muss ich den erhabenen Lucius und seinen holdseligen Begleiterinnen meine Ehrerbietung beweisen. Kennen wir doch alle sein gutes Herz und die gnädige Fulvia ist meine Gönnerin. Aus meinem Laden bezieht sie die Bedürfnisse für ihren Haushalt und auch mit ihrem würdigen Bruder Regnus stehe ich in Geschäftsverbindung. Da die Türe zu dem Fechtsaal offenstand, bin ich mit meinem jungen Freunde nur eingetreten, um dem edlen General meinen ehrfurchtsvollen Gruß darzubringen."

„Es ist, wie er sagt, verehrter Lucius“, nahm Paolo das Wort. „Da er den Gladiatoren Geld borgt, hat er hier stets freien Zutritt. Er gilt für den reichsten Juden der Subura.“

„Oh, dieser Glückliche!“, sagte Lucius gutmütig lachend. „Mein Dank, guter Jude. Ich werde mich daheim nach dir erkundigen. Aber dein Begleiter sieht eher anspruchsvoll aus, das gefällt mir nicht.“

„Schön sieht er aus!“, murmelte Valentina leise. „In meinem ganzen Leben habe ich noch keinen Mann gesehen, der mit diesem verglichen werden könnte.“

„Pst!“, sagte Myrrha, warf aber dabei auch einen bewundernden Blick auf den Fremden.

„Er ist ein Fürst, ein Brite, erhabener Herr, der mir für die Zeit seines Aufenthalts in Rom empfohlen wurde“, sagte Zekiah. „Er hat einen sonderbaren Namen, Ethelred, aber ein ehrliches, aufrichtiges Herz.“

„Welch schöner Name!“, flüsterte Myrrha, während der Fremde nähertrat.

„Sei gegrüßt, junger Mann!“, redete ihn Lucius freundlich an. „Von Jugend auf habe ich eine Vorliebe für die Briten gehabt. Nie hat Rom ein edleres Volk besiegt. Nun weiß ich, wer du bist, freue ich mich, dich hier zu sehen. Nun aber zur Sache, Cainor!“

Volgus und der Gallier standen einander gegenüber und warteten ungeduldig auf das Ende des Gesprächs. Jetzt wurden sie Mittelpunkt der allgemeinen Aufmerksamkeit. Calcus trat vor, streckte, um das Gleichgewicht zu halten, die Arme aus und umkreiste schnell, mit katzenartigen Schritten und einem vor Eifer glühenden Gesicht, seinen Feind. Mit scharfem Blick und sichtlich zunehmenden Zorn folgte Volgus jeder Bewegung seines Gegners, dessen geschmeidige Gestalt ihn mit heraufgezogenen Achseln umschlich, aber dabei außerhalb des Bereichs

der mächtigen Arme blieb. Aufmerksam beobachtete der Gallier die breite Vorderseite, die Volgus darbot, während sich dieser langsam und bedächtig drehte, um den listigen Feind nicht aus den Augen zu lassen.

„Achtung, alter Koloss!", warnte der Fechtmeister, durch den sichtlich wachsenden Zorn seines alten Freundes ängstlich gemacht. „Du kennst ihn nicht!"

„Aber mich kenne ich", erwiderte Volgus. „Kann ich ihn erst einmal packen, so ist´s auch mit ihm zu Ende."

Mit flammenden Augen sahen die Gladiatoren dem Zweikampf zu. Ein Lächeln auf den verzogenen, verschmitzten Lippen, schlich der

Gallier, bald sich vorbeugend, bald sich aufrichtend, bald wie zum Angriff näherkommend, bald sich zurückziehend, um seinen breiten Feind herum. Stumm beobachteten die beiden Gegner einander.

Endlich aber ging der Gallier zum Angriff über. Wie ein Blitz fuhr er auf seinen Widersacher los, warf sich, wie, wenn er aus einem Katapult geschleudert würde, auf dessen sehnige Arme und sprang dann mit einer Schnelligkeit zurück, die ihn vor jeder Gefahr schützte. Zweimal klang es, als würde ein Stück harten Holzes zerbrochen und als der Gallier wieder wie eine Katze seinen Feind umschlich, spritzte das Blut aus einer klaffenden Wunde in des Riesen Wange und auf seiner breiten haarigen Brust zeigte sich ein roter Flecken.

Die Gladiatoren jauchzten vor Freude und ihr Geschrei hallte von der Decke wider; aber bald verstummten sie und wurden wieder ganz Auge.

Ein zweites Mal fuhr der Gallier mit katzenartiger Wildheit und Geschwindigkeit auf Volgus los; aber mit einem Griff packte ihn des Riesen gewaltiger Arm am Genick und warf ihn wie einen Ball in den Sand, doch auch wie ein Ball schnellte Calcus sofort wieder in die Höhe und auf die Beine. Volgus´ Hand war von der Schulter seines Gegners abgeglitten, wie, wenn dessen Körper mit Öl eingerieben wäre und obgleich der Rücken des Galliers eine blutende Schmarre hatte, lag auf seinem listigen Gesicht doch noch immer das verschlagene Lächeln und seine Augen funkelten zuversichtlich.

Ebenso schnell wie zuvor, machte der Gallier noch einen Angriff. Mit aller Kraft schlug Volgus zu; aber sein Schlag ging in die Luft; dagegen brachte den Riesen ein Stoß gegen die Augen fast zum Taumeln; doch fasste er sich schnell wieder und verteidigte sich so geschickt, dass Calcus sich genötigt sah, ihn wieder zu umkreisen und nun beobachtete Volgus seinen hinterlistigen Feind mit noch größerer Aufmerksamkeit und ließ ihn nicht mehr aus den Augen.

„Ist es noch nicht genug, lieber Oheim?“, fragte Myrrha ängstlich.

„Aber Kind“, lautete die Antwort, „sie sind ja kaum erst warm geworden und fühlen jetzt dasselbe Vergnügen an der Sache, das auch ich hundert Mal in der Schlacht empfunden habe. Diese beiden brauchst du nicht zu bemitleiden. Denke du nur an deine Wette, denn der Kerl ist unserem alten Volgus gewachsen.“

Von neuem griff der Gallier an; aber Volgus ließ sich auf ein Knie nieder und stieß jetzt von unten nach oben. Sein Feind überschlug sich zweimal, kam aber, ohne viel Schaden genommen zu haben, gleich wieder auf die Beine und gab den Schlag sofort zurück. Volgus hielt sich seinen Gegner zwar vom Leibe, aber seine mächtigen Schläge schienen gar keinen Eindruck auf die weichen Muskeln des Barbaren zu machen, der weder außer Atem kam, noch ermüdete.

„Einen Gegner seiner eigenen Art würde Volgus sicher zu Boden schlagen, dass er das Aufstehen vergäße“, sagte der Fechtmeister. „Aber dieser Gallier ist außerordentlich elastisch und stößt wie ein Sturmbock zu. Dieses Mal wird Volgus unterliegen, das sehe ich schon.“

Der Gallier hörte diese Worte und grinste dazu; schnell sprang er vor, aber des Meisters Rede ward ihm zum Verhängnis. Mit der ganzen Kraft seiner gewaltigen Arme schlug ihn der alte Gladiator auf den Kopf und wie ein Stück Holz fiel der dunkle Körper auf den Boden; nur die Muskeln zuckten und bebten noch, als er mit ausgestreckten Armen dalag.

„Genug!“, rief Lucius. „Gut gemacht, alter Held!“

Volgus lachte heiser und sein Blick ruhte auf dem gefallenen Feind.

„Beinahe wäre es schief gegangen“, sagte er. „Ich gestehe es offen, wäre es mir nicht um meinen Ruf und auch darum, dass ich meinem abwesenden Herrn Ehre machen muss, so würde ich diesen Kampf gar nicht zu meinen Siegen zählen. Überdies handelt es sich auch noch um die Wette meiner holden Gebieterin.“

„Du hast ihn doch nicht getötet, Volgus?“, fragte Myrrha gepresst. Mitleidig sah sie der leblosen Gestalt nach, die die Gladiatoren wegtrugen, während Cainor dem Sieger Glück wünschte.

„Oh nein, Myrrha“, antwortete der Freigelassene lachend. „In einer Stunde sticht er mit mir einen Krug Wein aus und trägt mir nichts mehr nach. Wenn Cainor diesem Gesellen den Schwertkampf lehrt, wird der sicherlich gar manchen niederstrecken, ehe er selbst über den Styr fährt.“

„Hier ist ja alles gut und glatt abgelaufen“, sagte Lucius. „Nun müssen wir aber aufbrechen, da wir doch noch den wilden Tieren in der Arena einen Besuch abstatten wollen.“

„Die sind schon gefüttert, edler Herr“, bemerkte der Meister. „Ich bin eben vorhin von dort zurückgekommen.“

Volgus kann hierbleiben und mit dem Gallier Freundschaft schließen, sobald dieser wieder bei Bewusstsein ist", sagte Lucius zu Cainor. „Gib aber auf die beiden acht, wenn sie beim Wein sitzen! Kommt, ihr Mädchen und du, Paolo, es wird spät."

„Wo ist der Brite?", fragte Myrrha leise Valentina, indem sie sich umsah.

„Das wollte ich dich eben fragen", erwiderte Valentina lachend. „Als der Gallier fiel, war er noch da; aber als ich mich im nächsten Augenblick nach ihm umwandte, waren er und sein Begleiter verschwunden."

Myrrha seufzte.

„Oh", sagte Valentina heiter. „Sein Freund ist in unserem Hause gut bekannt, also ist auch der Fremde leicht zu finden. Und nach den Blicken zu schließen, die er dir zugeworfen hat, bezweifle ich sehr, dass er uns davonlaufen will."

Der Löwe

Lucius und seine Begleiter verließen die Gladiatorenschule und gingen durch eine breite Straße dem Amphitheater zu. An der Ecke der Via Sacra warteten Sklaven mit Tragsesseln auf ihre Gebieter. Da es jedoch ein herrlicher Tag war, zog Lucius vor, zu Fuß weiterzugehen und gebot dem Sklaven, ihm zu folgen. Die mit Steinen gepflasterte Straße führte von einen der Schiffsläden am Tiber bis zu dem großen gewölbten Eingangstor an der Rückseite des Amphitheaters. Hier wohnten die Aufseher und Soldaten, deren Obhut die für die Spiele in Käfigen und Höhlen aufbewahrten wilden Tiere übergeben waren. An der Straße standen niedere Häuser mit kleinen Läden und als die jungen Mädchen, von Paolo sorgsam geleitet, daherkamen, wurden sie auch hier der Gegenstand bewundernder Blicke.

Cainor hatte sich mit vielen Bücklingen und langen Reden über die große, ihm durch den Besuch erwiesene Ehre von den Jungfrauen, deren Wangen noch jetzt von dem eben gesehenen aufregenden Kampfspiel glühten, verabschiedet.

„Ich kann euch einige prachtvolle Tiere zeigen", sagte jetzt Paolo voll Vergnügen zu den Mädchen. „Die Käfige sind alle ganz besetzt. Erst gestern habe ich mir mindestens hundert von den Bestien angesehen. Leider sind die zwei schwarzen Panther und das Rhinozeros aus Ägypten, von denen mir ein Matrose erzählt hat, noch nicht ausgeschifft. Hoffentlich lässt der Kaiser die Tiere auf die Gladiatoren los, denn wenn sich diese wilden Bestien nur untereinander bekämpfen, ist es kaum das halbe Vergnügen."

„Das Kämpfen überhaupt ist schrecklich", klagte Myrrha zusammenschauernd. „Wie man an solchen Grausamkeiten Freude haben kann, ist mir unbegreiflich."

„Es geht da wie beim Kriegshandwerk", sagte Lucius. „Die Freude daran kommt mit der Gewohnheit. Aber um so sanfter sind wir dann, wenn wir es mit der Liebe zu tun haben."

„Meiner Meinung nach sind die Liebe, der Krieg und die Arena unvereinbar miteinander“, lautete Myrrhas Entgegnung. „Vielleicht denke ich so, weil ich in meiner Jugend so viel Blutvergießen gesehen habe.“

„Nun höre einer das Kind!“, rief Lucius lachend. „Kaum neunzehn Jahre ist sie alt und spricht schon von ihrer Jugend! Ach, meine grauen Haare! – Ich wollte, sie wären wieder schwarz und ich wäre dem dunklen Fluss, dem Endziel meiner Reise, noch nicht so nahe!“

„Ist es dein Wunsch, so möchte ich auch, du wärest jünger; aber im Übrigen müsstest du genau so sein, wie du jetzt bist“, sagte Myrrha. „Du, mein geliebter Vater, bist ein Soldat, wie er sein soll und Vetter Fabian ist das auch. Brabano sagt, das Alter sei die Zeit edler Gedanken und mir will es scheinen, als ob die Lehre des Nazareners, von der uns der Jude Paulus sagte, mehr Trost bringen könnte als die stürmischen Erinnerungen an Krieg und Blutvergießen.“

„Ja, der Jude sprach gut“, bemerkte Lucius nachdenklich, „und obgleich seine Worte mir die Erfüllung meiner Pflicht erschweren, möchte ich ihn doch gerne noch einmal hören. Seine Reden haben allerlei Gedanken in mir angeregt und nur die Götter wissen, wie sie wieder zur Ruhe kommen sollen.“

„Gehört der Jude zu dem Gesindel, das drei Mal in der Stadt Feuer angelegt hat? Beim Zuhören gestern stieg dieser Gedanke in mir auf. Ich kann dir zeigen, wo die Flammen die Häuser auf dem Esquilin bedroht haben. Hätten die gütigen Götter nicht die Winde zurückgehalten, so wären Tausende von braven Menschen umgekommen“, sagte Paolo.

Lucius gab keine Antwort; schweigend, in Gedanken versunken, schritt er weiter. Auch die anderen verstummten, als sie jetzt durch die äußeren Mauern des Amphitheaters gingen und durch ein hohes Tor in einen großen umzäunten Hof traten. Von hier aus führten verriegelte Türen auf den Kampfplatz der Arena und hölzerne Treppen nach oben zu den Zuschauerräumen. Unter den hintereinander ansteigenden Bänken befanden sich in die gewaltigen Grundmauern eingebaute, vorne mit starken eisernen Stäben versehene große Käfige für die wilden Tiere. Von der Rückseite dieser Käfige führten steinerne Gänge auf unterirdischen Wegen weiter zu den Räumen, von wo die Bestien in die Arena losgelassen wurden. Mächtige Steinpfeiler stützten das massive

Gebäude, auf dessen obersten Rand, über den Galerien und Sitzen für das römische Volk, eine Bronzesäule mit dem römischen Adler stand, der seine Schatten auf die prächtige Kaisertribüne warf.

Beim Erscheinen des römischen Generals salutierte die Wache am Portal ehrfurchtsvoll und ersuchte ihn höflich, einen Augenblick zu warten. Auf ihren Ruf kam sofort ein Offizier herbei und begrüßte ehrerbietig die Gesellschaft.

„Ah, guter Elytes“, sagte Lucius, den Offizier erkennend. „Wir möchten gern deine Schützlinge ansehen; denn wie ich von Paolo höre, soll ja eine besonders schöne Sammlung da sein.“

„Diese Ehre werde ich nicht so bald vergessen“, erwiderte der Offizier. „Ja, es ist wahr, seit vielen Jahren – seit ich mit dir in Britannien war – bin ich schon hier, aber solche Tiere habe ich noch nie zuvor gesehen. Die Leute ahnen gar nicht, was der erhabene Kaiser ihnen zu bieten gedenkt. Erst gestern kamen neue Schiffsladungen an und unter diesen Tieren sind Prachtexemplare, wie Rom noch keine gesehen hat. Besonders ein Löwe ist da, der ist der gewaltigste seines Geschlechts; er übertrifft alle anderen Tiere weit und steht wie ein Herrscher unter seinen Stammesgenossen. Willst du den zuerst sehen?“

Ein fürchterliches Brüllen, das aus dem Boden zu kommen schien, übertönte die letzten Worte des Offiziers. Zuerst klang es nur wie dumpfes Grollen, wie ferne Donner; aber es wurde stärker und stärker, bis selbst die festen Mauern davon erbebten. Ein grauenvoller Chor fiel ein, denn die ganze Menagerie beantwortete das laute Gebrüll mit den verschiedensten Tönen des Schreckens oder des Trotzes und als der Lärm endlich abnahm, erhob sich noch einmal das schrille Aufheulen der Tiger und das heisere Trompeten der Elefanten, so dass sich die Mädchen erschrocken die Ohren zuhielten und an ihre Beschützer anschmiegten.

„Beim Mars!“, rief Lucius, als man seine Stimme wieder hören konnte. Das klingt ja wie das Getöse bei einer Schlacht.“

„Hier ist das ein wohlbekanntes Konzert“, sagte der Offizier lachend, „und die Nachbarschaft lässt sich dadurch eher in den Schlaf singen als erschrecken. Gestern haben der erhabene Kaiser und der edle Tigellinus meine Schützlinge besucht und besondere Anordnungen betreffs der

Tiere und der Christen getroffen. Von diesen schleppen mir deine Soldaten viele herbei."

„Ich kenne die Zahl der Gefangenen nicht", erwiderte Lucius bedrückt. Aber zweifellos werden die Befehle treu ausgeführt."

„Und doch werden alle Gefangenen nicht ausreichen, den Appetit zu stillen", sagte der Offizier und deutete mit einer Handbewegung auf die lange Reihe der Käfige. „Zwanzig Ochsen sind kaum für einen Tag genug." Auf einen Wink von Lucius führte Clytes nun die Gesellschaft aus dem abgeschlossenen Raum an die Käfige hin, hinter deren starken eisernen Gittern die muskelösen, gelbbraunen Körper ruhelos hin und her liefen. Ein scharfer, durchdringender Geruch berührte hier die Nasen der Anwesenden aufs unangenehmste.

„Sieh!", sagte Clytes, hielt vor einem starken Gitter an und zeigte mit seinem Stab hinein. „Hier ist der König der Wüste!"

Beim Näherkommen der Gesellschaft duckte sich das gewaltige Tier nieder; Paolo hatte Valentina zuvor noch auf die geschmeidigen Formen der schwarzen Panther aufmerksam gemacht, nun traten auch die beiden zu den anderen und betrachteten mit diesen das Ungeheuer. Seine wallende Mähne hinter den Eisenstäben glich einem kleinen Berge und seine gelben Augen funkelten den Besucher wild an.

Mit großen, Schrecken erfüllten Augen stand Myrrha regungslos da. Ein Zauber schien sie gebannt zu halten: die Bestie wurde für sie ein Schreckgespenst, das in ihrer Seele Bilder einer Zukunft hervorrief, an der sie selbst Anteil hatte. Als die dunklen Schatten vor ihren Augen deutlicher wurden, schauderte das junge Mädchen. Sie glaubte den Apostel Paulus zu sehen, von einem Kreis verhüllter kniender Frauengestalten umgeben und an ihr Ohr drang das Weinen kleiner Kinder und leises, unterdrücktes Schluchzen. Als Myrrha gerade die Hand hob, um das Bild von ihren Augen zu verwischen, sagte der Offizier mit Stolz:

„Caligula hat ihn der erhabene Kaiser genannt und Tigellinus hat beigestimmt. Bei ihrem gestrigen Besuch waren die beiden sehr heiter. Das Tier dort darf nicht getötet werden; ich soll es besonders sorgfältig hüten."

„Eine solche Bestie habe ich auch noch nie gesehen“, sagte Lucius bewundernd. Er hatte Myrrhas Erregung nicht bemerkt und trat nun, um besser sehen zu können, näher an den Käfig.

Des Römers Bewegung und das Wehen seiner farbigen Toga erzürnten den gewaltigen Gefangenen. Dumpf grollend zog er sich in den Hintergrund seiner Behausung zurück. Eine Zeitlang lag er in stillem Grimm zusammengeduckt da und beobachtete mit wildem, gefährlichem Feuer in den gelben Augen die Besucher, deren fortgesetzte Anwesenheit ihn mit Wut zu erfüllen schien. Dann sprang er auf und lief unruhig in seinem Käfig hin und her. Der Offizier stieß seinen Stab durch das Gitter und reizte dadurch den Löwen zu neuer Wut. Wieder legte er sich sprungbereit hinten im Käfig nieder. Sprang dann plötzlich mit einem gewaltigen Satz auf und stürzte sich mit der ganzen Kraft seines mächtigen Körpers gegen die Eisenstangen, die wie Rohr unter der Schwere dieses Gewichtes zerbrachen.

„Bei allen Göttern! Schnell, Mann, schnell!“, rief Lucius voll Schrecken und stellte sich vor die Mädchen. „Rufe die Wärter!“

Starr und stumm vor Entsetzen stand der Offizier da. Unfähig sich zu bewegen, sah er zu, wie die Tatzen des Löwen die Stäbe umrissen und die gewaltigen Schultern versuchten, sich durch die Öffnung einen Ausweg zu erzwingen. Paolo fasste Valentina bei der Hand und zog sie hastig fort und instinktiv, nur Sicherheit suchend, folgte sie ihm. Die Dienerschaft wartete vor dem Eingang, aber in der Nähe des Löwenkäfigs führte ein Torweg zu einem mit den hinteren Gängen verbundenen Platz, wo mehrere Wärter und Soldaten sich aufhielten; dahin eilte Paolo und riss Valentina mit sich fort, in der Erregung des Augenblicks an nichts als ihre Sicherheit und Rettung denkend. Weder er noch Valentina achteten auf Myrrha, die noch unter dem Einfluss der Schreckensbilder wie gelähmt dastand.

Mit der Geistesgegenwart des Soldaten eilte der General an die Seite des Offiziers und zog dessen Schwert aus der Scheide. Als er bemerkte, dass der Mann durch das unerwartete Ereignis alle Fassung verloren hatte, sprang er zu dem Käfig zurück, aus dem der Löwe mit Aufbietung aller Kraft in die Freiheit zu gelangen suchte und bemühte sich, diesen mit der Schwertspitze in seinem Gefängnis zurückzuhalten. Aber die dicke Mähne diente als Schild gegen die scharfe Waffe. Noch einmal presste der Löwe seinen schweren Körper gegen die beschädigten Eisenstäbe – der Weg war frei – und mit einem hohen Satz sprang der König der Wüste aus seinem Gefängnis; er rollte zwar in den Sand, erhob sich aber sofort wieder. Mit erhobenem Kopf und heftig schlagendem Schweif, doch sonst bewegungslos, stand er da, selbst überrascht von der unerwarteten Freiheit.

Mutig wie ein Jüngling ging der alte Soldat zum Angriff über. Um seinem Schwert die nötige Länge zu geben, beugte er sich weit vor und stieß nach dem Hals des Tieres; aber Arm und Schwert waren zu kurz und ein Stoß von der Tatze des Löwen warf Lucius zu Boden.

Indessen hatte der Offizier seine Fassung wieder erlangt und lief jetzt laut schreiend dem Hause, wo die Wachen sich aufhielten, zu. Myrrha aber stand allein, weiß und still wie eine Statue, dem wilden Tier gegenüber. Obgleich Lucius nicht verwundet war, versagten ihm doch nach dem entsetzlichen Schrecken die Glieder den Dienst. Er lag auf dem Boden und sah mit Todesangst in den Augen auf die gefährdete Jungfrau, war aber nicht fähig, den Warnungsruf auszustoßen, der ihm auf den Lippen schwebte.

Myrrhas verwirrte Gedanken wurden nun wieder klar. Sie dachte an Fabian – ihr Herz klopfte heftig und sie glaubte ersticken zu müssen; dann faltete sie die Hände über der Brust und sank auf die Knie. An dem Schicksal, das ihrer wartete, zweifelte sie nicht mehr und mit dem Mute der Schwachen und Hilflosen, der diesen in den Stunden höchster Gefahr aus einer göttlichen Quelle zufließt, neigte sie den Kopf und sah ihm gefasst entgegen. Obgleich furchtbar, würde die Qual nur einen Augenblick dauern – ein kurzer Schmerz – und alles war vorbei. Ihr zarter, schwacher Körper war ja fast ein Nichts für die großen Pratzen und vielleicht würde ihr befreiter Geist den Himmel finden, von dem der Apostel erzählt hatte und sie würde dann zu dem Leben eingehen, dessen Seligkeit, den Worten des Paulus nach, ewig dauert.

Der Löwe lag sprungbereit, sein ganzes Gewicht ruhte auf seinen kurzen, stämmigen Beinen. Aus seinem Rachen floss Speichel, was sein schreckliches Aussehen noch vermehrte und unter der Mähne glühten die Augen wie Feuer.

Aber ehe das wilde Tier zum Sprung ansetzte, erschien ein Haufen Männer vor dem Tor, durch das vorhin die Besucher hereingekommen waren. Zugleich kam auch die durch die Schreie des Offiziers herbeigerufene Wache an den Schreckensort. Plötzlich stand eine junge, kräftige Gestalt zwischen Myrrha und der sie bedrohenden Gefahr; ein roter Mantel wurde dem Löwen ins Gesicht geworfen; der Glanz einer langen Klinge blendete die wilden Augen und ein starker Arm umfasste die sinkende Gestalt der Jungfrau.

„Stütze dich auf mich“, flüsterte eine Stimme, bei deren Klang eine wundersame Erinnerung Myrrha durchzuckte. Trotz des Schreckens dieses Augenblicks hörten ihre betäubten Sinne diese Töne, wenn auch nur wie im Traum. Sie fühlte sich in die Höhe gezogen und wieder sprach die Stimme ganz ruhig, ohne Spur von Erregung oder Furcht:

„Ich stütze dich und halte den Löwen mit der Spitze meines Schwertes ab. Die Soldaten müssen sogleich kommen.“

Der Löwe hatte indes einen seltsamen und schrecklichen Gegner gefunden, einen Gegner, der die ganze Aufmerksamkeit des Tieres von seiner Beute ablenkte und es nur noch an Kampf denken ließ. Seine Tatzen hatten sich in die Falten eines Gegenstandes verwickelt, der die Farbe des Blutes hatte, dass der Löwe so gut kannte, in einen Gegenstand, der sonderbar schmeckte und sich an die Krallen hängte, die ihn doch zerrissen. Mit aller Gewalt zerfetzte das gewaltige Tier den Mantel, es stürzte mit wildem Gebrüll vorwärts, warf die Fetzen in die Luft und biss dann wieder wütend rein.

„Gut gemacht, junger Jude!“, rief die Stimme Fabians, der jetzt mit der Wache nahte. „Ich beneide dich um deine Schnellfüßigkeit. Bringe du die Jungfrau in Sicherheit, lieber Paulus und ich will meinen Onkel und dem tapferen Ritter mit dem Mantel beispringen.“

Mit diesen Worten eilte der Römer zu dem gefallenen Lucius, half ihm aufstehen und zog ihn dann schnell in der Richtung nach dem Platz fort, wo Paolo und Valentina Rettung gesucht hatten.

Der junge Mann, der zwischen Myrrha und den Löwen getreten war, folgte mit seinem Schützling den beiden Amiciern. Zuerst wollte ihm Fabian das Mädchen abnehmen, als er aber sah, dass Myrrha wohl geborgen, sein Onkel aber noch nicht sicher auf den Füßen war, ging er mit diesem zum Zufluchtsort. Während der Löwe noch mit den roten Fetzen kämpfte, die ihn für alles andere blind machten, erreichten sie den abgeschlossenen Raum hinter den Käfigen und die Türen schlossen sich zwischen ihnen und der Gefahr.

Auf die Rufe des Offiziers hatten sich die Wärter schnell versammelt und nachdem sie die Türen geöffnet und den Besuchern die Flucht ermöglicht hatten, standen sie nun mit eisernen Stangen und Stricken bereit, das entsprungene wilde Tier einzufangen.

„Fabian", rief Lucius, als er wieder frei atmen konnte und, sich auf seinen Neffen stützend, mit dankerfüllten Augen auf die geretteten Mädchen blickte, „Fabian, welch glückliches Geschick führte dich gerade jetzt hierher?"

„Diesen Morgen wollte ich dich mit Paulus besuchen und da du nicht daheim warst, folgten wir dir zum Amphitheater. Cainor hatte uns deine Absicht, hierher zu gehen, mitgeteilt und die Sklaven mit den Tragsesseln draußen am Tor sagten uns, du seiest wirklich hier. Bei unserem Eintritt hörten wir die Angstrufe der Wärter. Irgendeinen Unglücksfall vermutend, lief ich so schnell als möglich vorwärts und gleich darauf gesellte sich dieser junge Jude und sein Gefährte zu mir. Beim Jupiter, das war eine edle und mutige Tat! Komm, mein Freund und lass dir danken!"

Der also Angeredete trat langsam vor und stand bescheiden vor den Patriziern. Sein Auge ruhte auf dem Gesicht des von ihm geretteten Mädchens, das unter den zärtlichen Liebkosungen Valentinas die Fassung langsam wieder gewann. Als der junge Mann ohne Mantel, das lange entblößte Schwert noch in der Hand, ruhig dastand, konnte man erst recht deutlich seine biegsame, edle Gestalt erkennen.

„Außer deinem Begleiter Paulus und meinem Freund Zekiah sehe ich hier keinen Juden", sagte Lucius zu seinem Neffen. „Aber sieh nur, wie den die Furcht gepackt hat! Ich bezweifle, ob er je die Sprache wieder findet."

„Ja, wahrhaftig, du hast recht, hochedler Lucius", rief Zekiah und schwankte, auf seinen Stab gestützt, mit einem Gesicht so weiß wie sein Bart, vorwärts. „Bei dem Gedanken, dass die Tatzen dieses grausamen Tieres die holde Jungfrau zerreißen würden, stockte mir der Atem und als ich deine Gestalt auf dem Sand liegen sah, blutete mein Herz für die edle Fulvia. Gelobt sei Jehova für deine Rettung."

„Amen."

Durch dieses seine Dankesworte bekräftigende Amen überrascht, wandte sich der alte Mann nach dem mit gefalteten Händen dastehenden Paulus um. Die Augen der beiden grüßten einander vertraut; Zekiah berührte ehrerbietig mit den Fingerspitzen seine Brust und machte das Zeichen des Kreuzes darauf.

„Es ist schändlich, dass ich kein Schwert hatte", rief Paolo und stampfte zornig mit dem Fuße auf den Boden.

„Du hast genug getan", erwiderte Fabian freundlich und sah lächelnd in das finstere, neidische Gesicht. „Jedenfalls hast du Valentina gerettet und mehr hätte ein einzelner Mann nicht zu leisten vermocht."

„Der General stand aber ganz allein dem Löwen gegenüber", bemerkte Clytes im Vorübergehen, als er seine Leute durch das Tor führte.

„Das war von einem Amicier zu erwarten", erwiderte Fabian.

Demütig senkte der Offizier den Kopf und ging mit seinen Leuten weiter, um den Löwen einzufangen.

„Noch jemand stand dem Löwen allein gegenüber", sagte Paulus und sah den Fremden aufmerksam an.

„In der Tat!", erwiderte Fabian. Er wandte sich zu dem jungen Mann und fuhr fort: „Ob du nun Jude oder Germane bist – jedenfalls bin ich dein Freund mit Leib und Seele, mit Hab und Gut."

„Ich bin ein Brite und heiße Ethelred", sagte der Fremde. „Dem edlen Lucius bin ich schon einmal vorgestellt worden."

„Er ist ein Fürst, ein großer Fürst, erlauchte Herren", rief Zekiah.

„Fürst oder Plebejer gilt mir jetzt gleich", sagte Lucius. „Dein Schuldner bleibe ich jedenfalls für alle Zeit, mein tapferer Freund."

„Du gehst jetzt doch mit uns heim?", bat Fabian freundschaftlich. „Mein Haus gehört dir, wie das meines Onkels. Seine Wohnung ist in Rom wohlbekannt."

„Hab Dank", erwiderte der Brite, sich verneigend. „Ich wohne bei Zekiah, der schon lange in Handelsverbindungen mit meinem Vater steht und unsere Gelder in Rom verwaltet."

„Komm mit uns", drängte Fabian, „dann werden die Jungfrauen auch wieder Worte finden und dir mit den Lippen ebenso warm danken, wie jetzt mit den Augen. Ich und auch mein guter Onkel werden eifrig bestrebt sein, dich hier in Rom ganz heimisch zu machen. Wir stehen dem Hofe nahe und haben einigen Einfluss beim Kaiser."

„Ist das der Fall, so komme ich mit dir", sagte Ethelred. „Soviel ich höre, fertigt euer Kaiser die Fremden, die ihm nicht besonders empfohlen sind, ziemlich kurz ab. Schon bei dem Klange seines Namens fängt Zekiah zu zittern an. Ich habe gar nichts dagegen, dass er Rom so regiert, wie es sich die Römer gefallen lassen, solange wir es in Britannien nur mit seinen Legionen zu tun haben."

Zitternd und in Todesangst warf Zekiah dem Briten bei diesen offenen Worten warnende Blicke zu, die dieser aber nur mit einem Lächeln erwiderte.

„Du verstehst es, mit dem Heer in Britannien umzugehen, das hast du mir bewiesen", antwortete Lucius. „Aber du wirst doch unsere Bitte Folge leisten und unser Gast sein. Komm, Fabian, und du, Paolo! Führt die Mädchen! Daheim werden wir uns erst wieder wohl fühlen."

„Sie sind noch dabei, den Löwen einzufangen", sagte Paolo, der durch die Gittertüre die Leute aufmerksam beobachtete. „Sollen wir nicht warten?"

„Komm!", rief Lucius ungeduldig. „Ich möchte nicht vergessen, dass Clytes einst unter mir gedient hat; aber bei ruhigerem Blut empört mich der ganze Vorfall. Gehen wir, ehe ich jemand dafür verantwortlich mache!"

„Wir haben allen Grund, dankbar zu sein", warf Paulus ein. „Gott hat alles wohlgemacht."

Der Apostel sah fest in Ethelreds junges Gesicht.

„Kommt!", wiederholte Lucius mit zunehmendem Ärger. „Solange ich die Erinnerung an diesen Vorfall nicht abschütteln kann, wird mir das Amphitheater ein Gräuel sein."

Von den anderen gefolgt, schritt er dem Tore zu, vor dem die Sklaven mit den Sänften warteten. Sobald Clytes den Aufbruch bemerkte, verließ er seine Leute, trat schnell herzu und brachte einen ganzen Schwall von Entschuldigungen und Glückwünschen hervor, aus denen doch die Angst hervorschimmerte, das Vorgefallene könnte bei Hof ruchbar werden. Lucius wies den Bedrückten mit einer Bewegung ab, aber Valentinas und Myrrhas freundliches Lächeln richtete ihn wieder etwas auf und er fand Beruhigung in Fabians gütigem Benehmen.

Nachdem die Gäste fort waren, kehrte Clytes zu seinen Leuten zurück, denen es indessen gelungen war, Caligula wieder in einem Käfig zu sperren.

Tigellinus

Brabano führte keinen eigenen Haushalt. Unter den vornehmen und reichen Familien Roms herrschte zwar die Sitte, ein großes Haus zu machen; aber der Leibarzt hatte weder Frau noch Kind, weder Verwandte noch nahe Freunde. Früher hatte er eigenes, luxuriöses eingerichtetes Haus bewohnt, aber bei Neros Regierungsantritt war ihm eine prachtvolle Wohnung auf dem Palatin angewiesen worden. Hier fand er sich aufs Großartigste untergebracht und seine hohen, geräumigen Zimmer in einem Nebenbau des Kaiserpalastes boten eine herrliche Aussicht auf die kaiserlichen Gärten.

Obgleich einer der mächtigsten Männer Roms, hatte der Leibarzt doch keine Neider. Er war mächtig durch seinen Einfluss auf den Kaiser und auf Poppäa, erregte aber keinen Neid, weil er nicht auf diesen Einfluss pochte. Bei allen Festgelagen und Triumphzügen war er eine wohlbekannte Erscheinung; er trat aber stets ruhig und anspruchslos auf und wurde von den vielen Schmarotzern, die sich um die Person des Kaisers drängten, weder gehasst noch geliebt. Niemand wusste, woher Brabano stammte oder kannte die Geschichte seines früheren Lebens; seiner eigenen Aussage nach stammte er aus Alexandrien. Obwohl er zugab, Jude zu sein, verkehrte er doch niemals mit der jüdischen Bevölkerung; auch beteiligte er sich in keiner Weise an den Geschäften des Senats oder Heeres.

Unter der Regierung des Claudius hatte er beim Forum Romanum gewohnt und von da aus seinen ärztlichen Beruf ausgeübt. Nachdem er einst Salinus von einem bösen Fieber geheilt hatte, war er bei Hof eingeführt worden. Dort wuchs sein Einfluss ganz allmählich, bis endlich auch Seneca und Burrha seine Dienste in Anspruch nahmen und dadurch hatte er eine feste Stellung im kaiserlichen Haushalt gewonnen. Als ihn schließlich auch Nero zu seinem Leibarzt ernannte und ihm befahl, stets in erreichbarer Nähe zu sein, stand Brabano auf dem Höhepunkt seiner Macht. Da er klug und verschwiegen war, Selbstgefühl, aber keinen Ehrgeiz zeigte und sich gegen jedermann höflich und mit angemessener Würde betrug, fand niemand ein Interesse daran, ihn aus seiner Stellung zu verdrängen. Wenn er allein war, sann und grübelte der Arzt über alles mögliche nach. Häufig sah man ihn schon am frühen Morgen in den kaiserlichen Gärten spazieren gehen; dann stand er sinnend bei den plätschernden Springbrunnen und betrachtete die Bäume und Sträucher und die unzähligen seltenen buntgefiederten Vögel, die den kaiserlichen Park belebten. Er war ein Mann des kühlen, ruhigen Abwägens, dessen Rat oder Gesellschaft kein unüberlegter Verschwörer mit seinen Plänen aufzusuchen wagte.

An jenem Abend, wo er mit Paulus zusammengetroffen war, hielt sich Brabano nicht mehr lange im Hause des Lucius auf; ohne eine Bemerkung über das Gehörte verabschiedete er sich von der Gesellschaft. Welchen tiefen Eindruck die Worte des Apostels auf ihn gemacht hatten, ahnte niemand; ihm selbst aber blieb die Wirkung dieser Worte auf seine Freunde nicht verborgen. Sein eigenes unerforschliches Gesicht drückte nur allgemeines Interesse aus; es war eine Maske, die ebenso wenig eine Gemütsbewegung zeigte, wie die Bronzefiguren in dem Fries seines Empfangszimmers.

Nachdem sich damals Brabano freundlich von der Gesellschaft verabschiedete und Paulus gegenüber geäußert hatte, er wünsche ihn bald wiederzusehen, bestieg er seine Sänfte und ließ sich von seinen Sklaven auf den Palatin tragen. Als er dann die breite Treppe zum Kaiserpalast hinaufstieg, erweckte eine ungewohnte Bewegung in der Halle seine Aufmerksamkeit. In diesem Augenblick kam auch schon ein Freigelassener auf ihn zu und redete ihn an:

„Wie gut, dass du kommst! Seit einer Stunde schon suchen wir dich überall."

Mit gerunzelter Stirne blieb Brabano stehen.

„Da die Kaiserin wusste, wo ich war, hätte mich ein Bote leicht finden können. Was ist vorgefallen?"

„Der edle Tigellinus – er stirbt, großer Brabano."

„Ist der Kaiser davon benachrichtigt worden?"

„Der Kaiser schläft."

„Die umherstehenden Sklaven sahen das Lächeln nicht, das über Brabanos Züge flog.

„Sie haben zusammen gespeist – eine große Gesellschaft; der edle Tigellinus ging vollkommen gesund fort. Seit einer Stunde ruft er beständig deinen Namen."

Die Angst des Freigelassenen war deutlich sichtbar, noch sichtbarer aber die Achtung, in der der Günstling des Kaisers bei den Sklaven stand. Tigellinus – sonst grausamer als der grausamste Teufel, der Helfer und böse Geist des schrecklichen Kaisers – wurde von diesen Leuten, die er mit Gunstbezeugungen überschüttete, hoch geehrt.

Mit einer Handbewegung zeigte der Arzt an, dass er jetzt bereit sei und folgte dem hastig voraneilenden Diener durch die marmornen Korridore. Die Gemächer des Präfekten lagen fast in der Mitte des Palastes und gewährten einen Überblick über die kaiserlichen Gärten. An der Eingangstüre standen zwei germanische Schildwachen, die den Arzt ohne weiteres eintreten ließen. Öllampen, die an den Wänden befestigt waren, erleuchteten das Zimmer, wo sich auf seinem goldenen Ruhebett der kaiserliche Günstling in heftigen Schmerzen wand. Aber trotz seines jammervollen Zustandes konnte man die imponierende Erscheinung erkennen. Seine elegante Gestalt war kostbar bekleidet und der Anzug funkelte von Juwelen. In den verwirrten Locken über der feuchten Stirne lag noch der Kranz, den er beim Mahle getragen hatte und in den dunklen Haaren blitzte ein großer Diamant.

„Mögen die Götter dich segnen!", keuchte der Kranke, als die hohe Gestalt des Arztes an seine Seite trat. „Kannst du mich retten? Ist es noch nicht zu spät? Das Mahl – bei dem Kaiser – die Trauben waren vergiftet."

Auf einem Tisch neben dem Lager standen große goldene, teils mit Wein, teils mit Wasser gefüllte Schalen, daneben lagen kostbare Flaschen mit allerlei Essenzen und weiche, seidene Tücher. Die Sklaven hatten versucht, die Schmerzen des Kranken zu lindern und standen nun in hilfloser Angst da; vor einer Isisstatue, die mit anderen Bildsäulen zusammen einen Halbkreis bildete, knieten zwei Frauen mit verhüllten Gesichtern.

„Wärst du nicht gekommen, so hätte ich jetzt meinem Herrn zur Ader gelassen", sagte ein Sklave. „Er hat furchtbar gelitten."

Bei diesen Worten verzog Brabano leicht das Gesicht; aber es war unmöglich, aus dem veränderten Ausdruck seine Gedanken zu lesen. Er traf sofort seine Maßregeln mit einer Sicherheit, die das Vertrauen, das schon sein bloßes Erscheinen erweckte, noch vermehrte.

Schnell warf der Arzt seine Toga ab und stand nur in der Tunika da; er zog ein Fläschchen aus dem Gürtel, goss dessen Inhalt in einen Pokal mit Wasser und reichte ihn dem Kranken. Dieser leerte ihn mit einem Zug – und fiel zurück, während sich sein Gesicht mit aschfarbener Blässe überzog. Dann schüttelten ihn heftige Krämpfe und solange diese dauerten, hielt Brabano den Patienten fest in den Armen und ließ ihn endlich zum Ausruhen in die Kissen zurücksinken. Lächelnd hörte er den Seufzer der Erleichterung, der seine Bemühungen belohnte.

„Nehmt diese Schalen fort und bringt etwas Kalkwasser!", befahl der Arzt. „Jede Gefahr ist vorüber."

„Du kommst gleich nach dem Kaiser, mein Brabano", flüsterte Tigellinus. „Ohne dich wäre ich gestorben. Hatte ich Gift bekommen?"

Brabano lächelte. „Du warst vergiftet, aber nicht absichtlich und nicht auf die Weise, wie du denkst. Irgendein schlechtes Fleisch, eine durch ein Insekt verdorbene Frucht – doch da du gerettet bist, ist das ja auch belanglos."

Der Günstling erholte sich zusehends; eine gesunde, in tüchtiger Arbeit verbrachte Jugend hatte bis jetzt den schädlichen Folgen seiner Lebensweise am Hofe Widerstand geleistet. Bald konnte er sich wieder aufrichten und auf den Ellbogen stützen.

„Wie geht es dem Kaiser?", fragte er ängstlich. „Er ist doch hoffentlich nicht auch krank geworden?"

„Nein, Herr", erwiderte einer der Diener. „Der erhabene Kaiser schläft."

„Das ist gut", sagte der Präfekt. „Morgen bin ich wieder hergestellt."

„Ohne allen Zweifel", versetzte Brabano. „Du selbst weißt ja auch am besten, was du leisten kannst. Wer war sonst noch bei der Gesellschaft?"

„Lucullus", sagte der Günstling lachend; er ruhte jetzt behaglich in den Kissen. „Der Vielfraß Scaveas – eine nette Bande – und zwei nubische Mädchen mit einer Haut so schwarze wie Ebenholz. Und das Gedicht des Kaisers glich perlendem Wein! Hättest du es nur gehört! Wo warst du?"

„Bei Lucius Amicius. Ich habe dort gespeist."

„Vermutlich ein langweiliger Abend. Wie steht´s denn mit seinem Auftrag? Findet er viel Futter für die wilden Tiere? Ich meine die Nachfolger jenes – den Namen habe ich vergessen...“

„Christus.“

„Ja.“

„Lucius hat nicht viel davon gesagt. Sein Neffe Fabian ist aus Judäa zurückgekehrt und kam auch nach dem Essen.“

„Ein besserer Soldat als Gesellschafter!“, sagte Tigellinus gleichgültig. „Ich weiß schon von seiner Rückkehr; Berenike ist hier gewesen. Die Frau des alten Lucius kann sich übrigens immer noch sehen lassen, wenn sie auch nicht mehr die Jüngste ist!“

Er lachte kurz auf und fuhr dann fort: „Für diese Amicier habe ich wenig übrig. Fabian hat ja einige ganz nette Seiten – und dann die Töchter. Nun, der Kaiser wird ihnen schon noch einmal seine Aufmerksamkeit widmen.“

„Und der General – der alte Lucius?“

„Der begleitet den Senat, wenn der Senat zu Pluto geschickt wird.“

„Mit Lucius ist aber doch auszukommen“, sagte der Leibarzt.

„Ja“, erwiderte Tigellinus nachdenklich. „Jetzt noch.“

Da der Günstling noch keinen Schlaf finden konnte, legte Brabano seine Toga wieder an und setzte sich an seinem Bett nieder, um mit ihm zu plaudern.

„Lucius und noch etwa fünfzig seiner Gesinnungsgenossen haben nun einmal durchaus keinen Sinn für Gesang und Dichtkunst“, fuhr Tigellinus fort. „Wir haben den Tiberius, den Caligula und den Claudius gehabt, aber in unserem jetzigen Kaiser haben wir die Verkörperung aller ihrer glänzenden Eigenschaften. Man fürchtet meine Macht und behauptet, ich rate zur Verschwendung, unser Treiben schwäche das Reich und wir vergeudeten das für das Heer bestimmte Geld. Man entsetzt sich über die Tiergefechte und schielt doch nach dem Palast herüber. Ein Patriot, der sich selbst mehr liebt als seinen Kaiser, ist ein Heuchler und mir im tiefsten Herzen verhasst. Was will das bisschen Verschwendung sagen, wenn man die ganze Welt zur Verfügung hat – und von den Summen, die hier in Rom verbraucht werden, haben ja auch die Römer den Nutzen. Wir geben das Geld doch nicht in Gallien,

Illyrien oder Thrazien aus. Eines Tages aber werde ich schon noch mit jenen abrechnen!", rief er mit zornigem Zähneknirschen.

„Aber das Volk liebt die Spiele", sagte Brabano.

„Es liebt uns, die wir ihnen die Spiele darbieten", erwiderte Tigellinus. „Und das Volk, nicht der Senat, bildet das Kaiserreich."

„Was hast du gegen Lucius?"

„Nicht viel, aber genug", sagte Tigellinus langsam. „Wie du wohl weißt, bin ich ein Freigelassener und habe mich aus eigener Kraft zum Präfekten aufgeschwungen. Du warst ja vor mir hier und hast sicher die edle Miriam gekannt."

„Die Mutter der Myrrha, der Pflegetochter des Lucius?"

„Ja, die Schöne, in allen Stücken so vorzügliche Frau, der es gelungen war, jahrelang im Frieden hier am Hofe zu leben. Schwerlich wird der alte Amicius seiner Fulvia gestehen, wie sehr er Miriam schätzte – doch das sind verklungene Zeiten! Wäre es nicht Poppäas wegen unmöglich gewesen, so hätte ich das Mädchen hier am Hofe behalten."

„Myrrha?"

„Gewiss, Myrrha! Aber mein Kaiser hat gute Augen und der Zweck meiner Liebe ist nicht, ihn zu erzürnen."

„Klug warst du immer", bemerkte der Arzt.

„Mit einem klugen Manne rede ich offen", versetzte Tigellinus. „Vielleicht kannst du mir einmal nützlich sein."

Brabano nickte.

„Die Geschichte greift weit zurück, in meine früheste Jugendzeit", fuhr der Präfekt fort. „Ich bin an der Südküste von Sizilien, in Agrigentum, geboren, als der Sohn eines Schiffers und diese Muskeln wurden früh durch das Leben an und auf der See gestählt. Neben uns wohnte damals Petria mit seiner Frau Miriam. Myrrha war dieser beiden Tochter. Petria hatte zu jener Zeit einen Weinberg, aber vorher war er mit meinem Vater zur See gewesen. In Tarfus hatte er Miriam geheiratet und dann seine Frau in meinen Heimatort gebracht. Zwei Kinder waren da – an den Knaben erinnere ich mich noch genau – er war etwas jünger als ich und der Liebling meiner Mutter. Die Soldaten des Lucius haben ihn umgebracht."

„Umgebracht? Den Knaben?"

„Ja, wenigstens hieß es so. Trotz seiner Vorliebe für Ruhe und Frieden auf seine jetzigen alten Tage war Lucius in seiner Jugend ein wahrer Schlächter. Als Kind liebte ich Myrrha. Unter uns Kindern war sie die Jüngste, die Gespielin meiner kleinen Schwester Lucinella, die ich zärtlich liebte. Später zog Myrrha mit ihren Eltern und ihrem Bruder nach Tarfus und dort wurde Petria in einem Aufstand erschlagen, wie auch sein Sohn. So wurde es mir wenigstens erzählt. Lucius brachte Myrrha und ihre Mutter nach Rom, wo sie im Hause der Drufa Aufnahme fanden. Nach dem Tode der Mutter nahm Lucius das Mädchen in sein Haus auf. Meine eigene Familie traf ein schweres Geschick. Mein Vater war in Rom geboren, aber kein römischer Bürger und als er dann erkrankte und in Schulden geriet, wurden alle seine Angehörigen verkauft. Lucinella, meine Schwester, starb und ich wurde der Sklave des Tulla Antonius, der im Forum Boarium wohnte. Miriam hatte mich wie einen Sohn geliebt, aber für ihre Tochter war ich jetzt kein passender Umgang mehr und der alte Lucius erlaubte nicht, dass seine Pflegetochter mit einem Sklaven verkehrte. ‚Ja, was ist sie denn mehr?´, sagte Tulla zu Lucius. ‚Ist mein Pflegesohn nicht so viel wert wie deine Sklavin?´ Diese Rede verzieh ihm der alte Lucius nie und als Tulla später des Missbrauchs öffentlicher Gelder beschuldigt wurde, verklagte ihn Lucius beim Senat. Doch konnte sich Tulla reinwaschen; er erwarb sich die Gunst des Kaisers und dadurch bekam auch ich mehr Einfluss bei Hof. Du weißt, wie ich meine Freilassung errungen und die Liebe Neros gewonnen habe. Letztes Jahr bot sich eine Gelegenheit, da hätte ich leicht dem Lucius den Kopf vor die Füße legen lassen können. Übrigens könnte ich das auch jetzt noch!"

„Und was hielt dich zurück?", fragte Brabano.

Tigellinus lachte. „Ich weiß es selbst nicht – dass er gegen Myrrha gut gewesen ist. Ich liebe das Mädchen einigermaßen, das heißt, mit meinem besseren Ich."

Der Gedanke, dass Tigellinus ein besseres Ich haben sollte, verblüffte den Arzt geradezu.

„Berenike war heute bei dir?"

„Ja, doch ist sie in höchst sonderbarer Laune zurückgekommen. Auch der Kaiser hat es bemerkt und ein scharfes Epigramm auf ihren Bruder gemacht. Solch ein König ist eine treffliche Zielscheibe für den

Witz. Sie muss in Cäsarea entschieden mehr als nur Meinungsverschiedenheiten entweder mit Felir oder mit Porcius Festus gehabt haben, obgleich letzterer gerne bereit wäre, Berenikes Füße zu küssen. Wenn auch nicht so ausschweifend wie andere Frauen unserer Bekanntschaft, ist die jüdische Fürstin doch keine Vestalin. Aber der Mann ist noch nicht geboren, um den sie sich lange grämen würde. Vielleicht weiß uns Fabian etwas über das Vorgefallene zu erzählen; ich werde ihn fragen."

„Auch Fabian Amicius macht ein langes Gesicht", sagte Brabano mit wohlerwogener Absicht.

„In seiner und Berenikes Gesellschaft reiste ein Magier", berichtete Tigellinus. „Wenn ich es nicht vergesse, will ich diesen einmal an den Hof kommen lassen. Er soll uns zur Unterhaltung einige Kunststücke vormachen oder er muss eines Tages in der Arena als Fackel dienen. Gestern haben wir die wilden Tiere im Amphitheater besucht. Beim Jupiter, eine großartige Sammlung!"

„Den Mann habe ich gesehen und gesprochen", antwortete Brabano langsam. „Er ist kein Magier, sondern ein armer, etwas schwachköpfiger Jude, der von Festus verurteilt wurde und sich auf den Kaiser berufen hat. Von Geburt ist er römischer Bürger und hat im Heer gedient. Ich möchte deinen Schutz für ihn erbitten."

„Meinen!", rief Tigellinus mit einer Überraschung, die einen aufsteigenden Verdacht ahnen ließ. „Für einen solchen Fall sollte doch deine Fürsprache genügen."

Brabano zuckte mit keiner Wimper, obgleich er seinen Missgriff einsah.

„Gewiss", antwortete er ruhig. „Wenn der Mann sich nicht für einen Nachfolger jenes Christus hielt und dadurch also schon ohne weiteres verurteilt ist. Aber er ist mein Stammesgenosse und im Besitz von Kenntnissen, die mir in meinem Beruf sehr nützlich sein könnten. Zu meinem Sklaven kann ich ihn leider nicht machen, weil er römischer Bürger und Gefangener ist."

„Solange er dir nützen kann, soll er am Leben bleiben", rief der Präfekt. „Da die Sache so liegt, soll dir mein Beistand nicht fehlen."

„Dessen war ich gewiss", sagte der Arzt und erhob sich. „Gute Nacht!"

„Gute Nacht“, antwortet Tigellinus. „Ich werde gut schlafen, da ich dank deiner Geschicklichkeit genesen bin. Mögen die Götter dich segnen!“

Ernst neigte der Leibarzt den Kopf und verließ das Gemach.

Brabano

Wie einer der sagenhaften Haine in den Gefilden der Seligen lag der kaiserliche Garten am Abhang des Palatins. Unter stattlichen Ulmen, die ihre grünen Zweige beschützend über Zypressen und Zwergzedern ausbreiteten, wuchsen allerlei Gebüsche und Farnkräuter üppig empor; die Blätter und Blüten der Syringen und Akazien, des Akanthus und bunter Blumen vermischten sich in üppiger Pracht mit den Ranken der Schlinggewächse und der Weinstöcke. Zwischen den weichen Blätterschatten am Boden spielten die hellen Sonnenlichter und die ganze Atmosphäre war von dem Duft unzähliger Rosen erfüllt. Über Täler und Höhen führten lockende Fußpfade zu den Wäldchen, wo nachts die schattenhaften Gestalten der Dryaden zu schweben schienen und zu den freien Plätzen, wo man bei den zauberhaften Strahlen des Mondes tanzende Sylphiden zu erkennen glaubte, zu kühlen Grotten, der Heimat der Nymphen, zu plätschernden Fontänen, deren Rauschen mit dem Gezwitscher von tausenden kleiner Sänger einen lieblichen Chor bildete. Scheue Rehe, schnellfüßige Hasen, sanft blickende Gazellen und kleine Äffchen, der Pfau mit seinem prachtvollen Schwanz, der Paradiesvogel mit seinem Klageton, alle behütet von einer Menge von Wächtern, waren der Beweis, dass dem Beherrscher des mächtigen Roms bei seinem Erwachen alle Pracht und aller Reichtum der Natur zu Gebote standen. In den Morgenstunden waren die Tore dieses Paradieses geschlossen; das Volk durfte die herrlichen Gärten nicht betreten; an jedem Eingang standen Soldaten von der zuverlässigen, germanischen Leibwache, um die Neugierigen und Müßiggänger in respektvoller Entfernung zu halten. Nero schlief noch, aber Poppäa hatte mit einem Teil ihres Gefolges den Palast verlassen, weil sie die köstliche Morgenluft genießen wollte.

Ja, wunderschön war sie, die Geliebte und Gattin Neros, mit ihren vollen, üppigen Lippen, die die ganze Sinnlichkeit von Poppäas Natur zum Ausdruck brachten und diese ihre Wollust stand ganz im Einklang mit ihren Gefühlen und Plänen. Sie war spröde und verschlagen, arglistiger als Tigellinus ahnte und betrug sich mit einer gewissen ehrbaren Zurückhaltung, die den Verdacht Senecas und der ernsteren Ratgebers Neros einschläferte. Sie hatte dadurch sogar die herrschsüchtige Mutter ihres Herrn und Gebieters besiegt und dem Tode überliefert. Ebenso eifrig wie ihre Stellung suchte Poppäa sich ihre Reize zu erhalten. Jetzt beschützte ein dünner Schleier ihren Teint vor den Strahlen der Morgensonne und in der Nähe harrte eine Sänfte mit einem Baldachin von Federn ihres Winkes. Berenike begleitete die Kaiserin und mehrere von deren Günstlingen, stets des Rufs der Herrin gewärtig, mischten sich mit Scherzen und Lachen unter ihr Gefolge. Schon in aller Frühe war Fabian Amicius in den Palast gekommen; er wollte den Kaiser sprechen und auch eine Botschaft seines Oheims überbringen. Da jedoch der Kaiser noch schlief, eilte der junge Mann in den Garten, wo, wie man ihm sagte, die Kaiserin sich befand. Diese hieß ihn herzlich willkommen und während er sich scherzend mit Berenike unterhielt, schlug Poppäa mit einem Weidenzweig nach einem Goldfisch, der durch das kristallhelle Wasser im Becken eines Springbrunnens dahinschoß.

Von den Tönen der Laute begleitet, stimmten nun ganz in der Nähe einige Frauen einen lieblichen Gesang an; aber schnell verstummten sie wieder, als Poppäa ihren Weidenzweig wegwarf und sich hochaufrichtete, um einen sich nähernden Eindringling je nachdem zu begrüßen oder zurückzuweisen.

Auf einem Pfad, der von seiner Wohnung durch den Park führte, kam Brabano daher. Er trug einen kostbaren Anzug, der, wie er wohl wusste, der Kaiserin gefallen würde. Mit würdiger Haltung trat er vor und begrüßte sie.

„Der Morgen gleicht dir, schönste aller Frauen!“, rief er. „Als ich durch das Gehölz schritt, dachte ich an die Nymphen und wie deren Lieblichkeit an einem so köstlichen Tag die Wälder schmücken würde. Es lässt sich kaum etwas denken, dass die Schönheit dieser Geschöpfe der griechischen Dichtkunst noch übertreffen könnte, aber hier finde ich Reize, die selbst in dem sanften Busen einer Nymphe Neid erwecken müssten.“

Poppäa lächelte und zeigte dabei ihre blendend weißen Zähne.

„So vorzüglich sich ausdrücken zu können, ist viel wert", sagte sie heiter. „Fabian macht schon den ganzen Morgen Versuche dazu, aber während seine Lippen mit mir sprechen, hat er nur Augen für Berenike. Ihre Rückkehr aus dem Osten ist mir jedoch eine solche Freude, dass ich ihm verzeihe. Von ihren Abenteuern hast du wohl schon gehört, von

dem Schiffbruch und ihrer wunderbaren Errettung aus der Todesgefahr? Unter Fabians Schutz und in der Begleitung eines Zauberers ist Berenike indessen glücklich zurückgekehrt; sie will nun etwas Leben an den Hof bringen und Paulina eifersüchtig machen. Das allein schon wäre mir ein Grund, sie zu lieben."

„Paulina?“, fragte Fabian. „Ist sie das Mädchen von Rhodus, das den Lucanus liebt?“

„Lucanus wird von niemand geliebt, als von sich selbst“, sagte Poppäa verächtlich, indem sie hell auflachte. „Nein, ich meine Paulina, die Tante des Lucanus, die vor Wut zittert, so oft der alte Seneca an einem Bankett bei dem Kaiser teilnimmt, und zwar noch ganz besonders, seit Berenike zurückgekehrt ist. Du weißt ja, wie warm ich Seneca verehre und auch, wie heiß er diese Verehrung erwidert.“

Brabanos einzige Antwort war ein leichtes Achselzucken.

„Er ist ein schlechter Mensch trotz seiner Sittenreinheit, das weiß der Kaiser wohl“, fuhr Poppäa fort. „Weil er die Tochter des Germanicus mit gar zu freundlichen Augen angesehen hat, schickte ihn Claudius nach Korsika und dort hat er seine weisen Lehren bezogen. Haben eigentlich Geizkrägen immer gelbe Zähne?“

„Ist denn Scaveas ein Geizhals – oder Seinthus?“, rief Berenike lachend.

„Und Seneca, von dem ich gesprochen habe – ja, sie alle sind geizig. Du sollst nur Tigellinus über sie sprechen hören! Er ist der einzige Mann bei Hof, denn er allein sagt seine Meinung frei heraus.“

„Wenn wir alle so offen wie Tigellinus sprechen wollten, würden wir wohl bald alle stumm gemacht“, entgegnete Fabian. „Da hüte ich lieber meine Zunge. Ich bin überdies immer der gleichen Ansicht wie die anbetungswürdige Poppäa.“

„Sehr gut gesagt“, rief Brabano lächelnd und legte seine Hand auf die Schulter des jungen Mannes. „Es ist mir jedoch auch schon vorgekommen, als sei Lucius Anneus Seneca trotz all seiner Weisheit zuweilen recht schwatzhaft. Freilich muss man seinem südlichen Blut etwas zugutehalten, das noch dazu mit spanischem vermischt ist. All seine Weisheit hat ihm aber wenig genützt, da er sich nicht die Gunst der schönsten Frau der Welt zu erwerben gewusst hat.“

„Meinst du mich?“, fragte Poppäa.

„Selbstverständlich. Wie könnte ich in deiner Gegenwart an eine andere Frau denken?“

Ein Ruf von einer ihrer Frauen lenkte die Aufmerksamkeit der Kaiserin auf diese und während sie ihr antwortete, gab Brabano Fabian einen Wink, ihm zu folgen und nun schritten die beiden auf dem Wege weiter, bis sie ganz allein waren. Unter den hängenden Zweigen eines Rosenbaumes befand sich eine Marmorbank, von einem schönen, mit Tazetten und Tausendschön geschmückten Geländer umgeben, der Lieblingsplatz des Leibarztes.

„Nimm Platz“, sagte er zu seinem Begleiter, in dem er sich auf der Bank zurücklehnte und seine Toga fester um sich zog. „Hier wollen wir miteinander reden. Dieser Ort ist wie dazu gemacht und müsste selbst den Lucanus zur Beredsamkeit begeistern.“

„Wo wohnt der Mann, dessen Schutzherrn man dich nun wohl nennen kann – der Jude Paulus?“, fuhr Brabano fort, als beide behaglich saßen.

Fabian lachte.

„Ich kann es kaum zulassen, dass man mich den Schutzherrn eines Mannes wie Paulus nennt“, antwortete er. „Meine Jugend und sein Alter und seine Weisheit...“

„Aber deine Stellung und Würde?“, fragte Brabano.

„Paulus hat seine eigene Würde“, antwortete Fabian. „In der Subura hat er seine Werkstatt, wo er Zeltteppiche für die Soldaten und kleine Segel weben will. Viel eher als mich könnte man Zekiah seinen Patron heißen, denn der hat Paulus das Geld zu seinem Unternehmen vorgestreckt und ist mit dessen Absicht, sich derartig zu beschäftigen, einverstanden. Wo Paulus wohnt, weiß ich nicht, aber sicher unter den Juden Janiculus.“

„Dort könnte man sich ebenso leicht verirren wie in den Wäldern Germaniens“, sagte Brabano nachdenklich. „Ein merkwürdiger Mann, dieser Paulus, eine Persönlichkeit, die man nicht so leicht vergisst.“

„Haben seine Lehren einen Eindruck auf dich gemacht?“, fragte Fabian lebhaft.

Brabano sah mit seinen ausdrucksvollen Augen in das beseelte Gesicht neben sich und antwortete langsam:

„Gewiss haben sie einen Eindruck auf mich gemacht und zweifellos glaubt Paulus das, was er uns erzählt hat selbst. Aufrichtige Überzeugung hat stets Anspruch auf Achtung.“

„Aber du – glaubst du an seine Lehre? Hälst du es für Wahrheit, dass dieser Jesus Christus ein Gott ist, dass er nach seinem Tode im Fleische aus dem Grabe auferstanden ist und dass ihn viele gesehen haben?“

„Du gehst zu weit“, entgegnete Brabano. „Von dem allem habe ich gar nichts gesagt. Ich habe dir nur geantwortet, seine Lehren hätten Eindruck auf mich gemacht.“

„Hier in Rom ist ein Mann, Paulus hat ihn gesehen, ein gewisser Petrus, der ein Jünger des Christus gewesen ist“, erzählte Fabian. „Dieser Petrus hat seinen Herrn verleugnet, hat es aber nachher bitter bereut. Nach der Kreuzigung hat er Christus lebend gesehen und war selbst zugegen, als ein anderer Jünger namens Thomas seinen Finger in die Wunde des Gekreuzigten legte.“

„Hat denn diese Speerwunde nicht Zeit zum Heilen gehabt?“, fragte Brabano mit sonderbarem Ton. „Ich meine, eine Macht, die die Bande des Todes sprengen konnte, müsste auch in drei langen Tagen eine Fleischwunde heilen können. Das musst du mir zugutehalten“, fuhr er fort, als er den erstaunten Ausdruck in Fabians Gesicht bemerkte. „Ich bin Philosoph und verlange Beweise. Die Poesie überlasse ich dem großen Kaiser und dem jungen, eingebildeten Lucanus. Wie ich schon gesagt habe, ist Paulus ein bedeutender Mensch und dieser Petrus – erzähle mir etwas von ihm.“

„Gesehen habe ich ihn noch nicht, aber er lebt schon seit Jahren in Rom. Er ist es, der jene Anhänger des Christus, von denen mein Oheim sprach, um sich gesammelt hat. Sogar der sonst unerschütterliche Paulus war von Rührung überwältigt, als er mir von Petrus erzählte und der starke Mann konnte seinen Namen nur Bart, seine weiche, ausdrucksvolle Stimme beschreiben zu hören. Petrus redet durch göttliche Kraft und niemand hört ihm zu, ohne ergriffen zu werden.“

Brabano saß in tiefen Gedanken da.

„Und dieser Petrus ist hier – in Rom?“, fragte er endlich.

„Gestern erst hat Paulus mit ihm gesprochen“, sagte Fabian. „Als er mir davon erzählte, zitterte seine Stimme.“

„Mein Fabian“, sagte Brabano nach einiger Zeit mit wohlüberlegter Gelassenheit. „Was denkst du über die Zustände im Hof? Was hälst du von der Stellung deines guten Oheims und welche Hoffnung hegst du für deine eigene Zukunft? Mir will scheinen, als ob das alles auf schwankenden Boden stünde und kluge Männer sollten darüber nachdenken. Die Kaiser haben uns viel Großes gegeben, so viel, dass jetzt das Kaisertum vom Volk als eine feststehende Tatsache hingenommen wird, da es nichts Besseres kennt und deshalb die Sachlage einfach für die Normale ansieht. Unser jetziger anbetungswürdiger Herrscher ist ein Cäsar, mit einem Tigellinus als besondere Würze neben sich und einer Agrippina, einem Britannicus, einer Oktavia in seiner Vergangenheit! Es ist kaum wahrscheinlich, dass er sich in Zukunft Zügel anlegen wird. Die Plötzlichkeit, mit der das Unheil solche trifft, die nicht in Neros Gunst stehen, macht das Unglück noch schwerer zu ertragen, doppelt schwer aber werden die Frauen davon betroffen, die schon von Natur den Kummer tiefer empfinden."

Mit gespannter Aufmerksamkeit hatte Fabian zugehört; sein Erstaunen war grenzenlos. Doch erwiderte er nichts und Brabano fuhr ruhig fort:

„Unter meiner Obhut steht die Gesundheit von Roms Schicksal, soweit dieses Schicksal Nero heißt, und ich darf mit größerer Offenheit reden als andere. Tigellinus allerdings könnte sich dagegen auf seine Weise widersetzen und wenn mich der Kaiser hörte, wäre mir wohl bald der Mund geschlossen. Aber des Kaisers Stimme wird verstummt sein, wenn meine noch gewaltig durch sein Reich klingt und Rom wird noch Rom sein, wenn die Cäsaren längst vergessen sind."

„Was soll das heißen?", fragte Fabian endlich. „Hast du vergessen, dass ich – ein Soldat des Kaisers bin?"

„Nein, ein Soldat Roms, hoffe ich", entgegnete Brabano.

„Aber ich denke daran, dass du der Neffe deines Oheims und, wie mir deucht, der Verehrer seiner Pflegetochter Myrrha bist."

Fabian war ganz blass geworden, unterdrückte aber seine Bestürzung, in der er sich schon halb erhoben hatte, unter dem Einfluss der Blicke seines Gefährten rasch nieder und setzte sich von neuem.

„Ich weiß, dass auch der edle Tigellinus Myrrha liebt", fuhr Brabano fort. „Gegen jemand, der die Wichtigkeit dieser Nachricht nicht einsieht, würde ich sie gar nicht erwähnen; ja, ich würde am liebsten ganz davon schweigen, wenn ich bedenke, auf welche Weise ich Kenntnis von der Sache erlangt habe. Aber ich möchte dem Mädchen nützen. Sie hat durch ihre Lieblichkeit und Güte auch mein Herz bewegt – oder vielleicht auch durch ihre Hilflosigkeit der ihr drohenden Gefahr gegenüber. Als ein Kind meines Volkes, das meinen Beistand brauchen wird, betrachte ich sie mit den Gefühlen eines Vaters. Dazu berechtigt mich mein Alter."

„Beim Jupiter!“, rief Fabian aufspringend. „Nach diesen Worten könntest du offen den Hochverrat in den Straßen predigen und würdest doch bei mir eine Zuflucht finden. Er Myrrha lieben! Sie, die ich im tiefsten Herzen trage! Wenn Tigellinus – wenn der Kaiser selbst es wagen sollte...“

Er hielt inne, richtete sich hoch auf und seine Augen blitzen vor Wut.

„Ich habe dich um deine Meinung über die Zustände bei Hof gefragt“, sagte Brabano. „Kannst du dir irgendeine Schandtat ausdenken, die der Kaiser nicht auszuführen wagen würde? Er wäre imstande, dich in einen Löwenkäfig zu sperren und deinen Oheim, seine ganze Familie und alle seine Freunde vom Senat zum Zusehen einzuladen, wie du aufgefressen wirst. Mit Gleichmut würde er nachher auch deinen Oheim samt seiner Familie und seinen Senatsfreunden zu den Löwen hineinsperren und ganz Rom als Zuschauer zu diesem Feste einladen. Ich weiß niemand, der vor seiner Bosheit sicher ist, aber einen kenne ich, der ihn nicht fürchtet. Was Nero zu seinem eigenen Vergnügen tut, würde er auch für Tigellinus tun, sobald ihn der Schurke darum bittet. Man kann sich gar nicht vorstellen, was dieser Cäsar alles vollbringen könnte, wenn er nur Geist genug hätte, es zu ersinnen. Seine Launen beugt sich die ganze Welt. Auf seinen Ruf versammelt sich der Senat, die Armeen marschieren und die Schiffe segeln auf seinen Befehl; der Lebensunterhalt, das Blut und die Tränen von zahllosen Menschen hängen von dem Gelingen einer einzigen Strophe seiner Gedichte ab; er ist noch jung an Urteilskraft, aber gereift in allen Lastern. Sieh, was ich von diesem Juden Paulus gehört habe, hat mir einen tiefen Eindruck gemacht, denn alles, was ich im Stillen denke und eben ausgesprochen habe, ist harmlos im Vergleich zu dem ungeheuren Hochverrat seiner Reden. Sein Atem ist Verrat; er ist der verkörperte Aufruhr; nichts Bestehendes ist ihm recht; er hat sich eine Theorie ausgedacht und eine Geschichte erfunden, die zu ihr passt und sie stützt. Die Anhänger werden ihm in Scharen zufallen, oder all mein Wissen ist eitel. Wird dir jetzt klar, welchen Eindruck Paulus auf mich gemacht hat? Habe ich die rechten Worte gefunden, dir zu zeigen, welche Wichtigkeit ich meiner kurzen Bekanntschaft mit diesem Manne beilege?“

Allmählich wurde Fabian die Bedeutung der Worte seines Gefährten klar und auf den köstlichen Morgen fiel ihm plötzlich ein trüber Schatten.

Die Wohlgerüche des Gartens bedrückten seine Sinne und alle Blumen schienen die Farbe des Blutes anzunehmen. Tigellinus liebte Myrrha! Der Schrecken darüber, der Gedanke, was das für sie zu bedeuten hatte, überwältigte den jungen Mann. Und dieser kalte Denker hier vor ihm hatte sein innerstes Herzensgeheimnis ergründet, er wusste von dieser leidenschaftlichen Liebe, die er selbst seinen nächsten Angehörigen noch nicht bekannt hatte – von dem Geheimnis, das er aus dem Gefühl seiner Unwürdigkeit beinahe vor sich selbst versteckt hielt. Durch Bäume und Gebüsche hindurch konnte Fabian das Lachen der fröhlichen Gesellschaft hören und ihre Heiterkeit erschien ihm wie ein Hohn auf seine Gedanken. Brabanos Bemerkungen über Paulus gingen ihm gänzlich verloren; er hörte zwar die Worte, aber seine Gedanken waren nur bei Myrrha.

„Ich habe deine Worte vernommen", sagte er endlich. „Aber ich weiß nicht, was ich dir antworten soll; auch verstehe ich nicht, weshalb du mich zu deinem Vertrauten machst. Was soll ich denn tun?"

„Willst du ruhig zusehen, wie dein Oheim und seine Familie zugrunde gerichtet werden? Wie die Geliebte deines Herzens dem Schicksal zum Opfer fällt, das sie am Kaiserhof erwartet – abwarten, bis du selbst mit irgendeinem Auftrag in den sicheren Tod geschickt wirst?",

„Wartet unser wirklich ein solches Schicksal?", fragte Fabian und seine Augen leuchteten unheildrohend.

„Würde ich sonst so zu dir reden gewagt haben? Zu welchem Zweck?"

„Ich weiß nicht", antwortete der Soldat. „Ist die Warnung aufrichtig, so danke ich dir! Aber Myrrha – gibt es denn keinen Zufluchtsort für sie?"

Die Stimme versagte ihm und helle Tropfen standen auf seiner Stirn.

„Weißt du auf der weiten Welt einen Ort, der für Nero unerreichbar wäre?"

„Jetzt begreife ich", sagte Fabian dumpf. „Du möchtest einen zweiten Chaerea aus mir machen! Heute morgen erst stand ich auf derselben Steinplatte in der Halle, auf der Caligula seinem Messer erlegen ist. Ja, wenn deine Worte Wahrheit sind, könnte ich wahrlich den Mut zu dieser Aufgabe finden."

„Einen Chaerea, Brutus, Virginius oder sonst einen von denen, die zu Roms Größe beigetragen haben! Du hast das Wort ausgesprochen und die Himmel sind nicht eingestürzt. Ein toter Nero ist jedenfalls besser als ein lebendiger Tyrann. So nutzlos wie Brutus werden wir nicht den Dolch führen, wohl aber so gerecht wie Virginius und vielleicht stoßen wir gar nicht zu. Nun weißt du alles und musst es dir überlegen. Was ich gesagt habe, ist wahr; ich schwöre es bei den Göttern und bei deiner Liebe für Myrrha! Denke über meine Worte reichlich und gründlich nach; sprich aber nicht mit Paulus über die Sache. Die Gefahr wird nicht drohend, ohne dass ich vorher davon weiß und dich benachrichtige. Traue mir und sei verschwiegen. Später sollst du meine Pläne ausführlicher erfahren; einstweilen hast du bei Hof einen Freund. Hast du Vertrauen zu mir?“

Fabian blickte dem Arzt fest ins Auge und reichte ihm dann die Hand. Seine Gedanken waren ein wirres Durcheinander, aber er hegte keinen Zweifel. Er wusste, dass sein Oheim bei Hofe nicht beliebt war und dass Nero ihn kühl behandelte; auch war ihm nicht unbekannt, dass Tigellinus von Neid erfüllt war und das in den Adern der Amicier fließende Patrizierblut bitter hasste und dass der Präfekt Myrrha liebte, war mehr als wahrscheinlich. Wer hätte sie nicht lieben sollen?

Fabian erkannte wohl, welcher Mut von Brabanos Seite dazu gehörte, diese Enthüllungen zu machen und er war ihm für seine Aufschlüsse ebenso herzlich dankbar wie für die versprochene Hilfe. Der Gedanke an die seiner geliebten Myrrha drohende Gefahr erschütterte ihn tief; seiner eigenen Hilflosigkeit war er sich wohl bewusst und er hätte gern sein Leben dem Manne geweiht, der ihm die Gefahr, in der er schwebte, gezeigt hatte.

Fabian wechselte noch einen warmen, innigen Händedruck mit Brabano und eilte aus dem Garten, es dem Arzte überlassend, seinen Weggang bei Poppäa zu begründen.

Die Werkstätte in der Subura

In einer auf ein freies Plätzchen mündenden Straße, in deren Läden hauptsächlich Lederwaren verkauft wurden, besaß der Jude Zekiah ein Haus, das er an Geschäftsleute vermietete. Über dem breiten Hauseingang befand sich noch eine große Öffnung für Luft und Licht; im Hintergrund führte eine Treppe ins obere Stockwerk, wo in dem vorderen Raum die Vorräte lagen, die unten verarbeitet und verkauft wurden, während nach hinten verschiedene Gemächer auf einen inneren Hof, den allgemeinen Erholungsplatz der Hausbewohner, gingen. Das Haus sah ärmlich, aber anständig aus und mit Hilfe seines reichen Landsmannes hatte sich Paulus hier ein Geschäft als Segelmacher eingerichtet. Gewöhnlich wurde dieses Handwerk mehr in der Nähe des Flusses betrieben, aber Paulus wollte auch Zeltdecken weben und voraussichtlich wurde die Nachfrage nach Sonnensegeln und Markisen für Häuser und Buden groß. Zekiahs Laden war für den Verkauf sehr günstig gelegen, denn die Sklaven der reichen Familien auf den benachbarten Hügeln kamen regelmäßig zu ihren Markteinkäufen in die Subura; auch war diese Straße ein Verkehrsweg zwischen den Fechtschulen der Gladiatoren und der Arena; selbst Patrizier fanden ihren Weg oft hierher. In der Nachbarschaft waren viele Weinschenken und der schlaue Hebräer, jetzt des Apostels Hauswirt, hatte ihm bei der Wahl dieses Platzes für sein Geschäft gut beraten.

Hinten im Laden lagen auf rohgezimmerten Tischen große Stöße von Geweben, während in der Mitte des Raumes zugeschnitten, genäht und die Waren gebrauchsfertig gemacht wurden.

Paulus stand zwar noch immer unter der Aufsicht des Hauptmanns Julius, eines Mitgliedes der prätorianischen Leibwache; durch die Protektion Fabians und die Freunde, die er bei seiner Ankunft in der Stadt vorgefunden hatte, war ihm jedoch große Freiheit gewährt worden. Zekiahs Wohnung lag am Fuß des Esquilin; aber der Apostel hatte sich sein Heim jenseits des Tibers aufgeschlagen, in dem dichtbevölkerten Janiculusviertel, wo er sich jede Nacht den Bestrebungen, die seine ganze

Seele erfüllten, hingeben konnte. Den Glauben, den zu predigen er nach Rom gekommen war, fand er hier schon vor. Seine Stimme sollte zwar nicht die erste sein, die sich in der Ewigen Stadt zum Preise des Gekreuzigten erhob, trotzdem aber fand er doch ein fruchtbares Feld für seine unermüdliche Arbeit. Er fand den teuren Jünger Petrus schon in Rom vor und der große Apostel Paulus ging wie im Traum umher, so gehoben fühlte er sich durch dessen Gegenwart. Sein kühnes, kräftiges und bestimmtes Wesen schmolz förmlich dahin vor der wohltuenden Anwesenheit eines Mannes, der in vertrautem persönlichem Umgang mit dem Heiland gestanden hatte.

Noch wurden die Versammlungen der Christen ganz im geheimen und verborgenen abgehalten. Der neuen Lehre hatten sich zuerst nur die Niedrigsten und Geringsten zugewendet, sie, die tief in dem Elend ihrer Zeit steckten und ein Bedürfnis für die rettende Kraft dieses Glaubens fühlten. Die Reichen und Mächtigen waren für eine Lehre, die sich hauptsächlich an die Mühseligen und Beladenen wendete, noch wenig empfänglich. Das Kreuz, bestimmt, die Welt von den Höhen des Vatikans aus zu beherrschen, wurde zuerst ganz unten in dessen Schatten aufgerichtet.

Es war fast Mittagszeit und der Apostel saß schon lange bei der Arbeit. Eben jetzt waren Besuche bei ihm, aber sie störten ihn nicht. Ruhig ging er seinem gewohnten Tagewerk nach; manchmal hielt er dabei inne, um eine an ihn gerichtete Frage zu beantworten und lauschte dann mit nachsichtigem Lächeln auf das Gespräch seiner Gäste. Zekiah, der eben seine Mieter besucht hatte, stand noch an der Türe, während es sich Ethelred auf den Stoffballen hinten im Laden bequem gemacht hatte. Er hatte einen neuen, roten Mantel über den Arm geworfen und sein langes Schwert hielt er zwischen den Knien. Neben ihm ragte die Riesengestalt des Volgus empor, dessen gutmütiges Gesicht rege Teilnahme ausdrückte.

„Dass dieses Rom eine solche Stadt der Träume wäre, hätte ich nie gedacht", sagte der junge Mann. „Schon lange wollte ich abreisen, aber noch immer streife ich durch die Straßen und sehe mir die Paläste und Tempel daraufhin an, ob sie wohl einen Reiz oder Zauber besitzen, der mich hier für immer festhalten will. Erklären kann ich das alles nicht, wohl aber fühle ich mich etwas bedrückt; ich vermisse vielleicht auch die

Tätigkeit eines freieren Lebens. Wenn du entlassen wirst, guter Paulus, musst du nach Britannien kommen; ich verspreche dir dort einen herzlichen Willkomm. Sobald die Spiele vorüber sind, werde ich von Rom Abschied nehmen."

„Wenn du keinen anderen Grund zum Bleiben hast, solltest du eigentlich vorher schon gehen, so sehr wir dich auch vermissen werden", sagte Zekiah. „Die Spiele sind lange nicht mehr, was sie damals waren, als Volgus noch mitkämpfte. So, wie sie jetzt sind, sollte man sie nur verachten. Früher konnte ich, ohne mit einer Wimper zu zucken, zusehen, wenn ein Mensch mit einem wilden Tier kämpfte; schlimmer war es schon, wenn Mann gegen Mann stand. Aber jetzt, wo man Kinder den Löwen vorwirft, mit der Behauptung, sie seien Verbrecher und unter dem Vorwand der Zauberei Frauen verbrennt, jetzt kann niemand mehr ohne Empörung zusehen, nicht einmal ein Soldat. Der Kaiser hat sich vollständig verändert; ich würde mich aber wohl hüten, außerhalb meines Hauses darüber zu reden."

„Ich gehe nach Britannien!", sagte Volgus schwer atmend und mit einem tiefen Seufzer, der in dem ganzen Raum widerhallte. „Sobald meine holde Gebieterin verheiratet ist, gehe ich. Wenn ich bei den Spielen nicht mehr beteiligt bin, ist für mich Rom nicht mehr Rom."

„Du wirst einen größeren Sieg gewinnen, lieber Bruder", sagte Paulus. „Deine Erlösung wirst du gewinnen und Gott wird dich von nun an nicht mehr von seiner Hand lassen. Ich will mit dir nach Britannien ziehen, wenn du zur Abreise bereit bist."

„Ich wollte nur, das wäre schon jetzt der Fall", sagte Ethelred. „Es ist eine gar weite Reise so allein. Rom ist zwar wunderschön, doch kenne ich eine erquickendere Luft, in der der Hauch der Freiheit weht. Zekiah könnte dort über Nero sagen, was er wollte, ohne alle Furcht vor Gefahr."

„Bleibe doch über die Spiele hier, guter Fürst!", rief Volgus lachend. „So schlecht sie auch sind, rate ich dir doch, sie dir anzusehen. Seit die edle Fulvia dich gerühmt hat und du in unserem Hause in Gunst stehst, lässt sich wohl begreifen, dass dir Rom als eine Stadt der Träume erscheint."

„Wahrhaftig!", piepste Zekiah und stimmte in das Lachen des Riesen ein, dass ihm der Bart wackelte. „Eine schönere Jungfrau als die sanfte

Myrrha habe ich noch nie gesehen. Ihre Augen leuchten wie die Sterne in Galiläa und ihre Zähne glänzen wie die Perlen von Ophir. Sollte sie der Gegenstand deiner Träume sein, edler Brite, so würde sich auch in meinem armen Beutel als Beisteuer zu ihrer Mitgift ein Scherflein finden."

„Dein Geld kannst du sparen, guter Zekiah und der Fürst mag gehen, wann es ihm beliebt", bemerkte Volgus trocken. „Meine Herrin ist schon vergeben."

„Wirklich?", fragte Zekiah. „Ich habe nichts davon gehört. Mit wem denn?"

Volgus hielt inne, sein Gesicht rötete sich.

„Nichts mehr davon!", rief er. „Wir haben uns schon zu viel Freiheiten herausgenommen."

„Oh nein", sagte Zekiah milde. „Ich habe das sanfte Kind wirklich lieb. Gottes Segen möge mit ihr sein, wen sie auch immer heiraten wird."

„Das sage ich auch!", rief Ethelred aus. „Für die Morgengabe meiner Braut werde ich aber schon selbst genug Scherflein finden; Myrrha ist es auch nicht, von der ich träume. Wenn ich sie mehr als Fulvia liebe, ist es vielleicht nur, weil sie jünger ist, obgleich ist gestehen muss, dass sie eine ganz eigene Anziehungskraft auf mich ausübt. Ich denke überhaupt nicht an eine Frau oder an die Ehe. Dennoch, wenn ein schönes Mädchen..."

„Du wirst es schon finden", sagte Volgus lächelnd, als Ethelred innehielt und nachdenklich auf den Boden schaute.

Paulus hob sein Gesicht von der Arbeit und betrachtete den jungen Mann aufmerksam. So lang und durchdringend blieb sein Blick auf Ethelred haften, dass dieser sich endlich dessen bewusst wurde und den Apostel fragend ansah.

„Du hast eine merkwürdige Ähnlichkeit mit der Jungfrau, von der du soeben gesprochen hast und die ich im Hause des Lucius gesehen habe", sagte der Apostel endlich. „Das ist mir gleich aufgefallen. Ich habe sie genau angesehen, denn ihr Name war mir einst sehr teuer."

„Hast du die Ähnlichkeit auch bemerkt?", rief Volgus mit lebhaftem Erstaunen. „Ich wollte sie auch schon erwähnen, das kann ich beschwören. Um den Mund hat der Fürst einen Zug, der mich lebhaft an meine junge Herrin erinnert. Darum bin ich ihm auch so zugetan."

„Wenn das der Grund ist, so lass ich mir´s gerne gefallen“, rief Ethelred heiter. „All diese Reden könnte ich für plumpe Schmeicheleien halten, wenn ich nicht wüsste, wer sie sagt. Auf jeden Fall will ich aber die Spiele abwarten. Vor den kaiserlichen Gärten sprach ich heute mit einem Germanen. Er stand am Tor und als niemand in der Nähe war, redete ich ihn an. Da er weit her von dem nordischen Meer kommt und seine Genossen aus dem Süden stammen, sprechen sie wohl seine Sprache, aber nicht so, wie er und ich; bei dem Klang der Mundart, wie sie seine Mutter spricht, geriet der Mann fast außer sich vor Freude. Nur seine Rüstung hinderte ihn, sonst hätte er mich gewiss umarmt; ihn könnte ich zu allem überreden. Als er gefangen wurde, war er zuerst Gladiator, in der Arena tötete er einen Löwen und Caligula nahm ihn dann seiner Größe wegen in den Palast. Während der Spiele hat er am unteren Tor Dienst und er versprach, mir Gelegenheit zu geben, die Gefangenen zu sehen. Er sagt, das sei eine seltene Vergünstigung, wenn man auf ihrem Todesweg mit ihnen sprechen dürfe. Sein Name ist Markus.“

„Den kenne ich“, sagte Volgus. „Er ist bei der Leibwache der Kaiserin. Ein guter Kerl und tüchtiger Fechter, aber, wie du, gibt auch er dem langen Schwert den Vorzug. Gut, dass er nicht mehr in unserer Genossenschaft ist, sonst wäre er längst tot.“

„Als Cäsar zuerst die Römer in mein Heimatland führte, kamen ihnen die langen Schwerter kurz genug vor“, erwiderte Ethelred. „Natürlich war das vor meiner Zeit, aber meinem Pflegevater steht es noch frisch im Gedächtnis. Es klingt wie Poesie, wenn er von jener Zeit erzählt.“

„Für einen so jungen Mann bist du weit herumgekommen“, meinte Zekiah, „und das will heißen, dass du vielen Gefahren ausgesetzt gewesen bist. Er erklärt aber auch deine Gewandtheit und dein ganzes Benehmen. Woher kennst du denn die nordische Mundart des Markus?“

„Ich habe sie auf dem Weg nach Britannien aufgeschnappt. Weißt du denn nicht, dass ich ein halber Barbar bin? Wo ich geboren bin, habe ich ganz vergessen und mein jetziger Vater ist mein Vater nur durch seine Liebe für mich. Das wusstest du doch, Zekiah?“

„Nein, das nicht. Ich wusste, dass der Fürst, dein Vater, dich adoptiert hat, aber ich hielt dich für den Sohn seines Bruders. Als ich deinen Vater vor Jahren in Gallien traf und ihm das Geld von Seneca übergab, das du jetzt zurückgebracht hast, erzählte er mir viel von deinem Wachstum und Gedeihen und von seiner großen Liebe zu dir. Aber bist du auch nicht seines Blutes, so gehörst du doch jetzt zu seinem fürstlichen Geschlecht und wenn du einst dazu berufen wirst, das Land zu regieren, so tue es im Namen des allmächtigen Gottes, den du hier kennengelernt hast."

„Amen", sprach der Apostel.

„Ich werde mit Gerechtigkeit und ohne Furcht regieren", sagte Ethelred. „Vielleicht, wenn ich mehr von ihm weiß, tue ich es auch im Namen deines Gottes."

„Wer kommt da?", rief Zekiah plötzlich.

Draußen in der Straße hatte sich eine Menschenmenge angesammelt. Ein von acht buntgekleideten Sklaven getragene Sänfte hielt vor der Türe; schnell sprang der Insasse, ohne auf die herbeieilenden Diener zu achten, heraus und trat sofort in den Laden ein. Seine Erscheinung drückte ein feuriges Temperament und Macht aus. Selbstbewusste Herrschergewalt blitzte aus seinen scharfen Augen und jede seiner vornehmen Bewegungen zeugte von Kraft.

Zekiah verneigte sich sofort tief.

„Sei willkommen, hochedler Herr!", rief er. „Welche Ehre für uns!"

„Bist du der Zeltmacher?", fragte der Besucher.

„Der bin ich, Herr", antwortete der Apostel.

„Im Hause des Lucullus habe ich einige Sonnenzelte mit Streifen gesehen. Sie waren von dir gemacht und gefielen mir wohl. Deshalb sollst du nun auch meine kleine Villa hier in der Nähe, zu der ein Sklave dich hinführen wird, mit solchen Sonnenzelten versehen. In der Villa sind einige Damen, nach deren Geschmack du dich in allem zu richten hast. Dieser", er wandte sich um und deutete auf einen an der Tür stehenden Diener, „wird dir das Nähere mitteilen und dich auch bezahlen."

Schweigend verbeugte sich Paulus.

„Der Stoff, den du da zuschneidest..."

„Gibt ein Segel, Herr. Die Stoffe für Sonnenzelte liegen dort."

Dabei deutete er mit der Hand nach den auf den Tischen liegenden Ballen.

„Gut, mache deine Arbeit zur Zufriedenheit, dann erhälst du noch mehr Bestellungen von mir. Du könntest auch Segel für die Galeeren machen."

Als sich der Besucher im Laden umsah, wurde seine Aufmerksamkeit durch Ethelred gefesselt, der noch immer auf den Stoffballen im Hintergrund des Raumes saß. Der Blick des Fremden haftete auf der Gestalt des jungen Briten und betrachtete ganz genau seinen Anzug und sein offenes, furchtloses Benehmen. Die Blicke der beiden Männer kreuzten sich einigermaßen herausfordernd und ein Etwas in dem Wesen Ethelreds trieb dem stolzen Besucher das Blut in die Wangen.

„Wenn diese Person dort deine Waren nicht verdeckte, könnte ich diese viel besser sehen", sagte der Fremde. „Eine Hilfe im Geschäft scheint der Bursche nicht zu sein, da er sich ja gar nicht bewegen mag. Geh auf die Seite, Kerl, oder ich lasse dich durch meine Sklaven auf die Straße werfen."

Ethelred sprang in die Höhe, richtete sich hoch auf und sah den Sprecher kalt an.

„Der Gedanke scheint dir noch nicht gekommen zu sein, dass du bei der Gelegenheit deine Sklaven verlieren und selbst auf die Straße fliegen könntest", entgegnete er mit herausfordernder Ruhe. „Spricht durch dich vielleicht Nero?"

Das Gesicht des Besuchers wurde rot vor Zorn.

„Ja, beim Jupiter, er spricht durch mich", erwiderte er und wandte sich zu seinen Begleitern. „Packt ihn, ihr Knechte und führt ihn zu dem Hauptmann des Gefängnisses bei der Statue des Pompejus, mit dem Befehl, ihn in festem Gewahrsam zu halten. Später will ich mich mit der Sache beschäftigen."

Das lange Schwert blitzte durch die Luft; die Sklaven stürzten in den Laden, aber durch Aufheben seiner Hand hielt ihr hochmütiger Herr sie zurück. Erstaunt standen sie still, während ihr Gebieter neugierig seinen Gegner betrachtete.

„Beim Jupiter, ein netter Kampfhahn!", sagte er. „Eine feine Armbewegung und mir so merkwürdig bekannt. Wie heißt du, Bursche?"

„Er ist ein Fürst, hochverehrter Herr, der Sohn des regierenden Herzogs von Britannien", rief Zekiah, vor Furcht zitternd. „Er hat dem Seneca geliehene Gelder zurückgebracht. An den Hof ist er nicht gekommen, weil er dem allergnädigsten Kaiser keinen Tribut zu entrichten hatte. Ich weiß nicht, warum du als Cäsar sprichst, aber da du so erhaben bist, sei auch gnädig."

„Ich bin Tigellinus, der Stadtpräfekt", sagte der Fremde langsam mit fest auf Ethelred gerichteten Augen. „Ich mach mir nichts aus Fürsten!"

Ethelred senkte sein Schwert und trat mit einem leisen Aufruf zurück. Unwillkürlich war der Name „Lucinella" über seine Lippen gekommen. Tigellinus hörte ihn und der Ausdruck des Erstaunens auf seinem Gesicht wurde immer stärker.

„Was hast du da gesagt?", fragte er.

„Nichts", erwiderte Ethelred verwirrt und zögernd. „Ich habe nichts gesagt."

„Bist du verrückt?", rief Tigellinus ungeduldig. „Ich habe dich doch gehört. Was hast du da gesagt?" Und forschend fragte er: „Bist du je in Sizilien gewesen?"

Ethelred schwieg. Langsam steckte er sein Schwert in die Scheide und als er sein Gesicht wieder erhob, waren auch seine Wangen gerötet.

„Bei der Venus, Herr!", sagte er. „Du bringst mich ganz merkwürdig in Verwirrung. Der Sinn des Wortes, das ich ausgesprochen habe, ist mir fremd; ich weiß auch durchaus nicht, weshalb ich es gesagt habe. Wenn es dich überrascht, überrascht es mich nicht weniger. Sizilien kenne ich nicht – und doch klingt mir der Name vertraut. Tigellinus – Lucinella", flüsterte er vor sich hin, als bemühe er sich, eine längst vergessene Erinnerung wieder in sein Gedächtnis zurückzurufen.

Der Günstling des Kaisers lachte. Auf seinen Befehl zogen sich seine Diener zurück und als sie draußen waren, wandte er sich mit heiterer Stirne an die im Laden Anwesenden.

„Wir wollen den Vorfall vergessen, alter Zeltweber", sagte er zu Paulus. „Führe meine Bestellung gut aus, dann sollst du auch gut bezahlt werden. Den jungen Fürsten will ich heute nicht weiter belästigen. Ein Edelmann, dem das Schwert so lose in der Scheide sitzt und der so bereit ist, auch einen ungleichen Kampf aufzunehmen, hat Anspruch auf unsere Höflichkeit und unsern Einfluss. Du auch hier, alter Paulus! Dich habe ich erst gesehen, als du dich mit deiner ganzen Größe vor meinen Sklaven aufpflanztest. Wolltest du dich zwischen sie und meine Befehle stellen? Ein gefährliches Unterfangen, zu dem du deinen ganzen Mut nötig hättest! Bleibe nur deinen Freunden treu, alter Fechter und nimm dein kostbares Leben in Acht, das du in den letzten Jahren so sorgfältig gehütet hast! Wer weiß, vielleicht wird das Maß deiner Schande voll und du stirbst an einem Fieber statt durch das Schwert. Wem dienst du jetzt?"

„Dem edlen General Lucius Amicius", erwiderte der Ex-Gladiator.

„Hm! Was habe ich dir gesagt?"

„Oh Herr!", rief Volgus lachend. „Wie wär´s mit einer Stelle bei dir?"

„Nein", sagte Tigellinus mit erhobener Hand. „Für einen Abtrünnigen aus der Arena ist´s damit nichts. Jetzt unter Nero hättest du die höchste Gunst gewinnen können."

„Ich habe in allen Kämpfen gesiegt und als Lohn meine Freiheit erhalten", erwiderte Volgus. „Meine Bedürfnisse sind gering und ich liebe meine Herrin. Was brauche ich da mehr?"

„Nichts, alter Herkules, wenn du damit zufrieden bist. Du hast dir Anspruch auf meine Gunst erworben und die soll dir auch werden. He, hierher!", rief der Mächtige seinen Sänftenträgern zu. „Guten Tag, liebe Leute!"

Mit einem letzten schnellen, forschenden Blick auf Ethelred verließ Tigellinus den Laden und wurde von seinen Dienern hinweggetragen.

„Die Gnade des Allmächtigen hat uns gerettet!", rief Zekiah mit andächtig zum Himmel erhobenen Augen und ein tiefer Seufzer drückte seine Erleichterung aus. „Oh, diese streitbaren Männer!"

„Ein feiner Spitzbube ist er", sagte Volgus. „Ein richtiger Höfling! Es war ein Glück, dass der Fürst ihn nicht an seinem langen Schwert aufspießte. Noch einen Augenblick und wir alle wären, nur um unser Ende einen kleinen Augenblick hinauszuschieben, dem Tiber zu geflohen; aber die Palastwache hätte uns doch sicher erjagt."

„Heißt er Sophonius?", fragte Ethelred nachdenklich.

„Gewiss", erwiderte Volgus, „das weiß ja jedermann."

„Ich begreife nicht, woher ich es weiß", sagte der junge Mann.

„Hättest du dafür gesorgt, dass der Name auf einen Grabstein kommt, so wäre er dir jedenfalls künftig im Gedächtnis geblieben", meinte Volgus mit lautem Lachen. „Nun", – er streckte seine Riesenglieder – „ich habe den Auftrag, dich zum Essen heimzubringen und da die edle Valentina den Befehl meiner Herrin Fulvia wiederholte, wirst du hoffentlich mitkommen."

„Valentina!", rief Ethelred mit leuchtenden Augen.

Volgus sah den Apostel mit einer Grimasse an, die ein leises Lächeln auf das ernste Gesicht lockte.

„Ja, ja", sagte der Riese. „Die Jugend, die in den Wolken und Tempel, in den auf dem Flusse tanzenden Schatten Paläste sieht, pflegt in Rom allerlei Träume zu haben. In meiner Jugend, ehe ich zu den römischen Spielen kam, habe auch ich einmal geträumt! Sei gegrüßt, Paulus und auch du, Zekiah. Heute Abend in der Versammlung werde ich über meinen Schützling berichten."

Liebeswerben

Fabians Haus lag am östlichen Abhang des Viminals. Hier lebte der einstige Soldat in strengster Regelmäßigkeit. Seine Villa war an Größe der des Lucius gleich, aber sie war viel einfacher eingerichtet und Haus und Gärten zeugten von der Zurückgezogenheit, in der ihr Besitzer lebte. Der Tribun war viel reicher als sein Oheim, aber er trat bescheiden auf und obgleich immer noch großmütig und freigebig, hatte er doch die Luft, zu verschwenden, längst überwunden. In seinen jungen Jahren war es anders gewesen. Früh verwaist, hatte er nach Erlangen seiner Volljährigkeit ein Leben geführt, das weder Achtung erwecken, noch von Dauer sein konnte. Durch seine bunten Sänften, seine arabischen Pferde, seine kostbaren vergoldeten, mit Elfenbeinschnitzereien verzierten Wagen, seine Juwelen und reichen Gewänder war er die hervorragendste Erscheinung bei Hof gewesen. Ein Zug Sklaven folgte ihm zu jener Zeit stets vom Theater in den Zirkus und keiner der Höflinge, die sich damals um Nero scharten, wettete sorgloser als Fabian bei den Kampfspielen oder beim Würfelspiel. Mit tiefen Missvergnügen beobachtete Lucius das Treiben seines Neffen und Fulvia ermahnte diesen wie eine sorgliche Mutter; aber Fabian blieb taub gegen alle Bitten und Befehle; seine kräftige Jugend, sein hübsches Äußere, die ihm zulächelnden Frauen, sein ganzes Dasein ließ ihn glauben, er stehe bei den Göttern in besonderer Gunst, er verbrachte seine Tage beim Spiel und weihte seine Nächte dem Wein und der Liebe.

Damals war die edle Octavia Neros Gemahlin, die Kaisermutter Agrippina führte noch die Zügel der Regierung für den jugendlichen Cäsar und Tigellinus, im ersten Glanz seiner Siege als Wagenlenker, begann bei Nero in Gunst zu kommen. Auch Lucius Amicius hatte damals noch Einfluss bei Hof und Poppäa Sabina, Othos treuloses Weib, die sich eben erst wie ein Schmetterling aus der Puppe entfaltet hatte, blendete mit ihrer Schönheit die kaiserlichen Augen.

Zu jener Zeit kam auch Berenike nach Rom und diese Schwester des jüdischen Königs hatte den eigenartigen Reiz, den die Abstammung aus einem anderen Weltteil verleiht. In ihrer Schönheit war ein solches Feuer, in ihren Blicken eine solche Tiefe und in allen ihren weiblichen Künsten ein so feiner Sinn, dass sie eine ganz neue Leidenschaft bei den Männern erweckte. Ihre Anwesenheit versetzte Phyllis und Poppäa in Aufregung; die Hofdamenfolgten Berenikes Beispiel; sie ordneten ihre Haare nach dem Vorbild der jüdischen Fürstin und ahmten den leichten Faltenwurf ihrer Gewänder nach; Berenike verstand es aufs meisterhafteste, das, was die Mode erlaubte, zugunsten ihrer Schönheit auszunützen. Alles lag ihr zu Füßen und Fabian, alle anderen überbietend, ergab sich blindlings ihrem Dienste. Sie beherrschte ihn mit der Launenhaftigkeit einer Königin; durch tausenderlei Koketterien wurde er genarrt; bald war sie freundlich gegen ihn, bald stieß ihn ihre unbegründete Kälte ab. Er ließ sein Haus bekränzen und gab ihr darin Feste, die sich wohl mit den Festen bei Hofe messen konnten. Für die seltsamsten Geschenke vergeudete er Unsummen; er brachte ihr Sklaven aus Numidien und Edelsteine aus Sufa.

Zum Dank dafür machte ihn Berenike fast verrückt vor Eifersucht. Zuerst kokettierte sie mit Festus, der eben erst von Dazien zurückgekehrt war und später mit dem für seine Dienste in Thrazien zum Tribunen ernannten Felir.

Damals fanden gerade die Herbstspiele statt und nun war auch der Tag erschienen, an dem Volgus in der Arena auftreten musste. Wenn es ihm gelang, nur mit seinem kurzen Schwert und runden Schild bewaffnet, einen numidischen Tiger zu besiegen, sollte der Riese seine Freiheit erhalten. Natürlich war Lucius mit seiner ganzen Familie anwesend; in Berenikes Gefolge hatte sich auch Fabian eingefunden und er saß nun in einer Loge neben der kaiserlichen Tribüne. Im Vertrauen auf seine neuerrungenen Lorbeeren hatte sich Felir einen Sitz neben der jüdischen Fürstin erobert und das Blut raste wie Feuer durch Fabians Adern, als er sah, dass sie die entzückten Blicke seines Rivalen erwiderte. Das Schauspiel im Theater war für ihn gar nicht mehr da, er hatte nur noch Augen für das verliebte Paar. Kaum hörte er das Freudengeschrei über den Sieg des Gladiatoren und er sah auch nicht, wie die Liktoren den Sieger vor den Kaiser führten. Vor den verwirrten Sinnen des jungen Römers verschwand die große Menschenmenge wie in einem Nebel – er sah nur noch, wie Felir die weiße Hand Berenikes mit den Lippen berührte und dann die Treppe hinabstieg. Fabian wusste, dass sich Felir zu der unter der kaiserlichen Tribüne versammelten vornehmen Gesellschaft begab, die dort den siegreichen Gladiatoren begrüßte. In wilder Wut und mit stürmisch klopfendem Herzen folgte er Felir. Eine Stunde später fand man den jungen Amicier bewusstlos und blutend am Fuß der Treppe liegen; aber Felir hatte das Amphitheater verlassen. Mit einem Gemisch von Neugier und Bedauern versuchte Berenike das Vorgefallene zu ergründen, doch keiner von den beiden Beteiligten teilte ihr je ein Wort darüber mit. Felir kehrte zu seinen Pflichten bei dem Heer zurück und Fabian genas, vollständig verändert in Charakter und Wesen. Er fühlte sich gedemütigt durch seine Schwäche, die ihn so schnell das Opfer eines Stärkeren hatte werden lassen und schämte sich seines Ungestüms, das seine Niederlage verursacht hatte. Nach seiner Genesung verkaufte er seine Sänften, seine Pferde und viele seiner Sklaven und fing an, mit Statius Annäus Philosophie zu studieren. Später besuchte er die Turnhalle in der Fechtschule und nahm sich Volgus als Lehrer. Bei Hof ließ sich Fabian jetzt nur noch selten sehen und obgleich er sich noch immer um Berenike zu bemühen schien, entzog er sich doch allmählich ihrem Einfluss. Felir war fort und die Fürstin suchte jetzt mit allen möglichen Künsten den jungen Mann, den sie sich selbst entfremdet hatte, festzuhalten; aber Fabian, nun ganz abgekühlt und unzugänglich, bat Nero um eine Stelle im Heer. Der jugendliche Kaiser, dessen Zynismus täglich wuchs und der die Veränderung in Berenikes Verehrer wohl bemerkt hatte, willfahrte sofort dieser Bitte: Fabian wurde zum Dienst im Felde berufen und sein Mut und seine Klugheit brachten ihn schnell vorwärts. Nach erfolgreichen Kämpfen in Thrazien und Illyrien kehrte er als Sieger und Tribun nach Rom zurück. Da das Volk darum bat und Nero sich edelmütig zeigen wollte, wurde dem jungen Helden ein Triumphzug durch die Straßen Roms gestattet. Hoch geachtet von dem Volk, ein Liebling des Heeres, führte Fabian Amicius von jetzt an ein einfaches Leben, das er bis zu seinem Zusammentreffen mit Berenike in Palästina fortsetzte.

Tief beunruhigt hatte Fabian nach dem wichtigen Gespräch mit Brabano den kaiserlichen Garten verlassen. Ein einziger Gedanke beherrschte ihn vollständig – Myrrha war in Gefahr – Tigellinus liebte sie. Was Tigellinus Liebe nannte, wusste Fabian nur zu gut und er wusste auch, dass nun die Zeit für ihn gekommen war, seine eigenen Gefühle zu bekennen. Endlich musste er die Worte aussprechen, die schon lange auf seinen Lippen schwebten. Er war sich jetzt ganz klar darüber, wie heiß er Myrrha liebte. Lange schon war er sich dieses Gefühls, das er wie ein Heiligtum in seinem Innersten verschloss, bewusst gewesen und jetzt wogte und wallte ihm das Blut heiß und glühend durch die Adern, fast wie zurzeit, wo er Berenike geliebt hatte. Doch diese neue Leidenschaft war ein heiliges Gefühl, unermesslich viel tiefer als jedes andere Gefühl seines Lebens und das wilde Auflodern wurde gedämpft und gemäßigt durch das sanfte Wesen der Geliebten. Für Fabian war die lichte Gestalt des an Seele und Leib keuschen Mädchens wie das Marmorbild einer Göttin auf dem Altar, dem man sich nur mit Ehrfurcht und Verehrung nähern darf. Die von Myrrha in ihm erweckte Empfindungen mit seiner Liebe für Berenike nur zu vergleichen, erschien ihm schon eine Entheiligung und seit Fabian vor kurzem die frühere Freundschaft mit Berenike einigermaßen erneuert hatte, bedrückte ihn dieses Gefühl noch mehr. Aber diese Freundschaft war nun ganz anders geworden, obgleich in dem jungen Mann der Verdacht aufgestiegen war, Berenike lehne sich im Gegensatz zu ihm gegen den Einfluss der durch Paulus angeregten neuen Empfindungen auf, die einen schuldlosen Verkehr verlangten. Er war sich wohl der mit ihm vorgegangenen Veränderung bewusst, aber er fühlte sich innerlich noch nicht von seinen Erinnerungen und seiner Vergangenheit befreit. Myrrha seine Liebe zu gestehen, kam ihm vor, wie wenn man einen unschätzbaren Edelstein mit unreiner Hand berühren wollte. Er meinte, dass die Ausschweifungen seiner Jugend und die im Lager und auf dem blutigen Schlachtfeld gemachten Erfahrungen ihm ihre Spuren fest eingedrückt hätten.

Ohne seine Diener verließ Fabian den Kaiserpalast und eilte dem Hause seines Oheims zu.

Lucius und Fulvia waren nicht daheim; im Hof traf er Volgus mit den Sklaven beim Diskuswerfen und eine Dienerin sagte ihm, Myrrha und Valentina seien im Garten. Diese Dienerin, die bevorzugte Gürtelmagd seiner Tante, sprach und benahm sich stets, als ob sie zur Familie gehörte.

„Sei willkommen", sagte sie lächelnd. „Valentina wird dich mit Freuden begrüßen, Myrrha vielleicht auch, jedenfalls aber Valentina. Der junge britische Prinz ist bei ihnen und so viel weiß ich ganz sicher, für Paolo hat Valentina jetzt keinen Blick mehr übrig. Für die Aussichten, die er hier noch hat, gebe ich keinen Heller. Durch die Türe des Atriums kannst du die Mädchen sehen. Valentina ist ganz rosig angehaucht und seit der Fremde da ist, hört man sie jeden Augenblick lachen. Wahrhaftig, das Mädchen ist wie verzaubert."

Fabian durchschritt das Atrium und einem Fußweg folgend, sah er die Gesuchten vor einer Laube stehen. Wie die Dienerin gesagt hatte, strahlte Valentina geradezu, aber Fabian bemerkte mit inniger Freude, dass Myrrha ihn mit ungewöhnlich herzlichem Ausdruck begrüßte.

Alle Zweifel schwanden; ihr Lächeln verscheuchte alle Vorsicht und Zurückhaltung; heute noch wollte er reden. Ob auch unwürdig, – er liebte sie – liebte sie mit der ganzen Stärke seiner reifen Jahre und nicht um einen Kaiserthron hätte er jetzt von ihr lassen können. Drohte ihr wirklich Gefahr, so konnte er sie nach der Erklärung seiner Liebe viel besser beschirmen und war sie erst sein Weib, so wusste er sie zu schützen, falls Tigellinus dann noch Absichten auf sie hätte.

Nach Brabanos Worten zweifelte er nicht mehr an der ihr drohenden Gefahr; aber hier in ihrer Gegenwart, unter dem Einfluss ihrer Schönheit, die ihn mit Wonne erfüllte, war ihm, als sei diese Gefahr in weiter Ferne und als stehe er mit Myrrha auf der Schwelle eines geheimnisvollen Paradieses, wo alles Übel zurückwich und das sie Hand in Hand betreten wollten. Myrrha fühlte seine Erregung wohl, ihre Augen sprachen ihm Mut zu und in dem Bewusstsein, dass sein Gesicht seine Liebe verraten habe, blieb Fabian stumm und wie verzückt stehen, bis ihn Valentinas Stimme in die Wirklichkeit zurückrief.

„Vater meinte, du würdest heute Morgen herkommen, Vetter Fabian", sagte sie. „Wir haben mit dem Essen auf dich gewartet."

„Das tut mir leid", war seine Antwort. „Doch hat ja unser lieber Gast meine Stelle vertreten. Hoffentlich", wandte er sich an Ethelred, „bleibst du noch lange in Rom."

„Jedenfalls über die Spiele. Ich habe keine Eile. Zu einer schnellen Abreise liegt wenig Grund vor, außer der Sehnsucht nach der Heimat!"

„Wenig Grund, wirklich!", rief Valentina spöttisch. „Ich wette, wenn er aufrichtig sein wollte, wüsste er noch Gründe genug. Sind die Mädchen in Britannien groß?"

Ethelred wurde vor Freude über ihr Betragen ganz rot.

„Das weiß ich nicht“, antwortete er. Aber jedenfalls sind sie blond. Ich meine jetzt, alle Mädchen seien blond. Die in Britannien habe ich freilich nicht sonderlich betrachtet. Erst seit ich hier in Rom bin, hat

Frauenschönheit für mich Bedeutung. So viel weiß ich sicher, ich werde nach meiner Rückkehr noch oft daran zurückdenken.“

„Ein höchst gefährlicher Gegenstand zum Nachdenken oder Besprechen“, meine Fabian. „Komm, Myrrha, wir wollen die beiden allein lassen. Sie scheinen so befriedigt, dass sie uns kaum vermissen werden.“

„Verzeih“, sagte Ethelred ernst, „ich bin…“

„Nein“, unterbrach ihn Valentina und legte ihre Fingerspitzen auf seinen Arm. „Lass sie nur gehen und viel Vergnügen auf den Weg! Wenn sie sich genug gelangweilt haben, werden sie an unserer Gesellschaft schon wieder froh sein."

Ihre Augen strahlten und sie lachte hell auf; es war ein Lachen, das ansteckend wirkte. Ihre Heiterkeit war so sonnig wie der schöne Tag und die Blicke des jungen Briten drückten unverhohlen seine Bewunderung aus.

Myrrha willfahrte der Bitte Fabians und beide gingen langsam den Weg entlang. Ethelred und Valentina lustige Worte klangen ihnen nach, aber bei einer Biegung des Weges entschwanden sie deren Blicke und kaum waren die zwei allein, als sie plötzlich von einer großen Verlegenheit überfallen wurden, die beiden verstummen ließ. Endlich hub Fabian an:

„Wie alt bist du wohl? Das müsste ich freilich selbst wissen, aber ich meine, erst gestern noch seiest du ein Kind gewesen."

Myrrha blieb stehen, setzte sich aber dann auf eine Holzbank unter der Zypresse und sah ihren Begleiter an. Ihre Hände lagen gefaltet in ihrem Schoß und hoben sich zart und schön von dem schneeigen Gewebe ihres Gewandes ab; aus ihren dunklen Augen leuchtete volles Vertrauen. Der junge Mann erbebte im innersten Herzen.

„Ich bin noch nicht zwanzig", erwiderte sie, „und auch mir scheint es, als sei meine Kindheit kaum vorüber. Seit ich hier lebe, ist jeder einzelne Tag so reich an Glück gewesen, dass ich den Wechsel kaum gespürt habe – und doch – jetzt bin ich ein Weib!"

Fabian setzte sich an ihre Seite und nahm ihre beiden Hände in die seinigen.

„Ja, ein wunderliebliches Weib", sagte er leise mit bebender Stimme. „Schon lange hege ich den Wunsch, dir das zu sagen – und doch kann ich es nicht – ich finde keine Worte! Du bist mehr als lieblich, mehr als schön! Ich liebe dich – ich liebe dich – von ganzem Herzen, von ganzer Seele!"

Unter dem Blick, der ihn traf, verstummte er plötzlich. Ihre dunklen leuchtenden Augensterne wurden feucht von aufsteigenden Freudentränen und der Druck ihrer kleinen Hände, die in den seinen ruhten, versetzte ihn in Entzücken; er drückte ihre Hände an seine Lippen und bedeckte sie mit Küssen. Dann umschlang er Myrrha mit seinem Arm, er zog sie an sich, ganz überwältigt von dem Gefühl ihrer

Nähe und von dem leisen Seufzer unaussprechlicher Wonne, den die Hingebung des starken Mannes ihr entlockte, des Mannes, den sie geliebt hatte, fast ohne zu wissen, ohne zu hoffen, dass er sich ihr je mit solcher Leidenschaft zu eigen geben würde... In der Ekstase des Augenblicks schwand auch Fabians gewohnte Zurückhaltung und mit leiser Stimme flüsterte er ihr die Geschichte seiner Liebe ins Ohr.

Die Vorladung

Fabian mochte jetzt weder Valentina noch Ethelred zu Vertrauten seines Glückes machen; heute genügte ihm vollständig, dass er selbst dieses Glück kannte und fühlte. Als er Myrrha ins Haus zurückbegleitet hatte, wollte er sich eben, das Herz voller Glück und Seligkeit, verabschieden, als sein Oheim zurückkehrte, aber ohne Fulvia. Er hatte diese zuerst zu einer Freundin begleitet, die sie öfters besuchte und war dann zu einer Unterredung mit dem Kaiser auf den Palatin gegangen. Der alte Kriegsmann wünschte seiner Stellung als Anführer der zum Aufsuchen und Verhaften der Christen befohlenen Truppen enthoben zu werden und bat daher Nero, jemand anderem diesen Auftrag zu übergeben. Er werde alt, brachte er vor und habe Rom jetzt viele Jahre gedient. Es seien ja andere, jüngere da, die, wenn auch nicht zuverlässiger, doch jedenfalls tatkräftiger seien als er. Er sehne sich nach Ruhe.

Nero hatte Lucius huldvoll empfangen. Schweigend hörte er seine Bitte an und gab gleich seine Zustimmung, als der General schwieg. Er werde mit Tigellinus sprechen, sagte er, und einem jüngeren Mann den Befehl übertragen.

Von irgendwelchem Belang war ja die Sache nicht und eigentlich fühlte sich der Kaiser erleichtert. Es war ihm ganz recht, nicht mehr in amtlicher Verbindung mit Lucius zu stehen, gegen den Tigellinus seinen Einfluss fortgesetzt geltend gemacht und dadurch das Misstrauen des Kaisers von Tag zu Tag verstärkt hatte. Am Hofe erkannte man die Wichtigkeit der christlichen Bewegung eigentlich gar nicht und im Rom der Vornehmen nur wenig. Aus Judäa waren zwar Berichte über die Ausdehnung der neuen Sekte eingelaufen, hatten aber kein Interesse geweckt. Sie galt für eine ausschließlich jüdische Angelegenheit und deshalb für bedeutungslos außerhalb der Grenzen des kleinen Palästinas. Ähnlich wie Paulus hatten Sendlinge diese Geschichte von Christus in vielen Ländern verbreitet und Paulus selbst hatte sie in Antiochien, Ephesus, Thessalonich und anderen Orten gepredigt; Petrus war jetzt in

Rom, aber in der dichtbevölkerten Kaiserstadt hatte seine Lehre bis jetzt nur in den untersten Volksschichten und bei den Juden Wurzeln geschlagen. Zu fürchten war diese Bewegung also nicht, wohl aber musste sie unterdrückt werden, weil sie ihrem ganzen Wesen nach Unordnung hervorrufen und den Frieden stören konnte. Alles, was darauf hinzielte, die Plebejer zu vereinigen, das Interesse der Sklaven zu erregen und die Aufmerksamkeit der Soldaten auf sich zu ziehen, musste ausgerottet werden. Da nun die Nachfolger dieses Christus einen bestimmten Glauben predigten, der Anhänger fand und da man diesen Christen überdies nachsagte, sie seien Brandstifter und verabscheuten die öffentlichen Spiele, mussten sie als Verbrecher schwer bestraft werden. Verbrecher aus den untersten Volksklassen und Gegner der Kampfspiele ließen sich ausgezeichnet für eben diese Spiele verwenden und von diesem Gesichtspunkt aus war Nero zuerst fast zufällig, Tigellinus aber mit bestimmter Absicht, gegen diese neue Sekte vorgegangen.

Nachdem das Geschäftliche erledigt gewesen war, hatte sich Nero nach dem Befinden Fulvias erkundigt und dann Lucius eingeladen, da zu bleiben, um Poppäa zu begrüßen. Der alte Feldherr hatte dankend abgelehnt, denn sowohl die Nachfrage als die Einladung waren in dem ausdruckslosen, förmlichen Ton vorgebracht worden, der bei Nero stets wie eine leise Warnung klang. Unwohlsein vorschützend, empfahl sich Lucius und eilte heim.

Obgleich Fabian seinem Verwandten nichts von seiner Myrrha gemachten Liebeserklärung sagte, bemerkte dieser doch sofort, dass etwas Außerordentliches vorgefallen war. Die glühenden Wangen des jungen Mannes, die unterdrückte nervöse Erregung, in der er sich befand, hätten Lucius zu einer Frage veranlasst, wenn nicht in demselben Augenblick Valentina und Ethelred in die Halle getreten wären. Auch diese beiden schienen erregt zu sein, aber Lucius fragte nichts. Erfreut über den Erfolg seines Besuchs, drängte es ihn, darüber zu berichten.

„Welche Erleichterung ist es mir, dass ich nicht mehr verpflichtet bin, diese armen Tropfen aufzuspüren!“, rief er aus. „Seit ich die Worte des guten Juden gehört habe, bedrückt mich diese jammervolle Aufgabe schwer. Auch Fulvia hat sich diese Sache sehr zu Herzen genommen, sie konnte seither fast gar nicht mehr schlafen. Der Cäsar war sehr huldvoll und hat mich sofort meines Dienstes enthoben."

Fabians Gesicht wurde plötzlich sehr ernst. Brabanos Worte, die er in seinem Glück ganz vergessen hatte, kehrten in sein Gedächtnis zurück und fielen ihm wie Zentnersteine aufs Herz. Jetzt wurde ihm auch klar, wie wenig ihm der Leibarzt eigentlich gesagt hatte und er beschloss, diesen unverzüglich aufzusuchen und um nähere Auskunft zu bitten. Es war ihm unerträglich, nicht die ganze Größe der ihm und den Seinigen drohenden Gefahr zu kennen. Begeistert durch seine Liebe, die seit der Erklärung noch heißer geworden war, fühlte er diese Unsicherheit um so tiefer und seine Empörung kannte nun keine Grenzen mehr. In diesem Augenblick war er, trotz aller Disziplin, zu jeder Tollkühnheit fähig; wenn Tigellinus es wagen sollte, auch nur einen unreinen Finger nach seiner Geliebten auszustrecken, würde er ihn selbst vor den Stufen des Throns niederstrecken.

Doch plötzlich wurden Fabians Gedanken durch die Unterhaltung der anderen eine neue Richtung gegeben.

„Es ist mir eine Freude, dich hier zu finden", hatte Lucius freundlich den jungen Briten begrüßt. „Wie ich dir schon einmal gesagt habe, ist dein Volk ein tapferer Feind. In meiner Jugend bin ich auch über das Meer nach Britannien gefahren und durch die Insel marschiert. Kennst du sie genau?"

„Die Insel mit den zerklüfteten Ufern und weißen Kreidefelsen?", antwortete Ethelred lächelnd. „Ja, wahrscheinlich, ich kenne sie bis zu ihrer nördlichsten Spitze. Jenseits der Berge sind die Römer nie gewesen – und doch gibt es dort Täler so schön wie in Italien – wenigstens für meine Augen. Die Menschen dort sind furchtlos, unbesiegt, großherzig und gastfrei; aber sogar der erste Cäsar hielt es für klug, seinen Eroberungsgelüsten eine Grenze zu ziehen. Hinter Britannien liegt indes noch eine Insel; dort wohnt ein keltisches Volk, von dem Rom jedoch gar nichts weiß. Auch dort bin ich gewesen."

„Oh, wir armen Römerinnen!", rief Valentina mit einem tiefen Seufzer aus. „Nur den Männern lacht das Glück, fremde Länder besuchen und umherreisen zu dürfen. Wie gerne möchte ich dieses Britannien kennen lernen!"

Ethelreds Augen blitzten; seine Wangen röteten sich, als er all seinen Mut zusammennahm und sagte:

„Vielleicht kommst du einmal dahin!"

„Nein, nein!", wehrte Lucius ab. Er lächelte gutmütig und deutete nach den inneren Gemächern des Hauses. „Für Frauen ist das Reisen gefährlich. Du musst dich mit dem Nestchen, dass ich dir hier gebaut habe, zufriedengeben. Es hat viel Zeit und viel Arbeit gekostet."

„Ein prächtiges Nest", murmelte Ethelred verzagt, als seine Augen über die kostbaren Schnitzereien und Statuen, die bemalten Wände und Mosaikfußböden hinglitten.

„Für immer, mein Vater?", fragte Valentina mit angenommener Verdrießlichkeit.

„Bis du dich verheiratest", erwiderte Lucius, sie liebevoll umschlingend. „Und auch nachher noch, wenn dir deine Mutter den Gemahl aussucht."

„Da sie sich bei ihrer eigenen Wahl so ziemlich bewährt hat", sagte Valentina lachend und sah ihren Vater voll Liebe und Bewunderung an, „laufe ich wohl keine Gefahr, wenn ich ihr gehorsam bin und ihr vertraue."

Fabian beschloss, seinem Oheim jetzt noch nichts zu sagen; er verabschiedete sich von ihm und dem jungen, heiteren Paar und begab sich dann in seine eigene Wohnung. Ihn verlangte nach Ruhe, um sich seine Lage klarzumachen, zugleich aber auch, um an ein großes Glück denken zu können.

Zu Hause angekommen, entließ er den Sklaven, der sich nach seinen Wünschen erkundigte, warf Toga und Schwert ab und schritt durch die Zimmer in den Garten. Er war eine Beute widerstreitender Gefühle – seine Liebe und seine Besorgnis für Myrrha, die jetzt ihm selbst drohende Gefahr, da er seine Neigung erklärt hatte und diese erwidert wurde, beherrschten ihn! Bisher hatte er keine Furcht vor Gefahr gekannt, seinen Gleichmut hatte kein Verhängnis stören können, aber jetzt liebte ihn Myrrha und heute hatte sich ihm der Ausblick auf einen Himmel aufgetan, den er um keine Welt verlieren wollte.

Die Unruhe des jungen Mannes steigerte sich immer mehr. Er warf sich auf eine Bank und überdachte seine Vergangenheit, seine Jugend, seinen Traum von Berenike und die Tage seine Torheiten. Welche

Wonne, das herrliche Geschöpf, dessen Beben bei seiner Umarmung er noch fühlte, dessen himmlisches Antlitz unter der Glut seiner Küsse errötet war, als Herrin in sein prächtiges Besitztum einzuführen! Wie würde ihre Gegenwart die düsteren Räume seines Palastest erhellen! Wie gastlich wollte er wieder Türen und Tore den Freunden öffnen, die Hallen und Zimmer wieder mit Blumen und Kränzen schmücken und mit all dem fröhlichen Treiben erfüllen, das bei dem ernsten Leben der letzten Jahre daraus verschwunden war! Bei diesem Gedanken floss ihm das Blut wie Feuer durch die Adern und das Bild der Geliebten stand immer lebendiger vor ihm. Ganz deutlich sah er ihre Haare, ihre Lippen, den schlanken Hals, die Andeutung des schneeigen Busens, die Anmut ihrer Bewegungen, die feinen Linien der ganzen entzückenden Gestalt in ihrer liebreizenden Jugendblüte vor sich! Sein bisheriges zurückgezogenes Leben, die Zügel, die er sich selbst angelegt hatte, dienten jetzt nur dazu, das in ihm lodernde Feuer noch mehr anzufachen und die verständige Überlegung wurde von der stürmischen Ungeduld besiegt, als er den Entschluss fasste, den Tag seiner Hochzeit so viel wie möglich zu beschleunigen. Mit Tigellinus wollte Fabian eine Auseinandersetzung erzwingen; trotz dessen Macht wollte er sich das Recht erkämpfen, dieses zarte, holde Geschöpf zu seiner Gattin zu machen und Myrrha dadurch vor dem Schicksal jener üppigen, ausschweifenden Frauen am kaiserlichen Hofe zu bewahren. Schon der Gedanke an die Möglichkeit eines solchen Schicksals machte den Patrizier fast krank und plötzlich erkannte er, worin die Gefahr bestand. Auf den Wink Brabanos hin genügte für Fabian diese Stunde der Überlegung, sich die ganze Tragweite und Ausdehnung der Pläne des kaiserlichen Günstlings klarzumachen. Er kannte nur zu gut das Treiben am Hofe. Octavia war tot, Akte auf die Seite geschoben worden und wie Nero verfuhr auch Tigellinus; der Günstling brauchte seine Wünsche nur anzudeuten, um die kaiserliche Genehmigung zu erhalten.

Die auf Hochverrat hinzielenden Worte Brabanos gaben Fabian wenig Hoffnung, denn gegen des Cäsars Macht half kein Widerstand und eine Verschwörung konnte sich nicht so schnell entwickeln, wie die bösen Lüfte des Günstlings. Fabian bemaß Tigellinus´ Ungeduld nach seiner eigenen, erregten Gemütsverfassung und seine Liebe vermehrte noch seine Angst. Aber wenn man auch dem Willen des Kaisers keinen

Widerstand leisten konnte, so konnte man ihn doch vielleicht durchkreuzen. Am Ende könnte eine List Rettung bringen. Zum ersten Mal dachte der vornehme Römer an solche, deren einziges Verteidigungsmittel ihre Gewandtheit im Fliehen und Sich Verbergen war. Noch niemals hatte der große Haufe, das gemeine Volk, dessen unzählige Tausende Rom bevölkerten, den eingefleischten, zum Herrschen geborenen Patrizier interessiert. Jetzt machte es sich klar, was ihr Leben eigentlich war und was es bedeutete! Genau betrachtet war gerade dieses Volk das ewige Rom und sein Bestehen erhielt das Reich! Als dieser Gedanke Fabian ergriffen hatte – wie klein erschien ihm da auf einmal der ganze Hof, wie bedeutungslos dessen paar ärmliche Gestalten, die wie grinsende, gespensterhafte Wesen dahinwirbelten, tanzten und sich belustigten und sich hoch erhaben deuchten über die große Masse, die schlicht und einfach ihren nur aus Arbeit und Schlaf bestehenden Tageslauf vollendete. Schon in dem bloßen Dasein dieser Menge lag eine von ihm bis heute noch nie erkannte Erhabenheit, eine Erhabenheit, die viel größer war als die den eitlen Kaiser umgebende künstliche Pracht und Majestät; das Leben des Volkes bedeutete jetzt etwas für Fabian; sowohl die edlen Gefühle, die Myrrha ihm einflößte, als die Empörung, die die heißen Begierden des Tigellinus für das Mädchen in ihm wachriefen, standen mit diesem neuen Gefühl im Zusammenhang. Paulus gehörte zu dem Volke, ebenso wie sein Meister! Und der Geist in den Lehren dieses Meisters, den der Apostel predigte, war dem Geiste ähnlich, der Fabian aus den Augen des geliebten Mädchens anblickte. Noch nie war in dem Römer der Gedanke aufgestiegen, dass er je von den Höhen des Lebens, wo allein er sich zu Hause fühlte, ausgestoßen und ausgetilgt werden könnte, um ein neues, ganz verändertes Dasein in der Tiefe führen zu müssen, in die die Blicke des Hofes nie zu dringen vermöchten. Und doch, vielleicht könnte sich da ein Zufluchtsort für Myrrha, vielleicht auch für ihn selbst finden! Mit Myrrha vereint, erschien ihm auch das bescheidenste Los noch wie größte Seligkeit.

Fabian beschloss, zuerst Brabano und dann Paulus aufzusuchen.

Kaum hatte er diesen Entschluss gefasst, als ein Sklave kam, um ihm zu melden, ein Hauptmann der Leibwache sei im Haus und bitte um eine Unterredung.

Der Tribun erschrak und brauchte einen Augenblick, um sich zu fassen; in seinem gegenwärtigen Zustand erschreckten ihn selbst Schatten und der Besuch eines Hauptmanns der Leibwache war immer verhängnisvoll, denn er endete stets mit einer Verhaftung, die den Verhafteten den ernsten Folgen eines Wutanfalls des allmächtigen Kaisers aussetzte. So war denn der gefürchtete Schlag schnell gefallen! Der kühne Soldat erbleichte und knirschte in ohnmächtiger Wut mit den Zähnen. Gegen ihn, der Myrrha vor Unglück und Gefahr behüten und beschirmen wollte, sollte also zuerst vorgegangen werden; ihn wollte man auf die Seite bringen, damit er ohnmächtig sei, ihr beizustehen! So erfüllt war er von den Gedanken der letztverflossenen Stunden, dass er nicht imstande war, mit gewohnter Klarheit und Ruhe den Fall zu überlegen und deshalb fiel ihm auch nicht ein, dass die Anwesenheit des Hauptmanns in keiner Weise mit Myrrha im Zusammenhang stehen könnte. Was auch immer die Absichten des Präfekten sein mochten, Fabian konnte dabei nicht in Betracht kommen; vor dem heutigen Tage hätte er ja gar keine Rechte an die Adoptivtochter seines Verwandten geltend machen können und dass sie sein Herz gewonnen hatte, war nicht allgemein bekannt. Aus der Entdeckung seines Geheimnisses durch Brabano folgte noch nicht, dass auch andere es ergründet hatten. Aber Fabian, das Herz ganz erfüllt von Myrrha, war unfähig, in diesem Augenblick an etwas zu denken, das ihn allein und nicht auch sie betraf.

In Gedanken sich auf jede Möglichkeit vorbereitend, ordnete der junge Römer seine Toga über der Tunika, legte sein Schwert um und gebot dem Sklaven, den Hauptmann und seine Leute in die innere Halle zu führen.

„Der Hauptmann ist allein, Herr“, sagte der Sklave erstaunt. „Er hat niemand bei sich.“

Belustigt über die irrige Schlussfolgerung seiner verwirrten Gedanken, atmete Fabian freier auf. Bedenklich war der Besuch also nicht; ohne Zweifel wollte irgendein Soldat die Fürsprache seines früheren Anführers zu seiner Beförderung erbitten.

„Führe den Hauptmann hierher!“, gebot Fabian.

Der Sklave verschwand und kehrte gleich in Begleitung des Hauptmanns Julius zurück.

„Sei gegrüßt, edler Herr!“, lautete dessen Gruß. „Verzeih mein Kommen, aber etwas, das auch dich interessieren wird, beunruhigt mich; ich möchte dich daher um deinen Rat bitten.“

Der Hausherr erwiderte den Gruß, bot dem Gaste einen Sitz an und bat ihn, fortzufahren.

„Wie du weißt, habe ich den Juden Paulus, nach seiner Berufung auf den Kaiser, von Cäsarea hierhergebracht und ihn auch seither unter meiner Obhut gehabt. Morgen soll er nun vor dem Kaiser erscheinen und ich habe soeben den Befehl erhalten, ihn vorzuführen. Ich erinnere mich ganz gut, wie der edle Festus erklärte, Paulus werde sicher freigesprochen werden; aber seit meiner Rückkehr nach Rom habe ich eingesehen, dass hier gar vieles anders geht, als man denkt. Paulus ist ein Christ und die Christen werden hier verhaftet und ins Gefängnis gesperrt. Sie haben den Zorn des Kaisers auf sich gezogen und viele von ihnen sollen nun den wilden Tieren vorgeworfen werden. Du kennst Paulus; vor dem Kaiser wird er sich als Christ bekennen und dadurch verloren sein. Da ich nicht vergessen habe, wie günstig du und die erlauchte Berenike mit ihren Frauen auf unserer Überfahrt dem Mann gesinnt waren und da auch ich ihm geneigt bin, ist mir der Gedanke gekommen, dir die Vorladung mitzuteilen und dich für Paulus um Geltendmachung deines Einflusses bei Hof zu bitten.“

Mit Erstaunen bemerkte Fabian die unterdrückte Erregung des strengen Offiziers und den weichen Ausdruck in dessen Augen. Die Bitte rührte ihn sehr; war sie ihm doch ein neuer Beweis, dass Paulus überall, wo er hinkam, einen großen Einfluss ausübte.

Durch diese Mitteilung des Hauptmanns fühlte sich zwar Fabian sehr erleichtert, doch erkannte er sogleich die Richtigkeit von dessen Bemerkungen: Paulus würde sicher ein offenes Bekenntnis ablegen und die Christen waren in Ungnade! Einen Augenblick stand der Römer schweigend und nachdenklich da. Sein Oheim hatte heute sein Amt niedergelegt; Nero wusste, dass er, Fabian, mit diesem Paulus die Reise nach Rom gemacht hatte, daher konnte jede Einmischung von seiner Seite dem Apostel leicht mehr schaden als nützen. Ja, dass er dem Apostel nur schaden würde, kam Fabian mehr als wahrscheinlich vor, denn sein Herz war voll trüber Ahnungen betreffs der Gefühle, die der

Kaiser für ihn hegte. Aber Berenike könnte vielleicht helfen und Brabanos Beistand musste gewonnen werden!

Nachdem der Tribun dem Hauptmann für die Benachrichtigung gedankt und ihm versprochen hatte, sogleich die nötigen Schritte in der Angelegenheit des Apostels zu tun, entließ er ihn und Julius entfernte sich, das Herz voll Dank und voll Vertrauen auf dieses Versprechen. Fabian aber ließ sofort seinen Wagen anspannen und eilte auf den Palatin, um Berenike aufzusuchen.

Brabano und der Apostel

Die dem Hauptmann Julius zugegangene Aufforderung, Paulus vor den Kaiser zu führen, wäre an und für sich nicht so wichtig gewesen, ohne die Tatsachen denen Julius Fabian gegenüber Erwähnung getan hatte. Bei seiner Ankunft in Rom hatte der Hauptmann sein Beglaubigungsschreiben dem Präfekten auf dem Palatin übergeben und dessen Befehle wegen des Gefangenen erhalten. Diese lauteten, er solle Paulus in sicherem Gewahrsam halten, bis es Nero belieben würde, ihn anzuhören. In der nächsten Zeit würde das wohl aber nicht der Fall sein. Amtliche Geschäfte jeder Art waren dem Kaiser höchst widerwärtig; er warf daher die ganze Last der Regierung auf seine Beamten und unterzog sich persönlich nur den ganz besonderen Pflichten, die er durchaus keinem anderen übertragen konnte. Wahrscheinlich hätte er den von Festus gesandten, unbekannten Bittsteller, aus Judäa ganz vergessen, wenn nicht durch die Amtsaufgabe des Lucius die Aufmerksamkeit des Tigellinus auf diesen Fall gelenkt worden wäre. Der Günstling, stets nur auf seine Stellung und seine Vorteile bedacht, hielt sich immer über alle, auch nur möglicherweise wichtigen Ereignisse, durch zufällige Spione auf dem Laufenden und die Bitte des Generals um Dienstentlassung rief dem Präfekten die Berufung des Juden, der seinerzeit mit Fabian Amicius und Berenike nach Rom gekommen war, ins Gedächtnis zurück. Es fiel ihm ein, dass Brabano gesagt hatte, dieser Paulus sei ein Christ; und obgleich er die Absicht hatte, sein Brabano gegebenes Wort zu halten, wollte er sich doch einmal den Mann ansehen, dem es gelungen war, einen so mächtigen Einfluss für sich geltend zu machen.

Das veranlasste den allmächtigen Günstling, den Befehl zu erteilen, der den Hauptmann zu Fabian und diesen auf die Suche nach Berenike führte.

Auf dem Palatin hörte Fabian, Berenike sei nicht anwesend, sie mache mit Poppäa eine Wagenfahrt auf der Uppischen Straße. Daraufhin gebot der Tribun seinem Wagenlenker zu warten und ging in die

Wohnung des Leibarztes. Hier wurde er sogleich vorgelassen; er folgte dem Sklaven, der ihn einführte und war nicht wenig erstaunt, bei seinem Eintritt in das Zimmer den Apostel Paulus bei dem Arzt zu finden.

Das Zimmer hatte eine herrliche Ansicht auf die kaiserlichen Gärten. Vor einer großen Türe, die auf einen runden Balkon führte, standen breite, bequeme Ruhelager. Als Fabian gemeldet wurde, erhoben sich Brabano und Paulus, um den Kommenden zu begrüßen; das Gesicht des Apostels drückte dabei sowohl Erleichterung als auch Freude aus.

„Willkommen!", rief Brabano, indem er Fabian zum Sitzen einlud. „Du kommst zu sehr gelungener Stunde; ganz zufällig habe ich unsern Freund hier getroffen. Ich stand an der Gartentür, als er auf einem Spaziergang in der herrlichen Abendluft vorbeikam und lud ihn ein, hereinzukommen."

Erstaunt über den Zufall, der den Apostel zu dieser Tageszeit in den Palast geführt hatte, sah Fabian die beiden an und ließ sich dann auf dem dargebotenen Sitz nieder.

„Soeben habe ich unseren Freund benachrichtigt", fuhr Brabano fort, „dass ich vorhin von seiner Vorladung für morgen Kenntnis erhalten habe und ich habe ihm den freilich unbedeutenden Einfluss, der mir zu Gebot steht, zugesichert. Natürlich rechnet er auch den deinigen."

„Seinetwegen bin ich auch hergekommen", sagte Fabian, sehr erleichtert, den Arzt über die Sache unterrichtet zu finden. „Ich bin für Paulus besorgt, weil man ein Erscheinen vor Nero in jetziger Zeit nicht leichtnehmen darf. Du hast das unserem Freund ohne Zweifel schon klar gemacht? Wir werden überdies auch noch Berenikes Beistand in Anspruch nehmen müssen, wenn uns Paulus nicht verspricht, zu schweigen."

Der Apostel lachte grimmig.

„Ich bin ein bisschen älter als du und habe schon zwei Jahre lang Erfahrungen bei Felir gesammelt."

„Nero und Felir sind nicht dasselbe", antwortete Fabian. „Obgleich ich jünger bin als du, kenne ich doch den Kaiser besser. An Felir habe ich eine Erinnerung, die mich ihn stets zu Pluto wünschen ließ – aber trotzdem wollte ich, du müsstest morgen vor ihm erscheinen. Was sagte der Kaiser, mein Brabano, als er dir den Befehl mitteilte?"

„Nicht der Kaiser, sondern der edle Tigellinus hat mir davon gesagt“, war die Antwort und Brabano merkte wohl, wie sich bei Nennung dieses Namens das Gesicht des Patriziers verfinsterte. „Ich habe früher schon mit ihm über unseren Freund gesprochen, deshalb hat er mir wohl die Zeit der Vorladung mitgeteilt.“

„Was habe ich zu befürchten?“, fragte Paulus ruhig.

„Den würdigen Tigellinus!“, erwiderte Fabian zähneknirschend. „Wenn er dich etwas fragt, darfst du, wenn du dich retten willst, ja nicht die Wahrheit sagen.“

Wieder lächelte der Apostel.

„Wenn das die Bedingung meiner Rettung ist, bin ich mir allerdings der Gefahr, in der ich schwebe, wohl bewusst.“

„Gegenwärtig hat Nero eine Bestie zu seiner Verfügung, an die zu denken wohl der Mühe wert ist“, bemerkte Brabano ruhig. „Der Kaiser hat auch von ihr gesprochen. Unter den unzähligen Tieren in den Löchern des Amphitheaters befindet sich ein Löwe, dem er den Namen Caligula gegeben hat. Dieses Tier ist ein wahrer Berg von Fleisch und Knochen, nur Muskeln von Kopf bis zum Schweif und es ist dazu ausersehen, die ganze wilde Jagd gegen die Christen anzuführen. Vor diesem Geschick wollen wir dich bewahren, guter Paulus, aber du musst auch deine Reden unseren Winken gemäß einschränken. Um deine Ehre fleckenlos zu erhalten, habe ich dem Tigellinus schon gesagt, dass du ein Christ bist, aber ich habe Entschuldigungen dafür angegeben, die seinen Verdacht wieder abgelenkt haben.“

„Und wenn ich noch den Kaiserthron dazu bekäme, wollte ich mir meine Rettung nicht durch einen Betrug erkaufen“, sagte der Apostel. „Ich weiß gewiss, meiner wartet das gesegnete Los, für den Namen meines geliebten Herrn und Meisters den Tod leiden zu dürfen. Die Zeit dazu wird der Herr bestimmen. Erst wenn meine Arbeit hier unten vollbracht ist, wird die rechte Zeit dazu gekommen sein. Ich fürchte nichts.“

„Den Tod sollte jedermann so lange als möglich fliehen“, bemerkte Brabano. „Schon die äußeren Umstände dabei sind ekelerregend, wenn man nicht den Leichnam dem Feuer übergibt. Die Würmer verzehren ihn und selbst die schönste Schwester der Venus verbreitet dann einen entsetzlichen Geruch; der leuchtende Glanz des Auges ist erloschen und die Musik der Stimme für immer verstummt. Über den Sternen kenne ich keinen Ort der Ruhe und vom Olympus ist noch nie ein Ton zu uns gedrungen. Dunkel, abstoßend und eisig kalt ist das Grab, das Tor zu dem Reiche der Vergessenheit und der stolze Geist, dessen Ehrgeiz nun erstorben ist, hat in dem rasenbedeckten Nichts all seine Sehnsucht, sein Verlangen nach Farbe, Licht und Liebe verloren. Wer wollte dieses Schicksal beschleunigen?"

„Ich, wenn du vom Tode sprichst", sagte Paulus. „Wenn er nur zur rechten Zeit erscheint, heiße ich ihn willkommen. Von einer ewigen Seligkeit haben zwar die Menschen von jeher geträumt, aber Gewissheit darüber hat uns nur Jesus gegeben, von dem ich dir verkündete und nur durch ihn können wir diese Seligkeit erlangen. Farbe, Licht und Liebe sind nur schwache Andeutungen von der Wonne, die unser wartet, wenn wir in Christo sterben."

„Das gehört doch nicht zu unserem jüdischen Glauben!", sagte Brabano.

„Nein, aber es ist seine Ergänzung. Warum sich von der einzigen Hoffnung abwenden, die seit Adam der Menschheit gegeben wurde?"

„Das sollte man freilich nicht tun", erwiderte Brabano. „Aber die Erde ist ein gar schönes Königreich und hat den ungeheuren Vorzug, dass wir ihrer gewiss sind. Blicke durch dieses Fenster hinaus in den Garten: In einem noch prächtigeren Jenseits würden uns die Sinne vergehen."

„Und wie viele Menschen haben denn einen Garten wie diesen?", lautete die ernste Entgegnung. „Ich bin durch diesen Garten geschritten, ohne mir seiner Schönheit bewusst zu werden, denn seine Blumen bringen den Menschen, für die Christus sein Leben hingegeben hat, keine Botschaft. Und doch hat Gott die Welt geliebt, denn er hat zu ihrer Erlösung seinen eigenen Sohn gesendet."

„Also wollen wir ihm helfen", sagte der Leibarzt geschmeidig, ohne auf die ernsten, vorwurfsvollen Augen des Apostels zu achten. „Über das ganze Reich soll sich dieser Garten ausdehnen und das Volk, zu dessen Erlösung der Gottessohn starb, soll in einen gemeinsamen Bruderbund vereinigt werden. Der Wert deiner Religion ist über jeden Zweifel erhaben. Früher schon habe ich von ihr gehört, wenn ich dessen auch nicht erwähnte; als ich noch in viel einfacheren Verhältnissen lebte als jetzt, lernte ich den Namen Christus kennen. Aber während ich seinen Zauber fühlte, ihn gründlich studierte und mich voll Bewunderung vor ihm neigte, sah ich die in dieser Religion liegende Gefahr und erkannte, dass sie zwischen mir und dem jetzt von mir Erreichten stand. Nun aber heiße ich diesen Christus und dich willkommen; was wir zusammen zu tun vermögen, weiß ich genau. Eine Philosophie, die Menschenliebe lehrt, ist weitherzig und eine Religion der Nächstenliebe wird die ganze Welt umfassen. Du siehst, wie ich aufgemerkt und dich verstanden habe! Wenn wir klug sind, wird alles rasch gelingen und das Schicksal selbst hat alles günstig für uns geordnet: die Erde ist ein einziges Reich – das hat Rom vollbracht. Alle Völker beugen sich einer gemeinsamen Oberherrschaft und erhalten ihre Befehle von der Stelle, wo wir sind. Die Welt ist ein mächtiges Ohr, bereit, einer überzeugenden Stimme zu lauschen und diese besitzt du! Sprich du die Worte und wir werden die Welt beherrschen!"

Im höchsten Erstaunen starrte Fabian den Leibarzt an. Zuerst hatte Brabano leise gesprochen, aber seine Pläne hatten ihn fortgerissen und er hatte seine Stimme nach und nach erhoben, bis jetzt seine Worte hell erklangen. Das also war der Sinn seiner am Morgen gemachten Andeutungen! Nachdem er von Paulus die Lehren eines Aufrührers gehört hatte, bekannte jetzt der Leibarzt offen den von ihm gehegten Hochverrat.

„Sachte!", antwortete der Apostel, der aufmerksam in das erregte Gesicht geschaut hatte, ohne jedoch bei diesen lebhaften Worten auch nur eine Miene zu verziehen. „Gott ist der Urquell des Glaubens, den ich predige und sein Sohn ist der Erlöser der Welt; wir sind es nicht. Ob Rom ihm die Wege geebnet hat oder nicht, ist gleichgültig für den, der die Meere in seiner Hand hält. Was wolltest du von mir?"

Brabano schaute jetzt mit ruhigem Blick durch das offene Fenster; eine Zeitlang blieb er nachdenklich stehen.

„Dein Ziel möchte ich näher kennenlernen", antwortete er endlich, „nur damit ich dir besser helfen kann. Hat dieser Jesus – den du deinen Meister nennst – nicht Macht über die Geister der Finsternis besessen?"

„Alle Macht war ihm gegeben", erwiderte Paulus. „Petrus, der Geliebte, sah ihn Wasser in Wein verwandeln, sah ihn eine große, hungrige Menschenmenge speisen mit nicht als ein paar Broten und ein wenig Fisch. Er sah ihn die Aussätzigen heilen und die Toten aus dem Schlaf wieder zum Leben erwecken. Der Herrscher über alle Welt hat auch Gewalt über alles."

„Moses konnte solche Wunder tun", bemerkte Brabano nachdenklich. „Auch wissen wir vom Stabe Aarons und Fabian hat mir außerdem von Wundertaten, die du vollbrachst hast, erzählt." Dabei heftete er seine großen Augen auf den Apostel. „Ein Mann, dem ein giftiger Schlangenbiss nichts anhaben kann, braucht vielleicht Neros Urteil gar nicht zu fürchten?"

„Wahrhaftig!", rief Fabian, der mit wachsendem Erstaunen dem Gespräch gelauscht hatte, wie durch einen plötzlichen Gedanken erleichtert freudig aus. „Deine Weisheit, Paulus, und die in dir ruhenden wunderbaren Kräfte können uns alle retten. Da sie uns zu Gebot stehen – warum in der Arena sterben oder Tigellinus fürchten?"

„Richtig!", rief Brabano mit blitzenden Augen. „Du, mein Fabian, sprichst aus, was ich denke. Darin liegt nicht nur die Macht, nein, auch die Sicherheit – ein Weg zum Frieden für mich und dich und für alle deine Lieben – für Paulus und alle seine Hoffnungen. Haben wir den Kapitän seines Dienstes entsetzt und selbst das Steuer in die Hand genommen, so ist das Schiff unter! Ist der Feldherr erschlagen, die Festung eingenommen, so gebieten wir in der Stadt. Der Kaiserpalast und der Senat sind Rom und regieren wir erst über Rom, so sind wir die Herren der Welt!"

Ein unter dem dichten Bart kaum bemerkbares Lächeln flog um die Lippen des Apostels; dann wurden seine Züge wieder sehr ernst.

„Ich habe schon gesagt, dass ich nichts fürchte", bemerkte er.

„Ja gewiss. Aber warum solltest du Marterqualen und den Tod erleiden?", fragte Brabano. „Ausgerüstet mit der Kraft deines Herrn könntest du deiner Religion durch einfachen Befehl anstatt durch freundliche Überredung Geltung verschaffen. Was den Kaiser betrifft, nun, genau betrachtet, ist der doch wie von einem bösen Geist besessen."

„Das Wort des Herrn bleibt stehen!", lautete die Antwort des Apostels. „Wie Christus verkündet hat, muss alles geschehen. Er siegt durch Liebe, nicht durch Furcht und sein Ruf wendet sich an die Herzen der Menschen. Und welche Menschenfinder will der Herr zu sich ziehen? Solche, die der Liebe, des Mitleids und der Barmherzigkeit bedürfen."

„So wollen wir allen Armen und Bedrängten Barmherzigkeit und Liebe erweisen, wir wollen sie vor Gefahr schützen und sie reich und mächtig machen. Freilich, solange ein Kaiser auf dem Thron sitzt, dessen Befehlen die Legionen gehorchen, kann das nicht geschehen. Aber einen Freund hat deine Botschaft doch schon in Rom gefunden: ich bin bereit dir zu helfen, teurer Paulus. Da dein Herr, wie du sagst, in Bethlehem geboren ist, möchte er gewiss die Welt zu einem jüdischen Königreich machen. Stelle dir das Bild einmal recht deutlich vor – von Britannien bis Ägypten ein einziges jüdisches Reich! In dieser Stadt der sieben Hügel könnten wir einen Palast bauen, der bis in den Himmel ragen, der den Turm zu Babel in den Schatten stellen würde! Mit der Hälfte des Reichtums, den dieser feige Despot verschwendet, könnte man das Meer mit hebräischen Schiffen beleben. Jeder Bürger wäre Soldat, sein Standquartier aber wäre in seiner eigenen Heimat; wir würden die Zeit so einteilen, dass jeder abwechselnd Kriegsdienst und andere Arbeit täte. In jeder Provinz gründeten wir eine Schule. In der dem Volk Treue gegen Rom eingepflanzt würde; und auch in Rom eine, um den Römern Treue gegen uns einzupflanzen. Ist das nicht ein Bild, für das man gerne gegen Nero und seinen Zirkus umtauschen möchte?"

Wie gebannt lauschte Fabian diesen Worten des Arztes, die neue Hoffnungen in ihm erweckten. Die Amicier hatten Freunde und im Senat saßen viele unzufriedene Männer. Die Annalen der Stadt erzählten von einer ganzen Anzahl ermordeter Tyrannen und die Armee würde einem Führer, der sein Banner mutig erhob, sicher Folge leisten. Er selbst, der junge Tribun, war bei den Legionen sehr beliebt und es würde kaum eine schwierige Aufgabe sein, die jungen Offiziere, für deren Ehrgeiz ein Staatsstreich nur förderlich sein könnte, zur Empörung aufzuwiegeln. Brabano war nicht der Mann, der ohne Berechtigung so sprechen würde und seine Worte deuteten auf einen fein ausgesonnenen, fast vollkommen fertigen Plan und treue Verbündete hin. Nun verstand der junge Soldat auch, warum sich Brabano an Paulus gewendet hatte! In Rom und seiner Umgebung lebten viele Juden und das Volk glaubte an Zauberei. Der Apostel sollte daher unter der Volksschichte, die das Heer am leichtesten beeinflussen konnte, den Aufruhr predigen; denn

Brabano, der augenscheinlich die Wahrheit in den Lehren des Apostels erkannte und des Mannes fast zauberhaften Einfluss deutlich fühlte, musste sich ja ganz klar bewusst sein, wie viel darauf ankam, die Volksmassen hinzureißen. Wie sich Fabian jetzt erinnerte, hatte Brabano einmal Seneca gegenüber ausgesprochen, die Religion sei die mächtigste aller Triebfedern. Ein neuer Glaube, verbunden mit dem Evangelium des Aufruhrs, würde also wohl imstande sein, ein Reich aufzurichten, wie es Brabano soeben ausgemalt hatte.

Während Fabian sichtlich erregt war, hatte der Apostel mit düster auf den Boden gerichteten Augen, ohne eine Spur von Bewegung zugehört. Die Worte, die Fabian tief ergriffen, ließen ihn unberührt und der Samen, den der Arzt aussäte, fiel bei Paulus auf steinigen Boden.

Ehrgeiz und alle irdischen Hoffnungen spielten bei Paulus keine Rolle mehr; mit klaren Augen erkannte er die Nichtigkeit der Welt, ihre Eitelkeit und ihren leeren Schein. Selbst hier, in dem Palast des Kaisers, inmitten dieser wundervollen Gärten, die alle Wohlgerüche Arabiens ausströmten, fand er nur Furcht und Angst oder Ehrgeiz und heißes Sehnen. Was lag dem Apostel an Thron oder Reich! Sein Auge hatte die Herrlichkeit des Herrn der himmlischen Heerscharen erschaut, sein Ohr der Sphärenmusik gelauscht! Seine Aufgabe bestand darin, anderen den Weg zur Erlösung zu zeigen und der Kaiser bekam für ihn erst dann Bedeutung, wenn er auf die Worte des Erlösers hörte und sie sich zu Herzen nahm. Brabano mit seinen Traumbildern lockte ihn vergeblich.

Schon jetzt konnte der Apostel einigen Erfolg von seiner Arbeit sehen. In den Bildern, die, während er still auf den Marmorboden schaute, im Geist an ihm vorüberzogen, erschienen auch die Gestalten seiner beiden Gefährten Brabano und Fabian. Dem Leibarzt war dasselbe Schicksal bestimmt, das Paulus ganz sicher für sich selbst voraussah. Er hatte einen prophetischen Blick in die Zukunft geworfen und wusste nun ganz bestimmt: das von ihm gepredigte Evangelium musste siegen!

„Ich habe dir aufmerksam zugehört", sagte Paulus endlich, indem er aufstand und sich zum Gehen anschickte. „Wenn du Zeit und Lust hast, möchte ich gerne noch mehr hören. Jedenfalls sage ich dir Dank."

„Morgen werden wir dir gewiss nahe sein“, antwortete Brabano, ohne einen Versuch, den Apostel zurückzuhalten. „Für dein Erscheinen vor dem Kaiser werden wir alles so gut als möglich vorbereiten.“

„Wie heißt der Löwe in der Arena, von dem du vorhin gesprochen hast? Das Tier, das die ganze Meute gegen die zum Tod Verurteilten anführen soll?“

„Caligula“, antwortete der Arzt. Ihn sowohl wie Fabian mutete das Benehmen des Apostels ganz geheimnisvoll an.

„Das will ich nicht vergessen“, sagte Paulus. „Im Gebet werde ich daran denken. Vielleicht sollten wir alle das nicht vergessen. Der Herr sei mit euch!“

Als der Apostel Abschied genommen hatte und nun durch den Garten dem Tore zuschritt, schauten Brabano und Fabian nachdenklich dem mutigen Manne nach, dessen Wesen einen tiefen Eindruck auf sie gemacht hatte.

Das Blut aus dem Hause des Herodes Agrippa

Wenige Augenblicke nach dem Apostel verließ auch Fabian die Wohnung Brabanos, um Berenike aufzusuchen. Diese Absicht hatte er jedoch dem Leibarzt nicht mitgeteilt. Jetzt kannte er die dem Hause seines Oheims und ihm selbst drohende Gefahr und wollte deshalb bei der Fürstin, die, wie er wohl wusste, hoch in der kaiserlichen Gunst stand, und deren Interesse und Mitgefühl er sich sicher fühlte, Hilfe erbitten. Während der langen Reise, die er und Berenike kürzlich auf demselben Schiff mit Paulus gemacht hatten, war er zwar sehr liebenswürdig, aber auch äußerst vorsichtig gewesen. Der junge Patrizier hatte der launenhaften Prinzessin aus dem Hause des Herodes gezeigt, wie er wohl zu würdigen wisse und nie vergessen werde, was sie beide einst einander gewesen waren und welche Bedeutung diese Beziehungen für ihn gehabt hatten. Tagtäglich hatte er sich stets höflich und ritterlich ihr gegenüber erwiesen, aber die Treue gegen Myrrha hatte er in keiner Weise verletzt. Ehrlich und aufrichtig, wie er selbst war, vergaß er den Teil der Vergangenheit ganz, der ihn vollständig über Berenike hätte aufklären sollen und woran er trotz der ernsten Blicke der schönen Frau hätte denken müssen, da diese ihm doch Grund genug gab, die Glut ihres Herzens zu ahnen. Er kannte ihre Eitelkeit und bemerkte sehr wohl, wie übel sie es aufnahm, dass er sich im Zaume hielt. Dieses zu tun hatte er aber noch anderen Grund, der mit seiner Liebe zu Myrrha oder mit dem Wunsch, nicht wieder in Berenikes Schlingen zu fallen, nichts zu tun hatte: Paulus war auf dem Schiff viel mit ihnen beiden zusammen gewesen und Fabian konnte nicht glauben, dass Berenike sich gänzlich dessen wunderbaren Einfluss habe entziehen können. Er meinte, auch ihre Erinnerungen an die früheren Beziehungen zu ihm seien dadurch in ein anderes Licht gestellt worden. Damals war er ja noch so jung, ein so bereitwilliges Opfer gewesen! – Aber auf Berenike machte ein Mann immer Eindruck und sobald ihr einer nahte, senkten sich ihre langen Wimpern und sie begann ein verlockendes, verführerisches Spiel, wie es nicht allein ihrer angeborenen Natur entsprach, sondern auch den Gewohnheiten ihres ganzen Lebens. Obgleich Fabian keine Ahnung von dem erhabenen Beruf des Apostels und nur einen schwachen Begriff von der hohen Bedeutung und dem Zweck seiner Lehre hatte, gab er sich auf der Reise doch willig dem Einfluss des Paulus hin und glaubte, Berenike tue dasselbe. Sollten auch vielleicht in ihrem Herzen noch Spuren ihrer früheren Leichtfertigkeit wohnen, so hielt er es doch für unmöglich, dass sie den herrlichen Lehren des Apostels gegenüber ganz unempfindlich geblieben sein konnte. Aber entweder hatte Fabian ganz vergessen, was diese Frau für einen Charakter hatte, oder er hatte ihn überhaupt nie erkannt; jedenfalls bedachte er gar nicht, dass er ihren Gemütszustand nicht nach dem seinigen bemessen durfte. Einst hatte er Berenike geliebt und sie falsch erfunden. Wenn sie für ihn vielleicht auch nur eine oberflächliche Neigung gehegt hatte, so war er ihr doch treu gewesen, bis zu dem Augenblick, wo sie sich ganz von ihm abgewandt hatte. Aber die Unbeständigkeit der Fürstin konnte der junge Patrizier jetzt kein Bedauern mehr fühlen, denn sein ganzes Herz war nun vollständig von einer anderen, alles befriedigenden Liebe erfüllt; aber Berenike, zeit ihres Lebens an Schmeicheleien gewöhnt und zurzeit ohne einen Verehrer, bestrebte sich, Fabian, den sie einst ganz beherrscht hatte, von neuem an sich zu fesseln. Mit Frauenkunst und Frauenlist suchte sie ihr Ziel zu erreichen, denn an der nötigen Schlauheit fehlte es ihr nicht und keinen günstigen Umstand, keine sich bietende Gelegenheit ließ sie sich entgehen.

Das alles überlegte sich Fabian Amicius durchaus nicht. Gründliche Frauenkenntnis fehlte ihm gänzlich; er hatte nur eine Kokette und deren vollständigen Gegensatz kennengelernt; zu anderen Frauen war er nur in ganz oberflächliche Beziehungen getreten. Ein Philosoph wie Brabano war er auch nicht. Nachdem er damals den Schmerz über Berenikes Falschheit überwunden hatte und wieder zu Verstand gekommen war, hatte er nur nach seinen militärischen Pflichten gelebt. So kühn und tapfer und ungestüm Fabian auch war, er war doch nur ein Kind gegenüber all den unredlichen Künsten, die Berenike als Meisterin beherrschte. Dass sie schlauer war als er, fühlte er selbst ganz gut und er hatte deshalb Vertrauen zu dem Beistand, den sie ihm vielleicht leisten würde. Absichtlich wollte er Brabano nichts verheimlichen, aber er war auch nicht in der Lage, sich irgendeine mögliche Hilfe entgehen zu lassen. Er wollte die Verbindung mit dem Arzt aufrechterhalten, aber, hatte er erst durch Berenikes Einfluss Zeit zum Aufatmen gewonnen, so hoffte er auch besser imstande zu sein, jenem beizustehen. Der Patrizier, einst so mächtig durch sich selbst und seine Familie, hätte es verschmäht, zu seiner eigenen Rettung durch die Kaiserin intrigieren zu lassen, aber für Myrrha war er bereit, das Äußerste zu versuchen.

In solche Gedanken vertieft, betrat Fabian die Vorhalle von Berenikes Wohnung und erfuhr dort zu seiner großen Freude, dass sie von ihrer Ausfahrt zurückgekehrt und daheim sei.

In angemessener Zeit kam die ihn meldende Dienerin zurück und ersuchte den Tribunen, ihr zu folgen. Durch die zurückgezogenen Türvorhänge wurde er in ein großes Gemach geführt, das Zeugnis ablegte von dem luxuriösen Geschmack seiner Bewohnerin. Die Herrin des Hauses saß auf einem fast wie ein Thron aufstehenden großen Sitz in der Mitte des Zimmers und begrüßte ihren Besuch mit fröhlichem Lächeln und strahlenden Augen. Augenscheinlich war er zu günstiger Stunde gekommen und seine Hoffnungen wuchsen bedeutend. Die graziöse Stellung, die die Fürstin eingenommen hatte, der für seinen Besuch neu geordnete Faltenwurf ihrer Gewänder und die bei seinem Nähertreten lebhafter werdende Röte ihrer Wangen sagten ihm, wie willkommen er war. Mit einer Handbewegung verabschiedete die Herrin ihre Dienerin und das Paar war allein.

„Nimm Platz, mein Fabian", sagte Berenike und deutete einladend auf ein ihr gegenüberstehendes Ruhebett. „Dich hier zu sehen ist ein so großes Vergnügen, dass ich es ganz auskosten möchte. Du hast mich in letzter Zeit sehr vernachlässigt. Nur während der kurzen Stunde in den kaiserlichen Gärten, wo wir nicht einmal allein waren, habe ich dich gesehen und auch damals bist du hinweggeeilt, ohne mir ein Abschiedswort zu gönnen. Nun, wie geht es dir jetzt im alten Rom und im alten Schlendrian?"

„Du kennst ja das Los eines Soldaten unter Nero", antwortete Fabian lächelnd in demselben leichten Ton. „Es ist dem Wechsel unterworfen; aber ein Mann muss Niederlage und Sieg ertragen können. Von Niederlagen weiß ich freilich bis jetzt noch wenig, aber einmal könnte ich doch eine erleiden. Es gibt Kämpfe, die man nur mit Hilfe einer Frau gewinnen kann und deshalb möchte ich dich jetzt um eine Gunst bitten."

Berenikes Augen senkten sich mit der Fabian so wohlbekannten Bewegung und ihr Benehmen wurde sanft und einschmeichelnd. Als sie antwortete, ließ sie die Stimme sinken und aus dem Tonfall erkannte er, dass sie immer noch die alte Berenike war, sinnlich, verführerisch, gefährlich in jeder ihrer schmachtenden Bewegungen, bei denen Wohlgerüche von ihrer üppigen Gestalt ausströmten. Trotzdem nun Fabian diese Frau und diese Wohlgerüche kannte, war er doch zu sehr Mann, um ihrem Eindruck sich ganz entziehen zu können; dies alles erweckte zu viele Erinnerungen in ihm! Und doch beschlich ihn ein Gefühl der Enttäuschung. Seit jener Zeit hatte sich das Gute in ihm kräftig entwickelt, die Treue und Redlichkeit seines Charakters waren fester gewurzelt. Fabian war sich seines größeren inneren Wertes bewusst geworden, seitdem Paulus Sinn für etwas Höheres in sein Leben gebracht hatte. Daher sein Gefühl der Enttäuschung.

„Um eine Gunst bitten, das ist mir wahrlich eine Freude", sagte Berenike, indem sie ihm aus den halbgeschlossenen Augen verstohlene Blicke zuwarf. „Während der ganzen Zeit unserer gefahrvollen Reise habe ich vergebens auf eine Erwiderung der von mir gebotenen Freundschaft gehofft. Du kannst doch nicht wollen, dass ich um deine Liebe flehen soll, wie du einst um die meinige gefleht hast. Nein, du bist zu ritterlich, mein armes Herz so zu quälen! Unter den Augen des guten Paulus konnten wir ja tun, als ob wir Kinder wären, die kein Böses kennen, aber jetzt dürfen wir auch wieder an das denken, was wir einander früher gewesen sind. Es ist gewiss ganz schön, die Poesie zu lieben, wie unser herrlicher Nero, oder wie der Christ Paulus von einem Himmel über den Wolken zu träumen. Aber durch einen Vorgeschmack des Himmels, schon hier auf Erden, verlieren wir jedenfalls nichts. Wenn Paulus das glaubt, irrt er sich gewiss. Wenn er fest auf seiner Ansicht besteht, nun gut, so bestehe ich auch fest auf der meinigen und behalte als Frau meine eigene Philosophie! Sicherlich wird das auch dir als Mann einleuchten! Mit dir, mein Fabian, kann ich offen reden. Natürlich ist mir aller Hofklatsch zu Ohren gekommen, aber so ungerecht kann ich nicht gegen mich selbst sein, zu glauben, du habest mich wirklich ganz vergessen. Schon in Cäsarea habe ich dir das gesagt. Doch – was willst du von mir? In der Vergangenheit bin ich huldvoll gegen dich gewesen und jetzt sollst du mich nicht weniger großmütig finden!"

Berenike vergaß ganz, wie sie den Mann vor ihr in jenen Tagen, auf die sie anspielte, behandelt hatte; aber sie sah den sonderbaren Blick, der sich zuerst in seine Augen stahl und dann die darin ausgedrückte Bestürzung. Verstohlen beobachtete sie ihn und als ihr eine Ahnung der Wahrheit aufdämmerte, veränderte sich der Ausdruck und der Glanz ihrer Augen, aber die langen Wimpern verbargen ihre Empfindungen. Fabian fühlte sich beunruhigt und dachte an die Krisis, vor der die Amicier standen – nein, Berenike konnte nicht hartherzig sein; sie war doch ein Weib und musste Mitleid fühlen!

Er folgerte wie ein Liebender und wie ein Mann – wie ein Liebender in Not und wie ein von Heimsuchungen bedrängter Mann. Mit Fabian konnte die Fürstin vielleicht Mitleid haben, aber niemals mit dem Mädchen, das ihn für ihr Entgegenkommen blind machte!

Mit einem leichten Seufzer zog Berenike ihren Schleier über das zarte Fleisch ihrer Arme und legte ihre mit Edelsteinen geschmückte Hand neben die Fabians. In Cäsarea hatte er diese Hand ergriffen, wie er sich jetzt reuevoll erinnerte. Was war seither mit ihm vorgegangen? Hatte er Myrrha damals weniger geliebt? Liebte er sie jetzt inniger, seit er sich mit den neuen Lehren des fremden Juden beschäftigte? Und was hatten diese Lehren mit seiner Liebe, mit Myrrha, mit der Frau hier vor ihm, oder mit seinem klopfenden Herzen zu tun? Jede Bewegung Berenikes war eine Lockung und knüpfte an eine Vergangenheit an, die ganz zu vergessen Fabian ein ägyptischer Einsiedler hätte sein müssen. Jetzt, wo sein ganzes Sein von Myrrha erfüllt war, dachte er mit Bitterkeit und wachsender Reue an diese Vergangenheit. Wie richtig hatte doch Paulus gesagt, dass jede Sünde ihre Strafe in sich trage! Und dann überlegte Fabian weiter, dass sein Vergehen doch ein ganz alltägliches, ja nach den Sitten Roms gar kein Vergehen gewesen sei. Sein einziger Fehler war zu große Unterwürfigkeit gegen diese Frau gewesen und für diesen Fehler ereilte ihn nun die Strafe. Aber warum musste gerade jetzt diese Strafe drohen, in dem kritischen Augenblick, wo die Gegenwart alle seine Kräfte verlangte? Noch war er mit diesen Gedanken ernstlich beschäftigt, als Berenike mit dem zutraulichen Lächeln auf den Lippen fortfuhr:

„Komm, mein Fabian, verstehst du mich denn nicht? Sei freundlich gegen mich wie in alten Zeiten, wenn du dich auch zu einem strengen Soldaten ausgewachsen hast. Seit der Stunde, wo wir in Cäsarea miteinander auf die blaue See hinausschauten, habe ich auf diesen Augenblick gewartet."

Noch zögerte Fabian, dann sagte er verzweiflungsvoll: „Sage jetzt nichts mehr davon, meine Berenike! Stehe mir bei, mein armes Leben und das Leben derer, die ich liebe, zu retten."

„Dein Leben? Das anderer? Droht dir Gefahr?"

Erstaunt sah sie ihn an; die Verwunderung in ihren Augen bemerkend, fuhr er fort:

„Wenn ich gesagt habe *mein Leben*, so verstehe ich darunter noch viel mehr. Meine Bitte gründe ich weit mehr auf meinen Glauben an dich und unsere Freundschaft in der letzten Zeit als auf alles, was vorhergegangen ist – auf diese der Erinnerung so teure Freundschaft, die in der Gemeinschaft mit unserem Paulus emporgewachsen ist, dessen Lehren uns beiden zu Herzen gegangen sind und diese reiner gemacht haben. Ich habe dich geliebt – und ich liebe dich noch – liebe dich mit einer Liebe, die das Leben für dich einsetzen würde, die aber von aller unreinen Glut geläutert ist."

Die Fürstin erhob ihre Hand mit einer ungeduldigen Bewegung, deren Bedeutung Fabian entging; sie suchte ihn zum Schweigen zu bringen, aber er sprach eifrig weiter; die Heftigkeit seiner Empfindungen und sein wachsender Glaube an sie rissen ihn fort. „Ich liebe dich jetzt mit einer viel wertvolleren Freundschaft als früher, denn jetzt ist sie rein und wir können nun zusammen nach einem edleren Leben streben, wo Achtung mit Wahrheit gepaart ist. Zu dir komme ich als zu einer Frau, die Mitleid mit einer anderen Frau fühlen wird, einer Frau, die ich liebe und die gerade, weil ich sie liebe, der Zorn des Kaisers bedroht, wie das auch bei mir und meinem ganzen Hause der Fall ist. Du kennst den Hof und weißt, was die zu erwarten haben, denen Nero nicht freundlich gesinnt ist. Ebenso kennst du auch die Amicier, ihre Macht und ihr Ansehen – die Macht und das Ansehen, durch die die Feindschaft des Tigellinus hervorgerufen wurde. Die Familie meines Oheims ist in Gefahr, seine Pflegetochter Myrrha begehrt der Wagenlenker für sich und sie ist meine Braut! Ist das nicht genug? Von Tigellinus begehrt zu werden, ist für ein verlobtes Mädchen mehr als eine Drohung – mehr als ein Todesurteil. Da es Myrrha betrifft, ist es für mich eine Gefahr, die sich nicht in Wortefassen lässt! Meine Bemühungen für ihre Rettung können allen, die mich lieben, den Untergang bereiten. Deshalb bin ich hier. Oh, hilf mir, hilf! Du hast auf Poppäa großen Einfluss und durch sie auf den Kaiser. Sei meine wahre Freundin und sage mir mit deiner Freundschaft, was ich tun soll!"

Voll Ernst und Leidenschaft hatte sich der Römer erhoben und auch Berenike war aufgestanden. Er trat auf sie zu, aber sie wies ihn zurück, zog ihre Gewänder fest um sich und blieb vor ihrem Ruhebett stehen. Auf ihrem Gesicht stritten Wut und Erstaunen um die Herrschaft; im nächsten Augenblick blitzten ihre Augen Spott und Hohn, ohne aber den Ausdruck der Wut zu verlieren. Fabian sah Berenike erstaunt an und blieb dann plötzlich stehen. Unter ihren Blicken erstarben die Worte auf seinen Lippen.

„Ist das Fabian Amicius?", rief sie und betrachtete ihn langsam von Kopf bis Fuß. „Ist das der Ritter mit der Rose von Cäsarea – Fabian, der Hofmann, der mir einst für ein Lächeln all sein Hab und Gut, ja das, was Paulus seine Seele nennt, verkauft hätte? Oh, welch ein Mann und welch ein Tag – ein Tag der Erkenntnis für uns beide – und der gegenseitigen Erniedrigung noch dazu! Ich, töricht genug, zu vergessen, dass ich dir einmal Grund zum Ärger gegeben habe und du, töricht genug, die Frau in mir nicht zu verstehen! Toren, beide Toren!"

Sie lacht schrill auf, während er sie mit kummervollem Erstaunen und zunehmendem Unwillen betrachtete.

„Die Pflegetochter Myrrha deine Braut!", rief sie laut lachend und warf den Kopf zurück. „Die blasse Magd des alten Lucius! Vielleicht seine Tochter! Wer kann es wissen? Die Männer lügen ja alle! Deine Braut, ha! Ha! Ha! Ein kleiner zwitschernder Vogel, der den Wert eines Mannes zu schätzen weiß, wie – etwa wie Poppäa sich der Zeit erinnert, in der sie auch ein solches Unschuldslamm war! Selbst bei einer Verschwörung gegen den Kaiser hätte ich dir beigestanden! Meine glühendsten Hoffnungen hätte ich geopfert, um dir jeden Wunsch zu erfüllen, – für einen Kuss auf meine Hand, einen Kuss, wie du ihn in der Zeit, die du jetzt verhöhnst, mir oftmals gegeben hast, hätte ich meine ganze Zukunft hingegeben – und du verlangst von mir, ich solle dir zu deinem kleinen Bleichgesicht verhelfen! Und solch eine Geliebte! Ein bartloser Junge wäre für sie eine Offenbarung und du willst dich selbst an sie wegwerfen!“

Die Wut raubte ihr einen Augenblick den Atem, dann fuhr Berenike fort: „Doch genug! Komm! Da die Sache so steht, wollen wir als Mann und Weib miteinander reden. Du möchtest also Lucius und seine Familie – deine Myrrha und die anderen – dich selbst mit der entehrten Masse, die sich vor dem Kaiser fürchtet, retten? Sei es so! Ja, ich kenne Tigellinus – niemand kennt ihn besser! Was gibst du mir, wenn ich dir helfe – wenn ich den Wagenlenker von der Jagd abhalte und dich rette?“

Da Fabian diesem plötzlich über ihn hereinstürzenden Ausbruch von Hohn und Zorn nicht gewachsen war, schwieg er. Das war die alte Berenike, aber furchtbar in ihrem durch die verletzte Eitelkeit hervorgerufenen Zorn – die verschmähte Kokette und jetzt seine Feindin! Er suchte die Enttäuschung, den Zorn, die Verzweiflung, die ihn gepackt hatten, zu bezwingen; sein erster Impuls war gewesen, den Hohn mit Hohn zu erwidern, Berenike, dem Kaiser, Tigellinus und dem ganzen Hof seine Verachtung entgegenzuschleudern. Aber da erinnerte er sich, dass diese Frau seine Reisegefährtin gewesen war! Gemeinsam mit ihr hatte er den Glauben des Paulus kennengelernt und der Gedanke an den Apostel beruhigte den Empörten!

„Kaum verstehe ich dich, meine Berenike“, antwortete er und seine Stimme klang sehr traurig. „Es ist mir ein großer Schmerz, dich beleidigt zu haben. Aber nun ich dich ohne Erbarmen sehe, kann ich dir wenigstens zeigen, dass ich keinen Groll gegen dich hege. Benütze meine Bitte nach deinem Gutdünken, dein Freund bleibe ich doch!“

Das waren nicht die rechten Worte, die Rasende zu besänftigen. In jenem Augenblick hätten bei dieser Frau Zorn und Wut – ein Wutausbruch ähnlich dem ihren – weit besser gewirkt. Sie lachten wieder, der bittere Ton war zwar verschwunden, aber die vorherige Heftigkeit klang noch in ihrer Stimme nach.

„Nein – nur der Freund von deines Oheims Pflegekind“, entgegnete sie verächtlich. „Der Freund des kleinen Neulings, der durch dich erst lieben lernen muss. Aber“, fuhr sie fort, „du hast mir nicht geantwortet, was willst du mir geben? Wie hoch schätzest du diese kleine Unschuld ein, deren aufkeimende schwächliche Zuneigung nur ein Lufthauch ist gegen den Sturm der Leidenschaft, den ich dir angeboten habe? Nun, sprich, da ich doch mit dir handeln muss!"

„Mein Leben gebe ich", antwortete Fabian, bleich vor unterdrückter Erregung. „Freudig gebe ich es und ohne Bedauern."

„Ganz die Antwort eines Mannes!", rief sie mit wachsendem Hohn. „Wohl tausend Mal habe ich dasselbe schon gehört, höchst wahrscheinlich auch von dir! Dein Leben, sagst du! Warum nicht auch dein Vermögen? Mein Gut und mein Leben, heißt doch der bekannte Spruch! Bah! Das Leben, das die Gladiatoren auf Befehl hingeben, dass der Schuldner wegwirft und das du selbst als Soldat in der Schlacht hundert Mal preisgegeben hast! Wahrhaftig, dieses Mädchen hat dir eine Leidenschaft eingeflößt, die sich der meinigen für dich würdig an die Seite stellen kann, da du ein so großes Opfer dafür zu bringen bereit bist!"

„Ja, ich gebe zu", antwortete Fabian ruhig, „dass mein Leben für die Rettung Myrrhas und derer, die sie liebt, wenig genug ist; aber es ist alles, was ich habe!"

„Was!", rief Berenike heftig und sah ihn mit Augen an, aus denen all die Glut ihres Heimatlandes funkelte. „Nach deinen heutigen Bekenntnissen hätte ich Besseres von dir erwartet! Biete doch deine Ehre – deinen Glauben – deine Seele! Oder ist das zu viel für eine Frau, die du liebst?"

Er sah ihr in die Augen: nun erkannte er erst die Größe der Wut, die er hervorgerufen hatte.

„Überlege doch nur, was das für dich und für sie zu bedeuten hat", fuhr Berenike mit heißen Wangen fort. „Sie kommt in den Palast; der Kaiser macht nicht gerade Umstände und Tigellinus – ha, ha! Wahrlich, man muss sie bemitleiden, wenn er sie hierherbringt und nicht einmal aus Liebe zu ihr, sondern aus Hass gegen dich! Erst ergötzt sie den Kaiser, dann den Wagenlenker! Soll sie erst am Hof von Hand zu Hand gehen, ehe sie den Löwen vorgeworfen wird? Da wäre zu machen! Jetzt rede, willst du ihr deine Ehre opfern?"

Fabian wurde erst rot, dann todesblass. Bei Berenikes Worten sah er all das Entsetzliche, dem Myrrha durch den Hass des Tigellinus ausgesetzt sein konnte, greifbar vor sich. Außer den Andeutungen, die Brabano ihm gemacht hatte, wusste er nichts von den Gefühlen, die der kaiserliche Günstling gegen ihn hegte und deshalb war es ihm, als taste er jetzt im Finstern umher. Der Zorn der vor ihm stehenden Frau erschreckte ihn heftig, aber nicht für sich selbst, sondern für seine Verlobte. Hätte es sich nur um ihn allein gehandelt, so hätte er der

Gefahr ins Gesicht gelacht und wäre lächelnd jedem Geschick entgegengetreten; aber er zitterte vor jeder der Seinigen bedrohenden Gefahr, besonders da er deren Tragweite nicht kannte. In seiner Bestürzung erschien ihm die drohende Gefahr noch größer als zuvor und seine Lage noch schwieriger. Für Myrrha wollte er nach jedem Strohhalm greifen, kein Opfer war ihm für sie zu groß! Er war bereit, zu ihrer Rettung alles hinzugeben!

„Alles will ich geben“, sagte er mit heiserer Stimme. „Wenn du ihr – meiner Myrrha – helfen kannst, will ich das Höchste geben, all mein Habe und Gut, mein Leben – und meine Ehre. Wen soll ich verraten?“

„Wen?“, rief sie mit flammenden Augen und einer von Bosheit getränkten Stimme. „Da sieht man wieder den Mann! Wen! Wen! Wen anders als das Mädchen selbst – deine geliebte Myrrha, das Bleichgesicht! Willst du sie für mich betrügen? Schiebe sie für irgendeinen sanften Jungen, der besser für ihre Einfalt passt, auf die Seite, während du – der schneidige Soldat, in dessen Adern eine neue Kraft pulsiert, wie ich auf unserer Reise von Cäsarea hierher mit Eifersucht beobachtet habe, meiner Schönheit huldigst. Ja, ich kann dich, sie, deinen Oheim und seine ganze Familie retten. Meine Frauenlist soll wirksam sein, wenn wir einig werden. Nun, wie ist´s?“

Der Zorn schnürte ihm die Kehle zu und er meinte zu ersticken. Paulus, dessen Unterweisungen und Lehren von Sanftmut und Demut – alles, alles vergaß der junge Römer. Mit einer Wut, die der ihren gleichkam, blitzten seine Augen sie an; er machte eine so rasche Bewegung auf sie zu, dass ihr, trotz ihrer Raserei, für einen Augenblick der Atem stockte. Hatte sie ihn zur Verzweiflung getrieben? Ein etwas in seinem Auge erschreckte sie! Aber langsam, tiefatmend, wie nach einem Kampf auf Leben und Tod, fasste sich Fabian wieder. In seiner Wut war er dem Wahnsinn nahe gewesen; die Versuchung war an ihn herangetreten, aber er hatte siegreich widerstanden!

„Nein“, antwortete er jetzt ganz ruhig. „Ich gebe nichts! Von jetzt an will ich mich nur noch auf mich selbst und die Kraft von oben, die über alle Erdenmacht erhaben ist, verlassen. Mit dem Namen Paulus meinte ich dich rühren zu können und nun staune ich, wie sehr ich mich in dir geirrt habe. Schon einmal habe ich dich verloren und mich darüber gegrämt; aber jetzt hast du, wie ich fürchte, dich selbst verloren und das bekümmert mich tief. Friede sei mit dir!“

Noch war das Feuer in Berenikes Augen nicht erloschen und als sie Fabian jetzt ansah, waren ihre Gedanken schon wieder sehr geschäftig. Sie dachte an das Mädchen, das ihn gewonnen hatte – diesen Mann – jetzt so kalt und streng – den sie in den Tagen seines Leichtsinns als einen Gluthauch aus einem Flammenmeer gekannt hatte! Dann sank sie lachend, mit der ihr eigenen Grazie in die Kissen zurück und sah wieder ebenso schmachtend und verführerisch aus wie sonst.

„Geh!“, sagte sie, indem sie an eine Metallschale schlug, worauf sofort ihre Dienerin eintrat. „Viel Vergnügen, mein Fabian! Wahrlich, der Soldat ist arm, der bei Hofe nichts zu verkaufen hat!“

Der Patrizier verneigte sich ernst vor der Fürstin und schritt hinaus, begleitet von ihrem spöttischen Lachen, das ihn noch durch die geschlossenen Türvorhänge verfolgte.

Der Hof Neros

Am Morgen nach der Unterredung zwischen Brabano, Paulus und Fabian und der hässlichen Szene zwischen letzterem und Berenike, saß Nero in vollem Glanz der Majestät im Thronsaal seines Palastes. In letzter Zeit war das selten vorgekommen; aber wenn der junge Kaiser sich einmal in seiner ganzen Herrscherwürde mit der Krone und im Purpur zu zeigen für passend hielt, wurde dabei stets eine erstaunliche Pracht entfaltet. Auf den zum Palast hinführenden Straßen wurden Soldaten aufgestellt und die prätorianische Wache umgab den Palast. Die Senatoren in ihren Amtsgewändern mit ihren Familien, begleitet von großen Scharen von Sklaven, kamen in Wagen und Sänften herbei. In der Nähe des Kaiserpalastes glänzte es überall von Brustharnischen und Helmen mit wallenden Federbüschen und überall auf den Marmortreppen und zwischen den Säulen der Vorhallen spiegelte sich das Sonnenlicht in den glänzenden Speeren. Aus den nicht zu weit entfernten Provinzen stellten sich die Statthalter mit ihrem Gefolge ein und die Tribunen in goldener Rüstung, den mit dem römischen Adler gezierten Stab in der Hand, schritten der germanischen Leibwache des Kaisers voraus. Durch die ganze Stadt ertönte Musik und die Tempel der Minerva, der Venus und der Vesta waren prächtig mit Blumen geschmückt. Im Zirkus Maximus hingen an hohen Stangen Girlanden und lange Bänder flatterten im Wind; die ganze Stadt war auf den Beinen, alles trug Festgewänder und bis zur Mittagsstunde, der Zeit der kaiserlichen Audienz, blieben alle Läden geschlossen und alle Geschäfte stockten.

Bei dieser glanzvollen Schaustellung der kaiserlichen Macht bildete das Erscheinen des Apostels vor dem Thron nur ein nebensächliches Ereignis – was für Paulus vielleicht recht günstig war. Die Feierlichkeit galt hauptsächlich dem siegreichen Galba, der vor kurzem mit seinen Legionen im Norden des Reichs Großes vollbracht hatte. Heute sollten auch noch die kaiserlichen Befehle betreffs der in Bälde stattfindenden Spiele beim Neptunsfest veröffentlicht werden.

Der Schauplatz der glänzenden Feierlichkeit war eine große, hohe Halle, die einen ganzen Flügel des kaiserlichen Palastes einnahm. Auf einem hohen, marmornen Podium, zu dem Treppen hinaufführten, stand der Thron des Kaisers unter einem purpurnen, von goldenen Stäben getragenen Baldachin. Der Mosaikfußboden zeigte in herrlichen Farben alle möglichen Blätter und Blüten, auf dem Podium aber lagen verschiedene große und kleine Teppiche.

Nero stand jetzt im sechsundzwanzigsten Lebensjahr. Von Natur war seine Gestalt schön und kräftig gewesen, aber durch Ausschweifungen aller Art war sie geschwächt worden und das ungesund aussehende Fleisch hing ihm schlaff und schwammig um Arme und Beine. Er hatte einen großen Kopf, ausdrucksvolle Gesichtszüge und unter einer stark hervortretenden Stirne lagen kleine Augen. Nichts in Neros Gesicht verriet die unsagbare Verderbnis seines Wesens; sein Lachen hatte sogar etwas Offenes und Anziehendes; aber seine Lippen waren schmal und grausam und zuweilen, bei Wutausbrüchen, verzogen sie sich und ließen dann seine rattenartig spitzen Zähne sehen. Obgleich seine Macht jede Verstellung unnötig machte, war er in dieser Kunst doch Meister und seine Eitelkeit kannte keine Grenzen. Auch das geringste Verfehlen gegen die dem Kaiser schuldige Ehrerbietung hatte sofort den Hass des Kaisers und nach kurzer Zeit den Tod zur Folge.

Die kaiserliche Gestalt auf dem Thron war gewissermaßen nur ein Haufen von Edelsteinen, deren Funkeln das Auge blendete. Neben Nero saß die nicht weniger glänzende Poppäa; ihre Gewänder waren so sehr mit Gold überladen, dass dadurch sogar die Grazie ihrer üppigen Figur beeinträchtigt wurde.

Derartige festliche Gelegenheiten zeigten Tigellinus immer im günstigen Licht und Nero war dann sehr stolz auf ihn. Der Präfekt mit seiner Gladiatorengestalt und den geschmeidigen Muskeln eines Wagenlenkers – als solcher hatte er sich zuerst die Gunst seines kaiserlichen Beschützers erworben – verstand das Anordnen eines Festes bis ins Kleinste hinein vorzüglich. Die Wachen wurden nach seinem Befehl aufgestellt und er machte den Plan für die ganze Schaustellung. Jetzt stand er in einem juwelengeschmückten Brustharnisch und mit einem Helm von reinem Gold zur Rechten seines Gebieters und schaute mit stolzen, lebhaften Blicken auf die prächtige Versammlung. Hinter dem Kaiserpaar stand Poppäas Hofstaat und in der Nähe saßen Berenike, Faustina (Tigellinus´ neueste Geliebte), Paulina, Senecas Gattin, Fulvia mit Myrrha und Valentina und noch viele andere aus den gleichen Gesellschaftskreisen.

Ein Trompetenstoß verkündete den Beginn des Festes, dann trat Scaveas vor und gebot Ruhe. In Neros Auge war das Feuer erloschen; schon ermüdet, lehnte er sich gelangweilt auf seinen Thron zurück und sehnte sich nach dem Gelage des Abends. Rasch war Galba mit den Siegesehrenzeichen geschmückt und hörte nun mit gesenktem Haupte das ihm von seinem Kriegsherrn gespendete Lob an. Als hierauf die Anordnungen für die Spiele verkündet wurden, ermunterte sich auch Nero wieder. Das war ein Thema, das jedes Gemüt erregte. Tigellinus selbst machte die Reihenfolge der Festlichkeiten bekannt und seine klare Stimme erfüllte dabei den ganzen weiten Raum. Um sein Volk zu beglücken, begann Tigellinus, habe der Kaiser an nichts gespart. Alle Arten von wilden Tieren, die in Asien oder Nubien nur zu finden gewesen seien, lägen in den Höhlen unter den Sitzreihen der Arena bereit und geschickte Tierbändiger seien beauftragt, sie abzurichten. In den aufeinanderfolgenden Schauspielen sollten bald Mann gegen Mann, bald Mensch gegen Tier kämpfen, oder die Bestien sollten einander gegenseitig zerreißen. Wölfe mit Fackeln an den Schwänzen sollten zwischen Tiger, die in Stroh gewickelt und mit Öl übergossen waren, hineingejagt werden; aus Katapulten sollten Verbrecher geschleudert werden, so dass ihre Körper hoch in die Luft, weit über die Banner in der Arena fliegen würden; treulose Vestalinnen aus dem Tempel zu Epirus würden von arabischen Bogenschützen mit Pfeilen gespickt werden. Aber damit nicht genug – fünftausend zum Tode verurteilte Verbrecher seien für diese Spiele zurückgestellt und zu ihnen sollten noch mehr hinzugefügt werden, nicht nur Männer – nein, auch Frauen und Kinder – die schändlichen Abkömmlinge einer Bande, die falschen Göttern diente, durch allerlei Künste das allgemeine Wohl gefährdete und durch schwarze Zauberei denen, die sie hassten, Schaden zufügte. Diese Übeltäter seien Juden, Verächter der Größe Roms und Nachfolger eines gewissen Christus, eines einstigen Aufrührers in Judäa; Brandstifter seien sie und sie hätten die Absicht, die Stadt anzuzünden. Deshalb sollten sie nun selbst verbrannt werden, ihre Körper sollten als Fackeln dienen, bei deren Schein die wilden Tiere die anderen ihnen vorgeworfenen Verbrecher auffressen könnten.

Die Augen des Redners funkelten fast wie im Wahnsinn vor innerer Erregung, als er von all den blutigen Festen berichtete, die der Kaiser geben wollte; abwehrend erhob er immer wieder die Hand, um das ihn unterbrechende Beifallstoben zurückzuweisen. Beim Aufzählen der Gräuel richtete Fabian seine Blicke auf Myrrha und er sah, wie sie erbleichte; selbst Fulvia, der die Schauspiele im Amphitheater nichts Neues waren und Valentina, die den Spielen gegenüber die bei den römischen Jungfrauen üblichen Gefühle hegte, sahen sehr ernst und nachdenklich aus. Trotz Tigellinus und seiner Rede schien aber Valentina an diesem Festtag doch ihr Vergnügen zu finden, denn unter der Menge sah Fabian die aufrechtstehende Reiherfeder, die Ethelreds Helmbusch schmückte und er bemerkte, wie seine schöne Base mit glücklichem Lächeln gar oft ihre Augen nach jener Richtung wendete.

Nun wurde ein Gefangener vorgeführt, ein Patrizier und Offizier, der sich mit einem Teil seiner Mannschaft in Galatien aufgelehnt und seinen Vorgesetzten erschlagen hatte. Dafür zum Tode verurteilt, hatte er sich auf den Kaiser berufen; er verließ sich stets auf den Kaiser, denn sein Vater war ja Senator, er selbst in seinen jungen Jahren Page bei Claudius gewesen und da überdies Faustina seine Schwester war, hatte sich Tigellinus selbst für ihn verwendet. Alle möglichen Vorbereitungen waren getroffen worden, um durch das Vorführen des Gefangenen einen günstigen Eindruck auf die Versammlung zu machen, denn die Begnadigung eines so schweren Verbrechers hätte unter Umständen sogar dem Kaiser schaden können. Der Gefangene war mit goldenen Fesseln gebunden. Er trug eine schwarze Tunika und um seinen Hals schlang sich eine Kette von weißen Blumen, die so lang herabhingen, dass er sie auf dem Boden nachschleifte. Den erhaltenen Anweisungen gemäß schritt er bis vor den Thron und neigte sich da in demütigem Flehen vor Poppäa; als dann der Gefangene auf die Knie gesunken war, erhob sich Nero und redete ihn stehend an.

Der Kaiser sprach, durch jahrelange Übung geschult, sehr gut und er war auch auf seine Rednergabe besonders stolz. Zuerst berührte er die Größe des Verbrechens, dann sprach er von der notwendigen Ordnung in der Armee und von der Mannszucht, die von jeher ein Grundpfeiler des römischen Heeres gewesen sei; hierauf aber setzte er verschiedene von dem Gefangenen gegebene Beweise von Mut und Tapferkeit ins rechte Licht und trug dann mit schmelzender Stimme ein selbstverfasstes Gedicht über die Gnade vor. Zum Schluss begnadigte er den Verbrecher, dem sofort zwei Wächter die Ketten abnahmen. Poppäa spendete dem Kaiser das erste Beifallszeichen und die Menge fiel mit ohrenbetäubendem Applaus ein; der Freigesprochene aber begab sich würdevoll und erhobenen Hauptes zu seinen in der Versammlung anwesenden Freunden.

Nachdem Nero sich wieder gesetzt hatte, trat der Hauptmann Julius mit einer Abteilung der Leibwache durch eine Türe auf der linken Seite ein und führte Paulus vor den Thron. Der Apostel war nicht gefesselt, für sein Erscheinen waren auch keine besonderen Vorbereitungen getroffen worden. Sein Benehmen zeigte die gewohnte Ruhe, aber seine Augen sahen doch mit einigem Interesse auf die glanzvolle Prachtentfaltung. Als die Blicke des Paulus auf den in seinem goldenen Sessel über die Menge erhöhten Nero fielen, dachte er an ein anderes Schauspiel, neben dem all die hier entfaltete Pracht nur eitles Flittergold war. Einen anderen, an seinem Marterholz über die Menge erhöhten Mann sah der Apostel vor sich und um diesen Mann standen wachhabende Soldaten und knieten weinende Frauen. Keine Marmorwände waren dort zu sehen – das Blau des Himmels bildete den Hintergrund für diese Szene. Kein goldüberladener, von Edelsteinen funkelnder Cäsar saß dort auf seinem Thron – nein, die nackte Gestalt des wahren Königs und Herrn hing dort am Kreuz!

Während jenes große Ereignis, das Tag und Nacht sein Herz bewegte, in seinem Innersten zur Wirklichkeit wurde, schloss der Apostel die Augen und kreuzte anbetend die Arme auf der Brust.

Erstaunt sah Nero auf Paulus und hob langsam einen Edelstein vor sein Auge.

„Wer ist das?“, fragte er.

„Ein Gefangener aus Judäa, göttlicher Nero“, antwortete Tigellinus. „Nach seiner Verurteilung durch Festus hat er sein römisches Bürgerrecht geltend gemacht und sich auf dich berufen.“

Brabano, der seither hinter dem Thron gestanden hatte, trat jetzt vor.

„Verurteilt war der Jude noch gar nicht, geliebter Kaiser. Als römischer Bürger berief er sich auf dich. Er ist Soldat gewesen."

„Wessen ist er angeklagt?", fragte Nero den Hauptmann.

„Des Aufruhrs", antwortete der Soldat. „Er hatte mit seinen jüdischen Landsleuten Streit."

„Lass ihn frei", sagte Nero ermüdet und sah dabei den Arzt freundlich an. „Nicht wahr, Tigellinus?"

Der Günstling zögerte und betrachtete nachdenklich die bescheidene, aber ausdrucksvolle Gestalt des Apostels. Seine verräterische Natur lehnte sich gegen sein dem Brabano gegebenes Versprechen auf.

„Der Mann ist ein Nachfolger des Christus, Erhabenster; du hast von dieser Sekte, den Brandstiftern, gehört."

„Nun, dann gebt ihn den Löwen", rief Nero ungeduldig. „Dabei bleibt´s, wenn unser guter Brabano nichts anderes begehrt."

Fabian streckte seine Hand empor.

„Was gibt´s?", fragte Nero und in seiner Stimme lag ein zorniger Unterton. „Oh richtig", fuhr er fort, presste einen Finger an die Lippen und senkte nachdenklich den Kopf. „Der Mann ist ja mit der Schwester des jüdischen Königs – mit unserer Berenike – hierhergereist."

„Man sollte ihm das Leben schenken, meine ich", sagte Tigellinus immer noch zögernd. „Aber – du bist müde. Heute Abend feiern wir noch ein Fest, da mag der Mann vor dich treten. Vielleicht hören wir ihm dann mit Interesse zu, vielleicht macht es uns auch Spaß, über die Christen etwas Näheres zu erfahren."

„Nein", sagte Nero lächelnd, indem er sich erhob. „Für das Fest haben wir bessere Unterhaltung. Der Mann kann gehen."

Der Kaiser winkte mit dem Zepter und die große Versammlung löste sich auf. Weit öffneten die Sklaven alle Tore und die Menge verlief sich, wie sich die zurückflutenden Wellen vom Ufer zurückziehen. Als das Volk in den kaiserlichen Gärten verschwunden war, reichte Nero Poppäa seine Hand und half ihr, von dem Throne herabzusteigen.

Fabian und Brabano eilten ins Vorzimmer, wohin Julius den Paulus geführt hatte, um ihn, gemäß dem Urteil des Kaisers, freizugeben. Beide wollten ihm zu seiner Rettung Glück wünschen, obgleich Fabian immer noch irgendwelche Ränke des Tigellinus fürchtete und Brabano wollte gleich eine baldige Zusammenkunft mit Paulus ausmachen. Der Apostel begrüßte die beiden Männer freundlich, schien aber durch die Ereignisse des Tages durchaus nicht erregt zu sein. Wie er Fabian schon gesagt hatte, war für ihn nach seiner langen Gefangenschaft bei Felir und der darauffolgenden Verhandlung vor Festus und neben all seinen vielen anderen Erlebnissen selbst dieses Erscheinen vor dem fürchterlichen Richterstuhl des Kaisers nur ein weiteres Kapitel in seinem ereignisreichen Leben. Gerne willigte Paulus ein, mit Brabano wieder zusammenkommen; er beschrieb ihm die Lage seines Geschäfts in der Subura und versprach, sich in dem Palast einzufinden, sobald ihn eine Botschaft dahin rufe. Als aber Brabano den Wunsch aussprach, auch Petrus zu treffen, zögerte der Apostel. Für sich selbst fürchtete er nichts, aber seinen ehrwürdigen Freund wollte er keiner Gefahr aussetzen. Während seines Wartens unter der Obhut des Hauptmanns hatte er vorhin die Jubel erweckende Kundgebung des Präfekten mit angehört und kannte deshalb das vielen seiner Brüder drohende Schicksal. Wohl wusste er, wie er selbst, so stand auch Petrus in Gottes Hand, aber Paulus wusste auch, dass es seine und des großen Jüngers Pflicht war, sich nicht mutwillig in Gefahr zu begeben, um so lange wie möglich die Botschaft verkünden zu können, die der Herr ihnen anvertraut hatte. Brabano bemerkte das Zögern des Apostels und drang nicht weiter in ihn; doch sagte ihm Paulus schließlich, nach ihrer nächsten Zusammenkunft lasse sich vielleicht auch eine Begegnung mit Petrus ermöglichen, wenn dieser damit einverstanden sei, aber in den Palast werde der Jünger wohl kaum kommen. Die Begegnung müsste bei einer Versammlung der Christen stattfinden, der Brabano beiwohnen könne, vorausgesetzt, dass er keine Soldaten mitbringe.

Nachdem der Arzt diesem Vorschlag zugestimmt hatte, verabschiedete er sich von dem Apostel und lud Fabian ein, mit ihm in seine Wohnung zu kommen und dort bis zur Zeit des Banketts zu bleiben.

Fabian sehnte sich sehr, Myrrha zu sehen. Nicht ein einziger Augenblick war ihm vergönnt gewesen, in dem er ihr die Hand drücken oder ihr in die Augen hätte schauen können, seit sie ihm mit solch lieblicher, hinreißender Schlichtheit ihre Liebe gestanden hatte. Am vergangenen Abend, gleich nachdem er Berenikes Wohnung verlassen hatte, war er in das Haus seines Oheims geeilt, aber Lucius, Fulvia und die Mädchen waren in Begleitung des jungen Briten und des Volgus ausgegangen gewesen. Bis Mitternacht hatte der Tribun auf sie gewartet, aber sie waren nicht heimgekommen. Gar zu gerne wäre er frühmorgens wieder hingegangen, doch die Vorbereitungen für seine Pflichten bei Hofe nahmen den Liebenden in Anspruch und er musste sich damit begnügen, das geliebte Antlitz flüchtig in der die Kaiserin umgebenden Menge zu sehen. Jetzt drängte es ihn, an Myrrhas Seite zu eilen, aber der Gedanke an ihre Umgebung hielt ihn zurück; er fürchtete, nicht fähig zu sein, seine heißen Gefühle zu unterdrücken und wusste auch nicht, ob seine Gegenwart das junge Mädchen nicht in Verlegenheit bringen würde. Zudem fiel ihm ein, dass Myrrha und Valentina sich für das Fest, zu dem Lucius und die Seinen befohlen waren, ankleiden mussten.

Von Paulus hätte der junge Römer erfahren können, wo sein Oheim und seine Braut den gestrigen Abend zugebracht hatten; aber der Gedanke lag Fabian zu fern, Lucius könne aus eigenem Antrieb oder auch auf die Bitte anderer einer Versammlung der Christen beigewohnt haben, die zu verfolgen bis vor wenig Tagen seine Pflicht gewesen war. Die Worte des Apostels waren jedoch dem alten Manne tief ins Herz gedrungen und Fulvia hatte nicht nachgelassen, bis ihr Gatte diesen Glauben der Hoffnung, dieses Evangelium der Erlösung, näher kennengelernt und ihren Bitten, sich mehr damit zu beschäftigen, nachgegeben hatte. Fulvia war nämlich schon früher durch Gerüchte, durch Äußerungen ihrer Sklaven, durch Reden des Zekiah und zuletzt noch durch den jungen Briten auf dieses Evangelium aufmerksam gemacht worden, das Vergeben, Barmherzigkeit, Liebe und all die Tugenden lehrt, die mit dem innersten Wesen einer guten Frau so gänzlich übereinstimmen. Myrrha hätte gerne auf Fabian, von dessen Kommen sie überzeugt war, gewartet, aber Valentina war voll Ungeduld; das Abenteuer lockte sie und – Ethelred und Volgus sollten die Führer sein. Dass Fabian bis jetzt noch keine Gelegenheit gehabt hatte, seinem Oheim von ihrem Glück zu erzählen, wusste Myrrha und sie selbst wollte niemand vorher zum Vertrauten des Geheimnisses, das ihr Herz mit Wonne erfüllte, machen; daher ging sie stillschweigend mit den anderen in die Versammlung.

Der Palast Neros, seine breite Vorderseite der Via Sacra zugekehrt, lag auf dem nördlichen Teile des Palatin. Hinter dem Palast dehnten sich die großen Gärten aus und zogen sich an einem sanft abfallenden Hügel hin, an dessen Fuß ein wundervoller, dem Apollo geweihter Tempel stand. Von Brabanos Wohnung im südwestlichen Teil, einem abgesonderten Bau, den Nero erst vor kurzem für den Leibarzt hatte errichten lassen, sah man über die Gärten und eine hohe Mauer hinweg auf die angrenzende Straße. Von den oberen Fenstern konnte man über den nahen Bäumen unten im Tal die Bronzeadler auf den Mauern des Zirkus Maximus und nach Südwesten, ganz in der Ferne, ein Stück des Tiber sehen.

Eine Beute seiner verwirrten Gedanken, stand Fabian an einem Fenster dieser Wohnung und als die Nacht ihren dunklen Schleier über das Laubwerk der Gärten, die Stadt und die majestätischen Mauern und Zinnen um ihn her ausbreitete, sah er an den weißen Wegen die Lichter wie Leuchtkäfer aufleuchten. Wohlriechende Fackeln umgaben die vielen Springbrunnen und in den rieselnden Bächlein spiegelten sich die an den Blumengewinden aufgehängten Lampen. Große, mit Öl getränkte Holzstöße wurden oben auf den Türmen an den verschiedenen Eingängen des Parks angezündet und Sklaven, die beständig das Brennmaterial an Stricken hinaufzogen, unterhielten diese Feuer, deren blendender Schein die umliegenden Straßen und die ganze Umgebung fast taghell erleuchtete.

In den Nebenstraßen der Nachbarschaft hatte sich eine Menge von Wagen und Sänften angesammelt und die schwatzenden und streitenden Sklaven bildeten hier ein anscheinend unentwirrbares Durcheinander; aber Soldatenabteilungen wiesen jedem seinen Platz an und wachten sorgfältig darüber, dass die Ruhe des kaiserlichen Epikuräers nicht gestört wurde. Der Gäste waren es sehr viele; die vornehmsten und auserlesensten Patrizier hatten sich eingefunden, die Gastfreundschaft Neros zu genießen. Und das abendliche Fest überbot an Pracht noch das des Tages. In den großen Gemächern und weiten Hallen des Palastes waren Tafeln gedeckt, für die Gäste von weniger hohem Stand und Rang standen die Tische unter den Bäumen im Garten.

Nero selbst speiste im Hauptsaal, wo in der Mitte, auf der großen, glänzend weißen obersten Fläche einer Art marmorner Pyramide der kaiserliche Tisch gedeckt war. Die mit Kissen belegten unteren Stufen dieser Pyramide dienten als Sitze zu den davorstehenden Tafeln. Alles war wundervoll mit Blumen geschmückt. Weiche Ruhelager standen umher, auf denen die Gäste während der Mahlzeit sich bequem zurücklegen konnten. Auf den Tischen war jede Sorte Wein, die überhaupt gekeltert wurde, jede Art von Fleisch, Fisch, Früchte und Süßigkeiten zu finden; kunstreich geformte Kuchen wurden hereingetragen, teils dampfend heiß aus den Küchenöfen, teils auf großen goldenen Schalen in Schnee gebettet, der von den Gipfeln des Apennins geholt worden war.

Früher hatte Lucius immer mit Seneca, Scaveas, Lucanus, Palleas und den ältesten Senatoren seinen Platz am Tische Neros gehabt. Die Frauen des Hofes hatten einen besonderen Tisch, dem Sitze des Neros gegenüber, vor dem während der Mahlzeit Taschenspieler, Tänzerinnen und manchmal sogar Athleten ihre Vorstellung gaben. Heute nun hatte Tigellinus alles anders geordnet. Poppäa und ihr Gefolge saßen auf Neros rechter, der Präfekt und seine Freunde auf seiner linken Seite. Lucanus als anerkannter Dichter hatte seinen Platz am Tische des Kaisers, ebenso Fabian als jüngster Tribun; die Vornehmsten und die Senatoren saßen heute mit ihren Familien an den benachbarten Tafeln, eine Anordnung, die ihnen sehr zusagte, denn dadurch waren sie aus dem Bereich der Launen und Rügen des alles bemerkenden Kaisers gerückt. Nero war, besonders bei Nacht, kurzsichtig und benützte stets einen Edelstein, der ihm entfernte Gegenstände vergrößerte; aber bei Gelagen und nach dem zweiten Pokal Falerner sah er, berauscht von seinen eigenen Versen, selten weiter als bis zu den Frauen und Tänzerinnen und somit konnten sich seine Gäste dann in Ruhe ergötzen.

Brabano saß heute zur Linken seines kaiserlichen Herrn, Poppäa fast gerade gegenüber. Auf den Platz neben sich hatte er Fabian gezogen, damit sie miteinander reden könnten. Beim Betreten des Saals hatte Fabian indes voller Bestürzung wahrgenommen, dass Myrrha nicht mit Lucius und seiner Familie am Tisch der Senatoren, sondern ganz in der Nähe der Kaiserin saß. Einen Grund dafür konnte er sich nicht denken und wusste auch nicht, wem er diese Änderung zuschreiben sollte. Die üppige Gestalt Berenikes verdeckte zwar Myrrha einigermaßen vor den kaiserlichen Augen, aber mit dem Ahnungsvermögen des Liebenden fühlte Fabian, wie die Gefahr, die der Geliebten von dem Günstling drohte, durch die Sinnlichkeit von dessen Gebieter noch unendlich vergrößert werden würde, falls Neros Auge auf ihre jetzt vollerblühte Schönheit fallen sollte. Fabian wollte sich deshalb, sobald das Trinken allgemein wurde, vom Tisch entfernen und Brabano hatte versprochen, ihm beizustehen. Wenn das Bankett den Punkt erreicht hatte, wo jeder Anstand beiseite gesetzt wurde – wenn die Becher zu Ehren des Bacchus und der Venus geleert wurden, wenn sich die Männer über halb entkleidete Frauen beugten, über Frauen, die sich an den blumengeschmückten Tischen willig Wein auf die erhitzten Busen gießen und sich diesen Wein unter verliebtem Gelächter nach der Melodie von Liedern, bei denen sogar die alten Matronen erröteten, wieder von ihrem Fleisch wegtrinken ließen – dann wollte sich Fabian an Myrrhas Seite schleichen, sie aus dem Saale führen und Valentina und dem Briten winken, ihnen zu folgen. Es war zwar bei Neros Zorn und Ungnade verboten, den Saal zu verlassen, ehe der Kaiser sich erhoben hatte, aber in solchen Augenblicken konnte man die Wachen bestechen. Schon früher hatte Fabian das gewagt; nachdem Nero seine Gedichte vorgetragen und mit Tigellinus den Zustand erreicht hatte, der seinen Edelstein nutzlos machte, war der Tribun hinausgeschlichen, ohne von jemand bemerkt und nachher getadelt worden zu sein. Sollte das Weggehen dieses Mal Aufmerksamkeit erregen, so musste Lucius ein plötzliches Unwohlsein der Damen vorschützen und Brabano das dem übermäßigen Genuss von Wein zuschreiben. Tat das der Leibarzt in seiner gewohnten Art und mit dem ihm eigenen Humor, so wurde der Vorfall ein Anlass zu Witzen anstatt zum Zorn und Myrrha blieb das Gefühl der Schande erspart, dass bei diesen gemeinen Festen, die mit dem Älterwerden Neros an Liederlichkeit zugenommen hatten, immer in ihr aufstieg.

Je länger das Bankett dauerte, desto ungeduldiger wurde der junge Tribun. Er suchte die Blicke der Geliebten auf sich zu ziehen, aber die dazwischen sitzenden machten ihm das unmöglich. Nur einen Schimmer ihrer schneeweißen Haut und ihrer glänzenden Haare konnte er ab und zu sehen. Durch die laute Fröhlichkeit um ihn her wurde ihm wirr im Kopfe und er wusste kaum noch, was er aß. Nachdem Brabano vergebens versucht hatte, das Interesse seines Nachbars zu fesseln, gab er den hoffnungslosen Versuch auf und wandte seine Aufmerksamkeit der Musik zu. Nun erhob sich Nero und deklamierte; unter dem Getöse der erheuchelten Begeisterung setzte er sich, erhob sich aber sogleich wieder und blieb stehen, bis das lang hingezogene Beifallsgeschrei verklungen war.

Fabians Zorn und Entrüstung wuchsen. Obgleich auch er mechanisch in den Applaus einstimmte, hatte er doch nichts von dem Gedichte Neros gehört; ihm schwindelte, als er jetzt sah, wie der junge Despot sich auf seinem Platz umwandte und sich gegen Myrrha verneigte.

Die erregte Phantasie des Tribunen hatte ihn jedoch getäuscht, denn Nero, der bereits etwas unsicher auf den Beinen war, hatte nur Poppäa liebkosen wollen; aber Fabian, außer sich vor Schrecken, war aufgesprungen und hatte mit einem Ausruf, der am ganzen Tisch erstauntes Schweigen verursachte, seinen Becher hoch erhoben. Wohl fühlte der Erregte Brabanos Hand auf seiner Schulter, aber die Warnung kam zu spät.

„Heil dir, Cäsar!“, rief er mit zurückkehrender Überlegung, den erhobenen Becher schwenkend. „Darf ein in Schlachten unbesiegter Soldat sich durch die erhabenen Verse seines erhabenen Herrn als besiegt bekennen? Wird der Kaiser einer Bitte gnädig sein, zu der er selbst ermutigt hat?“

„Gewiss, mein Fabian“, antwortete Nero und als er Fabian erkannte, machte der verdrießliche Ausdruck auf seinem Gesicht dem Lächeln geschmeichelter Eitelkeit Platz. „Dein Anliegen ist doch angenehmer Art, sonst kommt´s zur Unzeit. Heraus damit!“

„Es kommt zur richtigen Zeit, unsterblicher Nero! Denn es gilt einer Liebe, die von deinem Genius zur Leidenschaft erhitzt worden ist und durch deinen wunderbaren Gesang zum Geständnis getrieben wird!“

„Aufgestanden!“, rief Nero und als die ganze Versammlung dem Befehl gehorchte, ergriff er seinen Pokal und sagte: „Bei dem griechischen Gott Pan! Unser Fabian ist selbst Dichter und da meine Verse ihn zum Geständnis seiner Liebe veranlasst haben, sollt ihr alle ihm auf des Kaisers Zustimmung Bescheid tun. Trinkt!“

Voll Verwunderung beobachtete Lucius, Fulvia und Valentina das Vorgehen ihres Verwandten, den sie für betrunken hielten; sie stimmten aber in die auf Neros Worte folgenden Beifallsrufe mit ein. Den ganzen Vorfall hielt die Gesellschaft für einen vorher geplanten Teil des Festes und jauchzte von neuem Beifall, als Nero sagte:

„Die Braut! Das Wohl der Braut! Ihren Namen, mein Tribun!"

Eine Hand auf die Brust legend, neigte Fabian langsam sein Haupt. Er wusste wohl, wie sehr verblüfft die Seinigen sein mussten, die auf eine derartige Szene ganz unvorbereitet waren; aber seine Gewandtheit, sein Verstand und seine als Hofmann gemachten Erfahrungen kamen ihm zu Hilfe.

„Göttlicher Kaiser", erwiderte er, „sie sitzt bei der himmlischen Poppäa, gewissermaßen unter deinem gnädigen Schutz und ist die Tochter Mirjams und die Pflegetochter meines Verwandten Lucius. Hat sie vor deinen Augen Gnade gefunden, so bin ich am Hofe ebenso glücklich wie im Felde."

Mit bleichem Gesicht und halbgeöffneten Lippen lehnte sich Myrrha langsam zurück. Sie war erstaunt über die ihr durch Fabian auferlegte Prüfung und hatte, wie die anderen Familienmitglieder, einen Augenblick lang beinahe geglaubt, er sei betrunken. Obgleich sie seine verzweiflungsvolle Lage nicht kannte, bemerkte sie doch, wie fest und klar sein Auge und Gesicht waren und da ihr Vertrauen in ihn, wie ihre Liebe, grenzenlos war, nahm sie alle ihre Kraft zusammen, um dem Kommenden gefasst entgegentreten zu können.

„Alle Schönheit findet vor meinen Augen Gnade", sagte Nero als Antwort auf Fabians Worte. Dann hob er seinen Edelstein vors Auge und betrachtete Myrrha ruhig; seine Wangen färbten sich dabei nicht höher.

„Mögen die Götter dir gnädig sein! Vielleicht hast du gewonnen – vielleicht auch verloren", flüsterte Brabano.

„Komm, süße Myrrha", sagte Nero und ergriff die Hand des Mädchens. „Sie ist lieblich, in der Tat, mein Fabian, du hast eine gute Wahl getroffen. Setzt euch jetzt unter dem besonderen Schutz des Kaisers nebeneinander und nach einem weiteren Becher mögt ihr hinausgehen und an einem verschwiegenen Plätzchen euch die Geschichte eurer Liebe zuflüstern."

Lachend führte der Kaiser Myrrha zu einem Sitz neben Fabian und ging dann zu dem seinen bei Poppäa zurück. Als der Liebende mit jubelndem Herzen Myrrhas Hand fasste und mit ihr auf die Kissen sank, sah er, wie sich das Erstaunen in den Augen des Lucius und der Fulvia in ein freudiges Leuchten verwandelte, während sie ihm fröhlich zuwinkten.

Aber, den Kelch der Freude an den Lippen, wurde Fabian bleich, als er den boshaften Blick in den Augen Berenikes bemerkte. Sie flüsterte Tigellinus etwas zu und in demselben Augenblick sprang der Präfekt auf.

„Niemand“, rief er erhobenen Hauptes, „niemand soll mich in der Liebe für den Kaiser oder in der durch seine Gegenwart hervorgerufenen Begeisterung übertreffen. Ein jedes seiner Worte prägt sich mir unauslöschlich ins Herz, das weiß der Kaiser und darum ist er mir gnädig. Aber wahrlich, ein Liebender, der durch die Worte des Kaisers zur öffentlichen Erklärung seiner Leidenschaft begeistert sein will und der sich dadurch die kaiserliche Zustimmung zu seiner Hochzeit erworben hat, sollte von ihnen ebenso ergriffen sein wie ich und schuldet eine Gegengabe. Unmöglich kann das Lied des großen Kaisers unserem Tribunen schon wieder aus dem Gedächtnis entschwunden sein und einer schöner Dank für die gewährte Gunst wäre es, wenn er uns morgen eine Abschrift des Liedes zuschickte!“

„Ja, sicherlich“, rief Nero mit leuchtenden Augen. „Ich habe wohl gesehen, welche Begeisterung mein Lied ihm eingeflößt hat und wette, unser Fabian kennt es so genau wie du. Morgen will ich eine Abschrift von dem Tribunen haben.“

Tigellinus warf Fabian einen Blick voll Bosheit zu.

„In aller Frühe schicke ich dir einen Boten, Tribun“, sagte er.

Wieder funkelten seine Augen und das tapfere Herz des Soldaten schlug heftig. Er blickte in das strahlende Gesicht an seiner Seite und heiße Wut, doppelt heiß, weil machtlos, tobte in seinem Innern. Auch auf Berenikes triumphierendes Gesicht warf er einen Blick und erkannte dadurch, wer Tigellinus zum Sprechen veranlasst hat. Aber die Fürstin aus dem Geschlecht des Herodes Agrippa erbebte nicht unter seinem zornigen, vorwurfsvollen Blick; ihre Augen gaben eine deutliche Antwort und blieben auf dem holden Antlitz neben Fabian haften. Dieser erkannte wohl die Wirkung des hinterlistig abgeschossenen Pfeils – eines Pfeils, der in seinem Herzen festsaß – und seine Finger schlossen sich krampfhaft, wie um einen Schwertgriff, als er Brabano murmeln hörte:

„Es ist, wie ich mir dachte, du hast verspielt!“

Am Springbrunnen

Fabian und Myrrha machten von der Erlaubnis des Kaisers Gebrauch und eilten, als das Fest auszuarten begann, miteinander fort. Der Widerhaken, den Tigellinus´ Rede in die Brust des jungen Mannes geworfen hatte, saß noch fest, aber jetzt verwischte die Gegenwart der Geliebten all seinen Zorn und Kummer, all seine Furcht, ja sogar selbst die Besorgnisse wegen Myrrhas Zukunft. Heute Nacht hatte er vor aller Welt seine Liebe zu ihr bekannt; ohne Scheu und mit einem Mut, der sein Herz mit Seligkeit erfüllte, hatte auch sie ihre Gefühle offen gezeigt. Als die Verlobten den Saal verließen, hatte ihre Hand auf seinem Arm gelegen und ihre magische Berührung durchbebte ihn noch jetzt ebenso mächtig wie in jenem erhabenen Augenblick, als sie zum ersten Mal ihre Hand in die seine gelegt hatte. Fabian dachte an Berenike, an ihre herausfordernden, wütenden, höhnischen Worte, an all ihre Spitzfindigkeiten und an ihren Spott über die zarte Neigung, die ihm zuteilgeworden war. Gleichwie die Worte des Tigellinus, so brannten auch die ihrigen noch in seinem Herzen! Wer kannte die Empfindungen des menschlichen Herzens besser als sie! Wer hatte sie unter allen Verhältnissen in Tugend und Laster erprobt wie sie? Hatte Berenike wahr gesprochen? Hätte Myrrhas Herz jedem anderen beliebigen Jüngling dieselbe Antwort gegeben wie ihm? Hatte er ihre Liebe nur gewonnen, weil er als der Erste sich darum bemüht hatte? Fabian kannte Myrrhas einfaches Leben und wusste, wie wenig Gelegenheit zum Wählen sich ihr geboten hatte. Welche Gefühle belebten wohl die Einsamkeit eines jungen Mädchens und was für Helden schuf sich ihre Fantasie? Wie sah es in der Tiefe des Herzens aus, das hier dem seinen so nahe war – und welchen Ersatz würde ihm Myrrha für seine Liebe, für die ihm von jener aufgebrachten Frau angebotene und von ihm zurückgestoßenen Leidenschaft geben? Jene Frau hatte ja die Gefühle seiner sanften Liebe als schwach und kindisch verhöhnt! – Myrrha, so weiß, so hold, so zart und scheu, fast bis zur Furchtsamkeit, im Gegensatz zu dem Sturmwind Berenike! Die Liebe zu

Myrrha erfüllte sein ganzes Herz, aber wie stand es mit ihrer Liebe zu ihm?

Nur einem Mann, der eine Berenike gekannt hatte, konnten zu solcher Stunde und in der Gesellschaft der Geliebten derartige Gedanken kommen! Damals, als Fabian für die jüdische Fürstin schwärmte, dachte er überhaupt nichts; er vergaß alles über dem berauschenden Gefühl ihrer Gegenwart und dem hohen Glück, dass auch sie ihm ihre Liebe bekannte. Wie wahnsinnig eifersüchtig er damals gewesen war, konnten alle die bezeugen, die den Landpfleger Felir gekannt hatten. Aber trotz aller Macht, die Berenike einst über ihn besaß, hatte sie doch niemals sein Innerstes so bewegt wie dieses Mädchen hier, das mit einer bloßen Berührung ihres Armes sein ganzes Innerstes erbeben ließ. Wie kam das?

Fabian war jünger, als man nach seinem ernsten Wesen und der hohen Stellung, die er sich errungen hatte, vermutet hätte. Noch nicht ganz dreißig Jahre alt, brannte in seinen Adern noch das ganze Feuer des Jünglings, aber er fühlte Kräfte und Fähigkeiten in sich, die Berenike selbst in ihren hingegebendsten Stunden nicht hatte in Bewegung setzen können. Hatte die Schwester des Herodes Agrippa das empfunden und hatte das in ihr diese neue Leidenschaft und dadurch auch ihren gewaltigen Zorn erregt? Fabian wusste es nicht, es kümmerte ihn auch nur insofern, als die Sicherheit des heißgeliebten Wesens an seiner Seite damit zusammenhing. Aber war wohl Myrrha überhaupt fähig, seine Liebe mit einer ähnlichen Leidenschaft zu erwidern? Oder sollte sein Leben dadurch arm werden, dass er liebte, ohne wirklich Erwiderung zu finden? Musste er sich in Kummer verzehren, weil er viel zu früh ihr Herz erweckt hatte, das nun niemals einer Leidenschaft fähig wurde, die an Größe der seinigen glich? Diese Gedanken keimten auf aus dem Samen, den Berenikes Worte in sein Herz gesät hatten. Wäre er nicht in der Rolle des Liebhabers aufgetreten, so wäre vielleicht von irgendeinem Paolo das Herz seiner Myrrha in matte Bewegung versetzt worden. Fabians Gedanken waren seiner selbst und seiner Liebe unwürdig; aber er erinnerte sich an Berenike und das entschuldigt ihn einigermaßen. Die Liebe straft jede Verletzung ihrer Gesetze und ihre Richtersprüche sind streng und unerbittlich. Wieviel Wahrheit lag wohl in den höhnischen Worten Berenikes?

Fabian liebte Myrrha, – liebte sie mit der ganzen Glut und Stärke eines Herzens, das einst enttäuscht worden war, – aber diese Liebe hatte er weder zergliedert noch sich die Gründe dafür zu erklären gesucht. Ihm genügte, dass er liebte – dass Myrrha schön war und dass ein Etwas in ihrem Wesen ihn mächtig anzog. Als sie ihm ihre Gegenliebe gestanden hatte, überließ sich sein jauchzendes Herz ganz der Freude; es fiel ihm nicht ein, ein Maß an ihre Gefühle zu legen. Aber jetzt bedrückten die Worte Berenikes sein Gemüt. Er durchforschte sein eigenes Herz und suchte aus seiner Seele heraus in der ihren zu lesen. Die erhabenste Leidenschaft des Herzens kennt keine Logik. Sie ist ein Naturtrieb und kein Gesetz. Aber dennoch ist die Liebe die stärkste Triebfeder der ganzen Menschheit – ihr Hauptinstinkt – und die Natur wird ihr gerecht, indem sie die Liebe, wenn diese rein ist, zu etwas Göttlichem macht. Myrrha war eine ganz einfache Natur; sie liebte die Schönheit und selbst schön, flößte sie anderen Liebe ein. Die traurigen Ereignisse ihrer Kindheit hatten sie ernst gemacht und eine ungeahnte Festigkeit in ihr entwickelt. Von klein auf hatte sie viel in ihrer eigenen Gedankenwelt gelebt, sie hatte eine lebhafte Fantasie und reine Beweggründe und trotz ihres kleinen Gesichtskreises waren ihre Lebensanschauungen klar und richtig. Weil sie selbst Kraft in sich fühlte, bewunderte sie die kraftvollen Menschen und obgleich ihre Stimme weich und ihr Wesen nachgiebig war, hatte sie doch selbstständige Gedanken. Als echte Frau liebte sie alles Schöne und der sie umgebende Duft von Poesie und Romantik vermehrte noch ihren Liebreiz und machte das Zusammensein mit ihr ganz bezaubernd. Kein Wunder, dass Fabian das Mädchen liebte, aber wie heiß auch seine Liebe glühte, er sollte erst noch erfahren, wie sehr er selbst zu beneiden war.

Durch die langen Korridore, an den Reihen von Wachen auf den Marmortreppen vorbei, waren die Liebenden in den Garten gegangen. Hier führte ein Fußpfad aus dem Lichtkreis in den kühlen Schatten. Die wartenden Diener hatten sich um die Eingänge zum Palaste geschart, wo die aus dem großen Gebäude herausdringenden Gerüche, die Fröhlichkeit und der Lärm die Außenstehenden in große Aufregung versetzte. Niemand beobachtete die Verlobten; sie gingen den Pfad entlang, der zwischen duftendem Gebüsch immer breiter wurde und schließlich in einem mit Kies bestreuten Rondell endete, in dessen Mitte ein Springbrunnen plätscherte. Von den Feuertürmen her drangen helle Lichtstreifen durch das Laub der Bäume und fielen wie goldene Flecken auf den hellen Kiesboden und das weiße Marmorbecken. Das Wasser schlug leise plätschernd an die Steinfiguren des Brunnens und klang wie eine zu Ehren der Nacht angestimmte Melodie. In einer Rosenlaube lud eine Bank das junge Paar zum Sitzen ein. Als Fabian Myrrha zu der Bank hinzog, erwiderte ihr Händedruck den seinigen und zusammen setzten sie sich nieder.

Myrrha seufzte und lachte dann leise auf – Seufzen und Lachen, beides drückte Erleichterung aus.

„Bist du müde?", fragte er zärtlich. Aus seinem Ton klang die Besorgtheit, die ein Mädchen stets in der Stimme dessen, der sie liebt, finden kann.

„Ja, ich bin müde", antwortete sie und wandte ihm ihr Gesicht zu. „Die Menschenmenge, das Fest und die Ereignisse des Abends haben mich aufgeregt."

Ihr Gesicht sah er zwar nur undeutlich, er konnte aber dem Impuls seines Herzens nicht widerstehen; leise beugte er sich vor und küsste sie – und jeder andere Gedanke als der an ihre süße Nähe schien in dem sie umgebenden Schatten unterzutauchen.

„Kannst du mir verzeihen?"

Sie seufzte noch einmal und lachte dann wieder. Vertrauensvoll gab sie sich seinen Liebkosungen hin. Jene edle Zurückhaltung, die wie ein Schild die Jungfrau beschützt, hatte von ihm nichts zu fürchten. Vor allem Würdenträgern Roms hatten sie ihre Liebe erklärt. Keine Verlobung konnte heiliger, kein Band bindender sein! Durch sein eigenes offenes Geständnis war er der ihre geworden und sie war sein geworden, weil sie sich mit ganzer Seele zu ihm bekannt hatte. Ein Strom zärtlicher Gefühle durchflutete beide. Ihre Herzen schlugen im Einklang mit der sanften Musik des Springbrunnens und mit dem leisen Rauschen der Nacht.

Dennoch war Myrrha von ganz anderen Gefühlen bewegt als Fabian; sie fand ihr Glück in dem Bewusstsein, geliebt zu werden – in dem Gedanken, dass der Fabian, an dem sie, solange sie ihn kannte, beinahe mit Ehrfurcht emporgesehen hatte, sich jetzt in Liebe zu ihr neigte, dass ihre Nähe ihn bewegte und dass in ihrer Gegenwart sein schönes Gesicht vor Freude glühte. Auch er fühlte sich glücklich, war sich aber dabei mehr nur seines eigenen Glücksgefühls bewusst.

Einige Zeit saßen die Liebenden schweigend da, dann fragte Myrrha:

„Was hatte denn die Szene heute Abend zu bedeuten, mein Fabian? Mich wolltest du doch damit nicht prüfen? Dahinter steckt etwas!“

„Ja“, erwiderte er.

„Sag´ es mir!“, drängte sie.

„Hast du Mut – bist du tapfer?“

Sie schüttelt den Kopf.

„Ob ich Mut habe, weiß ich nicht“, antwortete sie. „Ich weiß nur, dass ich dich liebe. Es gibt nichts, gar nichts, was du auch denken, was dir auch drohen mag, das ich nicht hören möchte. Wenn du sterben müsstest und selbst wenn auch ich an dieser Nachricht sterben müsste, so möchte ich doch viel lieber diese Nachricht erfahren, als gar nichts von dir hören.“

Wieder küsste er sie und dann erzählte er ihr alles; er verheimlichte nichts, weder seine Furcht vor dem Kaiser noch die Gefahr, in der sie schwebten, noch seine eigene wilde Wut.

„Oh, meine Myrrha!“, rief er leidenschaftlich aus, als er seinen Bericht geendet hatte. „Welche andere Frau hätte das alles so würdig ertragen – meine Leidenschaft und meine Verzweiflung so aufgenommen! Wie wenig bin ich deiner würdig!“

„Nein, nein“, antwortete sie. „Du bist meiner mehr als würdig. Die Liebe weiß überhaupt nichts von Würdigkeit. Woher mir das bekannt ist, weiß ich nicht, aber wahr ist es. Niemals werde ich deinetwegen zu erröten haben – wenn nicht aus Stolz.“

Ihre Worte machten ihn ruhiger und Berenikes Reden verschwanden aus seinem Gedächtnis wie ein böser Traum.

„Das Gestern ist völlig ausgewischt, erst heute Nacht beginnt mein Leben“, sagte er.

Sie lachte glücklich und schmiegte sich inniger an ihn an. Als ihre Haare seine Wange berührten, fühlte er den Nachttau darauf.

„In dich habe ich volles Vertrauen“, sagte sie, „daher kann ich es zu keiner rechten Furcht vor dem Kaiser bringen. Tigellinus habe ich gekannt, als er noch gut war. Doch du selbst stehst groß da in Rom – du bist mächtig, weil du deinem Vaterland nur treffliche Dienste geleistet hast. Das Schicksal ist der Freund aller treu Liebenden. Glaub´ mir, Geliebter, es wird noch alles gut werden!"

„Der Hof ist neidisch und deinetwegen habe ich Berenike beleidigt", erwiderte er. „Sie müssen wir beide jetzt meiden. Erinnerst du dich an den mir gewordenen Befehl, als ich den Festsaal verließ – an den Offizier, der zu mir trat, um mich an die Worte des Tigellinus zu erinnern?"

„Welche Worte?"

„Hast du sie vergessen – die des Kaisers und seines Günstlings?"

Wieder schüttelte sie das Köpfchen und noch oft rief er sich später mit der Zärtlichkeit des Liebenden diese anmutige Bewegung ins Gedächtnis zurück.

„Nein", erwiderte sie. „Nach deinen Worten habe ich nicht mehr viel gehört. Was sagte denn Tigellinus?"

Da sie seine Unruhe bemerkte und er nicht antwortete, fuhr sie fort:

„Wirklich, mein Fabian, ich verdiene dieses Mal Verzeihung für mein schwaches Gedächtnis. Denk doch, wie ich Zielscheibe für alle Augen war! Mussten sich da nicht meine Gedanken notwendig verwirren?"

Sie lachte; in ihrem Ton lag kein Vorwurf, aber sein Gewissen beunruhigte ihn. Mit dem Gedanken an den morgigen Tag kehrte auch seine Angst wieder.

„Denke an mein dem kaiserlichen Gedicht gespendetes Lob", sagte er, „und an die darauffolgende Antwort. Schmeichler, die gut schmeicheln, duldet Tigellinus nicht in der Nähe des Kaisers. Mir ist befohlen, morgen früh eine Abschrift dieses Gedichtes in den Palast zu schicken. Das ist der Prüfstein für die Wahrheit meiner Worte und da sieht´s trüb aus. Nicht an ein einziges Wort von der Rhapsodie des Kaisers kann ich mich erinnern. Welche Entschuldigung könnte mir helfen?"

Seine Worte sollten sie auf den wahren Sachverhalt vorbereiten, den sie morgen doch erfahren musste. Als die Sorge in ihm wieder die Oberhand gewann, wurde seine Stimmung immer gedrückter. Sie kannte Neros Eitelkeit und verstand ihn.

„Jetzt erinnere ich mich an die Worte des Tigellinus", sagte sie ruhig. „Die Tragweite seine Rede verstand ich allerdings nicht. Es war ein

Fehler, aber in der Verwirrung, die ich zu verbergen suchte und in der darauffolgenden Glückseligkeit hatte ich alles vergessen."

Sie lachte wieder, aber als er wie erschrocken auffuhr, fühlte er den Druck ihrer Hand in der seinen.

„Nein, Geliebter, fürchte nichts", sagte sie. „Habe ich dir nicht gesagt, das Schicksal sei der Beschützer der Liebenden? Wie du weißt, saß ich ganz in der Nähe des Kaisers und vor deiner Rede war ich ja ruhig und gefasst. Du erinnerst dich doch, dass Neros Gedicht die Liebe besang? Oh, mein Geliebter, mein eigenes Herz war ja voller Liebe! Dieses Wort hat jetzt einen ganz neuen Sinn für mich, ich habe es mit der Morgenluft eingeatmet und nachts davon geträumt. Des Kaisers Gedicht verglich Apollo mit der Sonne, deren Strahlen die Oberfläche eines silbernen Sees küssen wie die Lippen des Gottes die des Rosenmädchens von Theben. – Musste ich da nicht lauschen? Du warst der Apollo meiner neuerwachten Seele und die Glut deines ersten Kusses brannte noch auf meinen Lippen. Morgen schickst du Nero das Gedicht. Ich kann es aufsagen, mir fehlt kein Wort."

Wie von einer Vision begeistert, lauschte Fabian Myrrhas Worten und fast stockte ihm der Atem, als er deren Bedeutung ganz erfasste. Wieder ergriff er ihre Hand, presste sie an seine Lippen und hielt sie mit sanfter Gewalt fest, die ihr Herz mit Wonne erfüllte. Jetzt konnte sein volles Herz die Worte der Schwester des Königs Herodes Agrippa beantworten. Jetzt wusste er, was sein ganzes Sein mit Glückseligkeit erfüllte, was das Mädchen an seiner Seite so anbetungswürdig machte – zu einem Wesen, mit dem verglichen Berenike in all ihrer strahlenden Schönheit nur ein Missklang in einer berauschenden Melodie war. Myrrhas Liebe war selbstlos und frei von aller Eitelkeit und jeder Blutstropfen, der durch ihr warmes Herz floss, war von Mut erfüllt. Gemüt und Leidenschaft waren in ihr vereinigt und Geist und Körper strahlten in Schönheit und Jugend. Wie die rote Farbe ihrer Lippen und Wangen, so schmückte Wahrhaftigkeit ihr Herz und legte in ihre Augen das Etwas, für das nur der Himmel einen Namen hat. Berenike mit all ihrer unheilvollen Macht würde keine Prüfung ihrer Frauenwürde bestehen, Myrrha aus jeder solchen siegreich hervorgehen. Myrrhas Liebe war erhaben wie der Himmel, unergründlich wie das

Menschenherz, stärker als der Tod. Ja, Paulus, musste recht haben – es gab ein Leben nach dem Tod.

Bis spät in die Nacht hinein saßen die Liebenden in seliger Gemeinschaft beieinander. Der Thron, auf dem der Cäsar in seiner Herrscherwürde saß, war nicht königlicher als dieses herrliche von Rosen umgebene Plätzchen neben dem plätschernden Springbrunnen.

Ein Befehl für Lucius

Pünktlich am anderen Morgen schickte Tigellinus seinen Boten zu Fabian. Der schlaue Präfekt kannte die Natur des Mannes, den er zu hassen begann, einigermaßen, und hatte, wie es ihm Berenikes Scharfsinn eingegeben, seine Pläne danach eingerichtet. Dass Fabian wenig von den Versen des Kaisers gehört hatte, wusste Tigellinus bestimmt; er hatte dessen Geistesabwesenheit bei Tische wohl bemerkt und ebenso seine lebhaften Bemühungen, Myrrha im Auge zu behalten. Früher waren Fabian und Tigellinus sehr gut miteinander ausgekommen und jetzt versuchte der Präfekt sich auszumalen, wie sein einstiger Freund wohl diesen Angriff begegnen oder welche Entschuldigung er schicken würde. Bei diesen Gedanken lächelte er über seine und seiner schönen Gehilfin Schlauheit und freute sich im Voraus seines Triumphes. Damals, als Nero zuerst dem Wagenlenker seine Gunst zuwandte, hatte dieser sich angewöhnt, jedes Wort, das von seines Herren Lippen fiel, seinem Gedächtnis einzuprägen; er sah seinen Vorteil darin, alle Aussprüche des Kaisers sofort wiederholen zu können, als ob jedes Wort als ein Schatz aufbewahrt zu werden verdiene. Jetzt war der junge Tyrann an diese Art der Schmeichelei gewöhnt und Tigellinus wusste wohl, welch großen Wert Nero darauf legte. Durch solche noch nie dagewesenen Schmeicheleien hatte der Präfekt sich seine jetzige Stellung errungen und aus diesem Bewusstsein war sein Hass gegen den Tribun entsprungen. Die Sendung des Boten sollte der erste Streich sein. Eine Verletzung der kaiserlichen Eitelkeit kam dem Hochverrat gleich und als eine solche Verletzung würde das mangelnde Gedächtnis Fabians aufgefasst werden.

Und jetzt spielte bei Tigellinus auch noch ein anderer Grund mit. Am gestrigen Abend hatte Myrrha in ihrer frischen blühenden Schönheit alte Erinnerungen in Tigellinus wachgerufen. Wie Fabian unterwarf auch Tiggellinus seine ersten Gefühle keiner genauen Prüfung, er war sich nur bewusst, überhaupt erregt zu sein. Während unter diesem Eindruck seine Augen auf Myrrha ruhten, hatte Fabian zu sprechen begonnen. Diese

Worte aber hatten genügt, den mächtigen Präfekten zu reizen und mit einem ebenso heißen wie für den Augenblick ohnmächtigen Zorn, hatte er zugehört. Nero hatte die Worte des jungen Tribunen günstig aufgenommen. Aber in seinem innersten Herzen hatte der jetzt eifersüchtige Günstling geschworen, seinen früheren Freund diese glückliche Stunde noch entgelten zu lassen. Und nun fühlte er sich vorerst sehr befriedigt von seinem Plan und dessen Aussicht auf Erfolg, denn eine schnelle Rache schien ihm gewiss, die sowohl seiner Bosheit als seinem Hochmut wohltat.

Kein Wunder daher, dass den Ränkeschmied vor Enttäuschung und Erstaunen fast der Schlag rührte, als der Bote mit dem ganz richtig geschriebenen Gedicht zurückkam. Da stand es, Wort für Wort, schön geschrieben, auf einem Pergamentblatt mit vergoldetem Rand; auch der Umschlag war mit bunten Arabesken, der geschmackvollen Arbeit eines kunstbegabten Sklaven aus Fabians Dienerschar, schön verziert, – der Befehl des Kaisers war erfüllt!

Tigellinus betrachtete das Dokument genau von allen Seiten und auf seinem Gesicht zeigte sich dabei eine Mischung von Furcht und Aberglauben. Dieses Ergebnis streifte an Zauberei! Seine Stirne umwölkte sich – für den Augenblick hatte er verloren, aber sein Hass wuchs dadurch ins Ungeheure. Das Gedicht brachte er jedoch nicht dem Kaiser, er vernichtete es aber auch nicht – Nero konnte sich doch noch einmal daran erinnern. Sorgfältig bewahrte es der Günstling auf und schritt dann mit umdüsterter Miene nach den kaiserlichen Gemächern.

Als Tigellinus sich meldete, war Nero gerade aufgestanden; verdrießlich begrüßte er seinen Günstling; augenscheinlich war er verstimmt und schlechter Laune. Er wurde gerade von zwei Sklaven gebadet und in seiner Nähe warteten zwei Pagen mit Bechern gekühlten Weins. Der Kaiser war derselbe, der sich gestern in voller Majestät seinen Untertanen gezeigt hatte, nur lag ihm heute das nächtliche Bankett noch im Magen und die Geister des Weines spukten in seinem Kopfe. Etwas wie Neid blickte aus seinen grünen Augen, als er das strahlende Gesicht seines Günstlings betrachtete, während er dessen: „Heil dir und Gruß!", mit grämlicher Stimme erwiderte.

„Trinke, mein Cäsar!", sagte Tigellinus, indem er einem der Pagen den Becher aus der Hand nahm und ihn dem Kaiser an den Mund hielt.

„Kümmere dich nicht um die Moralpredigten des alten Seneca und seine Warnungen vor einem Morgentrunk! Trinke! Dann wollen wir ein Wagenrennen im Zirkus mitmachen; dort habe ich ein Paar schneeweißer arabischer Pferde, das mit dem Wind um die Wette laufen kann. Du brauchst jetzt frische Luft und Sonnenschein und die Gesellschaft deines dich über alles liebenden Freundes und Sklaven. Komm, ich will dir alle Skandalgeschichten vom gestrigen Fest erzählen und dann wollen wir neue Pläne gegen unsere Feinde schmieden."

„Bei Jupiter!", rief Nero, während er seine Diener von sich stieß und den Becher leerte. „Wahrlich, du bist wie ein Hauch frischer Morgenluft. Für alle Senecas, die dem Reich des Pluto entkommen sind, würde ich dich nicht hergeben! Das wäre ein Vergnügen, dem alten Kerl den Kopf seines stotternden Neffen den Hals hinunterzustoßen, dass er daran ersticke! Wer weiß, vielleicht tun wir es einmal, mein Tigellinus. Hast du gestern Abend vor meinem Gedicht, das von Lucanus gehört? Beim Bacchus! Seine schwerfälligen Verse machten mir ganz übel! Beinahe hätte ich mir geschworen, selbst nie mehr Verse zu machen, so schämte ich mich seines Machwerks."

„Wenn wir mit diesen Versen unseren neuen Caligula füttern könnten, würde sich die Bestie den Magen daran verderben und könnte dann die Christen nicht mehr recht genießen", entgegnete Tigellinus ernsthaft tuend, so dass Nero laut auflachte. „Doch gerade von den Christen wollte ich diesen Morgen mit dir reden. Die Schufte werden nachgerade gefährlich, da sie anfangen, selbst Patrizier zu bekehren. Bald werden wir eine Verschwörung haben mit einer Menge kriechender gelber Teufel, die sich hinter unsere Vorhänge verstecken, wie der Mörder des alten Caligula, deines Vorgängers in Größe und Erhabenheit. Er war ein echter Kaiser und ihn haben sie getötet. Hätte ich dir nur gestern Abend einen Wink geben können, ehe du Fabian Amicius zulächeltest! Nur die Götter wissen, wohin dich dein edles Herz noch führen wird!"

Neros erblasstes Gesicht verriet dem Günstling, dass sein Pfeil getroffen hatte. Allein schon das Wort „Verschwörung" reichte hin, alles Blut aus dem Herzen des jungen Tyrannen zu jagen. Gepaart mit einem Hinweis auf das Schicksal Caligulas, bekam es eine Bedeutung, bei der die Zähne des Kaisers klapperten; nur Tigellinus wagte es, dieses Wort in des Kaisers Gegenwart überhaupt auszusprechen und auch er nur in dringenden Notfällen. Der Günstling kannte die Wirkung und hatte seine Worte dementsprechend gewählt. Mit zornfunkelnden Augen sah ihn Nero an – der beim gestrigen Fest genossene Wein machte den Kaiser noch leichter erregbar.

„Hol die Pest alle Verschwörer und all, die von Verschwörungen auch nur träumen!“, rief er. „Was weißt du von ihnen, mein Tigellinus? Was von den Christen? Ehe du deutlich gesprochen hast, gehe ich nicht in den Zirkus. Bei allen Furien! Soll mich mein Leben lang der Gedanke an Dolche hinter meinen Vorhängen und an Giftmischereien in der Küche verfolgen? Oft genug habe ich von Caligula geträumt. Sprich jetzt!“

Die Augen des Günstlings blitzten bei dem Gefühl seiner Macht. Nero so zu erregen hieß, ihn nach Belieben beeinflussen.

„Die Schurken sind es, die Elenden, die deine Pracht verspotten und dich um deine Talente und deine Größe beneiden“, rief er, den Zorn seines Herrn immer mehr anstachelnd. „Lange schon habe ich diese Amicier gehasst – der Ältere sät im Senat Zwietracht, der Jüngere verführt das Heer. Ich könnte dir wenigsten fünfzig Leute herzählen, die ich alle beobachten lasse, denn stets sind die Verräter die, von denen man es am wenigsten denkt; und darin liegt gerade die Gefahr. Noch niemals ist es jemand, dessen Absicht bekannt war, gelungen, einen König zu ermorden. Der Elende, den wir lieben, stößt uns den Dolch ins Herz – ein Bruder, der den Thron begehrt, ein Vater, dessen Sohn seiner Aburteilung entgegensieht, oder der für die Zukunft seiner Tochter fürchtet – das sind die Verräter. Bei den Amiciern ist etwas nicht in Ordnung.“

„Ja“, murmelte Nero, noch immer ganz bleich. „Das fürchte ich auch.“

„Sollten wir mit unserer Weisheit denselben Fehler machen wie die gar zu Leichtgläubigen und Vertrauensseligen? Sollen unsere in der Unterwelt umherwandelnden Schatten im Dunkeln aneinander zuflüstern: Oh, wie Toren?“

„Nein, nein“, sagte der Kaiser, jetzt heftig erschrocken. „Sind die Amicier Verräter?“

„Oheim und Neffe sind beide Verräter", lautete die Antwort. „Fulvia ist eine Verräterin, bei Nacht treibt sie zum Verrat und der Morgengesang der Töchter, dieser Brut von Verrätern, lautet *Verrat*. Die Amicier sind zu stark gewesen, um treu sein zu können, zu mächtig, um sich nicht gegen deine Größe zu empören und dein Tun und Treiben offen zu kritisieren. Im Senat sitzen noch andere, die bereit sind, sich von den Amiciern führen zu lassen. Ein Wink von ihnen und der Verrat nimmt eine gefährliche Ausdehnung an. Jeden Tag können die Amicier diesen Wink geben; bei der ersten günstigen Gelegenheit geschieht es sicher. Wann war der alte Lucius zuletzt bei Hof, um dem Kaiser seine Ehrfurcht zu beweisen? Und warum hält Fabian Amicius sich so sehr zurück? Ich weiß mehr, als ich beweisen kann und vermute mehr als ich weiß. Nimm Lucius gefangen und schicke ihn in die Verbannung und den Tribunen schicke irgendwohin mit einem Auftrag, der ihm den sicheren Tod bringt. Dann können wir im Frieden schlafen."

„Nein", sagte Nero zornig. „So oberflächlich behandle ich eine gefährliche Lage nicht. Da Lucius den Befehl zum Verfolgen der Christen niedergelegt hat, ist er jetzt selbst als solcher anzusehen. Dazu werde ich gegen die ganze Sekte mit neuen Befehlen vorgehen, dass mir keiner derselben entwischen kann. Ich habe meine Macht zu wenig gebraucht. Einen Patrizier, dessen ganzer Anhang in Rom zurückbleibt und da Pläne für seine Rückkehr schmieden kann, verbanne ich nicht. Das gäbe eine gute Veranlassung, zum Dolch zu greifen und eine Ursache, mich zu töten. Sicher und schnell will ich treffen. Schreibe sofort einen Haftbefehl und schicke unverzüglich einen Hauptmann damit ab. Da haben wir eine neue Nummer für die Spiele. Die Löwen werden wenig Unterschied zwischen Patriziern und Plebejern machen und es wird ein Anblick für Götter und Menschen werden, wenn wir die Bestien mit einem Senator und einem Tribunen füttern. Schreibe den Befehl, mein Tigellinus, ehe wir den Palast verlassen."

„Wird ein solches Vorgehen auch keinen Anstoß erregen?", fragte Tigellinus nach einem Augenblick des Zögerns.

Neros bleiche Wangen röteten sich.

„Gib den Befehl! Denen, die zu murren wagen, seien die Götter gnädig!"

Einen so weitgehenden Befehl hatte der arglistige Tigellinus nicht erwartet. Sein Hass gegen Fabian Amicius hätte ja nichts dagegen gehabt, aber er wagte doch nicht, sich die offene Feindschaft der Patrizier zuzuziehen. Durch und mit seinem Herrn war er stark und Nero hatte die Macht, die Amicier zu vernichten, aber ihre plötzliche Verhaftung würde, das wusste der Präfekt wohl, in Rom einen Sturm erregen, dessen Heftigkeit Tigellinus fürchtete. Er sah ein, dass er einen falschen Zug getan hatte. Wenn er Nero zu einem derartigen Vorgehen anstiftete, würden die Freunde der Amicier das ihn entgelten werden und sein Herz würde zuerst vom Dolche getroffen werden. Obgleich es Tigellinus nicht an Mut fehlte und er zur Erreichung eines Ziels alles gewagt hätte, zog er doch, soweit das möglich war, die sicheren Wege vor.

„Sofort gehorche ich", sagte er endlich als Antwort auf Neros Befehl. „Es tut mir nur leid, dass ich dir diesen schönen Morgen durch meinen Groll verdorben habe. Ich hasse diese Amicier, weil sie Verräter sind und Unheil anstiften, aber so weit sind sie noch nicht fortgeschritten, dass wir uns den Appetit durch übergroße Hast zu verderben brauchen. Vernichtet müssten sie werden, aber wir könnten den Vorgang viel gründlicher auskosten, wenn wir uns mehr Zeit dazu ließen. Auch sollten wir um unser selbst willen einigermaßen diplomatisch vorgehen, denn im Senat sind noch viele solcher Hunde und über die erfahren wir wenig oder nichts, wenn wir ihnen durch eine zu frühe Warnung den Mund schließen. Warte, Anbetungswürdiger! Traue deinem Freund und Sklaven! Lass dir vorerst genug sein, dass ich die Amicier bewache; beim ersten Schein von Gefahr können wir sie in den Mamertinischen Kerker schicken und dann haben wir Beweise genug gegen sie, um den Senat ruhig zu halten. Murrt noch einer, so schlagen wir dann zu! Vor den Spielen soll die Sache noch spruchreif werden, dafür will ich schon sorgen! Inzwischen wollen wir in den Zirkus gehen und meine Araber probieren. Wie schmerzt es mich, diese Wolke auf deine Stirne gejagt zu haben!"

„Du bist klug wie immer", rief Nero aus, der den Worten des Präfekten gespannt gelauscht hatte und durch sie überzeugt worden war. „Welch ein Ratgeber! Du fühlst die gleiche Wut wie ich, dein Zorn flammt schnell auf und doch, wenn es darauf ankommt, ratest du mit der

Klugheit der Schlange. Verlasse dich auf Neros Menschenkenntnis, verlasse dich aber auch auf seine Liebe zu dir!"

Die Augen des Günstlings leuchteten.

„Dein Geist ist es, erhabener Herr, der mir die guten Gedanken eingibt", rief er aus. „Aber ich will dreinfahren und zwar sogleich. Doch haben wir da Plautus, Affilius und Secor Diventus, alle aus dem Geschlecht der Amicier und jeder von ihnen würde laut klagend mitten in der Nacht von einem Freund zum anderen laufen und verkünden, ein Senatsmitglied sei ohne gesetzliches Urteil getötet worden. Jeder von diesen Burschen würde das Beispiel auf sich selbst anwenden und jeder Schlauch voll Weins, der von da an in unseren Keller käme, enthielte sicher mehr Gift als gesundes Getränk. Meine Absicht war nur, dich zur Vorsicht zu mahnen, nicht, dich zum Äußersten zu treiben. Offen wollen wir strafen, wenn wir alle auf einmal treffen können und zu einer Zeit, wo wir das Volk auf unserer Seite haben. Bei den Amiciern können wir inzwischen schrittweise vorgehen; unser Tun wird dadurch nicht weniger erfolgreich. Fabian liebt diese jüdische Pflegetochter des alten Lucius, aber mir gefällt sie auch. Gib mir den Befehl, sie im Hofstaat der Berenike unterzubringen. Dadurch wird ihre Hochzeit verzögert und das veranlasst den Tribunen vielleicht zu einem offenen Vorgehen, das uns Grund gibt, ihn zu strafen. Später kann ein ähnlicher Befehl für Valentina uns ihren Vater in die Schlinge treiben. Diese Leute kenne ich genau; was sonst in den Augen der Welt als eine Ehre für ihre Töchter gilt, wird Lucius für eine Schmach halten. Auf diese Weise jagen wir ihn in seinen Untergang."

Nero lachte befriedigt und sagte:

„Gib den Befehl und möge dir´s bei dem Mädchen durch deine Schlauheit gelingen! Der Tribun wird sich schwer darüber ärgern; deine anderen Ratschläge will ich auch in Erwägung ziehen. Nun aber fort in den Zirkus!"

Ohne Zögern ließ Tigellinus durch einen Sklaven einen Hauptmann von der Wache holen und fertigte eiligst den Befehl aus. Nachdem Nero sein Siegel darunter gedrückt hatte, eilte der Hauptmann fort, den Auftrag auszuführen. Der an Lucius Amicius gerichtete Befehl gebot diesem, Myrrha entweder an den Hof zu schicken oder sie dahin zu bringen, da sie, bis es dem Kaiser anders beliebe, dem Hofstaat der

Fürstin Berenike zugeteilt sei. Tigellinus wusste, dass Lucius zu sehr Soldat war, um nicht den Befehl des Kaisers sofort nachzukommen und das Mädchen dem Hauptmann und seinen Wachen mitzugeben. Es war üblich, das Gefolge der Fürstinnen im Kaiserpalast unter den Töchtern der vornehmsten Patrizierfamilien auszuwählen, aber gewöhnlich wurde zuvor die Sache mit den Eltern besprochen und die Einzelheiten, die Dauer des Aufenthaltes und die Pflichten der jungen Mädchen vor deren Übersiedlung in den Palast festgesetzt. Nur Caligula hatte es für passend erachtet, die Töchter der Stadt durch summarischen Befehl an seinen Hof zu beordern und dieser Handlungsweise hatte gewöhnlich eine Laune des Tyrannen zugrunde gelegen. Daher bezeichnete dieser, nach dem Vorbild des toten Tyrannen ausgefertigte Befehl in der Hand des Hauptmanns eine neue Epoche in der Regierung Neros; der eigentliche Sinn dieses Befehls war eine deutliche Drohung und der Günstling wusste genau, welche Bestürzung die Botschaft in dem Hause des Empfängers hervorrufen würde.

Für seine Hausgenossen

Am Morgen nach dem Fest auf dem Palatin hatte Lucius sein Haus verlassen und war auf den Viminal zu Fabian gegangen. Gleich nachdem dieser dem Boten des Tigellinus das verlangte Gedicht übergeben hatte, begaben sich Oheim und Neffe zu Wagen in das Lager der Prätorianischen Leibwache, das an der Mauer des Servius, am Fuße des Esquilin lag. Der Befehlshaber der Prätorianer, Caius Mutius, ein langjähriger Freund des Lucius, hatte diesem die Nachricht geschickt, es werde heute eine Parade mit den Truppen abgehalten, die als Begleitung der gestern bei der kaiserlichen Audienz anwesend gewesenen Statthalter von Ostia und Capreä nach Rom gekommen waren.

Den für Lucius bestimmten kaiserlichen Befehl brachte ein Hauptmann, der von zwei Soldaten und acht Sklaven begleitet war; vier trugen die Sänfte, in der Myrrha den Weg auf den Palatin machen sollte; vier andere dienten zum Ersatz und wurden jeder kaiserlichen Sänfte beigegeben; außerdem dienten sie auch als Verstärkung der Wache und sollten in den engeren Straßen, der Würde des Zugs entsprechend, die Bahn freihalten. Die Soldaten waren mit Speeren und kurzen Schwertern bewaffnet und ihre Uniform war überall wohlbekannt und verschaffte ihnen gewöhnlich Achtung und freien Durchgang, ausgenommen in den Nebengassen der Subura und den noch verrufeneren Straßen am Fluss. Heute wurde die kleine Truppe mit Scheu und Neugier betrachtet, als sie die Flaminische Straße verließ, die steilen Stufen der Tepologasse hinaufstiegen und die Straße nach dem Pincius einschlug, die zu dem Hause des Lucius führte.

Voll Schrecken lief ein Sklave des Lucius herbei, um das Nahen des Zuges seiner Herrin zu melden und Fulvia empfing den Hauptmann am Eingang der Säulenhalle, die in das Vestibül führte.

„Heil und Gruß, erlauchte Frau!“, sagte der Offizier. „Hier ist ein Befehl des Kaisers für den edlen General!“

„Was!“, rief Fulvia aus, die bei diesem Besuch nichts Gutes ahnte. „Gibt es wieder Krieg? Muss Lucius fort?“

Mit einer leichten Handbewegung zeigte der Hauptmann auf die Sänfte, neben der die Träger warteten. „Nach dem Befehl des Kaisers, der nicht allein dem Lucius, sondern auch seinem ganzen Hause gilt, soll mir die Tochter des Generals an den Hof folgen; als mir der Kaiser das Schriftstück übergab, teilte mir der Präfekt den Inhalt mit.“

„Valentina!“, rief Fulvia mit angsterfüllter Stimme aus. „Die Tochter des Generals geht nur in meiner Begleitung zu Hof, an den Hof, wo ich gestern Abend Dinge hörte, über die selbst Marketender erröten würden! Was sind die Absichten des Kaisers?“

Fulvia ergriff den Befehl, den ihr der Hauptmann überreichte und eilte damit ins Haus. Im Atrium hielt sie an und rief mit lauter, durch das ganze Haus schallender Stimme den Namen ihrer Tochter.

Valentina gab sofort Antwort auf den Ruf und kam aus dem Garten, wo sie mit Myrrha, Ethelred und Paolo sich ergangen hatte; diese folgten dem jungen Mädchen und auch Volgus und andere vertraute Diener des Hauses versammelten sich im Atrium.

„Einen Boten, den Lucius zu holen! Schnell, Volgus, schnell, schicke sofort im schnellsten Wagen einen Sklaven aus! Vielleicht wäre es am besten, du gingest selbst. Und einen anderen Sklaven schickst du in der größten Eile zu Fabian. Wir wollen sehen, zu welchen Kniffen der niederträchtige Wagenlenker den Rotkopf anstiftet.“

„Ruhig, Mutter“, sagte Valentina, die inzwischen das Schriftstück gelesen hatte. „Es ist ein Befehl für Myrrha, in das Gefolge der Schwester des jüdischen Königs einzutreten. Ich will sie an den Hof begleiten und nach seiner Rückkehr kann mein Vater uns nachkommen. Es liegt gar kein Grund zu solcher Eile vor.“

„Kein Grund!“, rief Fulvia. „Du verstehst nichts davon, Kind. Wärest du erst einmal am Hof bei diesen Berenikes, diesen Faustinas und bei den elenden nubischen Weibern, die noch dazu schwarz sind wie die Nacht, dann würde wohl dein Vater vergeblich kommen, dich abzuholen. Ich weiß, wie es auf dem Palatin zugeht! Myrrha, mein Herzenskind! Glaubst du denn, ich würde dich in eine solche Gesellschaft gehen lassen, wohin man dich mit Soldaten abholen will? Dich von einer bewaffneten Wache durch die Straßen Roms zum

Kaiserpalast führen lassen – dich, das Kind des Lucius! Bei den Göttern – der Rotbart kennt die Amicier nicht! Schicke sofort den Boten im Wagen weg!"

„Was bedeutet das alles?", fragte Ethelred, der mit verstörtem Gesicht vortrat.

„Der Kaiser will durch Soldaten jemand von hier abholen lassen, der Hauptmann wartet draußen", sagte Paolo niedergeschlagen. „Fulvia ist mit Recht in großer Sorge."

„Nicht in Sorge, sondern zornig scheint sie mir zu sein", erwiderte Ethelred und sah sie voll Bewunderung an. „Wenn der, den sie Rotkopf nennt, draußen ist, will ich hinausgehen und ihm seinen roten Kopf vor die Füße legen."

„Ach nein", sagte Paolo mit gedämpfter Stimme und erhob furchtsam die Hand. „Das ist nur ein Name – Athenobarbus – Rotbart – mit dem die niederen Klassen im Ärger den Kaiser bezeichnen. Hätte ich diesen Namen nur hier nicht gehört!"

„Bei allen Furien!", rief der Brite und blickte mit flammendem Auge auf Fulvias verstörte Züge. „Ich will diesen Namen sogar den Hauptmann draußen ins Gesicht schleudern. Was hat das alles zu bedeuten, so rede doch!"

„Ruhe, Hitzkopf!", sagte Paolo ganz entsetzt. „Das bedeutet Gefahr. Ich will sofort zu meinem Vater gehen und ihn bitten, mit seinem Einfluss den des Lucius zu unterstützen."

„Wir wollen dich nicht aufhalten, Paolo", sagte Valentina und warf ihm einen verächtlichen Blick zu.

„Ich hoffe sehr, dass – kein Unheil – dich – oder die Deinen oder sonst jemanden treffen wird! Aber es ist Wahnsinn, sich einem Befehl des Kaisers zu widersetzen", stotterte dieser, indem er dem Vestibül zu schlich. „Lebt wohl!" Sein Gesicht war todesbleich und sein Betragen so jämmerlich, dass ihm der Brite mit weitaufgerissenen, erstaunten Augen nachsah; dem jugendlichen Römer war die Bedeutung einer vom Palatin gesandten Wache nur zu gut bekannt. Aus dem Auftreten der willensstarken Gattin des Lucius wurde ihm ihre Absicht klar, sich einem Eindringen in ihr Haus entschieden zu widersetzen und er beeilte sich daher, dem aufrührerischen Haus und einem Streit, in dem sonst auch er leicht verwickelt werden konnte, den Rücken zu kehren. Im Vorbeigehen warf der Römer dem Hauptmann am Eingangstor einen flüchtigen Gruß zu, sprang dann vom Rasenplatz aus die Stufen hinunter und verschwand in der Straße.

Mit geisterhaft bleichem Gesicht und heftigem Herzklopfen war Myrrha zurückgewichen. Jetzt lehnte sie an einer Säule des Atriums und sah hilflos auf die erregte Gruppe um sie her; doch bemerkte sie wohl die mitleidigen und teilnehmenden Blicke, mit denen Volgus sie betrachtete. Sie verstand den Grund der plötzlichen Aufregung nicht recht; nur so viel wusste sie, dass es sich um ein Unglück handelte, das sie persönlich bedrohte. Sie hatte sich unendlich glücklich gefühlt in der Liebe, die Fabian ihr vor wenig Tagen gestanden hatte und gedacht, nun könnte ihr niemals mehr weder Sorge noch Furcht sich nahen – daher traf sie dieser Schlag so heftig und unerwartet, dass sie wie betäubt dastand. Durch den Schlag ganz verwirrt, fühlte sie sich zu jedem Widerstand unfähig und ergab sich willenlos in ihr Schicksal.

Nach den ersten gebieterischen Worten seiner Herrin war sogleich ein Sklave im Wagen davongefahren, um Lucius zu holen; jetzt standen alle schweigend da; Fulvia atmete schwer und ihre Brust hob und senkte sich ungestüm.

„Was sollen wir tun?“, fragte jetzt Valentina. „Der Offizier wartet draußen.“

Mit Tränen in den Augen blickte Fulvia auf die zusammengesunkene Gestalt ihrer unglücklichen Pflegetochter.

„Sie darf nicht gehen“, sagte sie. „Während der Abwesenheit des Vaters liefere ich sie nicht aus.“

„Hast du gehört?“, sagte Ethelred lächelnd zu Valentina. „Jetzt befiehl mir, die Soldaten an den Hof zurückzuschicken.“

„Halt!“, rief Volgus, als der junge Brite sich auf dem Absatz umdrehte und er legte seine schwere Hand auf dessen Schulter. „Sie hätten dich im nächsten Augenblick niedergemacht. Holen sollen sie Myrrha nur über unsere Leichen, aber wir müssen es schlau anfangen.“

Bis jetzt hatte der gewesene Fechter noch niemals erlebt, dass ein Befehl des Kaisers nicht sofort fraglos ausgeführt worden wäre; schon einen solchen Gedanken hätte er seither für Hochverrat gehalten. Aber Volgus liebte die Familie, zu der er gehörte und noch mehr liebte er das Mädchen, das die Gattin seines hochverehrten Gebieters werden sollte.

Er, der so oft beim letzten Gruß in der Arena dem Kaiser gegenübergestanden hatte, um vielleicht auf seinen Befehl zu sterben, er war jetzt auch ganz bereit, für die zitternden und bestürzten Frauen hier sein Leben zu lassen.

Auf einen Ruf des Hauptmanns draußen brach Valentina plötzlich in Tränen aus und schloss Myrrha heftig in ihre Arme. Des Briten Antlitz wurde bleich. Er biss die Zähne aufeinander, wandte sich um und zog, ohne ein Wort zu sagen, sein Schwert.

„Nun ist es Zeit", sagte Volgus endlich zu Valentina. „Tritt beiseite, holde Herrin und überlasse Myrrha mir. Geh du mit deiner Mutter zu dem Hauptmann und sage ihm, wie gern du dem Befehl gehorchen wolltest, wenn nicht ein aufrührerischer, wahnsinniger Sklave dich abhielte. Beeil dich!"

Mit einem Blick, der die Augensprache ihres treuen Dieners verständnisvoll erwiderte, schritt Fulvia vorwärts, aber Valentina blieb stehen und sah Ethelred ängstlich an.

„Sie werden dich umbringen", schluchzte sie.

„Oho!", lachte der Brite laut auf; Purpurröte überzog sein Gesicht, die ganze Gestalt erbebte und sein Schwert sauste kräftig durch die Luft. „Sie sollen nur kommen!"

Fulvia führte Valentina durch das Vestibül und trat mit ihr zu dem ungeduldigen Offizier.

„Der General ist ausgegangen", sagte sie, „und der Befehl unseres erhabenen Kaisers hat uns ganz verwirrt. Natürlich würde ich ihm trotz allem sofort gehorchen, aber ein erschreckter Sklave, der seine Herrin liebt – ein kräftiger Kerl, den ich nicht zwingen kann – wehrt sich heftig dagegen. Wir haben ihn zu lange verwöhnt und dadurch ist er unverschämt geworden. Der Mensch will meine Tochter nicht fortlassen."

„So soll er mitkommen", sagte der Hauptmann. „Wenn er will, kann er hinter der Sänfte hergehen. Im Palast können sie sich mit ihm auseinandersetzen, das geht mich nichts an. Aber ich muss jetzt auf Eile dringen, ich habe lange genug gewartet."

„Es tut mir sehr leid, aber ich bin machtlos", sagte Fulvia. „Der Freigelassene hat noch einen Gefährten bei sich und die beiden halten meine Tochter gewaltsam zurück. Geh und berichte das auf dem Palatin.

Sobald mein Gatte zurückkehrt, wird er dir in den Palast folgen und alles erklären. Fürchte nichts, auch für dich wird er beim Kaiser alles in Ordnung bringen."

Aber jeder römische Hauptmann kannte seine Pflicht genau; zu dem seit den ersten Tagen Roms im Heere traditionellen, unerschütterlichen Gehorsam erzogen, kannte der Soldat weder Furcht noch Zaudern.

Ohne ein Wort der Erwiderung winkte der Hauptmann seinen zwei Soldaten und ging sofort mit ihnen durch die Vorhalle in das Atrium.

Fulvia folgte sogleich, aber Valentina verbarg ihr Gesicht in den Händen und kauerte sich draußen hinter einer Säule nieder.

Von einer zitternden Dienerin gestützt, hinter sich zwei weinende Sklavinnen, stand Myrrha noch immer da. Vor ihr stand breit die gewaltige Gestalt des Volgus, während sich Ethelred mit gezogenem Schwert an die Spitze gestellt hatte.

Ganz ruhig betrachtete der Hauptmann die Gruppe.

„Deine Tochter kenne ich", sagte er, leicht den Kopf neigend, zu Fulvia. „Schon oft habe ich die edle Jungfrau gesehen. Draußen wartet die Sänfte auf dich, holde Herrin; die Männer werden dich sanft tragen. Komm jetzt nur!"

„Sie geht nicht", sagte Volgus. „Geh du nur zum Kaiser zurück und sag´ ihm, du hättest sie nicht gefunden – sie habe das Haus des Lucius verlassen. Du kannst zu deiner Entschuldigung sagen, was du willst, aber sie geht nicht mit!"

Mit einem Ausruf des Zorns trat der Hauptmann zurück.

„Wahrhaftig, du bist verrückt, alter Koloss", sagte er. „Tritt sofort auf die Seite!" Damit schlug er die Arme übereinander und winkte seine Leute herbei. Der Hauptmann war seines Erfolges ganz sicher und erwartete gar keinen offenen Widerstand.

Die Soldaten schritten vorwärts, blieben aber plötzlich stehen und zogen ihre Schwerter, als Ethelred ihnen das seine drohend vors Gesicht hielt.

Mit einem Ausruf des Erstaunens griff nun auch der Hauptmann nach seiner Waffe und die draußen wartenden Sklaven herbeirufend, warf er sich mit seinen Untergebenen auf die Beschützer der Jungfrau.

Aber in einem Augenblick waren die Soldaten überwältigt. Nur mit den Händen warf Volgus den vordersten zu Boden, riss ihm das Schwert aus der Faust und stieß damit klirrend gegen den Brustharnisch des Offiziers. Der Brite hatte dem anderen Soldaten mit seinem langen Schwert das seine aus der Hand geschlagen, dass es ihm im Bogen über den Kopf flog und schlug ihn nun mit der Breitseite seiner Klinge nieder.

„Fort!", frohlockte Volgus, indem er die zusammensinkende Myrrha ergriff, als ob sie ein Kind wäre und sie sich über die breite Schulter schwang. „Hör auf, Kamerad, komm lieber mit mir!" Damit stürzte sich Volgus aus dem Atrium und der Brite hinter ihm her.

Die Sänftenträger hatten weder die Disziplin der Soldaten noch ihre Tapferkeit. Ganz verwirrt durch den Lärm im Hause, brauchten sie einen Augenblick Zeit, sich zu sammeln, ehe sie dem Ruf ihres Anführers folgten. Sie machten gar keinen Versuch, die riesige Gestalt mit ihrer Last, deren weiße Gewänder im Winde flatterten, aufzuhalten, als Volgus auf dem Rasen an ihnen vorbeirannte; ebenso wenig stellten sie sich dem behänden Mann in den Weg, der seine Flucht durch drohendes Schwingen seines langen, glänzenden Schwertes beschützte. Die Sklaven sahen verblüfft den Flüchtlingen so lange nach, bis diese den Rasenabhang hinuntergeeilt und in einer zur Flaminischen Straße führenden Gasse verschwunden waren; dann erst gehorchten sie dem Ruf ihres Gebieters und gingen in das Vestibül.

Hier stand der Hauptmann schon wieder auf den Füßen und seine zwei Soldaten bemühten sich, ihm den Harnisch abzuschnallen, auf dem der von Volgus geführte Stoß eine tiefe Beule hinterlassen hatte, die nun auf die Brust des Mannes druckte und ihm fast den Atem raubte. Nur mit Mühe ließen sich die durch den Schlag verbogenen Metallschnallen öffnen. Trotz seiner Niederlage war der Hauptmann gelassen und nahm das Ereignis mit der seiner Klasse eigenen stoischen Ruhe auf.

Fulvia schickte die Sklaven nach Wasser, die Wunden der Soldaten damit zu reinigen und der Hauptmann, den jetzt seine Ruhe für einen Augenblick verließ, wandte sich zu den Sänftenträgern und jagte sie mit einem Fluch wieder aus dem Zimmer auf ihren Posten vor dem Hause zurück.

„Wir sind nur leicht verletzt, edle Herrin", sagte der Römer. „Obgleich ausgezeichnet, hat doch dein Freigelassener sehr vorsichtig zugeschlagen. Dass wir im Kampf mit Riesen Sieger bleiben, kann niemand von uns verlangen, aber ich wollte doch, wir hätten dem leichtfüßigen Barbaren etwas Blut abgezapft. Wer war dieser Mitgenosse deines Freigelassenen?"

„Kein Mitgenosse", erwiderte Fulvia mit großer Geistesgegenwart, indem sie Valentina, die wieder ins Zimmer getreten war, einen warnenden Blick zuwarf. „Er ist ein Bekannter des Freigelassenen, den dieser in der Subura aufgelesen hat. Der Mensch ist vor kurzem erst nach Rom gekommen, um sich in der Gladiatorenschule auszubilden, daher kennt ihn Volgus."

„So, nun, wir werden ihn schnell gefunden haben, aber du kommst bei dieser Gelegenheit um deinen Diener. Ich werde dem edlen Präfekten getreuen Bericht erstatten. Der erlauchte Lucius mag diese verwirrte Geschichte lösen, doch ich glaube kaum, dass er den großen Tölpel, der mich zu Boden geworfen hat, retten kann. Den Kerl kenne ich wohl, ich habe ihn oft in der Arena gesehen. Zweifellos wird er jetzt wieder dahin geschickt und kann sich dann auf den abwärts gedrehten Daumen des Kaisers gefasst machen."

„Versichere den Kaiser meines tiefsten Bedauerns", sagte Fulvia. Sie war in großer Angst um Myrrha, doch hoffte sie, Volgus werde sie bis zu Lucius´ Heimkehr vor den Soldaten verstecken können.

„Ich werde den ganzen Verlauf wahrheitsgetreu berichten", entgegnete der Hauptmann, indem er den Harnisch wieder anlegte, den seine Leute, so gut sie konnten, wieder zurückgedrückt hatten. „Die Jungfrau war hier und deine Schuld war es nicht, dass ich sie nicht mitnehmen konnte. Lebe wohl!"

„Ein höflicher Soldat", sagte Valentina, die sich nun soweit erholt hatte, dass sie dem langsam den Rasenabhang hinabziehenden Zug nachsehen konnte, bis er verschwunden war. „Ich bin nur froh, dass er nicht hier im Hause getötet worden ist. Was soll aus dem allen noch werden?"

„Dein Vater muss es in die Hand nehmen, Kind. Ich habe mein redlich Teil heute durchgemacht."

„Armer Volgus – und unser Ethelred!", rief Valentina aus und dabei stürzten ihr die Tränen aus den Augen.

„Sie sind auf alle Fälle dem Verderben geweiht."

„Horch, es kommt jemand!", sagte Fulvia plötzlich. Erschreckt fuhren die Frau auf und dachten zuerst, die Soldaten seien wieder zurückgekommen, aber die vorsichtig durch das Vestibül schleichende Gestalt war die Paolos.

„Verzeih mir!“, bat er und seine Worte kamen nur stoßweise. „Ich bin nicht heimgegangen, sondern habe draußen gewartet und habe Volgus mit Myrrha in den Armen die Stufen hinabrennen sehen. Jeden Augenblick meinte ich, sie würden sich zu Tode fallen, so raste er davon. Ich bin sonst nicht gerade furchtsam, aber der Anblick hat mich geradezu entsetzt. Und unser ungestümer Freund, der Brite, der harmlos genug ist, sich nicht vor dem Kaiser zu fürchten, rannte in derselben Eile hinterher. Wohin sind sie gegangen?“

„Das wollte ich dich fragen“, sagte Fulvia.

„Ich weiß es nicht; sie liefen der Flaminischen Straße zu. Was ist denn geschehen? Später habe ich die Soldaten abziehen sehen, aber ganz gemächlich. Mein vorhin gegebener Rat ist jedoch gut. Lucius wird wohl daran tun, sich des Einflusses meines Vaters zu versichern, um diese Geschichte wieder in Ordnung zu bringen.“

„Dank dir, mein Freund; ohne Zweifel wird Lucius das tun, wenn es nötig sein sollte“, sagte Fulvia; aber Valentina schwieg, trotzdem Paolo offenbar ein Wort von ihr erwartete.

„Sind sie aneinandergeraten? Der Brite hatte das blanke Schwert in der Hand – und er war wild genug, schon ehe ich ging. Aber was ist das? – Blut?“, fragte Paolo, als er die roten Flecken auf dem Marmor des Fußbodens bemerkte.

„Ja, Blut“, sagte Fulvia niedergeschlagen. „Wie die Halme vom Sturm, so sind die Soldaten von Volgus und Ethelred zu Boden geschlagen worden.“

„Die kaiserlichen Soldaten!“, schrie Paolo entsetzt und mit weitaufgerissenen Augen. „Das kostet sie das Leben!“

Als ihm Fulvia die Einzelheiten des Zusammenstoßes erzählte, wuchs seine Bestürzung noch mehr, aber er bemühte sich doch, den verstörten und geängstigten Frauen beizustehen. Er bot sich an, nach Volgus und Myrrha zu suchen, dem nach Lucius geschickten Boten zu folgen oder auf den Palatin zu gehen und dort durch einen Verwandten erkunden zu lassen, ob die Rückkehr des Hauptmanns irgendwelche Aufregung hervorgerufen habe.

Valentina hätte diesen Dienst gerne angenommen, aber Fulvia lehnte ab. Dagegen bat sie den jungen Mann, bis zur Rückkehr ihres Gatten bei ihnen zu bleiben, eine Einladung, der jener nur zu gern folgte. So setzten sich denn die drei zusammen, des Lucius Ankunft mit so viel Geduld zu erwarten, als ihnen zu Gebot stand.

Inzwischen hatte der Bote nicht gezögert und Lucius besaß schnellfüßige Pferde. Die zwei besten Renner des Stalls, vor dem Wagen, der den Gebieter holen sollte, rasten die breite Straße von Pincius herab, fuhren am Zirkus des Sallust vorbei und flogen, nachdem sie die Porta Collina hinter sich hatten, mit der Schnelligkeit des Adlers über die weiße Ebene in das Prätorianische Lager. Schnell war Lucius aufgefunden und, sich kaum Zeit gönnend mehr von dem Sklaven zu hören, als dass eine dringende Angelegenheit seine Anwesenheit daheim erfordere, fuhr er mit Fabian davon, so rasch die Pferde laufen konnten.

Als Lucius mit Fabian sein Haus betrat, fand er sogar seine sonst so tapfere Gattin von all dem Vorgefallenen bis zu Tränen erschüttert; und da Valentina vor Angst und Kummer nicht sprechen konnte, war es Paolo, der den beiden Männern die ersten Einzelheiten von der Botschaft des Kaisers erzählte.

Mit einem Gesicht, das beim Fortschreiten des Berichtes ernster und immer ernster wurde, hörte Lucius zu. Fabian war kaum weniger ergriffen und als er von dem Kampf im Atrium und der Flucht des Volgus mit Myrrha hörte, schwankte seine kräftige Gestalt, als ob ihn ein Schlag getroffen hätte.

„Welch edles Herz!“, rief er aus, als Fulvia von Ethelred erzählte. „Zwiefach bin ich in seiner Schuld und nun will auch mein Leben für ihn einsetzen. Entweder retten wir ihn vor den Folgen seiner Tapferkeit, oder wir teilen sein Schicksal.“

„Der Wagen soll warten“, befahl Lucius, als seine Frau Paolos Bericht ergänzt und ihm den ganzen Vorgang genau geschildert hatte. „Ich fahre sofort auf den Palatin. Zwar bin ich alt und habe meine frühere Kraft nicht mehr, aber für meine lange Dienstzeit schuldet mir das Reich doch so viel, dass mein Haus nicht wie das eines gewöhnlichen Arbeiters überfallen werden darf. Nero mag mich in die Verbannung oder in den Tod schicken, aber nicht, ehe ich im Senat meine Sache vorgebracht habe.“

„Geh“, sagte Fabian nach einem Augenblick der Überlegung. „Ich weiß etwas von der Geschichte, aber wir verlieren nichts, wenn wir der drohenden Gefahr im Palast persönlich entgegentreten. Ist es dir möglich, im geheimen einen Boten zu Brabano zu schicken, so lasse diesen bitten, heute Nacht in mein Haus zu kommen.“

„Willst du nicht mitkommen?“, fragte sein Oheim.

„Nein, der Angriff geht von Tigellinus aus und gilt mir. Ich war gewarnt und habe gestern Abend versucht, ihm zuvorzukommen. Aber er hat das letzte Wort gehabt und nun wäre alles, was ich sagen könnte, in den Wind gesprochen. Erfolg hat dein Gang jedenfalls nicht, aber vielleicht gewinnen wir Zeit dadurch und das ist schon etwas. Vor allen Dingen will ich Myrrha suchen.“

„Warte hier auf sie“, schlug Fulvia vor. „Volgus muss jetzt bald mit ihr zurückkommen.“

Fabian lächelte schmerzlich.

„Volgus hat den Verstand der Dienenden. Mit dem Instinkt der Tiere weiß er, wie hoffnungslos es ist, dem Jäger standzuhalten. Ehe er sichere Kunde hat, dass hier alles in Ordnung ist, kehrt er gewiss nicht zurück. Deshalb muss ich ihn suchen.“

Eilig verließ Fabian das Haus und schritt der Subura zu, während sein Oheim seinen Wagen bestieg und auf den Palatin fuhr.

Despot und Senator

Nero und Tigellinus kehrten in strahlender Laune aus dem Zirkus in den Palast zurück. Das Rollen der Räder auf der festgestampften ebenen Bahn, der frische Wind, der durch ihr Haar strich, als sie, die Renner zur allergrößten Geschwindigkeit anstachelnd, dahinfuhren, das leichte Gefühl von Gefahr, als sie wie der Wind an den Mauern dahinjagten, das alles hatte ihnen das Blut geschwinder durch die Adern getrieben. Im Wagenrennen zeichnete sich der Günstling besonders aus und Nero selbst war darin Meister. Im Zirkus hatten die beiden eine bunt zusammengewürfelte Gesellschaft angetroffen, mit der sie sich einem sehr ungebundenen Verkehr hingaben. Cainor, der Fechtmeister, mit den ungehobelten Bewohnern seines Hauses war da; Virgil und Placidus, die Fechter mit kurzem Schwert und rundem Schild; Cainor, der sich mit Netz und dreizackigem Speer hervortat; Calcus, der Faustkämpfer; Melchus, der griechische Speerwerfer und wohl hundert und mehr ihresgleichen saßen auf den Bänken und jauchzten den Wettrennenden Beifall zu, bis von dem Sonnendach über ihnen das Geschrei ihrer rauen Kehlen widerhallte. Die Leute waren in den unteren Gärten des Palatins gewesen, die morgens dem Volk offenstanden und Nero hatte bei seinem Kommen den Befehl gegeben, sie in den Zirkus hineinzulassen. Auch Frauen waren da, in Federn und bunten Farben prunkend, teils aus der Subura, teils aus dem Stadtteil des Tibers, eine bunte Menge, die von dem gestrigen Fest noch nicht wieder zu ihrer gewohnten Arbeit daheim zurückgekehrt war. Als sie sich um das Tor drängten, wo Nero bei den Pferden stand, hatte dieser mit ihnen gesprochen und wiederholt, was Tigellinus gestern den Patriziern über die nahen Festspiele verkündet hatte. Auch den Gladiatoren hatte er Gold und allerlei Ehrungen versprochen, wenn sie so mutig wie sonst fechten würden.

Ganz angeregt von ihren Erlebnissen, kehrten der Kaiser und sein Günstling in den Palast zurück. Als sie die große Halle betraten, fanden sie hier den von seinem Besuch im Hause des Lucius zurückgekehrten Hauptmann vor.

Im Gedanken an den Bericht, den er abzustatten hatte, stand er bleich und niedergeschlagen da. Sein Leben und seine Zukunft hingen von der Stimmung und Laune ab, in der er den Präfekten jetzt finden würde; dennoch sah der Soldat mit einer gewissen Würde dem unvermeidlichen Augenblick entgegen.

Das scharfe Auge des Tigellinus bemerkte sofort den neben der germanischen Leibwache stehenden Hauptmann und dem Präfekten entging auch nicht die kleinste Einzelheit von dessen Erscheinung; er bemerkte sowohl den müden Zug um seinen Mund als auch den durch den erhaltenen Stoß auf der Brust verbogenen Harnisch und er sah darin Beweise für irgendein bedeutsames Ereignis.

„Nun, guter Rufus“, sagte er grüßend, „bist du zurück?“

So tyrannisch Tigellinus auch war, so unbarmherzig in Zorn und Streit, so zeigte er sich doch den Soldaten gegenüber äußerst huldreich und rücksichtsvoll; es war dies ein Grund seiner Beliebtheit im Palaste und dadurch auch eines der Geheimnisse seines Einflusses auf Nero. Der Günstling wusste wohl, dass der bei den Truppen beliebteste Mann immer dem Thron am nächsten stand. Eine der ersten Ursachen seines Hasses gegen Fabian Amicius war daher auch die gewesen, dass der junge Tribun in der Achtung des Heeres ihm gleichstand oder ihn gar noch übertraf und es war ihm ein bitterer Gedanke, dass diese Zuneigung durch Fabians Taten im Felde und nicht durch Gunstbezeigungen daheim erworben worden war. Tigellinus wusste sehr gut, in wie großer Achtung Fabian im Prätorianischen Lager stand und der Gedanke daran beeinflusste auch die Pläne seines ränkevollen Gehirns.

Auf die Frage seines obersten Vorgesetzten neigte der Hauptmann den Kopf und legte die Hand an den Helm.

„Folge uns!“, befahl Tigellinus und ging mit Nero in die kaiserlichen Gemächer. Nachdem der Kaiser und er selbst Platz genommen hatten, forderte er den Offizier durch einen Wink zum Erzählen auf und hörte dann dem Bericht ohne irgendeine Bemerkung bis zum Schluss zu.

Neros erhitztes Gesicht rötete sich während der Erzählung vor Wut immer mehr, aber Tigellinus wurde sehr nachdenklich.

„So!“, sagte er, als der Hauptmann fertig war. „Der Riese Volgus, ein früherer Gladiator von gewaltiger Stärke, hat dich niedergeschlagen? Aber der Barbar, von dem du sprichst – der mit dem langen Schwert – trug er vielleicht einen roten Mantel und war sein Schuhwerk aus Leopardenfell?“

„So war es, edler Präfekt.“

Tigellinus lächelte.

„Ein kräftiger junger Mann, der sich hier in Rom einen Namen zu machen scheint. Neulich fuchtelte er mir in einem Zeltmacherladen in der Subura mit seinem langen Schwert vor dem Gesicht herum und es schien ihm ganz einerlei, ob er den Präfekten oder einen Plebejer vor sich hatte. Er kommt mir von früher her bekannt vor und das stimmt mich milde gegen den Gesellen, aber zu viel von seiner langen beweglichen Klinge würde ich ihm dieser Erinnerung wegen doch nicht hingehen lassen. Sonderbar“, murmelte Tigellinus halb für sich, „dass gerade er anwesend sein muss, um der Pflegetochter des Lucius beizustehen. Fast scheinen die Götter die Hand im Spiel zu haben. Doch gleichviel“, fuhr er lauter fort und wandte sich dabei an den Hauptmann. „Wir verzeihen dir deinen Misserfolg durch diesen Riesen, guter Rufus, und werden dir gleich weitere Befehle geben. Es wäre uns nicht lieb gewesen, wenn du den Riesen im Hause eines Senators getötet hättest und dem Mädchen ein Leid zuzufügen war durchaus nicht unser Wunsch! Verlass uns!“

Der Hauptmann ging, mit ernstem Gruß, aber mit einem über sein entrinnen fröhlich klopfenden Herzen. Als er fort war, wandte sich Tigellinus an Nero.

„Die Abwesenheit des alten Lucius war schuld an diesem Ereignis“, sagte er, „und die Frauen waren bestürzt. Sonst wäre das Mädchen hierhergekommen, wenn auch von dem General begleitet. Darauf habe ich eigentlich gerechnet und gedacht, sein Betragen werde uns dann eine Handhabe gegen ihn geben. Um sich einem Befehl seines Kaisers offen zu widersetzen, dazu ist er doch ein zu guter Soldat. Aber er selbst geht nicht gern zu Hofe und ebenso wenig will er seine Töchter da sehen; deshalb mein Vorschlag, das Mädchen hierherkommen zu lassen. Lucius hat sich vom Hof zurückgezogen und sein Haus auf den entlegenen Pinciushügel gebaut, damit er dort unbemerkt und ungestört mit seinen unzufriedenen Senatoren Pläne und Ränke schmieden kann. Aber der Hof hat noch Ansprüche an den alten Schuft und kann sich ja auch an dessen Familienmitglieder halten. Wenn er damit nicht einverstanden ist, nun, um so schlimmer für ihn!“

„Was soll jetzt werden?“, fragte Nero.

„Es ist ein netter Skandal“, erwiderte Tigellinus, „aber wir sind unschuldig daran. Das Mädchen muss hergeschafft werden. Da der Hauptmann zu Boden gestreckt worden und das Mädchen entflohen ist, muss man sie suchen. Entweder der alte Lucius schafft sie jetzt selbst zur Stelle, oder er ist offenkundig ein Empörer. Trotz all seiner Macht kannst du ihm dann ganz unbesorgt an den Kragen.“

„Das ist um so nötiger, je mächtiger er ist“, sagte Nero. „Lass die ganze Stadt nach dem Riesen und dem Barbaren durchsuchen! Den Volgus stellen wir mit einem hölzernen Schwert den Hyänen gegenüber und mit dem Barbaren kannst du ganz nach Belieben verfahren!“

„Ein Sklave trat ein und meldete, der Senator Lucius sei draußen und bitte um eine Audienz bei dem Kaiser.

Mit finsterem Lachen sagte Tigellinus:

„Der hat große Eile.“

Nero antwortete nicht; er winkte nur dem Sklaven, den Besucher einzulassen, drehte sich dann um und trat ans Fenster. Die Hände in dem Gürtel seiner Tunika, stand er in Gedanken versunken da, bis Lucius, den Sklaven hinter sich, eintrat.

Mit der dessen Rang gebührenden Ehrerbietung grüßte der alte Mann den Präfekten; nun verließ Nero das Fenster und nahm seinen Sitz wieder ein. Auf seinen Wangen lag eine leichte Röte und seine Stirne war zornig gefaltet. Nachdem er den Sklaven durch ein Kopfnicken entlassen hatte, sah er den ruhig dastehenden Lucius an.

„Gut, dass du da bist“, begann der Kaiser. „Wie kommt es, dass mein Hauptmann in deinem Hause angegriffen und einer Eskorte, die deine Tochter auf einen Ehrenplatz in meiner Umgebung führen sollte, mit Nichtachtung und Gewalttätigkeit begegnet wurde? Verrat im Hause eines Amiciers – das ist etwas Neues in der Geschichte Roms.“

Einen Augenblick stand Lucius sprachlos da. Entrüstet über die Verletzung der Heiligkeit seines Hauses war er gekommen, sich zu beklagen und zu verlangen, sein Haus möge in Zukunft verschont bleiben. Diesen Anspruch konnte er mit seinem Rang als Patrizier und seinen langjährigen, dem Wohl des Reiches gewidmeten Diensten begründen; und jetzt wurde er zornig empfangen und des Verrats beschuldigt!

Tigellinus´ Augen leuchteten vor Wonne. Wahrlich, in der Verstellungskunst brauchte sein königlicher Gebieter wenig Nachhilfe. Im Hause des Claudius unter dem Einfluss und Beispiel von Messalina aufgewachsen, von einer gewissenlosen Mutter erzogen und von dem grundgelehrten Seneca in aller Weisheit unterrichtet, war Nero über die Mittel, seine bösen Absichten auszuführen, selten im Zweifel. Da er schlau von Natur war und in seiner angeborenen Grausamkeit großes Vergnügen an den Leiden anderer fand, erfüllte ihn die Verwirrung des hochstehenden, vornehmen Mannes vor ihm mit großer Genugtuung. In dem Besitz unumschränkter Macht, wusste Nero wohl, wie diese zu gebrauchen sei. Aber auch der Wurm krümmt sich, wenn er getreten wird und tatkräftige Männer des Römischen Reiches hatten mehr als einmal Mittel und Wege gefunden, aus den Gefängnissen, in denen sie schmachteten, die Tyrannen zu treffen, die sie zum Tode verurteilt hatten. Um schnödes Geld waren stets Sklaven bereit, zu vergiften, und Meuchelmörder, zu töten; das wusste der Kaiser aus eigener Erfahrung nur zu gut; doch für die, die nur durch ihn in ihrer Stellung erhalten wurden, war sein Leben von Wert und er vertraute fest auf die Anhänglichkeit des Volkes, dem er sich stets in der Rolle des wohlwollenden Herrschers zeigte. Die Senatoren waren es, die ihn kannten und verachteten; diese musste er vernichten – und nun stand hier vor ihm sein strengster Sittenrichter.

„Du hast recht, edler Kaiser“, sagte Lucius endlich, „wenn du sagst, Verrat bei den Amiciern sei etwas ganz Neues in der Geschichte Roms. Mögen die Götter verhüten, dass es je anders werde! Meine eigenen Dienste und die der übrigen Glieder meiner Familie bei den Legionen des Reiches sollten dir sagen, wie wenig dieses Wort mit uns gemein hat. Es ist wahr, ein Hauptmann ist in meinem Hause angegriffen worden, aber er kam, ein geliebtes Familienmitglied fortzuführen und bis jetzt ist das Haus eines römischen Senators stets unverletzlich gewesen, selbst für kaiserliche Befehle.“

„Was sagst du?“, schrie Nero mit zornbebender Stimme. „Du wagst es, die Wünsche eines römischen Bürgers über die Befehle des Kaisers zu stellen?“

„Die Unverletzlichkeit des Hauses eines Senators, habe ich gesagt“, antwortete Lucius ruhig. „Und, großer Kaiser, ich bin mir der Bedeutung meiner Worte völlig bewusst.“

„Wirklich?“, fragte Nero.

Lucius verneigte sich.

„So wahr ich Dichter bin, bist du Fatalist“, sagte Nero spöttisch. „Ich habe deine Tochter auf eine Ehrenstelle bei Hof berufen. Ist es denn nicht recht und billig, dass die Familie des Lucius ihren Standespflichten nachkomme?“

„Zweifellos“, erwiderte der alte Mann, etwas verwirrt dreinschauend. „Aber mein Kaiser hätte mich von dieser Auszeichnung vorher benachrichtigen sollen. Mit einem friedlichen Auftrag werden doch keine bewaffneten Soldaten ins Haus eines Senators geschickt!“

„Senator! Wie ich dieses Wort und diesen ganzen Stand hasse! Wirf es mir nur nicht zu oft ins Gesicht, sondern denke daran, dass du doch auch General meiner Legionen bist!“

„Aber trotzdem Senator“, lautete die Antwort des Lucius. „Auch als General ist mir das Wort Verrat nicht weniger verhasst.“

„Welche Beruhigung, das zu hören“, sagte Nero höhnisch. „Wann darf ich nun deine Tochter bei Hof erwarten?“

„Sie soll sich in Bälde verheiraten, edler Kaiser. Sie ist ja die verlobte Braut meines Neffen, des Tribunen Fabian Amicius, wie er dir selbst mitgeteilt hat. Es gibt doch auch noch andere Jungfrauen, die gern an den Hof kommen möchten.“

Der grausame Ausdruck in Neros Augen wurde immer stärker.

„Das ist wahr“, sagte er. „Die Verlobung hatte ich ganz vergessen. Aber du hast ja noch eine Tochter, wie ich mich erinnere.“

Das Gesicht des alten Mannes wurde geisterbleich. Nun war die böse Absicht des Tyrannen nicht mehr zu verkennen!

„Auch diese möchte sich vermählen, erlauchter Kaiser. Ihre Mutter hat mir mitgeteilt, dass das Mädchen liebt.“

„Ihre Mutter hat dir das mitgeteilt?“, höhnte Nero.

„Meine Glückwünsche!“, sagte der Präfekt, aufstehend. Dabei legte er seine Hand auf die Brust und sein Lächeln glich dem eines Herrn. „Darf man den Namen des Glücklichen wissen?“

Immer sorgenvoller blickten die Augen des Lucius drein; der Tyrann und der Präfekt wollten ihn in eine Falle locken und suchten ihn in sein Verderben zu jagen. Lucius sah sein Schicksal voraus und machte sich gefasst, ihm standhaft entgegenzutreten. Eine ergreifende würdevolle Gestalt, so stand er jetzt, gestählt durch seinen angeborenen Mut, vor seinen Peinigern.

„Den Namen kann ich noch nicht nenne, edler Präfekt.“

Nun wandte sich Nero an Tigellinus und sagte:

„Es scheint nicht, als ob wir noch andere Dienste von diesem unserem früheren Diener erwarten dürften, außer vielleicht im Senat und davor mögen uns die Götter behüten! Möglicherweise hat er dort das Wort kennengelernt, das ich eben gebraucht habe und das ihn so tief beleidigt hat; im Feld wenigstens hat er den Verrat nicht kennengelernt.“

„Mit Verrat habe ich überhaupt nirgends zu tun gehabt“, antwortete Lucius, „und weiß auch jetzt nichts davon. Immer und jederzeit aber habe ich das Vertrauen und die Anhänglichkeit der Legionen und ihrer Anführer besessen.“

„Verlasse dich nicht zu sehr auf die Anhänglichkeit der Legionen, mein Lucius!“, sagte Nero drohend. „Sie gehören mir! Richte du lieber dein Augenmerk auf den Herrn, der den Legionen gebietet. Die Angelegenheit deiner Tochter Myrrha will ich mir vorerst noch einmal genau überlegen, aber inzwischen darf sie den Tribunen nicht heiraten. Ich will dich auch nicht damit bemühen, mir die Schurken herbeizuschaffen, die meinen Hauptmann in deinem Hause Widerstand geleistet haben. Der Präfekt wird sorgen, dass die Soldaten sie aufspüren. Du bist entlassen."

Lucius, bleich wie der Tod, verneigte sich tief und verließ das Gemach. Mit festem Schritt ging er durch die marmornen Korridore und die herumstehenden germanischen Leibwachen merkten nichts von dem Sturm, der in der Brust des hochgeachteten Senators und General tobte. Am Tor des Palastes bestieg dieser seinen Wagen, fuhr langsam über das Forum Romanum und dann die Via Lata entlang, bis diese in die Flaminische Straße einmündete. Sein Herz war ihm sehr schwer, denn er sah das Glück seines Hauses in Trümmer gehen. Nicht nur war die Verbindung Fabians mit seiner Tochter, seiner geliebten Myrrha, verboten; er hatte auch noch den Hass seines kaiserlichen Herrn und den des mächtigen und bösartigen Präfekten gegen sich erregt. Um das Haupt einer Empörung zu werden, dazu war er zu alt und wenn auch vielleicht sein Rang und Stand ihn vor Tod oder Verbannung bewahrten, so reichten sie doch nicht hin, seine Familie vor den Anschlägen des Tyrannen zu schützen. Nero hatte zwar gesagt, er wolle für den Augenblick nicht auf seinem Befehl, Myrrha an den Hof zu bringen, bestehen, aber darauf war kein Verlass. Zu jeder Stunde konnte dennoch wieder ein Hauptmann mit einer Macht, gegen die aller Widerstand vergeblich war, vor seiner Türe erscheinen – und einer zweiten Aufforderung musste gehorcht werden.

Lucius kehrte nicht sogleich heim; unterwegs befahl er dem Sklaven, umzukehren und nach Fabians Hause auf dem Viminal zu fahren.

Fabian war zu Hause und kam seinem Oheim bis zum Eingang entgegen.

„Hast du Brabano benachrichtigt?"

Lucius schüttelte den Kopf; das hatte er in seinem Kummer ganz vergessen.

„Komm nur herein", sagte sein Neffe. Er half seinem Oheim aussteigen und befahl dem Sklaven, mit dem Wagen zu warten. „Ich will sofort einen Boten auf den Palatin schicken. Drinnen findest du einen Freund."

Lucius folgte seinem Neffen durch das Atrium in ein inneres Zimmer, wo sich der Brite, seinen roten Mantel über der Schulter, von einem Lager erhob und den General begrüßte, während Fabian die Türe schloss und die Vorhänge zwischen den Säulen zusammenzog.

„Wo ist Myrrha?", fragte Lucius und sah Ethelred gespannt an.

„Für den Augenblick in Sicherheit, wenn wir klug handeln", erwiderte Fabian. „Volgus hat sie in den Laden des Paulus in der Subura geführt. Jetzt ist sie bei Verwandten des Zekiah untergebracht. Volgus will bei ihr bleiben. Aber welche Nachricht bringst du?"

Ermattet ließ sich Lucius auf einen Sitz sinken.

„Athenobarbus empfing mich wie ein Feind, sprach von Verrat und verbot fürs erste deine Heirat. Betrunken, aufgeblasen, mit triumphierenden Blicken mich anschielend, saß der Wagenlenker neben dem Kaiser, als mich dieser abkanzelte. Mit uns ist´s ganz zu Ende."

Voll heißem Mitgefühl sah Ethelred auf die weißen Haare und die edle, trotz allen Kummers majestätische Gestalt in der Toga.

„Meine Heirat mit Myrrha hat er verboten?", fragte Fabian.

„Ja, das hat er."

Der Tribun knirschte mit den Zähnen.

„Mit uns ist es durchaus nicht zu Ende!", stieß er heraus. „Solange ich frei bin und Kraft zum Kämpfen habe, wird es auch nicht so weit kommen. Myrrha heirate ich und sollte es in meiner Todesstunde sein und wenn es auch tausend Tyrannen verbieten. Tigellinus soll sich hüten!"

„Deine Drohungen sind zwar natürlich, aber sie nützen nichts", sagte Lucius. „Wir sind ganz machtlos."

„Unser Glück hat sich entschieden gewendet", erwiderte Fabian nach kurzer Pause trübe. „Es sind seltsame Umstände, die die Amicier zu Verschwörern machen! Geh jetzt nach Hause, Oheim, und sage meiner Tante, Myrrha müsse fortbleiben und könne nur ganz im geheimen besucht werden, damit nicht des Kaisers Spione auf ihre Spur kommen. Und du, Ethelred, musst dich etwas weniger auffallend kleiden. Meine Sklaven sollen dir das Nötige dazu geben. Heute Nacht werde ich mit Brabano reden, lieber Oheim, und dir morgen sagen, was er uns rät."

„Und willst du deiner holden Tochter – der zu Hause – sagen, dass ich kommen werde, sobald mein Besuch keine Gefahr mehr mit sich bringt“, bat Ethelred, als Lucius sich zum Fortgehen anschickte. „Ich will im geheimen und bei Nacht kommen, wenn du mir die Erlaubnis dazu gibst.“

Lucius sah den Sprecher an und ein freundlicher Ausdruck erhellte seine müden Züge.

„Fulvia hat mir von deiner Tapferkeit erzählt und mein altes Soldatenherz hat dabei höher geklopft“, antwortete er.

„Fulvia ist die würdige Gattin eines echten Soldaten!“, rief Ethelred mit heißen Wangen. „Bei ihrer Gütigkeit hat mein Mannesherz höher geklopft. Und alle ihre Reize und Tugenden habe ich in ihrer Tochter wiedergefunden.“

„So komme denn! Komm, wann du willst, mag es gehen, wie es will!“, sagte Lucius und reichte dabei dem Briten die Hand. „Meine Erlaubnis hast du!“

Als der junge Mann den Hinausgehenden folgen wollte, schob ihn Fabian ins Zimmer zurück. Er selbst begleitete seinen Oheim zu dessen Wagen und sah ihm lange nach, als er nach Hause fuhr.

Myrrhas Zufluchtsort

Als Myrrha ihrer verwirrten Sinne wieder Herr wurde und ruhig und klar die Ereignisse, deren Opfer sie war, überdenken konnte, befand sie sich auf einem Lager in einem niederen Zimmer, das zu einer Reihe kleiner Wohnungen gehörte, die alle auf einen inneren, nach jeder Seite durch Mauern von der Straße abgeschlossenen Hof führten. Myrrha war hier in einem Teil der Stadt, von dem sie kaum je hatte sprechen hören und den sie nie zuvor betreten hatte. Die Eigentümer der Wohnung waren dem jungen Mädchen vollständig fremd, aber sie hatten den unerwarteten Gast doch freundlich aufgenommen und begegneten ihm mit der größten Zartheit. Im Zimmer nebenan sprachen zwei Frauen leise miteinander und durch die schmale Zwischentüre guckte ein kleines Mädchen neugierig zu Myrrha hinein. Volgus war weggegangen, aber da ihr im zweiten Stockwerk gelegenes Zimmer auf eine Veranda ging, hörte seine Herrin von Zeit zu Zeit seinen Brummbass vom Hof herauftönen.

Wie in einem Traum durchlebte Myrrha noch einmal das plötzliche Erscheinen des Hauptmannes, seinen Versuch, sie von daheim wegzuführen und seinen Zusammenstoß mit Volgus. Fast hätte sie noch jetzt aufgeschrien vor Schrecken, wenn sie an die Soldaten und ihre drohenden Blicke dachte. Dann erinnerte sie sich ihrer heiligen Flucht, sowie der großen Sorgfalt Ethelreds, als Volgus sie in der Flaminischen Straße auf den Boden gestellt hatte und wie dann beide Männer ihre wankenden Schritte unterstützt und ihr geholfen hatten, dieses Haus zu erreichen. Durch einen kleinen Laden waren sie eingetreten, in dem ihnen Paulus, den Myrrha als Freund Fabians wohl kannte, mit Staunen und Mitgefühl entgegengekommen war. Gleich nachher hatte sich auch Zekiah, den Myrrha als einen Lieferanten ihres Hauses kannte, mit beruhigenden Worten eingefunden. Dann war nach kurzer Zeit auch Fabian gekommen und dessen Besuch hatte den Nebel von ihren Augen verscheucht und ihre Tränen getrocknet. In der Erinnerung an seine Worte fühlte sie sich auch jetzt noch ganz beruhigt, ja sogar glücklich.

Noch empfand sie den Druck seiner Hand und die Erinnerung an seine Liebkosungen erfüllte ihr ganzes Herz mit Seligkeit; sie fühlte eine Ruhe und Erleichterung wie nach einer großen Anstrengung. Eine Zeitlang musste sie verborgen bleiben, das wusste sie; Fabian hatte gesagt, es sei für die Sicherheit aller notwendig; aber ihr Vater würde dafür sorgen, dass Nero seine Absichten aufgebe. Das Verweilen in diesem Hause war zwar ein seltsames Abenteuer, aber durchaus kein Unglück. Bald würde ihre Sklavin zu ihrer Bedienung kommen und ihre Kleider und allerlei Annehmlichkeiten von Hause mitbringen. Auch die Ihren würden sie besuchen; vielleicht, wenn es anginge, würde Valentina schon morgen kommen! Und was Myrrha am meisten tröstete, war die Gewissheit, dass Fabian, der nur noch auf ihre Sicherheit bedacht war, beständig in ihrer Nähe sein werde.

Jetzt guckte das Kind wieder in das Zimmer herein und ermutigt durch das einladende Lächeln der Fremden, schlich es an deren Seite und nun traten auch die zwei Frauen ins Zimmer; die eine trug eine Tasse mit einem dampfenden Getränk und einen Teller, auf dem ein dünner, knuspriger Fladen lag. Myrrha erinnerte sich aus ihrer Kindheit, dass ihre Mutter auch solches Brot gebacken hatte.

„Du musst Hunger haben", sagte die Frau freundlich. „Und etwas Warmes wird dir gut tun."

Da Myrrha wirklich hungrig war, nahm sie das Dargebotene gerne an und fühlte sich auch sehr erfrischt davon.

Die Frauen hatten sich neben sie gesetzt und sahen sie jetzt unverwandt und neugierig, aber dabei so freundlich an, dass das Mädchen die Blicke nicht als Beleidigung, sondern viel eher mit einem Gefühl des Dankes für die sichtliche Teilnahme empfand.

Sowohl in dem geordneten Anzug der beiden hübschen, schöngewachsenen Frauen, als in der ganzen Umgebung herrschte die peinlichste Sauberkeit.

Als die ältere der Frauen Myrrha das Geschirr abnahm und es auf ein Tischchen stellte, sagte sie mit einer weichen, äußerst wohllautenden Stimme:

„Gabriel wird sich nach seiner Rückkehr wundern, seine Familie vergrößert zu finden; aber auch er, wie wir alle, würde gern für unseren großen Paulus sterben. Doch glaube ja nicht, wir freuten uns nicht, dich bei uns zu haben, du süßes Herzchen, – es war unrecht von mir, mich so dumm auszudrücken, – ich wollte dich nur auf sein Kommen vorbereiten. Gabriel ist nämlich mein Mann und ich heiße Ruth und das hier ist meine Schwester Miriam." Dabei deutete sie auf ihre Gefährtin.

„Miriam! So heiße auch ich und es war auch der Name meine Mutter!", rief Myrrha. „Mein Vater Petra hatte in seiner großen Liebe den Namen abgekürzt und die Mutter und mich immer mit dem Kosenamen gerufen, den ich jetzt trage. Und wie heißt die Kleine – das süße Geschöpfchen, das sich so zärtlich an dich anschmiegt?"

„Sie trägt den Namen aller Namen", antwortete die Mutter liebevoll. „Sie heißt Maria."

Myrrha verstand den Sinn dieser Worte nicht, erwiderte aber nichts, da sie sich doch noch fremd in ihrer Umgebung fühlte.

Jetzt hörte man schwere Tritte auf der Treppe und Ruth stand schnell auf.

„Gabriel!", rief sie.

„Natürlich kennst du seinen Tritt!", sagte Miriam lächelnd. „Aber er hat jemand bei sich, unter dessen schwerem Fußtritt unser ganzes erzittert."

„Paulus kommt!", jubelte Ruth, die durch die Türe hinauslugte.

„Wahrhaftig, aber nicht Paulus allein!"

Als jetzt 3 Gestalten ins Zimmer traten, erhob sich Myrrha von ihrem Lager. Vor ihr standen Paulus, Volgus und ein Fremder.

„Hier ist Gabriel!", sagte Paulus. „Sein Dach beschützt dich. Möge dein Hiersein euch beiden zum Segen gereichen!"

„Amen!", murmelte der Mann ehrfurchtsvoll.

Myrrha betrachtete ihn mit großem Interesse, während sie ihn begrüßte. Er war groß, hatte dunkle Haare und dunkle Augen und eine auffallend weiße Haut; Mund und Kinn bedeckte ein lockiger, schwarzer Bart und er trug die Tunika des Arbeiters.

„Ich heiße dich willkommen!", sagte Gabriel zu Myrrha; dann blickte er nach oben und setzte hinzu: „In seinem Namen!"

„Bist du ein Christ?", fragte das Mädchen.

„Ja!", antwortete Paulus. „Wir alle hier sind Christen."

„Mich ausgenommen!", unterbrach ihn Volgus schnell. „Meine Herrin weiß ganz gut, wie unchristlich ich bin. Hättest du nur gesehen, wie ich den Hauptmann und seine Soldaten verhauen habe, dann hättest du gemerkt, wie schnell bei mir der Eindruck deiner Lehren wieder verflogen war. Nein, da war ich wieder einmal ein schlechter, sündiger Gladiator."

„Nach dem, was ich davon gehört habe, hast du ganz recht getan", sagte Gabriel. „Es ist uns nicht verboten, uns gegen die Bösen zu wehren."

„Ich habe dir keine Vorwürfe gemacht, Bruder", sagte Paulus. „Da ich nicht dabei war, kann ich auch nicht richten."

„Für Volgus stehe ich ein", sagte Myrrha lächelnd.

„Und ich auch." Bei diesen Worten legte Paulus seine Hand auf des Riesen Schulter und fuhr fort: „Ich will für ihn einstehen und für ihn beten."

„Der Herr sei mit uns allen", sagte Gabriel demütig. „Heute wurden zwei unserer Brüder aus dem Steinbruch fortgeschleppt. Ich wollte mir dort einen Block zu der Steinfigur für das Haus des Dentes aussuchen und dabei habe ich gesehen, wie die Männer in Ketten weggeführt wurden. Sie waren die ersten, die ich von diesseits des Tibers habe abführen sehen, aber auch von jenseits des Flusses wurden heute morgen wieder einige vierzig in die Kerker geworfen. Isaak hat es mir erzählt."

Miriam stieß einen leisen Klagelaut aus und Ruth sprang auf und rang die Hände.

„Bist du auch in Gefahr?", rief sie schwer atmend.

„Ruhe, Schwester!", erklang die Stimme des Apostels. „Sei getrost! Weißt du doch, dass es keine Gefahr gibt, denn wir alle stehen in Gottes Hand!"

„Ich fürchte auch keine Gefahr", sagte Gabriel. „Die Soldaten suchen hauptsächlich jenseits des Flusses, weil dort die meisten Juden wohnen und weil sie nur unter unserem Volk Christen vermuten; dass auch Nichtjuden Nachfolger des Herrn sein können, ahnen sie noch gar nicht. Auch unsere Versammlungen sind immer drüben und die Spione des Kaisers treiben sich ausschließlich im Tiberviertel herum. Hier sind wir sicher, wenigstens für den Augenblick. In der Subura suchen sie nicht nach Christen."

„Sie verhaften wider Recht und Gerechtigkeit", sagte Paulus. „Aber was tut´s? Der Kaiser fragt nicht nach dem Recht – und es ist so des

Herrn Wille. Heute Abend wollen wir in der Versammlung für die Brüder beten und Gott wird uns erhören!"

Auf der Treppe erklangen jetzt wieder Fußtritte und gleich darauf erschien Ethelred unter der Türe. Volgus hieß ihn hereinkommen und als der Brite die Anwesenden bemerkte, trat er ruhig und ehrerbietig ins Zimmer.

Erfreut über Myrrhas Wiederherstellung und augenscheinliche Gelassenheit begrüßte er sie freundlich und drückte herzlich Gabriels ihm entgegengestreckte Hand. Offenbar kannten ihn alle, auch die Frauen, denn Maria lief mit freudigem Jauchzen in seine ausgestreckten Arme und sträubte sich, als ihre Mutter sie dem jungen Manne wieder abnehmen wollte.

„Du bist ja gar nicht mehr so farbenprächtig gekleidet", bemerkte Volgus.

„Nein", erwiderte Ethelred gleichgültig. „Da Fabian meinte, mein roter Mantel ziehe die Aufmerksamkeit zu sehr auf sich, habe ich ihn mit dem da vertauscht."

Bei diesen Worten trat er zurück und nahm das dunkle Kleidungsstück ab, mit dem Fabians Sklaven ihn ausgestattet hatten.

„Auch römische Schuhe trage ich", fuhr er fort. „Ich habe mich sehr wehren müssen, sonst hätten sie mich noch mit dem kurzen Schwert und womöglich auch mit dem runden Schild bewaffnet. Wahrscheinlich eine höchst weise Vorsicht, denn die Soldaten des Kaisers suchen jetzt gewiss die ganze Stadt nach uns ab. Du freilich brauchst deinen Mantel nicht zu wechseln, alter Volgus, denn dich verrät nicht die Kleidung!"

„Ja, ja, meine zarte Gestalt ist ihnen einigermaßen bekannt", sagte der Riese vergnügt. „Auf der Flucht haben sie mich allerdings noch sehr selten gesehen und es muss ihnen sonderbar genug vorgekommen sein, mich den Abhang des Pincius hinunterlaufen zu sehen, als ob mir die wilden Hunde aus dem Kaukasus auf den Fersen wären. Ich hätte es nie für möglich gehalten, dass ich je vor irgend jemand davonlaufen würde – aber mit meiner Herrin im Arm ging´s wie der Wind. Und wahrhaftig – ich habe eine solche Angst gehabt, wie ich sie in der Arena, mit der Schwertspitze meines Gegners auf meinem Herzen, nie ausgestanden habe!"

„Du bist mein Retter, lieber Volgus“, sagte Myrrha dankbar. „Wenn ich zum Kaiser hätte gehen müssen, wäre ich vor Schrecken gestorben.“

„Hier bist du in Sicherheit“, tröstete Gabriel. „An solch einem Ort nach dir zu suchen, fällt den Soldaten gar nicht ein.“

„Jetzt bin ich auch nicht mehr bange!“, erwiderte Myrrha und sah ihn durch Tränend lächelnd an. „Hab´ ich doch meinen getreuen Volgus und du bist ja auch mehr als gut gegen mich. Ich bin jetzt ganz zufrieden. Mein Vater wird dir später alles reichlich vergelten.“

„Unsere Belohnung finden wir schon in der Freude, dir, liebes Kind, beistehen zu dürfen“, sagte Ruth zärtlich. „Lass in deinem hübschen Köpfchen keinen anderen Gedanken aufkommen als den, dass du uns hier sehr willkommen bist. Komm, Miriam“, wandte sie sich an ihre Schwester. „Richte für die Männer den Tisch im anderen Zimmer, damit sich unser ermüdeter Gast etwas erholen kann. Da sich jetzt alle von ihrer Sicherheit und ihrem Wohlbefinden überzeugt haben, können sie ihr die Ruhe gönnen. Wie Fabian gesagt hat, wollen ihre Angehörigen kommen, sobald es Nacht ist.“

„Draußen wollen wir Wache stehen und aufpassen, dass keine Spione den Besuchern in unser Haus nachschleichen“, sagte Gabriel beim Hinausgehen.

Während er zur Türe schritt, dankte ihm Myrrha noch einmal und bemerkte dann, dass Ethelred und Paulus nicht mit den anderen hinausgingen, sondern im Zimmer zurückgeblieben waren.

„Ich komme von unserem Fabian“, sagte Ethelred. „Obgleich er eben erst von dir weggegangen ist, schickt er dir doch eine Botschaft. Kannst du sie wohl erraten?“

„Ja“, hauchte Myrrha mit tiefem Erröten und schlug ihre dunklen Augen nieder, während sich ihr zarter Busen unter ihrem weißen Gewand hob und senkte. „Ja, ich errate sie.“

„Ich wollte nur, jemand brächte der, die ich liebe, dieselbe Botschaft und sie nähme sie mit demselben Blick entgegen wie du“, fuhr der junge Mann fort.

Myrrha lachte verlegen, dass ihre Perlenzähnchen zwischen den roten Lippen hervorschimmerten.

„Ja, wahrlich!“, erklang jetzt Paulus´ tiefe Stimme. „Du bist schön und lieblich anzusehen!“

Betroffen sah Myrrha auf und auch Ethelred wunderte sich über die gespannte, eine tiefe Bewegung verratende Aufmerksamkeit, mit der der Apostel das Mädchen betrachtete. Aber die Reinheit seiner Stirne, die edlen Züge seines klaren, ansprechenden Gesichts, auf denen gewöhnlich eine feierliche Ruhe lag und die durch die Tiefe seiner Gedanken und Absichten wie verklärt erschienen, ließen in dem staunenden Mädchen kein Gefühl der Unruhe aufkommen. Auch Fabian hatte ihre Schönheit bewundert und seine Liebe und sein Lob hatten ihr Herz mit Wonne erfüllt; von den Lippen des Apostels jedoch klang diese Anerkennung mit einer ganz anderen Bedeutung an ihr Ohr und Myrrha sann darüber nach, was ihm wohl an ihr aufgefallen sei und weshalb er sie gelobt habe.

„Wenn auch etwas widerstrebend, stimme ich dir doch ganz bei", sagte Ethelred lachend, als der Apostel nach diesen unerwarteten Worten schwieg. „Widerstrebend natürlich nicht in Beziehung auf unsere liebliche Myrrha, sondern auf Grund der mir angeborenen edlen Bescheidenheit. Denn hast du nicht selbst gesagt, die geliebte Braut unseres Fabian habe eine auffallende Ähnlichkeit mit mir?"

„Das habe ich gesagt", antwortete Paulus ernst und betrachtete aufmerksam das Gesicht des jungen Mannes. „Und ein Spiegel könnte dich leicht von der Wahrheit meiner Worte überzeugen."

Bei diesen Worten schrak Myrrha zusammen, sie drehte sich nach dem Briten um und sagte:

„Auch Valentina hat diese Ähnlichkeit bemerkt und ich selbst habe dir gegenüber ein ganz eigenes Gefühl des Vertraut seins, lieber Ethelred. Da du nur ein angenommes Kind bist – auch ich stehe ja in demselben Verhältnis zu meinem verehrten Vater Lucius – und du sonst keine Geschwister hast, könntest du eigentlich mich als deine Schwester betrachten, vorausgesetzt, dass du gerne so nahe mit mir verwandt sein willst."

„Ich selbst möchte dich um diese Gunst bitten und heiße dich von Herzen als meine Schwester willkommen", antwortete der junge Mann, indem er Myrrhas Hand ritterlich küsste. „Ich habe schon den alten Volgus um das Vorrecht, dich wegtragen zu dürfen, beneidet."

„Das hat auch mein Fabian gesagt", erwiderte Myrrha mit fröhlichem Lachen. „Aber eine leichte Last wäre ich nicht gewesen."

„Bruder und Schwester!“, sagte Paulus tief in Gedanken versunken. „Man sollte es beinahe glauben.“

„Einst hatte ich eine Schwester“, bemerkte Ethelred.

„Du!“, rief Myrrha erstaunt. „Ist sie tot?“, Aus ihrer Stimme klang rege Teilnahme.

„Ja!“, lautete Ethelreds Antwort. „Sie ist tot. Es ist lange her und ich erinnere mich ihrer kaum; aber ich weiß doch noch, wie sehr ich sie liebte und wie betrübt ich war, als ich sie verlor.“

„Wo?“, fragte Paulus.

„Das weiß ich nicht. Ich war damals sehr jung und habe nur undeutliche, verschwommene Erinnerungen. Zur selben Zeit verlor ich auch meine Mutter und mein Herz brach fast vor Kummer darüber. Der Schmerz jener Tage hat vieles aus meinem Gedächtnis verwischt!“

Nachdem Paulus und Ethelred zu den anderen ins nächste Zimmer gegangen waren, versank Myrrha in tiefe Gedanken. Zuerst dachte sie an den jungen Mann, der sie soeben verlassen hatte und überlegte, in was wohl die Ähnlichkeit zwischen ihnen beiden bestehen möge, dann dachte sie an die tote Schwester, von der er gesprochen hatte. Hierauf quälte sie sich mit verschwommenen Kindheitserinnerungen ab, in denen undeutlich auch die Gestalt eines Bruders auftauchte. Nur schattenhaft wie ein Geist, so dass sie keine einzelnen Züge unterscheiden konnte, schwebte ihr die Gestalt dieses Bruders vor, aber je länger sie nachsann, desto deutlicher schien das Bild zu werden. Wie im Traum sah sie neben dem Bruder auch Tigellinus stehen, aber das böse Lächeln, das neulich um seinen Mund gespielt hatte, fehlte; er sprach auch mit ihr, seine Stimme klang weich und seine Worte jagten ihr keinen Schrecken ein, sondern machten ihr eher Freude. Sie spielten zusammen in einem Weinberg; die blaue See bespülte den Fuß eines grünen Hügels und die Sonne lag hell und warm auf dem Wasser. Dann war plötzlich dieses Wasser mit schaumgekrönten Wogen bedeckt, über die der leichte Sommerwind hin tanzte. Und auch ein Häuschen war da, dicht mit Rosen umrankt und das liebe Gesicht ihrer Mutter sah aus einem der grünumwachsenen Fenster und rief einen Namen.

Myrrha legte die Hand auf die Lippen, als ob sie diese dadurch zum Sprechen bringen könne und starrte mit weitgeöffneten Augen an die Decke, so lebendig war dieses Bild geworden. Sie gab sich alle Mühe, das

Wort auszusprechen, das ihr Gedächtnis nicht festgehalten hatte, den Namen, der so leise durch ihr Gehirn tönte, dass sein Echo nicht bis zu ihrem Bewusstsein drang. Nun kam noch eine Gestalt, ein Kind, ein Knabe, in den Rebengarten zu ihnen und noch einmal rief die Mutter vom Fenster aus einen Namen. Wieder klopfte Myrrhas Herz zum Zerspringen, als sie sich anstrengte, diesen Namen zu verstehen, auf den der Knabe geantwortet hatte – es gelang ihr nicht. Und alles schien ja wirklich nur ein Traum zu sein, – denn als der Knabe ihr jetzt sein Gesicht zuwandte, war es ein ins Kindliche übertragener Ethelred. Aber die Gegend war so herrlich, Myrrha atmete förmlich die mit balsamischen Düften erfüllte Luft ein – sie war ganz glücklich!

Doch das Traumbild verschwand; jetzt dachte Myrrha an Fabian; da hatte sie nicht mehr nötig, sich abzumühen, um ein schwaches Bild der Erinnerung festzuhalten – nein – sie wurde ganz ruhig – es war ihr, als ob seine liebe Hand auf ihrer Stirne liege; unter dem magischen Einfluss dieser sanften Berührung schlossen sich ihre müden Augen und mit einem wonnigen Seufzer, ein seliges Lächeln auf ihren halbgeöffneten Lippen, schlief sie ein.

Der Apostel war an die Tür getreten und blickte wieder nach dem Mädchen hin. Ja, sie war wirklich, wie er gesagt hatte, schön und lieblich. Wie mit Zaubermacht, zog ihn das auf dem groben Leinen des Kissens ruhende Gesicht an und auch er fing an zu träumen. Durch die langen Jahre mühseliger Wanderschaft, in denen er das Kreuz seines Herrn durch weite Länder und Meere getragen hatte, eilten seine Gedanken mit Blitzesschnelle in seine Jugendzeit zurück. Nein, dieses Gesicht hier war ihm nicht fremd! Einst hatte es auf einem einfachen Lager neben ihm geruht! Da hatte er diese halbgeöffneten Lippen, dieses süße Lächeln gesehen und das von lockigen Haaren umrahmte Gesichtchen eines kleinen Kindes geküsst! Und dieses Kind war auf nackten Füßchen vertrauensvoll neben ihm hergegangen, wenn er es durch die wohlbekannten Straßen von Tarfus führte. Das Kind war seine jugendliche Schwester Miriam gewesen, später dann die Frau – gesegnet sei ihr Andenken – die ihn freudig aufgenommen hatte, als er von seiner ereignisreichen Reise zurückgekehrt war und die ihm ohne Zögern ihr Mitgefühl und volles Vertrauen geschenkt hatte; die Frau, die er zu allererst die Geschichte von seiner Bekehrung und von dem Auftrag, der ihm von oben gegeben worden war, erzählte, die in tiefer Demut den Sinn seiner Worte erkannt hatte und die erste Frucht seiner Arbeit für seinen Herrn und Heiland geworden war. Miriam! Von jener Zeit an treu und fest im Glauben – Miriam, die einzige Frau, die seine starke Seele je in heißer Liebe umfasst hatte und die er dann während seiner ersten

schicksalsschweren Missionsreise verlor.

Miriam, die Schwester des Paulus, hatte sich während seiner Abwesenheit verheiratet und war mit ihrem Gatten aus der Heimat fortgezogen. Erst als der Apostel mit Johannes Marcus heimkehrte, erfuhr er das, zugleich aber auch zu seiner Freude, dass sie gesund und glücklich sei. Jahre vergingen, ehe Miriam wieder nach Tarfus zurückkehrte; aber zu jener Zeit stand Paulus mitten in der Arbeit, die all sein Sinnen und Denken in Anspruch nahm. Er wusste, dass die geliebte Schwester Kinder hatte, und er sehnte sich herzlich danach, diese Kleinen in seinen Armen zu halten und sie im Namen Jesu zu segnen. Auch dass Miriams Glaube ihr ganzes Haus geheiligt hatte und dass ihr Gatte mit ihr Christentum bekannte, hatte er erfahren. Aber für ein Wiedersehen war der Apostel zu spät gekommen; denn als er sich wieder einmal im Schatten der alten Olivenbäume in Tarfus eingefunden hatte, hörte er zu seinem großen Schmerz. Dass die römischen Soldaten vor ihm dagewesen waren: der Gatte der geliebten Schwester war erschlagen, sie selbst mit ihren Kindern als Kriegsgefangene, als Sklaven nach Rom gebracht worden!

Wie nötig hatte er jetzt den Helfer, den er den anderen gepredigt hatte! Und die erbetene Hilfe ward ihm zuteil! Die Hand, die den Lazarus erweckt hatte, half auch ihm! Die Stimme, die er einst am hellen Mittag gehört hatte, sprach nun auch in der dunklen Trübsalsnacht zu ihm. „Geh hin“, sagte sie, „alles was du anderen tust, soll auch dir geschehen!“ Miriam war in Gottes Hand und Gott ist ein Vater der Witwen und Waisen! Was tat´s, wenn Paulus die Schwester hier auf Erden nicht wiedersah? Würden sie doch in alle Ewigkeit im Himmel beieinander sein!

Und nun stand der Apostel da und betrachtete mit seltsam heißem Sehnen das Gesicht des schlafenden Mädchens. Längst hatte er den Standpunkt erreicht, dass er alles als aus der Hand des Herrn stammend hinnahm; alle seine Gefühle hatte er dem Herrn geheiligt. Wenn auch Gottes Ratschlüsse oftmals seinen ernsten Augen Tränen entlockt hatten, so war doch stets sein Kummer gesegnet gewesen – und heute entströmten seinen Augen Tränen der Freude und er pries und lobte den Namen des Herrn. Gottes Finger deutete auf einen neuen Abschnitt in seinem Leben hin!

Mit erhobener Hand Ruhe gebietend, wandte sich Paulus von der Türe ab, denn Fabian und Valentina mit Myrrhas Dienerin hatten soeben das äußere Gemach betreten.

Die Verschwörung

Trotz seiner hohen Stellung am kaiserlichen Hof, handelte Brabano doch stets mit derselben Vorsicht und Zurückhaltung wie der geringste Freigelassene und suchte jeden bösen Schein zu meiden. Kannte er doch Neros Charakter, die ihn umgebenden Einflüsse, die Macht des Tigellinus und die Gewalt der von Poppäa mit großer Kunst geübten Schmeichelei. Brabano hatte dies alles genau in Betracht gezogen. Außerdem kannte er die Grenzen seines eigenen Einflusses sehr gut und eben deshalb überwachte er sein Benehmen auf das sorgfältigste. Nur im Schutze eines guten Namens und eines über allen Verdacht erhabenen Benehmens konnte er mit Aussicht auf Erfolg seine Pläne schmieden und seine Fäden spinnen; wurde er aber erst einmal beargwöhnt und von dem scharfsinnigen Tigellinus beobachtet, dann war seine Laufbahn zu Ende, mochte er auch Nero und Poppäa anscheinend noch so unentbehrlich sein. Die von Nero und seinem Günstling gegen die Amicier unternommenen Schritte kannte der Leibarzt noch nicht. Sie hätten ihm sonst ernste Bedenken gemacht und er hätte mit großer Sorge Fabians Bitte, zu einer Besprechung in sein Haus auf dem Viminal zu kommen, entgegengenommen. Brabano war ehrgeizig und hatte durchaus nicht im Sinn, sein Schicksal mit dem eines untergehenden Geschlechts zu verknüpfen und die Folgen davon auf sich zu nehmen. Um jeden Preis wollte er Erfolg erzielen und bei seinen ungeheuer weittragenden Plänen musste er auch unbedingt darauf bedacht sein. Diese Pläne umfassten nicht nur sein eigenes Schicksal, sondern auch das seines ganzen Volks und das des ganzen Römischen Reichs. Dennoch würde der Arzt, selbst wenn er von Fabians Schwierigkeiten gewusst hätte, die Unterredung unbedingt möglich gemacht haben; er hätte sich auf seinen Witz und seine Geistesgegenwart verlassen, für den Fall, dass Tigellinus Kunde davon erhalten hätte. Man kannte ihn als Freund des Lucius – aber alle bei Nero in Ungnade gefallenen hatten einst Freunde besessen. Diese hatten jedoch entweder die Unglücklichen im Stich gelassen oder sie gar noch verraten. Ein solches Betragen fand man am Kaiserhofe ganz selbstverständlich und konnte daher wohl annehmen, dass Brabano ebenso handeln würde.

Gedanken dieser Art durchzogen die Seele des Leibarztes, als er am Abend in einem oberen Zimmer in Fabians Hause ungeduldig auf das Erscheinen seines Freundes wartete.

Nachdem Fabian den Boten zu Brabano geschickt hatte, hatte er sich mit Valentina, die in fieberhafter Aufregung zu Myrrha zu gehen begehrte, nach dem Laden in der Subura begeben. Bis jetzt war der Tribun von dort nach noch nicht in sein Haus zurückgekehrt, wo ihn Brabano seit einer halben Stunde ungeduldig erwartete.

Fabian hatte Paulus aufgefordert, mit ihm heimzukommen, aber der Apostel musste einer Versammlung im Tiberviertel vorstehen; auch Ethelred lehnte eine Einladung ab; Gabriel, Volgus, Ruth, Miriam und die kleine Maria begleiteten Paulus und da der junge Brite die Aussicht auf einen ungestörten Abend mit Valentina und Myrrha vor sich sah, ließ er Fabian allein heimkehren.

Der Arzt war kein müßiger Träumer. Die ganze Weltlage forderte eine starke, leitende Hand. Selbst ohne geheime oder öffentliche Nachhilfe konnte Neros Leben, infolge seines jetzigen Lebenswandels, nur kurz sein. In Rom nahm mehr und mehr eine unbestimmte, durch Unsicherheit hervorgerufene, durch Angst genährte Unzufriedenheit Überhand. Die Hand, die bei Neros Tod die römischen Adler hochhielt, konnte diese festhalten, wenn sie auch zugleich das Schwert ergriff. Mit einigem Beistand und der Ergebenheit der Prätorianer konnte eine neue Dynastie sich wohl halten und Brabano wusste, dass die Hilfe sowohl der Bürger als der Prätorianer käuflich war; er wusste auch, wem augenblicklich die Neigung der unbeständigen Poppäa gehörte und dadurch hielt er die verschiedensten feinen und sehr nutzbringenden Fäden in seiner Hand. Aus diesen Gründen blieb er auch, inmitten der allgemeinen Liederlichkeit, gesetzt, unter Verschwendern sparsam, immer auf der Ausschau nach einem Zufall, der seinen Absichten förderlich sein könnte.

Sobald Fabian das Zimmer betrat, sah der Leibarzt, dass etwas von Bedeutung vorgefallen sein musste. Fabian erzählte seinem Gast den aufregenden Vorfall und dieser hörte ruhig, aber mit ernster Miene zu.

Auch als er alles wusste, blieb er schweigsam und Fabian, den das Wesen Brabanos erregte, konnte sich nicht mehr ruhig halten.

„Deine Not tut mir herzlich leid, aber streiche dir die Falten von der Stirne“, begann Brabano endlich lächelnd, indem er Fabian leicht mit seiner weißen Hand berührte. „Ich weiß ja, du hast keine Furcht, sondern zitterst nur für die Geliebte deines Herzens. Wir müssen einen Weg aus diesem Wirrwarr finden und sollten wir ihn uns mit dem Schwerte hauen. So wenig, wie sich Öl und Wasser vermischen, ebenso können Nero und Tigellinus in Freundschaft mit den Amiciern leben. Jetzt ist es Zeit, Vorbereitungen für den unvermeidlichen Zusammenstoß zu treffen. Ich werde Lucius aufsuchen.“

„Er ist alt und es schmerzt ihn tief, dass die der Ruhe bestimmte Zeit seines Lebens mit Kampf und Verschwörung ausgefüllt werden soll. Aber er liebt die Freiheit und noch heißer liebt er seine Ehre und seine Familie. Für diese wird er bis zum Tode kämpfen.“

„Und du?“

Fabian sah den Frager fest an; in seinen dunklen Augen stand die bedeutungsvolle Antwort zu lesen.

„Lucius kennt den Senat noch besser als ich“, fuhr Brabano fort. „Die Armee aber solltest du kennen. Wie viele der jungen Offiziere sind wohl zu beeinflussen?“

„Einer genügt – und der bin ich.“

„Doch nicht“, entgegnete Brabano kühl. „Um mir solchen Unsinn vorzuschwatzen, hast du mich doch wohl nicht hierherkommen lassen. So spricht Wut und Rache, aber nicht die Klugheit. Was nützt es deiner Myrrha oder deinen Verwandten, wenn du einen Kaiser niedermachst und die nächstbeste germanische Schildwache dir mit ihrem Schwert den Preis dafür zahlt? Der Nachfolger des Tyrannen – der Mann, dem sein Tod Nutzen bringt – ist sogar genötigt, den zu belohnen, der den Meuchelmörder umgebracht hat. Ein ganz anderes Ding ist es jedoch, wenn ein Freund des Vaterlandes den Dolch zückt.“

„Wahrhaftig, du hast recht“, sagte Fabian, der allmählich ruhiger wurde. „Und ich hatte unrecht.“

„Ein Verschwörer ist entweder ein Schurke oder ein Rächer, oder ein Mann, der das Wollen eines Halbgottes hat; dem Schurken muss von Rechts wegen sein Plan misslingen; der Rächer opfert sich selbst seiner

Rache und indem er den Staat von einem Tyrannen befreit, begeht er vielleicht ein großes Unrecht gegen die, die ein Anrecht an sein Leben haben. Der Mann jedoch, der um der Tugend und des allgemeinen Wohles willen tötet, genießt sicherlich der Hilfe und des Trostes der Götter. Im Senat sind Demetrius, Flavius und Steno zu jeder Empörung und zu jedem Bündnis gegen den Kaiser bereit. Auch die Prätorianer sind zu gewinnen, wenn du sie überredest und wenn sich noch Paulus dazu bringen lässt, in seinen Predigen zu unsern Gunsten auf die Leidenschaften und Vorurteile des Volkes im Tiberviertel und in der Subura einzuwirken, wird Neros Fall uns wenig Gefahr bringen."

„Paulus predigt heute Abend", sagte Fabian. „Aber bei ihm dürfen wir weder auf Unüberlegtheit noch auf Rachsucht rechnen. Vielleicht sieht er in Nero den Bedroher seines Glaubens und verbündet sich deshalb mit uns. Aber um seiner selbst willen schlägt er nicht zu."

„Dann habe ich mich in ihm geirrt", sagte Brabano finster. „Liebt er denn sein Volk nicht? Die Kerker werden immer mehr mit seinen Anhängern, Männern und Frauen, angefüllt, und bald wird man sie wie Hunde in die Arena stoßen. Hat denn der Mann gar kein Herz für die Armen, die er durch seine Reden dem Tod in den Rachen jagt? Sollte er sich denn nicht zur Wehr setzen, um seinen Bekehrten Sicherheit zu verschaffen? Wenn er es nicht tut, verdient er, selbst den Bestien vorgeworfen zu werden."

„Du verstehst ihn gar nicht", erwiderte Fabian. „Auch er selbst würde ruhig den wilden Tieren entgegengehen, wie er andere ruhig gehen sieht – für seinen Glauben – nicht aus Mangel an Mitleid. Mit seinem eigenen Leben würde er mich beschützen; wenn aber mein Märtyrertod denen, die seinen Herrn lieben, zum Besten diente, würde er mich segnen und mich mutig in den Tod gehen heißen."

„Das muss ich genau ergründen", sagte Brabano. „Zuerst muss ich diesen Petrus näher kennenlernen und noch mehr über diesen seinen Glauben hören. Inzwischen müssen wir uns vor Missgriffen hüten. Es sind schon einige Anschläge im Werk und ich halte es jetzt für richtig, Namen zu nenne. Du kennst Piso und würdest in ihm gewiss keinen Verschwörer vermuten. Ja", – und der Arzt hob warnend die Hand auf – „es ist so. Außerhalb Roms und in allen Provinzen haben wir viele, die auf ein verabredetes Wort hin sich sofort erheben und den Tyrannen stürzen werden. Die Amicier heißen wir unter uns herzlich willkommen.“

„Darin liegt unsere einzige Rettung. Du wirst uns bereitfinden“, lautete Fabians Entgegnung.

„Wenn der Aufstand bald ausbricht, wird er dich retten; wenn nicht, wird er dich wenigstens rächen und das Reich erretten.“

„Wie bald sollen wir bereit sein?“

„Eile mit Weile“, erwiderte Brabano. „Wir müssen ruhig warten, bis uns der Erfolg sicher ist. Sobald ich mit Lucius gesprochen habe, wird dir dein Posten zugeteilt werden.“

„Und ich werde ihn mit Freuden ausfüllen! Aber – meine Myrrha ist in einem Versteck; und Volgus und Ethelred, meinen Diener und meinen Freund, wird man überall suchen, um sie zu töten. Nero lässt sicher jeden Stein in Rom in der Suche nach ihnen umdrehen. Dass meine eigene Zukunft so ungewiss ist, könnte ich ertragen, aber was wird aus Lucius und den Seinen?“

„Der Tyrann lässt sonst kein Gras unter seinen Füßen wachsen, aber in diesem Fall wird er nicht zu sehr eilen. Warum sollte er, da er ja doch seiner Sache sicher ist? Lucius hat Macht und Einfluss und es wäre unklug, ihn freventlich zu beschimpfen; das weiß Tigellinus sehr gut. Du selbst hast auch deine Anhänger und kannst nicht ohne triftigen Grund gestraft werden. Nero wird sicherlich zuschlagen, aber zuerst muss er eine Ursache finden. Mit Vorsicht kannst du daher den Schlag hinhalten. Wie schon gesagt, werde ich meine Augen weit offenhalten und alles, was ich für dich und die Deinen tun kann, ohne Pisos Sache zu gefährden, tue ich mit Freuden.“

„Herzlichen Dank“, sagte Fabian. „Ich werde sehr vorsichtig sein.“

„Lucius hat wohl keine derartige Vorschrift nötig“, nahm Brabano wieder das Wort. „Du aber lasse doch ja zu keinem unüberlegten Schritt hinreißen! Halte deine Myrrha gut verborgen; vielleicht kannst du ausstreuen, sie sei mit dem Sklaven entflohen und nicht aufzufinden. Gegebenenfalls beteilige dich beim Suchen; schärfe aber dem Barbaren und Volgus fest ein, nur bei Nacht auszugehen. Mit einem so verschlagenen Feind wie Tigellinus kannst du es ja nicht aufnehmen, aber vielleicht kannst du ihn doch hinhalten.“

Brabano nahm nun Abschied und kehrte sofort auf den Palatin zurück. Gerne hätte er Lucius gesprochen, aber er hielt es nicht für ratsam, heute vom Viminal aus direkt auf den Pincius zu gehen. Vielleicht waren Spione in der Nähe und der Zorn des Kaisers gegen die Amicier war noch frisch. Während Tigellinus sicherlich in der Verfolgung nicht nachließ, würde der Zorn des Kaisers im Strom seiner vielen Vergnügungen in wenigen Tagen abgekühlt sein. Der Arzt war überzeugt, dass Lucius und Fabian für den Augenblick ungefährdet seien, wenn sie seine Ratschläge befolgten.

Sobald Brabano fort war, warf Fabian seinen Mantel um, rückte den Schwertgriff bequem zur Hand und machte sich auf den Weg, Myrrha ein zweites Mal zu besuchen. Es war noch nicht spät und er wusste, er würde die Mädchen allein mit Ethelred finden. Nachdem Fabian seinen Sklaven geboten hatte, sorgsam achtzugeben, ob sich irgend jemand in der Nähe seiner Wohnung herumtreibe, ging er ohne Begleitung fort.

Als er aus der Via Augusta in das Forum Pacis einbog, begegnete er einem Haufen heulenden Volks, der sich um einen Zug Soldaten drängte; aber gelassen bahnten sich die Krieger mit ihren Speeren einen Weg durch die Menge. Geschrei und Verwünschungen erfüllten die Luft, zornige Zurufe und Drohungen wurden den Soldaten ins Gesicht geschleudert und sie wurden mit Stöcken und Steinen bedroht. Ihr Anführer, ein großer Germane, musterte die erregte Menge mit ruhigen Blicken, dann befahl er den Fackelträgern, im Schutz der Schilde zu bleiben und seinen Untergebenen, die von ihnen bewachten Gefangenen fest in ihre Mitte zu nehmen. An der Spitze seiner Leute marschierend, erreichte er eine Straße, die von Süden her auf das Forum Pacis führte. Da flog plötzlich ein aus der Menge geworfener Stein gegen einen Brustharnisch. Rasch sprang er vor, schlug dem Täter mit geballten Fäusten zwischen die Schultern und ließ dann seine Leute halten. Einen Augenblick stand er unentschlossen still, dann schob er seinen Helm zurück und wischte sich den Schweiß von der Stirne, während er scharf in die enge Gasse spähte und versuchte, dass darin herrschende Düster mit seinen Blicken zu durchdringen; offenbar suchte er sich klar zu werden, ob er sich mit seinen Leuten da hineinwagen könnte. Wenn sie menschenleer war, so konnte er sich darin einigermaßen von dem drohenden Pöbelhaufen befreien und durch eine Nachhut diesen zurückhalten lassen, während seine Mannschaft durch die enge Gasse marschierte.

Wie Fabian jetzt sah, gehörte der Germane zu der Palastwache; er war kein Offizier, war aber, wie das ganze Korps der kaiserlichen Leibwache, bekannt durch seinen Mut und seine unerschütterliche Treue.

„Was gibt´s denn, Markus?“, fragte Fabian leise und schlug den Mantel von seinem Gesicht zurück. „Was für Gefangene sind das?“

„Einige Bösewichte, die heute von Spionen aufgefunden worden sind und die zu holen ich beauftragt worden bin. Sogenannte Christen sind es und ich bringe sie in die Kerker des Amphitheaters. Diese Leute, die uns nachlaufen, sind ihre Freunde.“

Der Tribun sah zwischen den Fackeln durch. Ein paar schreckensbleiche Männer stützten einige verhüllte Frauen, die, dem Umsinken nahe, unter ihren Tüchern herzbrechend schluchzten; zwei Kinder klammerten sich an den Rock ihrer Mutter und versteckten sich angstvoll vor den klirrenden Waffen der Soldaten. Die kleinen Gesichtchen waren vom Weinen ganz verschwollen, aber die Kinder ließen keinen Ton mehr hören; das Entsetzen hatte ihre Zungen gelähmt.

„Wir müssen auch noch zwei Flüchtlinge in der Stadt aufspüren, erlauchter Tribun“, fuhr Markus fort. „Die Wache hat den Befehl, von Haus zu Haus zu gehen, kein einziges zu überspringen und überall nach einem ehemaligen Gladiator und einen Barbaren zu suchen. Der Gladiator ist in Rom allgemein bekannt, aber der Barbar ist ein Fremder. Der Beschreibung nach habe ich den Mann gesehen und mit ihm gesprochen und deshalb soll ich ihn suchen. Heute bin ich bis zum Tempel des Agrippa gekommen, habe aber nichts von den beiden erfahren können. Wahrscheinlich sind sie längst zur Stadt hinaus und man müsste längs der Küste nach ihnen suchen.“

Wieder fiel Fabians Blick auf die Volksmenge, die das plötzlich über sie hereingebrochene Unheil ganz gebeugt und niedergeschmettert hatte. Christen! Warum hielt man sie für Verbrecher und worin bestand ihre Schuld? Genau genommen war auch seine Myrrha unter die Christen zu rechnen und er selbst war einem überzeugten Glauben schon ganz nahe. Plötzlich war ihm die Kehle wie zugeschnürt.

„Dass derartige Flüchtlinge die Stadt verlassen, ist sehr wahrscheinlich“, erwiderte Fabian dem Germanen. „Sie wären ja verrückt, an einem so gefährlichen Ort zu bleiben, da doch die Welt so groß ist. Im Süden gibt es auch nicht so viele Augen wie in Rom. Durchsuche du die Umgebung der Stadt, Markus, und ich selbst werde den Wachen den Befehl geben, die Küste abzusuchen.“

Mit einer Handbewegung gab der Tribun den Soldaten das Zeichen zum Weitermarschieren.

Markus senkte den Speer und marschierte mit seinen Leuten in die enge Gasse hinein; die etwas stiller gewordene Menge drängte sich noch immer hinter den Soldaten her, während Fabian über den Marktplatz schritt und sich dann nach links, der Werkstatt des Paulus zuwandte. Die soeben erhaltenen Nachrichten beunruhigten ihn sehr. Wohl hatte er ein rasches Einschreiten des Tigellinus gegen Volgus und Ethelred erwartet; aber nun kam es doch über Erwarten schnell und viel nachdrücklicher, als er gedacht hatte. Der Riese war jederzeit eine auffallende Erscheinung und auch in der Nacht nicht sicher, wenn er durch die Straßen ging; selbst, wenn er dann nicht sofort verhaftet wurde, konnte man ihm doch bis in sein Versteck nachfolgen und ihn am nächsten Tage aufgreifen. Daher beschloss Fabian, Volgus zu ermahnen, unbedingt im Hause zu bleiben oder Zuflucht unter einem Dach zu suchen, das nicht zugleich auch Myrrha beschützte. Am Fluss gab es ja der Schlupfwinkel genug. In der Nähe der Subura und der von seinen früheren Kameraden vielbesuchten Plätze kannte man den alten Fechter sehr genau und wahrscheinlich würden die Liktoren hier zuerst nach ihm suchen, während man sich nach Myrrha gewiss anderswo umsah. Auf dem Lande jenseits des vatikanischen Hügels wohnten Verwandte des Lucius und in jener Gegend würden die Spione des Tigellinus auch Myrrha höchst wahrscheinlich vermuten.

Mit diesen Gedanken beschäftigt, erreichte der junge Patrizier sein Ziel. Die Straße war dunkel und nur durch den trüben Schein einer Fackel erleuchtet, die weit drinnen in der Straße unter einem Torbogen angebracht war. Zwischen zwei Häusern öffnete sich ein Durchgang, kaum breit genug für eine einzelne Person; durch den ging jetzt Fabian, sich mit Händen weitertastend, bis er das Tor fand, das in den inneren Hof von Zekiahs Hause führte. Er schob den Riegel zurück, trat ein, tastete sich zu der Treppe hin und stieg zur Veranda des zweiten Stockwerks empor. Aus Myrrhas Zimmer fiel ein Lichtschimmer und der Nahende hörte fröhliche Stimmen. Er erkannte das Lachen Valentinas, in das sich die tieferen Töne von Ethelreds Stimme mischten. Dann sprach auch Myrrha – und eine schwere Last fiel von Fabians Herzen. Trotz der düsteren Umgebung, dem Dunkel und der Abgeschiedenheit, trotz der bitteren Notwendigkeit, die das junge Mädchen in geheimer Gefangenschaft hielt, trotz der gefahrenvollen Zukunft wurde doch die Sorge von der alles überwiegenden Liebe gebannt. Einen Augenblick stand Fabian in der Nacht draußen still. Nun müsste in Kürze Paulus aus einer Versammlung heimkehren, deren Teilnehmer alle von demselben traurigen Geschick bedroht waren! Aber er und sie alle konnten der Gefahr trotzen und des Todes spotten, konnten trotz jeder Trübsal lachen wie die jungen Leute dort drinnen, begeistert von einem Glauben, der, wie die Liebe, weder eine düstere Umgebung, noch Abgeschiedenheit, noch Dunkel kennt.

Ein Aufschub

Wenn auch Neros Hang zum Dichten denen, die dem Kaiser damit zu schmeicheln verstanden, beim Emporkommen sehr förderlich war, wurde diese Neigung doch zeitweise eine Quelle der Verlegenheit für sie. Selbst Tigellinus machte diese Erfahrung. Von allen den vielen Schmeichlern war er der erfolgreichste, obgleich Petronius, Arbiter, Vestinus und der schlaue Malito nicht weit hinter ihm zurückblieben; aber jedenfalls war der Präfekt der geschickteste Lobredner und betrieb eine ganz eigene Art von Speichelleckerei; da er selbst an das kriecherische Lob der unter ihm Stehenden gewöhnt war, wusste er aus eigener Erfahrung, wie man am besten schmeichelt. Aus Eifersucht erklärte Lucanus den Günstling verächtlich für ungebildet und, weil er Wagenlenker gewesen war, behauptete der Dichter, er haben keinen Geist; Petronius hasste ihn wegen seiner brutalen Offenherzigkeit, hielt ihn für widerlich, was er auch war, und für unwissend, was aber durchaus nicht stimmte. Tigellinus war sogar selbst ein Schöngeist, ein Verehrer von Musik und Poesie und vor allem ein Verehrer der Frauen. Er war es gewesen, der entdeckt hatte, über welch verführerische Macht Poppäa verfügte und er hatte Otho auf die Vorteile einer gewissen lasterhaften Willfährigkeit aufmerksam gemacht. Geschickt hatte er dem Kaiser gegenüber die Art der Reize Poppäas gerühmt und dadurch aus seiner Einsicht in die Hauptschwäche Neros den Nutzen gezogen. Petronius war zynisch, Lucanus zitierte gerne die Moralreden seines gelehrten Oheims, Vestinus dichtete einen Hymnus auf die Untertantreue und besang die Reize der jungen Griechin Akte, die bei Nero in großer Gunst stand – alle waren eifersüchtig aufeinander, aber der Sizilianer war doch stets der Schlaueste. Seine Neigung für die öffentlichen Spiele, seine Gewandtheit im Anordnen von Festlichkeiten und Vergnügungen und die von ihm geübte Gönnerschaft Schauspielern und Fechtern gegenüber, befestigten seine Stellung. Jedoch nur die Eitelkeit, nicht immer auch der Wille Neros ließ sich durch Lobhudeleien einnehmen. Eine plötzliche Laune des Kaisers warf gar manchmal die schönsten Pläne seiner Umgebung über den Haufen. Einmal ordnete er gerade am Vorabend eines großen Festes Hoftrauer für mehrere Tage an, weil er ein lyrisches Gedicht zum Andenken an sein hingeschiedenes Kind verfassen wollte. Nach wochenlangen Vorbereitungen, angesichts einer großen Zuschauermenge durften einmal die Rennen nicht stattfinden, weil sein Pferd vor der Kaisertribüne gestolpert war und er behauptete, das sei ein schlechtes Vorzeichen. Den Tempel der Vesta ließ er in Brand stecken, um dadurch zu einer Ode über die Keuschheit begeistert zu werden. Jetzt hatte er plötzlich beschlossen, Rom zu verlassen und das gerade zu einer Zeit, wo sein Günstling ganz besonders sein Bleiben wünschte. Auf der Felseninsel Capreä hatte der Kaiser einen Sommerpalast, die prachtvolle Villa Jovis, die stets, wenn ihn die Laune hinzugehen, ankam, zu seinem Empfang bereitstand. Diese Villa war eines der zwölf prächtigen Gebäude, die sein großer Vorgänger Tiberius auf jenem zauberhaft schönen Fleckchen Erde errichtet hatte und die mit all dem Luxus und all der Verschwendung eingerichtet waren, die die ausschweifendste Fantasie seiner Diener nur ersinnen konnte. Nero beabsichtigte, ein Gedicht auf Caligula, den riesigen Löwen im Amphitheater, zu machen, das er dann zur Eröffnung der Spiele vortragen wollte. Obgleich ihn seine Beamten so wenig als möglich mit Regierungsangelegenheiten behelligten, behauptete der Kaiser doch, in Rom unter der Last der Staatsgeschäfte dieses Kunstwerk nicht hervorbringen zu können. Tigellinus dachte daran, in Rom zurückzubleiben; er wünschte den unternommenen Plan gegen Lucius und Fabian zu Ende zu führen und Myrrha aufzuspüren. Aber Nero verlangte die Gesellschaft seines Günstlings und wollte keinen Widerspruch hören. Nur widerwillig gehorchte Tigellinus; die Leitung der Geschäfte wurde dem Scavius und dem Freigelassenen Malito übertragen und mit Poppäa und ihren Frauen, den Höflingen und ihren Buhlerinnen, den Lautenspielern, Tänzerinnen und dem ganzen leichtfertigen Tross, der das Gefolge des Hofes vervollständigte, zog sich der erhabene Kaiser in die verschwenderisch ausgestattete Verborgenheit seiner geliebten Insel zurück.

Durch diese Reise des Kaisers genossen nun Fabian, Lucius und seine Familie für den Augenblick wenigstens einigen Frieden – Frieden allerdings nur in sehr begrenztem Sinn, denn Tigellinus hatte strenge Befehle hinterlassen. Ganz Rom sollte durchsucht und Volgus und der Barbar aufgespürt werden. Geheime Späher waren mit dem Auftrag betraut, Myrrhas Aufenthaltsort zu entdecken und falls sie in das Haus ihres Vaters heimkehren sollte, sofort Bericht zu erstatten. Die Versammlungsorte der Christen sollten entdeckt und jedes Mittel angewendet werden, um gewiss alle Teilnehmer bei den Zusammenkünften zu verhaften; auch die Vorbereitungen für die Spiele sollten ohne Unterbrechung weitergehen. Fast täglich wurden neue Schiffsladungen wilder Tiere erwartet, das Volk sollte auf dem Laufenden gehalten werden über den Fortschritt der Arbeit für das Schauspiel, das ihm der Kaiser zudachte und die Gladiatoren sollten ihre Übungen ohne Unterbrechung fortsetzen. Aber der treibende böse Geist des nachdrücklichen Einschreitens gegen die Amicier war nicht da, um die pünktliche Ausführung seiner Befehle durchzusetzen, er konnte sie nur aus der Ferne überwachen; daher gereichte den Verfolgten Neros dichterischer Einfall zum Nutzen, während Tigellinus in seinem Inselgefängnis in hilfloser Wut schäumte.

Brabano begleitete den Hof, denn Poppäa wollte ihn immer in der Nähe haben, aber Berenike blieb auf dem Palatin zurück. Zu der Freundschaft, die früher zwischen ihr und dem Leibarzt bestanden hatte, kam nun noch eine Art Bündnis; die Jüdin befand sich seit einiger Zeit in einem Zustand trüber Apathie. Gemeinsam mit Tigellinus konnte sie nicht gegen Fabian vorgehen, weil ihr der Günstling über den Kopf gewachsen war. Nur gelegentlich ließ er sich durch ihren Rat beeinflussen oder beachtete eine Andeutung, wie neulich bei dem Festmahl; aber er vertraute ihr seine Pläne nicht an und machte sie nicht zu seiner Verbündeten. Sie war nur eine Frau und er selbst stand dem Kaiser am nächsten. Berenike ihrerseits hatte großen Einfluss auf Poppäa und konnte diesen ausnützen. Aber seit auch Tigellinus böse Absichten gegen Fabian hegte, fühlte sie sich machtlos, ihre eigenen Pläne durchzuführen, da sie damit dem Günstling ins Gehege kam.

Dem Leibarzt waren nur wenige Ereignisse am Hof gleichgültig. Er hatte bemerkt, dass die Jüdin wieder in heißer Leidenschaft für Fabian entbrannt war und hatte sie deshalb scharf beobachtet: jetzt sah er, wie zornig und bitter sie geworden war und obgleich er von der stürmischen

Unterredung, die Berenike zu Fabians Feindin gemacht hatte, nichts wusste, erkannte der Arzt doch ihren Gemütszustand genau. Er ahnte ihre Verzweiflung und war sich wohl bewusst, in welche Gefahr ihr Zorn ihn und seine Freunde stürzen konnte. Daher versuchte er mit seiner gewohnten Geschicklichkeit, die Gefahr abzuwenden. Der Grundzug von Berenikes Charakter war ihre unmäßige Eitelkeit und da Fabian ihr Entgegenkommen zurückgestoßen hatte, trat ihr Brabano nun mit nur um so größeren Ehrerbietung entgegen. Er hatte eine fast magische Macht über alle, die er seinem Einfluss zu unterwerfen suchte und auch Berenike unterlag dieser Macht mit allem Feuer ihres Bluts und ihres Temperaments. Noch hatte die Fürstin Fabian nicht verziehen, aber als ihr der Leibarzt sagte, seine Pläne erforderten eine Freundschaft mit den Amiciern, unterdrückte sie ihre Rachsucht und versprach Brabano ihren Beistand. Die Jüdin ahnte, dass bei allen diesen Vorgängen der Einfluss des Paulus im Spiel sei, dessen Macht sie während ihres Zusammenseins auf dem Schiff selbst empfunden hatte; doch war ihr die Quelle dieser Macht ganz gleichgültig. Ihr genügte, dass Brabano durch ihre Schönheit angezogen wurde und sie zu seiner Bundesgenossin bei einem Komplott machte, das ihm Vorteil bringen sollte. Der Arzt überstürzte nichts und nun, da er die Fürstin sich unterworfen hatte, erkannte er in dieser eigenwilligen und schönen Frau ein äußerst brauchbares Werkzeug. Ihrerseits wusste die Jüdin sehr wohl, wie weit die Macht des Arztes bei der Kaiserin reichte und diese Kenntnis machte ihr große Freude. Sie kannte Poppäa genau und ebenso genau die Umgebung, in der sie beide lebten. Der Hof Neros war der reinste Hexensabbat aller erdenklichen mit Purpur und Blumen geschmückten Laster. Die weiße Faustina, die schwarze Mytolla, die gelbe Kyros, die Cirkassierinnen, Nubierinnen und Griechinnen waren nur ein winziger Teil der Menge von sechzehnhundert Personen, die den kaiserlichen Hofstaat bildeten. Poppäa machte sich gar nichts aus dem wankelmütigen Kaiser mit den zitternden Beinen und den täglich mehr tränenden Augen; sie lächelte nur, als er seine immer wechselnde Neigung einer Crispinella zuwandte, die sogar die sehr weitgesteckten Grenzen des auf dem Palatin üblichen Anstandes noch überschritten und im Gewand einer Vestalin in Lucanus´ unzüchtiger Posse „Die Bacchanalia“ mit Paris getanzt hatte. Im Palast ging jede Art menschlicher Verderbtheit im Schwang.

Trotzdem Poppäas Einfluss auf den Kaiser immer der mächtigste von allen war, beherrschte sie den Kaiser doch nicht allein und auch nicht nur mit Tigellinus zusammen. Der Griechin Akte bewies Nero immer noch eine Art von Rücksicht, aber er ließ sich durch keinerlei Rücksicht von irgendeiner Ausschweifung zurückhalten, zu der ihn entweder seine niederträchtigen Genossen oder seine eigenen, immer verderbter werdenden Sinne aufreizten. Solange seine persönlichen Vergnügungen nicht dadurch gestört wurden, war ihm das Betragen der Kaiserin völlig gleichgültig und deren Einfluss auf Nero beruhte hauptsächlich auf den sanften Vorwürfen, die sie ihm, nur um seiner Eitelkeit zu schmeicheln, machte. Die ganze Hofgesellschaft wälzte sich in einem solchen Morast von Intrigen und Ausschweifungen, dass jeder die Fehltritte des anderen für selbstverständlich hielt. Poppäa war gutmütig und hilfsbereit, besonders Tigellinus gegenüber und durch dieses kluge Verfahren hielt sie ihre Macht aufrecht; der männliche Teil ihrer Umgebung unterwarf ihren Lebenswandel keiner Prüfung und die Frauen hatten wenig Ursache, sich davon verletzt zu fühlen.

All dies verstärkte die Macht Brabanos und half ihm die erbitterte Stimmung der Jüdin zu besänftigen. Da Berenike selbst unbeständig war, schien ihr Fabians Verhalten ganz natürlich, so sehr sie sich auch dadurch gekränkt fühlte. Sie konnte Fabian nur so weit hassen und Myrrha verachten, als diese Gefühle ihr selbst nicht schadeten und Brabano war kein Freund, den man geringschätzen oder gar verlieren durfte. Deshalb war auch Berenike zu einem Waffenstillstand bereit; auf keinen Fall sollte ihr neuer Verehrer von ihrer zurückgewiesenen Leidenschaft hören und ihre Hauptsorge war, ob auch Fabian nichts davon erwähnen werde. Brabano war nicht leicht zu täuschen! Mit der unbesiegbaren Gier der Kokette nach allgemeiner Huldigung hatte die Fürstin schon lange die ruhige Würde und kühle Zurückhaltung des Leibarztes beobachtet. Ihn endlich zu ihren Füßen zu sehen, war ein Sieg, den sie um jeden Preis festhalten wollte. Deshalb wurde sie vorsichtig und dabei leistete ihr ihre Doppelzüngigkeit gute Dienste. Trotz ihrer noch frischen Wut gegen Fabian fiel Berenike die Rolle, die sie zu spielen hatte, nicht schwer. Gegen Paulus hatte sie sich während ihres Zusammenseins stets wohlwollend gezeigt und Fabian hatte sie versprochen, dem Apostel bei Hofe ihren Beistand zu gewähren und hatte auch die Absicht gehabt, ihr Wort zu halten. Obgleich die rettenden Worte: „Gehe hin und sündige hinfort nicht mehr“ für sie keine Bedeutung hatten, fühlte sie doch für den Apostel die Achtung, die ihm niemand verweigern konnte und war deshalb auch mit jedem Plan einverstanden, den Brabano zum Wohl des Apostels ersann.

Brabano ließ sich nicht täuschen, sondern blieb ruhig und besonnen wie immer; er suchte weder herauszufinden, wie weit Berenikes Verhältnis zu Fabian gegangen war, noch sprach er mit ihr von Myrrha. Dass Fabian einer Frau, mit der er früher in intimen Beziehungen gestanden hatte, seines Herzens innerstes Geheimnis offenbaren würde, konnte Brabano nicht vermuten. Er ließ den Dingen ihren Lauf und griff nur, wo es die Umstände erforderten, mit geschickter Hand ein.

Auf Brabanos Anordnung hin sollte Berenike in Rom bleiben. Ein Vorwand war leicht gefunden. Die Fürstin schützte ein Unwohlsein vor, das durch die Reise verschlimmert werden könnte und Brabano bestätigte das der Kaiserin. Aber Poppäa, die jedermann, nur nicht ihren kühl besonnenen ärztlichen Berater beargwöhnte, vermutete einen anderen Grund, den ihr Faustina mitteilte. Diese erzählte nämlich der Kaiserin, Malito habe plötzlich eine glühende Leidenschaft für die schöne Jüdin gefasst und Berenike sei davon unterrichtet. Diese Sachlage konnte Poppäa gut verstehen und mitfühlen und somit erhielt Berenike die Erlaubnis, daheim zu bleiben.

Brabano hatte viele Agenten in Rom und im Palast, aber er traute allen nur bis zu einem gewissen Grad. Von Berenikes Treue war er jetzt so überzeugt, wie von ihrem Verstand. Wie lang Nero in Capreä zu bleiben beabsichtigte, wusste der Leibarzt ebenso wenig, als was die Werkzeuge des Tigellinus in Rom ausrichten würden. Er hatte sich fest entschlossen, Mittel und Wege für einen Urlaub nach Rom zu finden und ein zuverlässiger Sklave wurde Berenike zur Verfügung gestellt, damit sie Brabano jederzeit eine für ihn interessante Mitteilung ohne Verzug zukommen lassen könne.

Lucius und seiner bekümmerten Familie gewährte die Abreise des Tyrannen große Erleichterung, aber Fabian beharrte stets darauf, dass sie in der Wachsamkeit nicht nachlassen dürften. Sie besuchten zwar Myrrha häufig in ihrem Versteck, gebrauchten aber doch stets die äußerste Vorsicht. Fulvia und Valentina baten dringend, das Mädchen jetzt wieder heimholen zu dürfen und widersprachen mit vielen Tränen der Ansicht, dass das nicht ratsam sei. Fabians Befehl gemäß wohnte Volgus jetzt im Tiberviertel und wagte nur bei Nacht das Haus in der Subura zu besuchen. Den Tag über war der Laden des Paulus geöffnet, aber weder der alte Gladiator noch Ethelred waren jetzt darin zu finden und auch Zekiah kam nur selten. Die Zeiten wurden immer gefährlicher und tagtäglich wurden Christen verhaftet. Lucius wusste wohl, was er von Nero zu erwarten hatte und fühlte sich sehr beunruhigt. Oft und viel überlegten er und Fabian gemeinsam ihre Lage; nur eine erfolgreiche Tat, die Rom von seinem jugendlichen Tyrannen befreite, konnte ihnen Rettung bringen und beide Amicier waren bereit, zu handeln, sobald Brabano sie in Verbindung mit den anderen Mitgliedern der Verschwörung bringen würde. Nero hatte eine solche hohe Stufe des Lasters erreicht, dass man sich nicht denken konnte, es sei möglich, eine noch höhere zu erklimmen. Lucius wusste wie viele andere, welche schrecklichen Verbrechen Nero begangen hatte, aber das kriechende, unterwürfige Rom verzieh alles. Wenigsten achtzig Morde hatte der Kaiser auf dem Gewissen; und die Einwohner Roms, zur großen Mehrzahl aus dem Abschaum aller übrigen Länder zusammengesetzt, hatte jeden neuen Frevel belacht. Der Senat war feige und beschämt darüber und jede neue Kunde von Übergriffen gegen Prätoren, Tribunen oder Befehlshaber stürzte ihn nur noch tiefer hinein in seine verächtliche Unterwürfigkeit. Fast alle Senatsmitglieder waren jetzt außer sich vor Schrecken; jeder zitterte für seine eigene Familie und befürchtete einen Besuch der Prätorianischen Leibwache. Und dennoch zogen sie diesen Kaiser, ob er gleich ein Scheusal war, dem Krieg der um den Thron kämpfenden Bewerber vor und auch dem misshandelten Volk war der lebende Kaiser lieber als der allgemeine Bürgerkrieg. Einige wenige Senatoren hatten jedoch noch den Mut der Empörung und auf diese bauten Lucius und Fabian. Gewiss waren unter ihnen die Verbündeten des Piso und Brabano zu suchen; Lucius wusste wohl, dass nur sein Reichtum und seine Macht die erhobene Hand des Tyrannen im Schlage aufhielt und er wusste auch, dass dieser Aufschub nur von kurzer Dauer war.

Zu seiner eigenen Überraschung wurde sich der alte General klar, dass er in seinem Kummer und in seiner Unruhe fortwährend bei Paulus

Rat suchte. Der Apostel machte tiefen Eindruck auf ihn, verwirrte ihn und setzte ihn in Erstaunen. Oft trafen Lucius und Fulvia nachts im Hause Gabriels mit ihm zusammen und unterhielten sich mit ihm, bis der Apostel aufbrach, um sich zu der Versammlung jenseits des Tibers zu begeben. Paulus ließ sich durch nichts von diesen Zusammenkünften abhalten, obgleich sie ganz im geheimen stattfinden mussten und mit großer Gefahr verbunden waren. Nach seiner Heimkunft sprach Lucius noch manches Mal bis zum Morgengrauen mit Fulvia über die Wunderdinge, die sie von Paulus gehört hatten. Aus dem gemeinsamen Interesse, das des Apostels Worte in ihnen erweckte und aus einer Hoffnung, die sie über ihren augenblicklichen Kummer hinaushob und ihnen ein Glück in der Zukunft versprach, schöpften beide reichen Trost. Auch bei Fabian wie bei Valentina war der von Paulus auf sie gemachte Eindruck wohl bemerkbar und darüber freute sich das alte Paar. Der Geist, der unter den einfachen Menschen, bei denen Myrrha versteckt war, herrschte, hatte auch Ethelred erfasst und so trieben sie alle einem Schicksal entgegen, das sie, mochte es bringen was es wollte, mit Freuden begrüßten. Lucius hatte zugehört, widersprochen und war endlich überzeugt worden; Fulvia und Valentina hatten einfach geglaubt; Myrrha hatte den Glauben erfasst, als hätte sie ihn von jeher gehabt und Fabian, obgleich schweigsam, war nachdenklich, voller Ehrfurcht und Ehrerbietung. Der Sauerteig schaffte und der Apostel bemerkte das mit der tiefen Befriedigung eines Mannes, dessen Herz von Liebe für die von ihm Überzeugten erfüllt ist. Er war freudig erregt und voll Vertrauen und an die Stelle der früheren Zurückhaltung war nun eine befriedigte Heiterkeit getreten.

Auch die Arbeit seiner Hände machte ihm Vergnügen und seine Seele war voll Begeisterung. Mit der zunehmenden Gefahr wuchs auch der Mut des Apostels. Für die vielen Glaubensgenossen, die täglich in den Mamertinischen Kerker abgeführt wurden, empfand er zwar die innigste Teilnahme, aber er wusste auch, dass er bald mit ihnen wieder vereint sein würde, dass die Zeit herannahte, wo er das vorgesteckte Ziel erreichen und die Krone erlangen würde. Das Zusammensein mit den neuen Freunden gewährte ihm eine Wonne, wie er sie nie zuvor gekannt hatte und Myrrha und Ethelred waren ihm eine stete Freude. Zwar kannte er die Ursache dieser Sympathie, die sein ganzes Herz für diese beiden erfüllte, nicht, aber er sah, dass sie seine Neigung erwiderten und das erheiterte sein ganzes Wesen. Dem aufmerksam zuhörenden Ethelred erzählte der Apostel von Johannes Markus, von seinen Reisen, seiner Sendung, seiner Arbeit unter den Heiden, von den Gefahren, die er erduldet und von dem Glauben, der ihn gestärkt hatte, von der Kraft seines Gebetes und von der beständigen, helfenden Gegenwart seines Herrn. Mit großer Liebe sprach er auch von Timotheus. Myrrha erzählte er von Miriam. Den Sinn seiner Worte verstand das junge Mädchen freilich nicht ganz; sie hörte nur, dass er von einer Frau sprach, die er geliebt hatte und die für ihn ein Teil seiner Jugend gewesen war. Da Myrrhas Herz von Fabian erfüllt war, konnte sie jedoch mit innigem Mitgefühl einer solchen Geschichte lauschen und ihre großen, auf den Sprecher gehefteten Augen bewegten diesen in so eigentümlicher Weise, dass er öfters in seiner Rede innehalten musste. Bei Tag begleitete ihn Myrrhas Bild bei seinen Geschäften und nachts erflehte er in seinen Gebeten allen Segen für sie. Ein strahlendes Licht, wie es am großen Tag seiner Bekehrung ihn umleuchtet hatte, schien auch das Ende seiner Pilgerschaft zu erhellen.

Petrus

Wie der sagenhafte Argus, so schlief auch Rom niemals. Seine Tage gehörten der rastlosen Arbeit, die ihm den Luxus der ganzen Welt zuführte, seine Nächte aber den Ausschweifungen und Vergnügungen. Diesen geschäftigen Millionen gegenüber war die Zeit machtlos. Auf den Höhen des Janiculus vernahm man stets den dumpfen Lärm der Stadt; manchmal wurde er etwas schwächer, aber vernehmlich blieb er immer; und wann die Nacht das Menschengewimmel unten verbarg, erglänzten am Himmel oben unzählige Lichter. Aber doch hatte auch Rom, dieses große, unbezwingliche Geschöpf, Zeiten der Erschlaffung; in den dunklen, müden Stunden nach Mitternacht arbeitete es sich weniger ab und in seinem Innern waren Adern, in denen das Blut langsamer floss und deren Pulse unregelmäßig schlugen.

Jenseits des Tibers, westlich von der Septimianischen Straße und nördlich von der Janiculusbrücke, befand sich der Begräbnisplatz für die Fremden. Die Stadt hatte sich zwar noch darüber hinaus in nordwestlicher Richtung vom vatikanischen Hügel ausgedehnt; aber dieser stille Ort lag doch noch in einer ganz unbebauten Gegend.

Hier bestatteten auch die Juden ihre Toten; sie schmückten den ernsten Ort mit liebevoller Sorgfalt und entzogen ihn durch hohe Mauern den entweihenden Blicken der Ungläubigen. An diesem Ort waren die Söhne Judas endlich sicher; hier machte jede Verfolgung halt und hier senkte selbst Rom sein Schwert. Sogar der Scheiterhaufen hatte hier seine Macht verloren und die hier ruhten, trugen keine anderen Ketten mehr als die sanften Fesseln des ewigen Schlafes. Die vornehmen Römer verbrannten ihre Toten und stellten die Aschenurnen auf dem Familienaltar auf; die Toten des gemeinen Volkes wurden verbrannt und ihre Asche in die Winde gestreut. Nur der Jude legte die sterbliche Hülle der Seinen in den Schoß der Erde und ein Volk, das sich selbst den Würmern weihte, wurde mit Schaudern von den Römern gemieden und unbelästigt seiner abstoßenden Sitte überlassen. Im Frieden dieser letzten Ruhestätte, im Schatten der niederhängenden Zweige und Äste und zwischen ihren Gräbern, gab es daher verborgene Plätzchen genug, in die noch nie der spähende Blick eines Heiden gedrungen war.

Hierher verlegten nun auch die ersten Christen ihre Kultstätte und feierten hier ihre Gottesdienste. Dieser Ort eignete sich dazu aufs beste. Die Gegenwart der Toten heiligte ihn und man fühlte sich hier gewissermaßen stets von den abgeschiedenen Seelen umschwebt und gesegnet.

Es war um die Stunde des tiefsten Schweigens – wo der Riese jenseits des Tibers schnarchte und röchelte, wo am Fluss entlang nur noch einzelne Lichter auftauchten und selbst die Schildwachen alle unter ihren Schutzdächern standen. Der Mond, glänzend wie die große Kuppel auf dem Palatin, stand am nächtlichen Himmel, schaute wie segnend auf die Erde herab und übergoss den Gipfel des vatikanischen Hügels mit einer wahren Lichtflut. Die Strahlen des Mondes drangen sogar über die Mauern hinweg in den abgelegenen Begräbnisplatz hinein und fanden dort ein Plätzchen, wo einige gläubige Beter versammelt waren. Diese kannten die Gefahr, die ihnen drohte und nicht aus Hochmut oder Selbstüberhebung trotzten sie ihr; selbst angesichts des Kaisers hätten sie sich furchtlos offen zu Christus bekannt, wie sie es später angesichts des Todes freudig taten.

Auf einem von Zedern eingeschlossenen Rasenplätzchen, am Fuße eines steil abfallenden Felsens, war ein Altar errichtet, auf dem jetzt der volle Mondschein lag, der das ganze Versteck fast taghell erleuchtete. Eine Anzahl von Männern und Frauen standen wartend umher. Endlich zeigte der Wächter am Eingangstor das Nahen anderer Brüder an und ein Mann, der offenbar in hohem Ansehen stand, schritt zwischen den Bäumen hindurch auf die Wartenden zu. Es war Paulus und mit ihm kamen Lucius, Fulvia, Valentina und Myrrha mit ihren Freunden aus dem Hause in der Subura. Fabian, Ethelred, Gabriel und Volgus, alle waren da. Mit einiger Neugier sah Fabian dem Vorgang zu und bemerkte, dass die Anwesenden, als Paulus stehen blieb und seine Bekannten in dem um den Altar versammelten Kreis begrüßte, sich alle Mühe gaben, seine Hände zu küssen und ehrfurchtsvoll seine Kleider zu berühren. Viele der Gestalten erschienen nur wie Schatten zwischen den Bäumen und waren kaum zu erkennen. Vorsichtig hing man in den Zweigen einige Fackeln auf und stellte eine bronzene Lampe auf den Altar. Zuletzt wurden noch für die Alten und Hinfälligen Matten auf den Rasen gebreitet.

Fabian sah, wie völlig Paulus hier der Leiter und Führer aller war. Gleich zu Beginn stellte sich der Apostel auf den etwas erhöhten Platz, dann erhob er die Hände und betete herzlich. Nach dem Amen stimmte er mit seiner klangvollen Stimme einen Gesang an, der allen bekannt schien, denn sie fielen sofort ein, zuerst die Frauen, dann die Männer und zuletzt auch noch die Kinder, die in den Decken, worin die Eltern sie gehüllt hatten, aus ihrem Schlummer erwacht waren. Der Fels warf die milden Töne zurück, so dass es klang, als ob Geisterstimmen sich mit dem Chor vermischt hätten. Der junge Tribun wurde durch Myrrhas begeisterte Augen auch mit hingerissen und als ihre süße Stimme in den Gesang einfiel, bemühte auch er sich, mitzusingen, hielt aber schnell wieder inne, weil er die Melodie zu entheiligen meinte. Die Sänger schwiegen, aber die Töne erfüllten gewissermaßen noch immer die Luft; Myrrha fühlte die Engel Gottes um sich her und meinte den Widerhall himmlischer Harfentöne zu hören.

An diese begeisterte Versammlung wandte sich nun der Apostel, aber er sprach nur wenige Worte. Er ermahnte die Anwesenden, frischen Mut zu fassen, fest am Glauben zu halten und in Zeiten der Not sich nur auf die Macht zu verlassen, die nie versagt. Er sagte, es sei seine höchste Freude, den Brüdern stets und immerdar seinen Herrn und Heiland vor die Augen zu führen und dann fuhr er fort: „Ein Mann ist hier unter uns, der hoch über mir steht, der aber doch unser aller Bruder in Christo Jesu, unserem Herrn, ist."

Paulus stieg vom Altar herab und trat zu der kleinen Gruppe zu seiner Rechten; dann half er einem alten Mann, der mit unsicheren Schritten daherkam und dessen Hand sich auf den Apostel stützte, auf den erhöhten Platz vor dem Altar. Nun stand die Gestalt des Greises deutlich sichtbar und hoch aufgerichtet vor der Versammlung. Fabians Herz erzitterte in einer ihm selbst unbegreiflichen Ehrfurcht und seine Freunde alle waren ebenso ergriffen. Die ehrfurchtgebietende Erscheinung des alten Mannes hätte sogar den besten griechischen Künstler, den Schöpfer der schönsten Statuen in der naheliegenden Stadt, in Entzücken versetzt. Ein mächtiges Haupt mit weißen Haaren krönte die edle Gestalt; über den im Mondschein leuchtenden Augen wölbte sich eine klare, hohe Stirne; auf das lange graue Gewand fiel ein schneeweißer Bart und ein Kranz von silbernen Locken umwallte den Hals. Dem edlen Antlitz hatte der Geist Gottes sein Siegel aufgedrückt; wohl trug es noch die Spuren heftiger innerer Stürme, aber jene Falten waren jetzt von einer weichen, milden Hand geglättet, so dass von dem Antlitz nur noch Reinheit und Liebe strahlte. Eine unaussprechliche Hoheit lag in der ehrwürdigen Erscheinung: Petrus, der Jünger Christi, stand vor den Versammelten. Mit hinreißender Beredsamkeit erzählte er jene Geschichte, die er schon so oft wiederholt hatte und die ihm selbst mit jeder Wiederholung immer teurer wurde: von der Geburt seines Herrn, von dessen himmlischem Wandel auf Erden und von seinem Tode für die Menschheit; von dem Opfer, durch das die Seelen der Menschen aller Zeiten gerettet werden können, das dem Leben ein neues Ziel, dem Tode eine neue Bedeutung gebe; von dem Glauben an ihn, der, in derselben Luft verkündet, die auch der Despot auf dem Palatin atmete, selbst dessen böse Taten zunichte machen könne und der wirksam genug sei, sogar die unmenschliche Seele eines Nero zu retten. „Was können uns der Mamertinische Kerker, die wilden Tiere des Zirkus Maximus anhaben? Hier ist ewiges Leben!“ Und als der Greis, den einst der Heiland mit mildem Blick gesegnet, der dessen heilige Gestalt im Tode umfasst hatte, da im Mondschein die heilige Botschaft vom Kreuz verkündete, empfand Fabian bestimmt, dass in diesen Worten der Verheißung die Stimme Gottes erklang.

Demütig kniete er mit den anderen nieder, ehrfurchtsvoll neigte er sein Haupt, als der Jünger des Herrn mit erhobenen Händen den Segen sprach und als der junge Patrizier sich wieder aufgerichtet hatte, wusste er, dass er selbst, wie die anderen um ihn herum, die Vergangenheit wie einen Wald voll Schatten hinter sich gelassen hatte und von neuem geboren war.

Kein Glaubensbekenntnis, keine weitere Zeremonie folgte; die Versammlung schickte sich an, auseinanderzugehen. Fabian näherte sich mit den anderen dem Altar, wo verschiedene Gemeindeälteste mit Petrus und Paulus sprachen. Sonst gingen die Teilnehmer an den Versammlungen sofort nach Schluss des Gottesdienstes wieder heim, denn diese Männer und Frauen mussten dafür die kostbaren Stunden des

Schlafes opfern, obgleich ihre Tage voll Arbeit, für viele sogar voll harter, schwerer Arbeit waren. Aber heute Nacht wollten alle die Verfolgung besprechen und hören, wer von den Christen ins Gefängnis geworfen worden sei. Paulus wusste das, denn er wurde über alle Verhaftungen auf dem Laufenden gehalten und betete jede Nacht in der Versammlung für die Gefangenen. Noch war deren Schicksal unbestimmt, aber die Soldaten in den Gefängnissen sagten offen, dass sie bei den Spielen sicher ihren Tod finden würden. Solche Gefangene wurden überhaupt kaum verhört und die Richter hielten eine Untersuchung für völlig überflüssig. Auch über die Vorzüge oder Nachteile des christlichen Glaubens wurde in keiner Weise verhandelt. Nach dem Befehl Neros war der einzige entscheidende Punkt der Glaube an Christus und den verleugnete keiner der Gefangenen. Mit ruhiger Entschlossenheit gingen die Männer in das Gefängnis und beruhigten und trösteten noch die verzagten Frauen. Die Kinder erkannten kaum die ihnen drohende Gefahr, wenn sie mit ihren Eltern weggeschleppt wurden; gestärkt durch eine Kraft, die ihren Wächtern wie ein Wunder erschien, konnten die Gefangenen sogar noch lächeln, wenn sich die vergitterten Türen hinter ihnen schlossen.

Als sich die Frauen dem Altar näherten, um den großen Jünger besser sehen zu können, fand Fabian Gelegenheit, ein Wort mit Lucius zu wechseln.

„Welch ein Trost ist doch dieser neue Glaube, der mein Herz so ganz ergriffen hat", sagte der junge Tribun. „Er erfüllt mich mit einem ganz eigenen neuen Mut. Sieh nur Valentina und Myrrha an – wie ihre Augen glänzen und ihre holden Gesichter strahlen! Und wenn ich sehe, wie würdig diese armen Geschöpfe dem Schicksal entgegengehen, das ihrer erwartet, schäme ich mich der Ungeduld, mit der ich mich gegen die uns bedrückenden Sorgen auflehne!"

„Ganz dasselbe hat meine Fulvia auch gesagt, fast mit den gleichen Worten", erwiderte Lucius. „Und wie du, so fühle auch ich eine neue Kraft in mir und die Augen sind mir aufgegangen."

„Ich habe Nachricht von Brabano erhalten. Wie du weißt, ist er mit dem Hof nach Capreä gegangen, aber vor seiner Abreise hat er die Vorkehrungen getroffen, mit mir in Verbindung zu bleiben. Heute habe ich seinen Sklaven gesprochen. Die Abwesenheit von Rom macht

Tigellinus völlig rastlos; er lässt sich täglich Nachrichten vom Palatin schicken; welcher Art diese sind und ob sie sich auf uns beziehen, weiß ich nicht. Zweifellos hat er auch noch andere Geschichten abzuwickeln. Nero ist ganz von seinen Liebhabereien hingenommen und sitzt stundenlang auf einer schroffen Klippe, die weit ins Meer hinausragt. Ehe seine Muse ganz befriedigt ist, will er aber auf keinen Fall nach Rom zurückkehren und so lange ist Tigellinus ein Gefangener."

„Und Brabano – wie geht´s ihm?"

„Er ist hier in Rom, kann aber nur ganz kurz bleiben. Der Kaiser will ihn immer in seiner Nähe wissen und Poppäa ist, wenn er fort ist, in steter Sorger um ihre Gesundheit."

„Hast du ihn gesehen?"

„Nein, aber morgen hoffe ich ihn sicher zu treffen. Ich ging auf den Palatin, fand ihn aber nicht dort. Selbst wenn man am Hof schon davon sprechen sollte, dass wir in Ungnade gefallen sind, so hat man mich es jedenfalls nicht merken lassen. Die Wache war ganz respektvoll und die Dienerschaft wie gewöhnlich."

Plötzlich erscholl aus der Menge ein Schrei des Entsetzens und als die beiden Patrizier sich umwandten, sahen sie, wie einige Leute die zitternde Gestalt eines alten Mannes stützten. Zwei Frauen lagen mit angstvoll zum Himmel erhobenen Händen auf den Knien und über ihre schmerzlich verzogenen Gesichter rannen heiße Tränen. Vergeblich bemühten sich die Umstehenden, die Weinenden zu trösten; sie wiesen allen Trost zurück und hingen sich klagend an das Gewand des alten Mannes.

„Es ist Elifer mit seinen Töchtern", sagte Zekiah zu Lucius und Fabian und sein Gesicht drückte Kummer und Teilnahme aus. „Soeben haben sie erfahren, dass Joseph, ihr Sohn und Bruder, auch gefangengenommen ist. Armer Kerl! Heute Abend kam er nicht zum Essen heim; die Seinen glaubten, er sei aufgehalten worden und hofften bestimmt, ihn hier zu treffen. Die Soldaten haben ihn heute in den Kerker abgeführt. Ein Unglück, das sie selbst beträfe, würden die armen Frauen ohne Murren ertragen – aber ihr Bruder!"

Paulus trat jetzt zu dem alten Mann und Petrus legte den beiden bekümmerten Frauen die Hände auf den Kopf. Diese Berührung hatte eine geradezu magische Wirkung, denn das Schluchzen der Schwestern verstummte.

„Viele unserer Lieben liegen jetzt in Ketten und Banden", sagte Paulus. „Es wird Zeit, nach ihnen zu sehen. Heute habe ich erfahren, dass wir die Erlaubnis erhalten können, unsere Brüder im Gefängnis zu besuchen und morgen will ich zu ihnen gehen. Wenn ich sehe, dass keine besondere Gefahr dabei ist, können auch noch andere sie aufsuchen."

„Die Gefahr ist aber sehr groß", sagte Zekiah. „Dass du ein Christ bist, weiß man."

„Dennoch gehe ich morgen zu unseren armen Brüdern. Wenn ich gefangengenommen werde, wir Petrus in der Gemeinde sprechen."

Nun schlich sich Volgus neben Fabian und berührte dessen Arm. Sein sonst meist ausdrucksloses Gesicht drückte jetzt Erstaunen, fast Bestürzung aus. Mit ausgestrecktem Finger deutete er auf zwei fest vermummte und eingehüllte Gestalten, die neben Petrus standen. Auch Fabian hatte diese Gestalten schon bemerkt, ihnen aber in der Menge keine besondere Aufmerksamkeit geschenkt. Jetzt fiel ihm auf, wie stolz und aufrecht beide dastanden und welch edlen und vornehmen Eindruck die eine von ihnen machte.

„Was gibt´s?", fragte Fabian fast flüsternd, denn die Gegenwart von jemand, der Volgus Argwohn einflößte, war eine ernste Sache.

„Der graue Mantel dort verbirgt eine Toga mit wohl fußbreitem Saum, eine seidene Tunika und einen goldenen Gürtel, edler Fabian; die zweite Person ist eine reich mit Juwelen geschmückte Frau.

„Ich will mit Paulus reden und die anderen warnen", sagte Fabian hastig. „Glaubst du, die Versammlung sei verraten worden? Kämen die Soldaten jetzt, so könnten sie eine reiche Ernte heimführen. Was meinst du?", fuhr er fort, indem er sein bekümmertes Gesicht Lucius zuwandte. „Sollen wir dreinschlagen, wenn wir gestört werden?"

Vor einer Stunde noch hätte der junge Römer diese Frage nicht gestellt. Schon hätte er da das Schwert gezogen oder seine Stimme erhoben, um sich in seiner Stellung als Tribun für die Versammlung zu verwenden.

„Nein, edler Herr", entgegnete Volgus. „Nicht das Dasein der erlauchten Frau verwundert mich; sie ist weder dir noch dem guten Apostel fremd; der Mann – den Mann kenne ich, hab ihn zwar nur flüchtig gesehen, aber wenn er nicht der berühmte Leibarzt des Kaisers ist, will ich mit gebundenen Händen in die Arena gehen."

Fabian fuhr erstaunt zurück und sah den Freigelassenen ungläubig an.

„Brabano!", rief er aus.

„Wahrhaftig! Und sieh, er kommt hierher!"

Augenscheinlich hatten die zwei Gestalten die Sprechenden beobachtet und als sie die Aufregung sahen, die ihre Gegenwart hervorrief, traten sie, um die Aufmerksamkeit der übrigen Anwesenden nicht auch noch auf sich zu ziehen, langsam näher und warfen dann ihre Kopfhüllen zurück.

Mit einem Gemisch von Erstaunen und Schrecken betrachtete sie Fabian. Volgus hatte recht – es waren Brabano und Berenike.

Die schöne Jüdin war ruhig und voll Selbstbeherrschung; mit Augen, die durchaus nichts verrieten, begegnete sie den erregten Blicken des jungen Patriziers; aber Brabanos Gesicht trug einen unbeschreiblich düsteren Ausdruck. In seinen ernsten, trüben Blick lag sichtbare Unruhe. Fabians erster Gedanke war, Brabano sei irgendwie in seinen Hoffnungen getäuscht worden, oder er habe schlimme Nachrichten erhalten; noch einmal betrachtete der junge Mann die Fürstin aufmerksam, um zu sehen, ob ihre Feindschaft gegen ihn der Grund sein könne. Aber die Jüdin war gelassen und unergründlich und begrüßte Fulvia und ihre Gefährtinnen so heiter, als ob ihre Beziehungen zu allen Amiciern so freundlich wären wir nur je. Brabano jedoch fühlte sich höchst unbehaglich und obgleich er sich alle Mühe gab, seine Fassung zu bewahren, gelang es ihm nicht ganz; sein inneres Gleichgewicht, sein gewohntes vornehmes Selbstvertrauen waren verschwunden. Eine schwere Last schien auf ihn gefallen zu sein und die furchtlose Kraft, die stolze, erhabene Gelassenheit, mit der er bis jetzt jedem Schicksal mit der Miene eines Siegers entgegengeblickt hatte, vernichtet zu haben. Wie zusammengeschrumpft stand der Leibarzt da und warf ab und zu verstohlene Blicke auf den Apostel Petrus. Auf den erstaunten Gruß Fabians und den nicht weniger erstaunten Ausruf des Lucius gab er keine Antwort; aber Berenike ergriff sofort das Wort und sagte:

„Ich habe dich schon gesehen und bemerkt, dass die ganze Familie der Amicier anwesend ist. Ein merkwürdiger Ort für eine Familie von solchem Rang", – ihre Lippen verzogen sich einen Augenblick spöttisch, dann verschwand dieser Ausdruck gleich wieder – „aber ich selbst bin ja auch hier. Vielleicht befinden sich auch einige deiner Sklaven unter den gebeugten Gestalten dort bei den Bäumen. Was fehlt dem alten Mann, zu dessen Füßen seine Töchter laut weinten? Es ist irgend etwas nicht in Ordnung mit seinem Sohn, nicht wahr? So habe ich vorhin zu hören gemeint."

Ohne auf eine Antwort zu warten, fuhr sie fort:

„Unser Brabano wusste, dass ich mit dem guten Paulus bekannt bin und da er ihn auch kennengelernt hatte, wünschte er einer dieser geheimen Versammlungen beizuwohnen. Und auch ich brannte vor Neugier. Du kannst dir wohl denken, mein edler Fabian, wie heute Nacht das alte Interesse wieder neu aufgelebt ist, das ich gleich von Anfang an für Paulus empfunden habe. Das waren doch angenehme Tage, guter Freund, als wir miteinander heimreisten. Ach ja, einem Mann kann man freilich nicht zumuten, solche Sachen im Gedächtnis zu behalten."

Beim Schein des Mondes betrachtete sie Myrrha aufmerksam.

„Ja, es waren sehr angenehme Tage", antwortete Fabian kühl. „Ich freue mich, dich heute hier zu sehen."

Berenike stieß einen heuchlerischen Seufzer aus.

„Die Worte unseres teuren Paulus wollten mir gar nicht aus dem Sinn", sagte sie. „Wie habe ich mich gesehnt, mich wieder einmal von ihm beraten zu lassen und zu erfahren, ob auch ich der rettenden Gnade, von der er sprach, teilhaftig werden könne."

„Alle, die an Gott glauben, sollen dieser Gnade teilhaftig werden", antwortete Lucius. „Das ist uns heute verkündet worden."

„Auch ich habe das gehört, aber weißt du, man hört so vieles." Sie warf Fabian einen verstohlenen Blick zu. „Die Leute sehen uns ganz verwundert an!"

„Ist es nicht seltsam hier?", rief Valentina. „Die hinreißenden Worte – der schroffe Fels – dieser stille Ort und der wundervolle Mond! Welch ein Mann ist dieser herrliche Petrus!"

„Ja", sagte Berenike. „Aber sage mir, wer stand denn vorhin neben dir? Ich meine den jungen Mann mit der Feder, der uns jetzt ansieht? Auch er kann auf Schönheit Anspruch erheben, wahrlich, einen schöneren Mann habe ich am Hofe noch nie gesehen!"

„Er ist ein britischer Fürst“, antwortete Myrrha, als Valentina schwieg. „Ethelred ist sein Name.“

„Rufe ihn!“, sagte Berenike herrisch zu Fabian. „Heiße ihn herkommen!“

„Sieh, er kommt aus eigenem Antrieb“, sagte Fabian mit wiederkehrender Sicherheit, als er Ethelreds Nähertreten bemerkte. „Hier ist er!“

Die kecken Augen Berenikes betrachteten den Briten mit einem so bewundernden Blick, dass Valentinas Wangen sich mit tiefem Rot bedeckten und Fabian beinahe so heiter als sonst lächelte. Berenike traute er zwar nicht, aber er traute Brabano und ahnte den Grund des Waffenstillstandes, den sie ihm gewährte.

Schweigend stand Brabano während dieser Unterhaltung da. Er war noch immer in trüber Stimmung und schien unempfindlich für den Eindruck, den seine Gegenwart machte. Jetzt endlich raffte er sich auf und sagte fast in seiner gewöhnlichen Weise zu Lucius:

„Ich bin heute mit Extrapost von Capreä hergekommen und will dich morgen in deinem Haus besuchen. Soll ich nachmittags kommen? Und du, mein Fabian“, wandte er sich an den Tribun, „wirst du auch anwesend sein?“

„Gewiss“, lautete die Antwort. Der junge Mann bemerkte das veränderte Wesen des Leibarztes wohl und hätte gern den Grund davon gewusst.

Lade doch auch diesen Petrus, den Mann, der hier zuletzt gesprochen hat, in dein Haus ein. Teile meinen Wunsch unserem guten Paulus mit, mein Fabian und verabrede mit ihm, dass auch er kommt. Ehe ich mit Petrus gesprochen habe, finde ich auch keine Ruhe.“

Jetzt klang Brabanos Stimme ganz leidenschaftlich und seine Augen blickten unruhig umher.

„Willst du ihn nicht heute Nacht noch sprechen?“, fragte Fabian freundlich. Die Aufregung des Arztes fiel ihm auf und er hätte Brabano gerne geholfen.

„Nein, nicht heute“, sagte dieser zögernd. „Nein, es ist spät; erst morgen, falls er einwilligt.“

Auch Fabian zögerte, dann sagte er:

„Petrus wird über deine Anwesenheit erstaunt sein, mein Brabano und diese armen Leute werden sich dadurch beruhigt fühlen. Doch glaube ich nicht, dass ihnen Unheil daraus erwachsen wird“, – bei diesen Worten sah Fabian Berenike bedeutungsvoll an, wie um zu zeigen, dass er dessen doch nicht ganz sicher sei – „aber die jetzige Zeit ist für sie voll von Gefahren.“

„Sage ihnen die Wahrheit“, erwiderte der Arzt. „Durch einen Freigelassenen, der dir auf Tigellinus´ Befehl nachspionieren musste, habe ich von diesem Ort gehört. Der Mann fand die Werkstatt des Paulus in der Subura und folgte ihm vor zwei Nächten bis hierher nach. Er steht jedoch in meinem Sold und berichtet nur, was ich ihm erlaube. Das gleiche ist der Fall mit dem Spion, der Lucius bewacht.“

Fabian und sein Oheim sahen einander bedeutungsvoll an.

„Als die Fürstin Berenike erfuhr, dass ich dieser Versammlung beiwohnen wollte, kam sie mit mir. Ob mein Kommen hierher zum Guten ausschlagen wird oder nicht, das muss die Zukunft lehren. Doch jetzt wollen wir gehen, damit wir die Leute hier nicht länger ängstigen. Unsere Sänftenträger sind in sicherer Entfernung zurückgeblieben; sie wissen nichts von dem Ort der Zusammenkunft. Friede sei mit dir!“

Berenike und Brabano nahmen Abschied und zogen die Hüllen wieder über ihre Gesichter. Fabian fing noch einen Blick aus Berenikes dunklen Augen auf, aber er verstand dessen Bedeutung nicht. Er betete ernstlich um dauernden Frieden mit ihr, aber dennoch fühlte er sich nicht ruhig. Jetzt ging er und teilte Paulus die Bitte Brabanos mit.

Brabanos Bekehrung

Wie vorherbestimmt, kam Brabano am folgenden Nachmittag in das Haus des Lucius. Der Arzt hatte eine Sänfte mit Trägern zu Paulus in die Subura geschickt, um Petrus auf den Pincius holen zu lassen, aber der Jünger hatte sie lächelnd fortgeschickt. Trotz der großen Entfernung zog er es vor, sich nicht tragen zu lassen und kam denn auch auf seinen Stab gestützt und von Paulus begleitet, auf dem Pincius an. Die Apostel kamen kurz nach Brabano in das Haus des Lucius, wo sie Fulvia, von ihrer Dienerschaft umgeben, in der Vorhalle erwartete. Freundlich begrüßte die Matrone die beiden Männer und führte sie in das Zimmer, wo der Leibarzt mit Lucius und Fabian saß. Bei ihrem Eintritt standen diese drei auf und blieben ehrerbietig stehen, bis die Apostel Platz genommen hatten; dann begann Brabano sofort mit dem, was sein Herz erfüllte.

„Seit ich euch beide gestern Nacht gehört habe, befinde ich mich in seltsamer Unruhe, lieber Paulus", hob er an. „Ich muss übrigens gestehen, dass mich das, was ich gestern wieder gehört habe, auch schon früher sehr beunruhigt hat. Wie du wohl weißt, habe ich mit dir schon vor einiger Zeit über den neuen Glauben, dem du anhängst, geredet, und auch mit der Fürstin Berenike habe ich darüber gesprochen. Durch diese Frau bin ich gestern in eure Versammlung geführt worden. Schon lange hätte sie gerne einer solchen angewohnt und als einer meiner Späher mir die Nachricht brachte, diese Versammlung werde jede Nacht auf dem Begräbnisplatz jenseits des Tibers abgehalten, erzählte ich ihr das und sie bat mich, mit ihr hinzugehen. Die Worte, die der große Paulus gesprochen hat, haben mich sehr erregt; noch tiefer aber ist der Eindruck gewesen, als mir Berenike später ausführlicher, als ich sie je vorher gehört hatte, von den Dingen erzählte, die sie auf der Reise von Cäsarea nach Rom von dir erfahren hatte. Die tiefe Bedeutung dieser Dinge hat sich Berenike jedoch lange nicht so klar gemacht wie ich. Nun habe ich mich sehr gefreut, Petrus noch einmal zu sehen und mit euch beiden über diesen neuen Glauben zu reden, damit mein Herz wieder Ruhe finde. Ich bin überzeugt, ich werde in euren Lehren Trugschlüsse genug finden, so dass sie mir meinen Frieden in Zukunft nicht mehr stören werden."

„Edler Brabano", lautete die Antwort des Paulus, „dein Seelenzustand unterscheidet sich nicht wesentlich von dem unseres Lucius oder irgendeines anderen, mit dem ich je seit Beginn meiner Arbeit gesprochen habe. Trugschlüsse wirst du in meiner Lehre keine finden, wohl aber Frieden des Herzens. Dass du durch unsere Lehre

beunruhigt worden bist, freut mich sehr; und ich weiß gewiss, diese Unruhe wird dir zum Segen gereichen."

„Die Gnade Gottes sei mit dir", sagte Petrus feierlich und hob segnend die Hände auf, „jetzt und in alle Ewigkeit."

Bei diesen Worten zitterte Brabano; fest schaute er in das ehrwürdige Greisenantlitz und seine Augen wurden feucht.

„Ich weiß gar nicht, was das für Gefühle sind, die sich jetzt in mir regen", sagte er. „Mir ist höchst seltsam zumute und ich hielt mich zuerst für krank. Aber mein Körper ist gesund und ich weiß wohl, dass die Ursache meines Leidens im Gemüte sitzt – dass die Worte, die gestern Nacht gesprochen worden sind, die Unruhe verursacht haben – die Worte, durch die mir aller Schlaf verscheucht worden ist. Seit ich sie gehört habe, finde ich keine Ruhe mehr."

„Sei getrost", sagte Petrus. „Durch diese Worte wirst du in Zukunft Ruhe finden."

Langsam senkte Brabano den Kopf und kreuzte seine Hände auf der Brust; mit dieser Bewegung sahen Lucius und Fabian ihn an, als sie bemerkten, wie ergriffen er war. Sehr ernst, ruhig und gemessen war sonst immer die Haltung des Arztes, aber nun sahen die Freunde voll Verwunderung, dass er sich jetzt hatte rühren lassen wie ein Kind. In Scheu und Ehrfurcht saßen sie da und hörten dem Gespräch zu.

„Eine seltsame Veränderung geht in mir vor", nahm Brabano von neuen das Wort. „Kaum kenne ich mich selbst wieder. Neue Gedanken steigen in mir auf, neue Ziele schweben mir vor den Augen und ich fühle mich ganz in Verwirrung gesetzt."

„Wieso?", fragte der Apostel.

„Diese neuen Gedanken greifen störend in all meine Pläne ein", erwiderte der stolze Mann mit gerunzelter Stirne.

„Durchkreuzen sie deine früheren Hoffnungen?", fragte der Apostel.

„Ja, wahrlich, das tun sie!", sagte Brabano und sah dabei fest in das ernste Angesicht des Apostels. „Vergebens suche ich nach einer Vermittlung zwischen meinem alten Selbst und meinem Gewissen; aber mein Innerstes widerstrebt, es sträubt sich dagegen und lehnt jede Vermittlung ab."

Paulus lächelte und fragte:

„Was bist du bereit aufzugeben?"

„Nichts!", rief Brabano leidenschaftlich. „Zorn ist es, was ich fühle gegen dich, gegen deinen Glauben, gegen mich selbst – einen Zorn, den dieser neue Geist in mir tadelt, dieser Geist, der meine alten Pläne und Absichten zunichte machen will. Ich weiß mir keine Hilfe und deshalb habe ich dich und Petrus zu sprechen gesucht."

„Ersetze jene alten Ziele durch neue Vorsätze und edlere Pläne", sagte Paulus eindringlich. „Nicht Befriedigung des Ehrgeizes, sondern Glück ist es, was das Herz fordert – Glück, aber nicht das Glück dieser Welt. Diene Gott!"

„Auf welche Weise?" In der Stimme des sonst so willensstarken Mannes lag tiefe Sehnsucht und bange Erwartung.

„Weihe dein ganzes Leben seiner Erkenntnis und der seines Wortes! Was ist aller Ehrgeiz ohne die Hoffnung auf ein Jenseits? Was ist alles sinnliche Glück dieser Welt?"

„Beantworte du selbst deine Fragen", erwiderte Brabano fast feindselig. „Du bist der Lehrer."

„Nein, Christus ist der Lehrer", lautete die sanfte Antwort. „Am Grabe muss aller Ehrgeiz unwiderruflich haltmachen und flüchtig ist alles irdische Glück der Menschen. Nur die Glückseligkeit der Seele ist von Dauer und reicht bis übers Grab hinaus."

„Längst habe auch ich das empfunden", sagte Brabano nach einer stummen Pause. „Gleich als ich zuerst von diesen Lehren hörte, leuchtete mir das ein. Aus unwiderstehlichem innerem Drang, nicht aus freiem Willen, habe ich mehr und mehr darüber nachgedacht. Oft habe ich versucht, diese Gedanken beiseitezuschieben, aber ohne jeden Erfolg, denn tief im Herzen erkannte ich ihre Wahrheit."

„Fahre fort!", sagte Paulus, als Brabano jetzt schwieg.

„Ich habe nichts mehr hinzuzufügen. Ich fühle mich gedemütigt, ja fast vernichtet."

„Du bist ergriffen und begeistert! Die Zeit deiner Erlösung ist nahe!"

„Ja", erwiderte der Arzt langsam. „Mein Herz muss von dieser Last befreit werden. Länger vermag ich nicht zu widerstreben. Gestern Nacht habe ich von neuem die Geschichte von der Geburt, dem Leben und dem Sterben deines Herrn vernommen, von seinen Taten und Werken während seines Erdenlebens und auch das, was er gelehrt hat: Selig sind die Demütigen; selig sind, die da geistig arm sind und das allerwunderbarste Gebot: Liebe deine Feinde und tu wohl denen, die dich hassen! Woher stammen solche Lehren in dieser Zeit, wo Rom die Herrschaft führt, unter allen den Ausschweifungen und Blutvergießen in dieser Welt? Nirgends habe ich je solche Gebote gehört, niemals selbst solche Gedanken gehabt. Den Mühseligen und Beladenen hat er aufgeholfen, die Gewaltigen hat er strenge zurechtgewiesen und voll Barmherzigkeit hat er den Gefallenen zugerufen: Gehet hin und sündigt hinfort nicht mehr! – Herr, ich glaube, hilf meinem Unglauben!"

Mit diesen Worten sank Brabano auf die Knie und erhob demütig den Blick zum Himmel. Mit leuchtenden Augen sah ihn Paulus an, während Petrus mit andächtig gesenktem Haupt die Lippen in stillem Gebet bewegte.

Fabian ergriff die Hand seines Oheims, beide freuten sich innig über diesen neuen Beweis der rettenden Gnade, die sie jetzt gemeinsam mit diesem stolzen und nun so gebeugten Mann bekannten und anerkannten.

„Werden auch meine Sünden vergeben?", fragte Brabano. „Bin denn ich, der ich mit Bitterkeit und Hochmut und grenzenlosem Ehrgeiz erfüllt war, auch noch würdig, dem demütigen Nazarener, der der Sohn des lebendigen Gottes ist, nachzufolgen?"

„Wenn eure Sünde gleich blutrot ist, soll sie doch schneeweiß werden und wenn sie gleich ist wie Rosinfarben, soll sie doch wie Wolle werden, lautete die Verheißung des Herrn", antwortete der Jünger.

„Taufe mich auf diesen Glauben!", bat Brabano.

„Und auch mich!", stimmte Lucius mit ein und auch Fabian wiederholte diese Worte.

„Da du an Jesus Christus glaubst, will ich es gerne tun."

Brabano erhob sich von den Knien und nahm seinen vorigen Sitz wieder ein. Seine Züge waren ruhig geworden und er hatte seine Fassung wiedererlangt. Aber auf seinem Gesicht lag ein Ausdruck, den Lucius und Fabian noch nie zuvor dort gesehen hatten.

„Von meinem Tun hängt nicht nur mein eigenes Wohl, sondern auch das vieler anderer ab", sagte der Leibarzt ruhig und gemessen nach längerem Nachdenken. „Schon gestern Nacht habe ich erkannt, dass ich zu den Anhängern dieses Glaubens gehöre, obgleich ich mich noch immer dagegen sträubte. Heute fühle ich mich glücklich und zufrieden in der sicheren Gewissheit eines verwandelten Herzens. Ich habe die Worte des Herrn wiederholen hören: Was hülfe es den Menschen, so er die ganze Welt gewönne und nähme doch Schaden an seiner Seele? Ihr alle wisst, dass ich der Leibarzt eines ganz verworfenen Menschen bin, dass ich in einer Luft lebe, in der jeder gute Gedanke ersticken muss. Was soll ich nun tun? Diese Frage stelle ich nicht an dich, lieber Paulus; ich könnte versuchen, sie mir selbst zu beantworten, wenn ich nicht das Recht hätte, sie Petrus vorzulegen, der buchstäblich das Werkzeug meiner Bekehrung gewesen ist. Ich bin Petrus´ Schüler, denn er hat mir den rechten Weg gezeigt. Was soll ich tun?"

Der Jünger lächelte und sein Gesicht glänzte wie die Sonne.

„Du bist ein Schüler des Herrn und seinen Befehlen musst du gehorchen. Frage ihn!“

„Genug!“, erwiderte Brabano. „Ich nehme mein Los auf mich. Gott sei mit uns allen!“

„Er ist mit uns“, sagte Petrus. „Er ist eitel Freude – dieser Dienst, dem wir uns weihen. Nicht allen ist das hohe Glück zuteilgeworden, den Herrn von Angesicht zu Angesicht zu sehen, seine gnadenreiche Stimme zu hören, das wohltuende Gefühl seiner Gegenwart zu empfinden, aber auch Paulus hat das Gefühl seiner Nähe schmecken dürfen und dieses Glück kann ebenso allen anderen Menschen zuteilwerden – bis Jesus wiederkommt. Nur in ihm ist Leben. Wie unendlich lieben wir uns selbst, indem wir unsere Feinde lieben! Wie unermesslich reich ist ein Leben, dessen Mittelpunkt die Liebe zu Gott ist! Kaum erst bist du geboren und bald wirst du wieder von hinnen fahren, das weißt du. Unzählige Jahre sind vor deiner Geburt verflossen; nach deinem Tod wird noch eine Ewigkeit verfließen und dein kurzes Leben zwischen diesen beiden Ewigkeiten ist nur wie ein Hauch, ein wertloses Nichts, wenn deine Seele nicht gerettet ist. Wer seine Hoffnung nur auf dieses Leben setzt, ist die elendste unter allen Kreaturen, darin hat Paulus wahr gesprochen. Erst jenseits dieses Erdenlebens beginnt unser wahres Leben, so hat uns der Herr verkündet. Was können dir dein Hochmut, deine Ruhmsucht, dein Ehrgeiz nützen im Vergleich mit einer solchen Verheißung? Oh, mein Bruder – gesegnet bist du – gesegnet sind alle, die das Wort hören! Du fragst, was du tun sollst? Nimm dein Kreuz auf dich und folge Jesus nach!“

Mut und Entschlossenheit leuchteten aufs Neue aus Brabanos Zügen und er war jetzt wieder die kraftvolle Persönlichkeit, als die ihn die Freunde kannten. Er zog seine Toga fest um sich, stand auf und schritt langsam im Zimmer auf und ab.

Lucius rief Fulvia herein, worauf diese durch die Sklaven Brot und Wein zur Erfrischung bringen ließ. Brabano wollte nichts essen und niemand störte ihn in seinen Gedanken. Die teuren Gäste zu begrüßen, trat nun auch Valentina ein mit Ethelred und Volgus, der sich in der vergangenen Nacht in das Haus des Lucius gewagt hatte, um seine Freunde unter den Freigelassenen zu besuchen. Brabano blieb einen Augenblick stehen und nickte den Eintretenden einen Gruß zu und als sie wieder hinausgegangen waren, trat er zu seinem alten Freund, legte ihm die Hand auf die Schulter und sagte mit offener Miene:

„Nun, mein Lucius, vor uns liegt eine Prüfungszeit, für die wir uns in ganz neuer Weise bereit machen müssen. Unsere guten Freunde hier haben unsere Pläne zerstört, aber trotzdem schulden wir ihnen großen Dank. Nero wird nicht durch uns fallen und das Schicksal des Reichs steht nicht in unserer, sondern in Gottes Hand."

„Aber können wir nicht seine Werkzeuge sein?", rief Fabian, indem er aufsprang.

„Die Frage habe ich mir während der ganzen letzten Nacht vorgelegt", antwortete Brabano lächelnd. „Wie leicht doch die Versuchung den Weg zu uns findet!"

„Du hast recht", sagte Paulus. „Gott sucht sich schon selbst seine Werkzeuge aus und wann er dich ruft, wirst du ihn hören."

„Aber Myrrha und diese ganze geliebte Familie!", rief Fabian. „Dürfen wir nicht für sie die Hand zum Schlag erheben? Müssen wir es geschehen lassen, dass unser ganzes Geschlecht vernichtet wird und muss ich ruhig zusehen, wie die Geliebte meines Herzens einem Schicksal, das schlimmer ist als der Tod, zum Opfer fällt?"

„Frage Myrrha, was du tun sollst und höre auf ihre Antwort", entgegnete Paulus.

„Nein, niemals!", rief Fabian laut. „Sie vertraut auf mich. Dieses kaiserliche Ungeheuer ist allmächtig und seine Kreatur Tigellinus ist niederträchtiger, als sich sagen lässt. Bis jetzt habe ich auf Rettung durch Brabano gehofft, nun muss ich mich nach anderen Hilfsmitteln umsehen. Nero und sein ränkevoller Günstling sind die Feinde unseres Glaubens, – und wahrlich, wenn wir sie niederschlagen, erweisen wir der ganzen Menschheit einen Dienst."

Brabano lächelte wieder und sagte:

„Wie es scheint, bist du für das Martyrium noch nicht ganz reif. Aber die Pflicht des Christen, wie sie uns gelehrt worden ist, kann kein Zweifel sein; sie erfordert vollständige Hingabe. Mit meinem Ehrgeiz habe ich alle irdischen Hoffnungen aufgegeben. Paulus hat uns angewiesen, im Gebet Rat und Hilfe zu suchen."

„Verlangt das Christentum das Aufgeben aller irdischen Hoffnungen?", fragte Fabian.

„Nein", antwortete Paulus. „Gott wählt sich seine Werkzeuge und benützt sie, wie es ihm gefällt. Das Christentum ist gerade der Anfang aller Hoffnungen auf Erden, aber es ist auch die Ergebung in Gottes Willen und das völlige Vertrauen auf seine Führung. Suche im Gebet seinen Rat und er wird ihn dir geben."

„Aber Myrrha – meine geliebte Myrrha – was soll aus ihr werden?", rief Fabian verzweifelt.

„Und ob er mich gleich schlüge, will ich doch ihm vertrauen", murmelte der Apostel.

„Ja – mich! Wenn er mich schlägt!", rief Fabian, erregt auf die eigene Brust schlagend. „Ich selbst will freudig jedem Schicksal entgegengehen; aber Myrrha – freudig will ich für sie den Tod erleiden!"

„Christus hat für sie den Tod erlitten – wie für dich auch", sagte Petrus ruhig. „Glaubst du denn, er werde sie oder irgendeinen, der sein Vertrauen in ihn setzt, je verlassen?"

„Nein, das glaube ich nicht; und doch wird mein Herz von sich widerstreitenden Gefühlen zerrissen", rief der Soldat. „Die Absichten des Tyrannen sind ganz klar – und die alltäglichste Klugheit würde irgendein Mittel zur Rettung suchen. Paulus selbst hat mir den Rat gegeben, Myrrha in Gabriels Haus zu verbergen, da doch Christus sie hätte retten können, auch wenn sie am hellen Tag unter Neros und Tigellinus´ Augen offen bei den Ihrigen geblieben wäre. Ich finde Trost in diesem Glauben und kenne die Seligkeit der Hoffnung; wenn aber der Glaube schwach wird und die Hoffnung schwindet, was hilft uns dann ein Gott, der sich uns mit seiner Allmacht versagt, wenn wir seiner am allermeisten bedürfen?"

„Gestern Nacht habe auch ich mich dasselbe gefragt", entgegnete Brabano, „und unzählige Lippen werden diese Frage noch stellen, bis der Herr wiederkehrt. Ich habe sie mir nach einer Weise beantwortet, aber ich stehe allein und meine Seele sucht das ihre. Wie ist diesem edlen, jetzt blutenden und zerrissenen Herzen zu helfen? Sprich du zu ihm, Paulus, oder du, Petrus, der du die Antwort von dem Herrn Christus selbst gehört hast."

„Und ob er mich gleich schlüge, will ich doch ihm vertrauen", murmelte Paulus wieder.

„Gerade in der Stunde der Not spricht Gott zu uns, in der Stunde des Todes und am Tage des Gerichts“, sagte Petrus. Wie oft habe ich und alle, die in seinen Fußstapfen wandeln, das erfahren dürfen! Wie oft bin ich auf meinem Wege schwach geworden und wie mächtig war dann die zu meiner Hilfe ausgestreckte Hand! Wie oft hat Paulus von der Bitterkeit des Todes geschmeckt und nichts war da, ihn zu trösten, als allein der Geist Gottes! Wenn wir den nicht haben, haben wir gar nichts. Christus ist gekommen, uns zu retten; das war seine Absicht und sein Auftrag; vertraue nur auf ihn und in der Stunde der größten Not wird er dir gewisslich nahe sein.“

„Habe ich mit meinen Worten gesündigt und Gott gelästert?“, fragte Fabian ängstlich unter dem Eindruck der feierlichen Worte des Apostels.

„Gott vergibt dir, wie er uns allen vergibt!“, antwortete Petrus. „Hat nicht selbst unser Herr und Heiland, als er blutig und gemartert am Kreuze hing, als er die bittersten Qualen litt, in seiner Todesnot ausgerufen: Mein Gott, mein Gott, warum hast du mich verlassen? Sollte er nicht Mitleid mit dir fühlen, wenn auch du Todespein erduldest? Sei getrost! Jetzt schmachten unsere Brüder voll Schmerz und Grauen und doch wirst du sehen, dass sie fröhlich sind in dem Trübsal und im Leid frohlocken; du wirst sehen, wie sie sich über alle irdischen Schrecken erheben und mit ausgestreckten Armen den Engeln entgegeneilen, die ihrer warten. Das Wort des Heilandes ist wahrhaftig, dem Tod ist der Sieg entrissen und das Leben kennt kein Leid mehr. Diese meine Glieder sind alt und schwach, mein Herz ist müde und elend und hängt mit großer Zärtlichkeit an Weib und Sohn, die mit mir im Tiberviertel wohnen, ihnen droht die Gefahr nicht weniger als deiner Myrrha, mir nicht weniger als dir; und doch bin ich stark in Jesus Christus, dem Herrn, dem ich dich, mich, meine Geliebten und alle Menschen befehle.“

„Genügt dir diese Antwort, mein Fabian?“, fragte Brabano. „Eröffnet sich uns hier nicht eine schönere Aussicht als die in die Gärten des Palatins? Erhebe Sinn und Geist und lerne Geduld und Langmut üben; den Tyrannen überlassen wir dem Willen Gottes und legen alle unsere eitlen Pläne voll Rache und Ehrgeiz beiseite. Mit einem neuen Herzen und Gewissen kehr ich zu meinen Pflichten zurück, willig, jede Aufgabe, die mir gestellt wird, zu erfüllen. Wie steht es mit dir, Lucius?“

„Auch ich bin bereit“, antwortete Lucius, in dem er seinen Arm um den Freund schlang. „Mein Haus und alles, was ich habe und liebe, stelle ich in den Dienst des Glaubens, zu dem ich mich jetzt bekenne.“

„Du kannst allen von großem Nutzen sein“, sagte Fabian zu Brabano. „Richtig beeinflusst, kann Nero vielleicht lange Zeit von Rom ferngehalten werden und Poppäa...“

Durch eine hastige Bewegung Brabanos wurde Fabian plötzlich unterbrochen; das Gesicht des Arztes war ganz verzerrt und er fuhr mit der Hand an sein Hals, als ob er ersticken müsse.

„Was ist´s?“, fragte Fabian erstaunt.

„Sprich weiter“, sagte Brabano mit schnell wiedergewonnener Fassung. „Was ist mit Poppäa?“

„Sie könnte Nero veranlassen, ganz wegzubleiben; für ihre Gesundheit wäre vielleicht die Luft von Capreä besser als die von Rom und die Abwesenheit des Tyrannen brächte Sicherheit für uns und unsere Brüder.“

„Bis zum Beginn der Spiele sind alle sicher“, entgegnete der Arzt.

„Vielleicht können die gerettet werden, die bis jetzt noch nicht verhaftet sind“, meinte Fabian.

„Hast du irgendwelche Pläne?“

„Noch nicht; ich muss sie erst von neuem ausdenken“, erwiderte Fabian. „Aber ich will mich nicht ruhig unterwerfen und zusehen, wie die Meinen vernichtet werden und wie Myrrha zugrunde geht. Jetzt erkenn ich meine Pflicht. Ich bin jung und stark und Gott hat mir einen kampfesmutigen Sinn gegeben. Seinem Willen beuge ich mich; in alles, was geschieht, will ich mich ergeben und alles, was er mir schickt, will ich willkommen heißen. Aber für unsere Rettung will ich das Äußerste wagen und zwar in seinem Namen. Ich bin Neros und Tigellinus´ Feind und werde beide nicht schonen. Sind sie doch auch die Feinde Gottes! Aber wenn ich sie ihr Tun bereuen und davon absehen, die Christen zu verfolgen, will ich sie in Ruhe lassen und sie lieben, wie es mir befohlen ist. Meine Pflicht ist mir ebenso klar vorgezeichnet, wie dir die deine und Volgus und Ethelred und noch mindestens zwanzig andere sind bereit, mir zu folgen. Nicht für Myrrha allein streite ich, nein, auch für meinen Oheim, für Gabriel und seine Familie, für alle, die durch des Kaisers

Bosheit in Gefahr sind. Aber ich werde ohne Hass und nur zur Abwehr mein Schwert ziehen."

„Tue, was du nicht lassen kannst", sagte Brabano. „So weit meine Macht reicht, werde ich dir helfen. Eine Zeitlang bleibt Nero sicher in Capreä, wohin ich morgen zurückkehre. Ich glaube nicht, dass du in augenblicklicher Gefahr bist; da Tigellinus ja der Zukunft sicher ist, wird er den Erfolg seiner Pläne nicht durch übergroße Eile in Gefahr bringen. Seine Feindschaft gilt nicht dir allein."

Petrus und der Apostel erhoben sich und der Jünger sagte: „Friede sei mit dir!"

„Werde ich dich nach meiner Rückkehr noch vorfinden?", fragte Brabano.

„Gewiss", antwortete Petrus. „Hier in Rom sind wir am Ende unserer Pilgerreise und hier wollen wir das Evangelium verkünden, bis der Herr uns befiehlt, aufzuhören."

Brabano stellte wieder seine Sänfte zur Verfügung, aber der Jünger dankte dafür. Die Hausbewohner begleiteten ihn in die Vorhalle, wo er sich noch einmal umwandte, und alle segnete. Dann stützte er sich auf den Arm des Paulus und verließ mit diesem das Haus.

Die Gladiatoren

Der Tag war hell und klar und die Sonne lag heiß auf dem Campus Martius. Ihre Strahlen drangen auch in die engen Straßen des Stadtteils jenseits des Tibers und beschienen die wenigen freien Plätze, die da und dort zwischen der Menge niederer Häuser dem armen Volke Raum zum Luftschöpfen boten. Der Fluss war mit Booten übersät und ein leichter Wind drang erfrischend vom Wasser her in den durchhitzten Stadtteil hinein. Aus dem Hause, das ihm Schutz gewährte, trat jetzt Volgus auf einen dahinterliegenden kleinen, offenen Platz und dehnte und streckte sich in der Sonne – und dieser Atemzug der Freiheit wirkte fast berauschend auf ihn. Ethelred hatte die Nacht mit Volgus hier in dessen Wohnung neben dem Haus, wo Petrus und seine Familie wohnten, zugebracht und der Riese hatte sein Geschick beklagt, das ihn jetzt zwang, sich versteckt zu halten. Die ihm drohende Gefahr kannte er nur zu wohl, aber er vermisste doch sehr das freie Leben, das Kommen und Gehen nach eigenem Belieben. Um einen Gang durch die engen Straßen der Subura zu machen, einen Nachmittag in seiner Lieblingsweinschenke neben dem Zirkus Flaminius oder einen Abend mit seinen Kameraden in der Gladiatorenkaserne verbringen zu können, hätte er zuweilen gern jeder Gefahr Trotz geboten; nur die Furcht, seinen alten Herrn Lucius in noch mehr Angelegenheiten zu bringen, hielt ihn stets zurück. Selbst auf der Folter hätte er sich nicht zu Geständnissen zwingen lassen und zudem flößte diese dem Riesen auch keinerlei Schrecken ein, denn wie er wohl wusste, wurden die kräftigen Glieder der Fechter niemals durch die Folter unbrauchbar gemacht. Falls er ergriffen würde, hatte er eher zu gewärtigen, bis zu den Spielen ins Gefängnis geworfen und bei diesen auf die den Zuschauern die größte Befriedigung gewährende Weise hingeschlachtet zu werden. Aus diesen Gründen hielt sich Volgus tagsüber im Hause auf und wagte sich nur bei Nacht heraus und auch da nur, um das Haus in der Subura, oder mit der größten Vorsicht und meist in der Begleitung Ethelreds die Villa des Lucius auf dem Pincius zu besuchen.

Heute aber war seine Geduld zu Ende. Gestern Abend hatte er im transtibertinischen Viertel einen Bekannten getroffen, der gar nicht wusste, dass Volgus vor dem Zorn des Tigellinus auf der Flucht war. Dieser Bekannte hatte dem alten Fechter von seinen Freunden in der Fechtschule erzählt und Volgus hatte ihm begierig gelauscht. Seine alten Kameraden vermissten ihn; sie waren über seine Abwesenheit erstaunt und beklagten sie sehr. Auch sie wussten nichts von dem Bann, der auf ihm lag und Volgus fühlte, wie seine alte Ungeduld in ihm lebendig wurde.

„Wir wollen den Versuch machen", sagte er zu Ethelred. „In der Fechtschule wissen die Kameraden gar nichts von der dummen Geschichte und selbst wenn sie davon wüssten – ein Schurke und Verräter ist nicht darunter. Wir können wohl wagen, auf ein Stündchen hinzugehen, um dann noch in der Schenke unten am Marktplatz einzukehren. Eine solche Erholung wird uns für die ausgestandenen Entbehrungen etwas entschädigen und uns für die kommenden Tage aufheitern. Das bisschen Gefahr dabei würzt nur noch das Vergnügen – und vielleicht gibt´s auch noch eine Keilerei auf der Straße. Wir beide werden doch sicher im Notfall mit einem ganzen Zug Soldaten fertig! Der Kampf um meine holde Herrin war doch fein! Und dich möchte ich gar zu gern noch einmal zuschlagen sehen! Einen richtigen römischen Soldaten im Dienst niederzustrecken, wünsche ich mir freilich durchaus nicht, aber diesen Spionen des Wagenlenkers, die uns überall auflauern, würde ich mit Vergnügen meine Fäuste zu kosten geben! Kommen wir heute im Frieden wieder heim – recht und gut! Werden wir aber angegriffen – hei! Dann schlagen wir uns eben fröhlich durch. Dem Gefängnis sind wir dann auch nicht viel näher als jetzt!"

Ethelred fühlte sich dem Abenteuer durchaus nicht abgeneigt; er war jung und furchtlos, der Tag höchst einladend und er sehnte sich nach Freiheit.

Dennoch ließen die beiden nicht alle Vorsicht außer Acht. Von der Wohnung des Volgus aus gingen sie durch die engen, dichtbevölkerten Gassen des transtibertinischen Stadtteils, die der alte Gladiator so genau kannte wie Ethelred die Wolfsfährte in den Jagdgründen seiner Heimat. Sie hielten sich nördlich, bis sie dann nach rechts abbogen, um an die Aliusbrücke zu kommen. Nachdem sie diese überschritten hatten, gingen sie durch den Campus Martius; hier genossen sie in vollen Zügen die köstliche Luft und waren so vergnügt, wie ein paar Jungen auf einem Ferienausflug. Niemand hielt sie an und unbelästigt erreichten sie die Türme der Fechtschule. Die große Gestalt des Riesen zog zwar stets die Aufmerksamkeit auf sich und in der Nachbarschaft, wo er sonst häufig gesehen worden war, hatte man seine wohlbekannte Erscheinung vermisst; aber von den vielen Soldaten, die den beiden auf dem Weg über das Marsfeld begegneten, hatte augenscheinlich keiner den Befehl, Volgus und seinen Begleiter zu verhaften. Sie gingen nun durch den hohen Torbogen und betraten die große Halle, wo aus einem angrenzenden Zimmer lautes Gelächter erscholl. Auch hörte man das Geklirr von Trinkgefäßen und gerade als Volgus und Ethelred ihre Schritte dem Zimmer zuwandten, trat Paolo heraus und blieb bei ihrem Anblick erstaunt stehen.

Das Gesicht des jungen Mannes überzog sich mit tiefer Röte und unwillkürlich machte er eine Bewegung, als wollte er zurücktreten. Doch behauptete er seinen Platz, sah Volgus neugierig an und warf verstohlene

Blicke auf Ethelred, den die gewaltige Gestalt seines Gefährten fast verdeckte.

„Oh, sie da, Paolo!“, rief Volgus herzlich. „Wie freue ich mich, dich zu sehen! Gehst du schon fort?“

„Ja“, entgegnete Paolo gleichgültig. „Ich bin nur hergekommen, um Cainor nach einem Lehrer im Schwertkampf zu fragen und habe dabei ein Glas Wein mit ihm getrunken. Aber du bist kühn, Volgus, dass du dich in diese Gegend wagst, nachdem du einen kaiserlichen Hauptmann niedergehauen hast!“

„Hier bin ich in Rom am sichersten“, erwiderte Volgus. „Zudem ist der Kaiser abwesend und hoffentlich hat er mich überhaupt vergessen. Du kennst doch den Fürsten Ethelred?“

Paolo wurde wieder rot und schloss schnell die Augen, wie um einen darin aufflammenden Glanz zu verbergen. Nach einem kurzen Augenblick sah er mit offenem Blick auf und sagte:

„Meinem britischen Freund – natürlich. Sei gegrüßt, edler Brite!“

Ethelred erwiderte den Gruß mit gleicher Offenheit, bemerkte aber, dass die Hände seines Gegenübers etwas an seinem Gürtel in Ordnung zu bringen hatten und seine Augen die ihm entgegengestreckte Hand nicht zu sehen schienen.

„Bist du heute im Hause meines Herrn gewesen?“, fragte Volgus und sah Paolo zornig an, als Ethelred jetzt seine Hand sinken ließ und zurücktrat. Mit deutlichem Hohn in der Stimme fuhr er fort: „Ich kann mir nur wenige Vormittage denken, an denen ich dich nicht schon in aller Frühe bei meiner gütigen Herrin Valentina gesehen hätte.“

„Ach ja, und auch bei deiner Herrin Myrrha. Nach ihr hätte ich dich freilich zuerst fragen sollen. Sie ist doch wohl? Wohin hast du sie denn gebracht?“

„Hat dir das die edle Fulvia nicht gesagt?“, fragte Volgus. „Vor einem solch treuen Freund hat man im Haus des Lucius doch gewiss keine Geheimnisse?“

„Ja, ja – freilich hat sie es mir gesagt – aber ich kann mich des Ortes nicht mehr genau entsinnen“, stotterte der junge Mann und seine Blicke wurden unstet. „Heute und auch in den letzten Tagen bin ich nicht bei Lucius gewesen; ich musste meinen Vater in den Senat begleiten.“

In den Augen des Gladiators blitzte es boshaft auf. Mit einem Blick auf Ethelred rief er aus: „Oho, der edle Lucius ist also in den Bann getan und seit er bei dem Kaiser in Ungnade steht, ist sein Haus kein passender Aufenthaltsort mehr für dich, Paolo Attilius. Die Stimmung des Rotbarts ist unberechenbar und sogar ein Senator wie dein Vater, der nicht den hohen Rang des Lucius hat, tut wohl daran, das zu bedenken."

„Ist Lucius in Ungnade gefallen und im Bann?", fragte Paolo hastig. „Davon haben wir noch gar nichts gehört, er befindet sich ja auch noch immer diesseits des Grabes. Mein Vater sagt allerdings, der Kaiser hätte das Recht gehabt, ihn aus dem bewussten Becher trinken zu lassen. Die Amicier scheinen noch mächtiger zu sein, als man gedacht hat, wenn sie einen Hauptmann des Kaisers straflos niederschlagen lassen können."

„Es scheint, ich habe wieder einmal in den Tag hineingeredet!", rief Volgus mit umwölkter Stirne. „Natürlich ist der edle Lucius über jeden Verdacht erhaben und der Kaiser schätzt in so hoch wie sich selbst. Den Hauptmann habe ich niedergeschlagen; der edle Lucius ist ganz schuldlos, das sieht selbstverständlich auch der Kaiser ein."

„Soviel ich gesehen habe, waren die Jungfrauen recht niedergeschlagen und die edle Fulvia war sehr erschrocken", bemerkte Paolo listig. „Von der Rückkehr der sanften Myrrha habe ich noch nichts gehört und die stolze Valentina soll schon lange nicht mehr gelacht haben. Augenblicklich wäre ich dort wohl nicht mehr willkommen, aber ich kann mich trösten. Ich habe meine Gründe."

Mit festem Griff hielt Volgus Ethelred zurück und stellte sich vor ihn hin; aber der junge Patrizier, der sich einem Freigelassenen gegenüber ganz sicher fühlte, einen Barbaren aber, für den er den Briten hielt, für nichts achtete, fuhr er fort:

„Es handelt sich um die Christen. Der Kaiser hat befohlen, sie zu verhaften und der Prätor hat versprochen, sie bei den Spielen zu opfern. Alle Käfige sind mit wilden Tieren gefüllt und tagtäglich kommen noch ganze Schiffsladungen voll an. Lucius muss den Verstand verloren haben und auch Fulvia ist nicht mehr dieselbe. Als ich zum letzten Mal dort war, machten ihre Reden den Aufenthalt in ihrem Hause geradezu gefährlich und sollte der Kaiser davon hören, so wäre es sicher, besonders nach deinem Angriff auf den Hauptmann, mit den Amiciern zu Ende. Das habe ich Valentina auch angedeutet, aber sie ließ nur ihre

Zünglein spazieren gehen. Deshalb ging ich fort und sie können warten, bis ich zurückkomme!"

Während er sprach, ließ sich Paolo von seinem Ärger fortreißen. Augenscheinlich fühlte er sich noch immer durch die damals gehörten Worte gekränkt; er vergaß den Briten und sah nur noch den Freigelassenen vor sich, gegen den er, der Patrizier, sich alles herausnehmen zu können meinte.

„Wiederhole das nur deiner Herrin, mit einem Gruß von mir! Der Tag wird noch kommen, wo die reizende Dirne froh sein wird..."

Er brachte den Satz nicht zu Ende. Wie ein Blitz fuhr Ethelred unter dem Arm des riesen hervor und ehe der erstaunte Paolo nur sein Schwert ziehen konnte, hatte ihn der Brite zu Boden geschlagen.

Mit blutendem Gesicht erhob sich der Römer und erinnerte sich voll Schrecken an die Szene mit dem Hauptmann und an die Haltung Ethelreds jener überlegenen Macht gegenüber. Als ihn der Brite jetzt wieder angreifen wollte, schrie er laut auf, ließ den Schwertgriff, den seine Hand instinktiv gefasst hatte, fahren und wich durch eine plötzliche Seitenbewegung einem zweiten Schlag auf sein anschwellendes Gesicht aus. Hastig rannte er der Türe zu und schrie wieder gellend auf, als ein letzter Stoß ihn in den Staub der Straße beförderte; doch schnell sprang er wieder auf und lief in größter Eile über den freien Platz vor dem Hause.

Mit heißen Wangen kam Ethelred zu Volgus zurück, der über den Vorgang herzlich lachend dastand.

„Beim Jupiter, Kamerad!", rief er. „Hier an diesem Platze und nach solch einem Vorfall muss ich noch einmal bei einem heidnischen Gott fluchen! Wenn das aber der gute Paulus hört, wird er dich für recht zweifelhaft bekehrt halten; freilich, bei mir ist die Gnade auch noch nicht tief gedrungen, was ja kein Wunder ist, wenn man bedenkt, was ich gewesen bin. Einen Gladiatoren kannst du nicht bessern und aus einem Fechter der Arena einen guten Christen zu machen, geht selbst über die Kraft unserer guten Freunde. Ich hätte ihnen das auch gleich gesagt, wenn ich sie nicht so gut leiden könnte. Die Erlösung ist etwas für die Patrizier – wenn sie erst einmal etwas davon erfahren – den Schurken ausgenommen, der eben Fersengeld gegeben hat. Da sein Vater ein tapferer Mann ist, wundert's mich, dass der Sohn sich als solch feiger Hund entpuppt!"

„Ich bin froh, dass ich ihm eins versetzt habe!", sagte Ethelred, der von der gehabten Anstrengung noch etwas außer Atem war. „Hoffentlich sprechen die Römer für gewöhnlich nicht in solchem Ton von den Jungfrauen!"

„So etwas ist unerhört, besonders wenn die Jungfrau so vornehm ist wie meine Herrin", erwiderte Volgus. „Ei, da kommen sie!"

Dieser Ausruf wurde durch das Erscheinen der Gladiatoren veranlasst, die, durch den Lärm des Streites herbeigezogen, jetzt von allen Seiten in die Halle strömten. Eilig stürzten sie herbei, um ja nichts Wichtiges zu versäumen. Cainor trat zuerst aus dem Zimmer rechts von der Halle.

„Was ist los?", fragte er, hielt aber plötzlich inne, als er Volgus erblickte. „Hallo, alter Herkules!", fuhr er dann fort. „Ich freue mich, dich auch wieder einmal zu sehen. Was hast du denn all die Zeit über getrieben?"

„Nichts ist los!", antwortete der Riese und sein gutmütiges Gesicht glänzte vor Vergnügen. „Der junge Mann da ist hingefallen und hat sich ein bisschen verletzt."

„Solltest du nicht selbst die Ursache an seinem Fallen gewesen sein?", fragte Cainor spöttisch. „Ich meine doch, deine Stimme gehört zu haben."

„Ich saß drüben am Fenster und habe ganz deutlich gesehen, wie ein Mann aus dieser Türe hinausgeflogen ist", sagte Placidus. „Im Staube hat er dann noch einen Purzelbaum geschlagen und sicherlich hat er beim Aufstehen den ganzen Mund, wenn nicht gar den Leib, voller Staub gehabt. Auch ein Stück des Armes habe ich noch gesehen, der ihm durch die Türe geholfen hat, der Arm war aber kleiner als der deine, mein Volgus. Sieh doch", fuhr er fort und deutete dabei auf einen Blutfleck in dem weißen Sand. „Hier ist jemand gestürzt."

„War´s Paolo?", fragte Cainor.

„Ja", sagte Volgus, herzlich lachend. „Er wollte sich an unserem Freund, dem Briten hier, reiben, hat aber tüchtig eins hinters Ohr bekommen. Merkwürdig! Diese Ausländer schlagen mit der nackten

Faust wie mit einem Schlagriemen. Bei den Göttern! Nach dem Blut hier könnte man schon glauben, er habe einen gehabt."

„Ist Paolo geflohen?", fragte Cainor ganz empört.

„Wie ein Reh!", gab Placidus lachend zur Antwort. „Wie ein griechischer Springer setzte er über die Ketten der Einfriedung und ich wette darauf, er läuft jetzt noch. Doch kommt, wie wollen eins trinken!"

„Darum eben sind wir hergekommen", sagte Volgus, während er seine Kameraden nacheinander begrüßte. „Ach, wie wohl tut mir der Anblick dieses Platzes! Ich bin unter den Christen gewesen und so fromm geworden, dass ich nächstens nur noch als Löwenfutter zu gebrauchen bin. Was hast du denn?"

„Frage mich nicht!", rief Melchus aus. „Cainor, Hainor und Virgil sollen es dir sagen. Zeit meines Lebens habe ich noch nie derartige Vorbereitungen für die Spiele gesehen und die Arena wird sogar dir ganz fremd vorkommen. In den Zellen sind viele tausend Gefangene und Bestien von allen Enden der Welt. Einige gefleckte Tiger sind da, die haben so lange Hälse, dass die Gefangenen, die sie im Maul halten, viel höher sein müssen als die Zuschauer auf der Tribüne. Wenn die Bestie den Rachen aufreißt, fällt sich der Mann sicherlich zu Tode."

„Das sind ja gar keine Tiger, das sind Leoparden", warf Placidus ein. „Ich habe sie einmal in Afrika gesehen. Wild sind sie aber durchaus nicht; ich nehm´s in der Arena mit einem Dutzend davon auf und will einem nach dem anderen den langen Hals mit einem einzigen Schlag durchhauen. Aber wahr ist´s, Tiere aller Art sind hinreichend da und auch mit Verbrechern braucht nicht gespart zu werden."

„Und wie viele von der Genossenschaft sind beteiligt?", fragte Volgus mit leuchtenden Augen.

„Frage nur Cainor", antwortete Virgil lachend. „Er wird dir sagen, dass er noch nie zuvor so viele Fechter in die Arena geführt hat. Es ist mein letztes Auftreten und ich flehe zu den Göttern, das Amphitheater lebend verlassen zu dürfen. Ich hab´s einem Mädchen versprochen und da ich jetzt zehn Jahre dabei gewesen bin, möchte ich nun doch endlich frei werden."

„Das wirst du auch, alter Kamerad", sagte Volgus. „Wie du dich gewiss erinnerst, habe ich im Kampf mit dir meine Freiheit errungen – und einen tapfereren Feind habe ich noch nie besiegt. Weißt du noch, wie ich die Hand hochhielt und über dich gebeugt stehen blieb, bis ich deine Freunde auf den Sitzen aufmerksam gemacht hatte? Und wie sie dann den Kaiser zwangen, seinen Daumen aufwärts zu halten?"

„Ja, ja, mein Leben war keinen Knopf mehr wert", sagte der Gladiator lachend, der das Entsetzen jener Stunde längst vollständig überwunden hatte. „Du warst zwar auch an der Brust verwundet, aber ich hielt mich doch für verloren. Nun, seither habe ich manchen drunten liegen sehen und dazu waren dann noch die Daumen nach unten gerichtet. Ich will mich aber schon durchschlagen, wenn´s wohl auch heiß hergehen wird!"

„Wo ist mein Gallier?", fragte Volgus, indem er suchend umherblickte.

„Calcus?", erwiderte Cainor. „Er ist soeben noch hier gewesen. Als wir den Lärm hörten, ist er zusammen mit mir in die Halle gelaufen."

„Nein", sagte Virgil. „Er kam nur bis an die Türe, ist aber sogleich wieder fortgegangen. Ich habe ihn zur hinteren Türe hinausgehen sehen."

„Tut nichts", sagte Volgus. „Ich wollte ja doch nur mit dem Kameraden ein Glas leeren. Nun wollen wir alle zusammen einen Krug ausstechen. Der Gallier ist übrigens ein vielversprechendes Früchtchen."

„Glatt wie ein Aal", sagte Placidus. „Ich hoffe nur, dass er bei den Spielen etwas abkriegt."

Jetzt trat Calcus ein. Mit finsterem, scheuem Wesen, mehr schleichend als gehend, näherte er sich den Anwesenden.

„Hoho, mein Junge!", rief Volgus. „Endlich da? Gleich als ich kam, habe ich nach dir gefragt." Calcus schwieg. „Hast du jetzt gelernt, mit dem Schwert zu fechten, wie ich dir geraten habe?", fuhr Volgus fort. „Das Schwert ist doch eine schönere Waffe als der Cestus und doppelt so ehrenvoll. Du hast die nötige feste und sichere Hand und was dir vielleicht an Muskelkraft fehlt, kannst du durch Gewandtheit ersetzen."

„Ja", erwiderte der Gallier. „Ich fechte jetzt mit dem Schwert, Cainor kann´s bezeugen. Geboxt habe ich nicht mehr, seit..."

„Seit ich dich niedergeschlagen habe, Mann. Sag das doch frei heraus, das ist ja eine Ehre und keine Schande. Bin ich dir doch an Jahren und an Gewicht überlegen und mit den Jahren kommt auch die Erfahrung. Eben fällt mir ein, dass es Paolo war, der mich auf dich gehetzt hat. Wenn er selbst doch nur halb so viel Mut als du – doch genug, ich bin durstig. Hast du auch genug Wein da, Cainor?“

„In Hülle und Fülle“, erwiderte der Anführer der Gladiatoren. „Kommt, ihr beide, Placidus und Virgil. In einer Stunde wird geübt. Die anderen sollen die nötigen Vorbereitungen treffen. Alles nach Vorschrift, Volgus, diese kräftigen Muskeln dürfen mir nicht einrosten.“

„Glaub´s gern“, erwiderte Volgus, indem er zusammen mit Ethelred Cainor ins Nebenzimmer folgte. „Bei uns Gladiatoren heißt es: je nachlässiger im Üben, desto näher dem Grab!“

Auf einem langen Tisch in der Mitte des Zimmers, das die Männer jetzt betraten, standen verschiedene Flaschen und Becher.

Kaum hatte Volgus seine Riesengestalt auf eine Bank fallen lassen und einen Becher ergriffen, als der Gallier unter der Türe erschien und Cainor zuwinkte.

„Auf ein Wort, Hauptmann!“, sagte er.

Cainor meinte, irgendeine Dienstangelegenheit fordere seine Anwesenheit draußen und wollte eben dem Gallier folgen, als Ethelred, der noch nicht Platz genommen hatte und gerade an einem der Fenster vorbeiging, zurücksprang und durch die Heftigkeit seiner Bewegung Volgus aufschreckte.

„Nun, was gibt´s, mein Junge?“, fragte der Riese.

„Soldaten!“, rief Ethelred. „Ein kräftiger Germane führt sie an. Sieh da, es ist Markus, den ich in den kaiserlichen Gärten gesehen habe, mit einem halben Dutzend Söldnern hinter sich. Es sind nicht dieselben, die damals vor dem Hause des Lucius gewartet haben, sondern echte und gerechte Römer. Jetzt gibt´s ein Tanz mit dem Militär, Kamerad!“

„Nur los!“, rief Volgus, indem er aufstand.

„Was wollen sie denn?“, fragte Cainor ärgerlich. „Hab ich doch geglaubt, die Zeit sei vorbei, wo Soldaten in die Fechtschulen einfallen durften! Keiner meiner Gesellen hat die Gesetze der Stadt übertreten und gerade jetzt, wo sie sich für die Spiele vorbereiten, können wir keine Störung brauchen. Die Tribunen haben uns doch versprochen, bei kleinen Unregelmäßigkeiten ein Auge zuzudrücken und wollen mir jetzt die Soldaten einen meiner Leute holen, so verfolg´ ich die Sache bis vor den Präfekten!“

„Der Präfekt ist mit dem Kaiser fort“, entgegnete Volgus, der am Tische stand und sich die Sachlage überlegte.

„So ist´s“, sagte Cainor und der Verdruss stand ihm deutlich auf dem Gesicht geschrieben. „Der alte Gelehrte auf dem Palatin ist ein armseliger Stellvertreter.“

Der Mund des wartenden Calcus verzog sich zu einem breiten Grinsen.

„Auch an der Rückseite des Hauses stehen Soldaten“, bemerkte er. „Jeder Eingang zu der Fechtschule wird bewacht, aber die Fechter dürfen frei ein und aus gehen. Wahrscheinlich warten die Wachen auf dich, Hauptmann.“

Dabei sah er aber Volgus und den Briten an.

„Wir sitzen in der Falle, alter Freund“, sagte Ethelred.

Erstaunt und fragend sah Cainor die beiden an.

„Suchen sie euch?“, erkundigte er sich.

„Ja, uns“, erwiderte Volgus mit einem tiefen Grunzen, das zugleich Zorn und Unzufriedenheit ausdrückte. „Dummkopf, der ich war, den Fürsten zu verführen, am hellen Tag auszugehen, da ich doch wusste, dass die Liktoren uns suchen. Nun haben wir eine Balgerei auf dem Hals. Aus dem Weg, Mann“, fuhr er fort, indem er den Gallier auf die Seite schob und in die Halle stapfte; Cainor und Ethelred folgten auf den Fersen. „Irgendein Schurke hat uns auf der Straße gesehen und die Wache auf uns gehetzt.“

„Dort steht der Schurke“, versetzte Ethelred und deutete auf eine Gestalt, die zwar hinter den Soldaten stand, aber trotzdem deutlich sichtbar war. „Paolo ist es. Vielleicht können wir durchbrechen und wenn es gelingt, will ich mich gerade lang genug aufhalten, um den Kerl an mein Schwert zu spießen.“

„Und ich will dir den Weg bahnen“, rief der Riese, indem er von einem Gestell einen langen Eisenstab nahm und ihn durch die Luft schwang. „Der Kerl ist zwar schnellfüßig, aber bleib ihn auf den Fersen, Junge, und wenn dein Schwert ihm zwischen den Rippen steckt, so drehe es scharf herum. Ist die Klinge breit, so hat das eine geradezu zauberhafte Wirkung.“

„Zurück und den Stab aus der Hand!“, befahl Cainor grob.

Volgus lachte und schwang seine Waffe wieder. Jetzt trat der Anführer der Soldaten in die Halle.

„Dein Anliegen, Hauptmann?“, sagte Cainor.

Der Germane grüßte, denn der Oberste der Gladiatoren hatte in den Fechtschulen den gleichen Rang wie ein Tribun auf der Straße.

„Die Verhaftung eines früheren Gladiatoren, Volgus und eines Barbaren, eines Briten; eine genaue Beschreibung von ihnen ist überall öffentlich angeschlagen“, antwortete der Germane. „Herr Attilius und der Gallier Calcus haben angezeigt, die Gesuchten seien hier zu finden und dort neben dir sehe ich sie auch stehen.“

Volgus brüllte vor Wut; seine Augen schossen Blitze auf den Gallier und Ethelred zog sein Schwert, als nun zwei Soldaten zur Türe hereintraten und sich hinter ihrem Anführer aufstellten.

Volgus machte einen Schritt vorwärts, als wollte er sich auf Calcus stürzen; aber Cainor hob warnend die Hand auf und winkte die Fechter zu sich heran.

„Calcus hat jederzeit das Recht, einen steckbrieflich Verfolgten anzuzeigen; aber Volgus ist Gladiator gewesen und besitzt das silberne Abzeichen. Wer das hat, darf hier in der Fechtschule nicht verhaftet werden, denn hier ist eine Freistätte. Das ist ein altes Gesetz aus der Zeit des Tiberius“, erklärte der Fechtmeister. „Den Briten könnt ihr mitnehmen, aber für Volgus bin ich verantwortlich.“

In diesem Augenblick erschien Paolos Gesicht unter dem Torbogen und wie auf ein verabredetes Zeichen warf sich jetzt Calcus blitzschnell auf Ethelred, packte ihn bei den Schultern, indem er ihm zugleich das Knie in den Rücken stieß und warf ihn auf den Boden. Diesem Angriff von hinten gegenüber war Ethelred völlig machtlos und ehe er sich wieder aufrichten und Gebrauch von seiner Stärke machen konnte, hatten ihn schon zwei Soldaten die Hände gebunden.

Volgus stieß einen Schrei aus wie ein wildes Tier und stürzte vor, indem er seinen Eisenstab joch in der Luft schwang; aber Cainor sprang ihm nach und packte ihn um den Leib. Dennoch versuchte der Riese zuzuschlagen, aber Virgil, Placidus und noch etwa zwanzig andere Fechter warfen sich auf ihn.

„Halt ein, alter Herkules!“, keuchte Cainor fast atemlos. „Du bist ja unter Freunden und hier ist für dich eine Freistätte.“

Der Riese mäßigte seinen Widerstand; als die Gladiatoren das bemerkten, ließen sie ihn los und nun warf Volgus seinen Stab auf den Boden.

„Seine Waffe!“, schrie Volgus, indem er auf Ethelreds langes Schwert zeigte, das der Germane an sich genommen hatte. Seine Stimme klang erregt und sein Gesicht glühte vor Zorn und Aufregung. „Gib es her. Es ist gegen das Gesetz. Kein Soldat darf in der Gladiatorenschule eine Waffe wegnehmen.“

„Ja, so lautet das Gesetz“, bestätigte Cainor. „Niemand kennt es so gut wie Volgus.“

Der Germane reichte dem Hauptmann der Gladiatoren das Schwert und sofort packte es Volgus mit einer heftigen Bewegung.

„Ich will zum Rechten sehen, mein Junge“, rief er Ethelred zu. „Das Schwert behalte ich, bis deine Freunde dich befreien. Gern ginge ich mit dir, aber es ist klüger, wenn ich frei bin.“

„Gewiss!“, erwiderte Ethelred. „Sorge nur für dich selbst und sei vorsichtig, wenn du der Tochter des Lucius Bericht erstattest.“

„Bei allen heidnischen Göttern!“, brüllte der Riese in einem neuen Wutanfall. „Den hinterlistigen Gallier schlage ich tot, ehe ich dieses Dach verlasse!“

Mit einem bösen Lachen zog sich Calcus zurück; die Gladiatoren drängten sich um ihn und schoben ihn in den Hintergrund und während Volgus noch unentschlossen dastand, führten der Germane und seine Leute Ethelred aus dem Hause.

Brabano und Poppäa

Auf der Rückreise nach Capreä waren Brabanos Gedanken sehr geschäftig. Sie durchwanderten die Vergangenheit, weilten in der Gegenwart und suchten den Schleier der Zukunft zu lüften. Stand die Zukunft auch düster vor ihm, der Arzt fühlte doch den Mut in sich, ihr ruhig entgegenzutreten und sein neues Lebensziel verlieh ihm Kraft. Er verließ Rom in der Nacht und zwar in einer Sänfte. Da er sich in einer solchen leichter ungestörtem Nachdenken hingeben konnte und jetzt vor allem Ruhe brauchte, um seine Gedanken zu sammeln, zog er die Sänfte einem Wagen vor – sein Reichtum gestattete ihm ja diesen Luxus, obgleich die Entfernung für diese Art zu reisen groß war. Solange Nero auf Capreä weilte, waren zwischen der Hauptstadt und der Insel verschiedene Stationen errichtet, wo Hunderte von Sklaven – sehnige, kräftige Männer – bereitstanden, die ermüdeten Träger abzulösen und die Reisenden weiterzubefördern. Brabano konnte nie lange vom Hofe abwesend sein, denn der Tyrann war oft krank und nicht einmal die herrliche Luft der zauberhaften Felseninsel war ein genügendes Heilmittel für die Folgen seiner großen Ausschweifungen. Und nun, da Brabano, dieser Mann des klaren Verstandes, der ruhigen Berechnung und Überlegung, der Mäßigkeit und des festen Entschlusses, mit sich selbst ins reine gekommen war, sehnte er sich wieder nach seinem Posten zurück. Er kannte seine Pflicht. Die Worte des Jüngers Petrus waren wie Lichtstrahlen durch die harte Rinde seines Herzens gedrungen, sie klangen ihm noch in den Ohren und erfüllten seine Gedanken. Noch wusste der Arzt nicht, wie er seinen neuen Glauben mit seiner Stellung, noch weniger, wie er ihn mit gewissen persönlichen Beziehungen in Einklang bringen sollte. Dass er diese Beziehungen jetzt abbrechen müsse, war ihm völlig klar. Aber, trotz aller Reue und Besserung, die sein ganzes Wesen durchdrungen hatten, schmerzte ihn dieser Gedanke wie die rohe Berührung einer offenen Wunde.

Poppäa, diese zarte und liebliche Königin der Schönheit! Poppäa, voll Stolz und Eitelkeit, voll unersättlicher Gier nach Huldigung – wie konnte er ihr Ersatz bieten für den Ersatz, den er selbst gefunden hatte!

Brabanos Reise war hinter ihm; über das drei Meilen breite, blaue Meer war er bis zu der Landungsstelle am Fuße der trotzigen Klippen gefahren; von dort aus hatte man ihn durch das grüne Tal und durch liebliche Haine den Hügel hinaufgetragen, wo die hohen Türme der kaiserlichen Villa aufragten und von wo aus man eine herrliche Aussicht auf die See hatte. Beim Näherkommen hörte der Arzt die Töne einer Lyra, vermischt mit dem Geräusch tanzender Füße auf dem Marmorboden der Terrasse. Er sah eine heitere Gesellschaft; alle Versammelten trugen Blumenkränze in den Locken und hielten seidene Flaggen in den Händen; so festlich geschmückt zogen sie an einem purpurnen Baldachin vorbei, unter dem ein erhöhter Thron aufgeschlagen war, worauf Nero saß und seine Schreibtafeln auf den Knien hielt. Brabanos Blicke wurden durch dieses Schauspiel gefesselt; er wusste, nun stand er wieder auf dem wohlbekannten Boden, der jetzt für ihn das Schlachtfeld geworden war, auf dem er den guten Kampf kämpfen wollte, dessen Ausweg noch im Dunkeln lag.

Der Leibarzt mischte sich nicht unter die lustige Schar und ließ auch nicht durch seine Sklaven seine Ankunft melden. Nachdem er die Sänfte verlassen hatte, ging er sofort in seine Gemächer, reinigte sich dort von dem Reisestaub und erfrischte sich mit einem Trunk Wein. Er wusste, welche Feuerprobe er jetzt zu bestehen hatte und auch, dass er sie nicht lange hinausschieben konnte. Poppäa hatte seine Ankunft erwartet und Nero war jetzt beschäftigt!

Wie konnte er hoffen, auf Poppäas leichten Sinn einen Eindruck zu machen mit dem, was jetzt sein Innerstes erfüllte! Wie sollte er seine Veränderung rechtfertigen, die das Lächeln auf ihrem Antlitz auslöschen würde, – und wie ihr auseinandersetzen, dass es nicht Geringschätzung war, die ihn dazu trieb? Er kannte Poppäa in all ihren Stimmungen und wusste, dass sie rachsüchtig war, wie eine Katze. Zehntausend Lügen konnten ihm nichts nützen, selbst wenn er die Absicht gehabt hätte, zu lügen; und doch hatte die Wahrheit für die Kaiserin gar keinen Sinn. Brabano war eine leidenschaftliche Natur und hatte Poppäas Flatterhaftigkeit eine Kraft und Tiefe entgegengebracht, die leicht der ermatteten Kräfte ihres verbrauchten Herrn und Gebieters gespottet hatten. Ihre Eifersucht würde jetzt eine Nebenbuhlerin ahnen und ihre Wut grenzenlos sein! Ein schwaches Lächeln spielte um die Lippen des Arztes, als er an den drohenden Sturm dachte, der nun bald über ihm losbrechen musste, – ein Lächeln, in dem eine gewisse Selbstverachtung lag, das zugleich aber auch den Entschluss anzeigte, die Folgen seines Schrittes auf sich zu nehmen und zu tragen.

Gesenkten Hauptes schritt Brabano gedankenvoll im Zimmer hin und her. Ein geheimer Gang führte von seiner Wohnung sowohl zu den Gemächern der Kaiserin wie auch zu denen des Kaisers und diesen Weg hatte Brabano seither nicht nur als Leibarzt, sondern auch als Liebhaber benutzt. Jeden Augenblick meinte er jetzt das Rauschen von Poppäas Gewändern in diesem Gang zu hören – und wirklich, sie kam – er erkannte ihre Schritte! Ein leises Klopfen – und die Türe glitt in die Mauer hinein, während die Vorhänge zurückgeschoben wurden. Einen Augenblick zögerte Poppäa lauschend, mit gewohnter Vorsicht, dann schloss sie die Tür.

Brabano ergriff mit einer tiefen Verbeugung die Hand der Kaiserin und küsste sie, indem er lächelnd das belustigte Erstaunen auf ihrem Gesicht bemerkte. Dann führte er sie zu einem Sitz.

„Willkommen, werter Fremdling", sagte Poppäa heiter. „Was ist denn in Rom vorgefallen, dass meinen Brabano aus einem Liebenden in einen Höfling verwandelt hat?"

„In Rom hat sich vieles ereignet", entgegnete Brabano ernst. „So Wichtiges, dass ich kaum weiß, wie ich von allem Bericht erstatten soll. Immer noch bin ich dein ergebener Sklave, aber ich habe mich gebessert, wie ich hoffe. Darf ich meine gnädige Herrin um Geduld bitten? Wenn sie doch dem ergebensten Diener erlauben wollte, ihr zu erzählen, was er selbst inzwischen erfahren hat – dann könnte das ein Segen für uns beide werden, könnte uns beide erretten."

Heute fehlte seiner Rede die gewohnte, wohlstudierte Überredungskunst. Zum ersten Mal klang sein Ton ganz offen und ehrlich, was auf ihn selbst einen höchst eigenartigen Eindruck machte. Poppäas Gesicht veränderte sich augenblicklich und sie griff nervös und unsicher mit ihren beiden Händen nach den seinen.

„Was sprichst du hier von – erretten?“, fragte sie erstaunt. „Hier ist nicht viel Wichtiges vorgefallen. Aber da Nero nicht in Rom ist, kann sich dort doch auch nichts von Belang ereignen und er ist ja hier in Capreä und nicht in Rom. Ich freue mich deiner Rückkehr.“

Sie seufzte tief auf und in ihren Augen lag ein Ausdruck der Furcht.

Brabano betrachtete die Kaiserin mit einem Erstaunen, das er gar nicht zu verbergen suchte.

„Was ist vorgefallen?“, fragte er.

Der angstvolle Ausdruck in Poppäas Augen vertiefte sich.

„Nero hat neue Einfälle, Einfälle, die mich ängstigen, denn ich kenne ihn genau“, antwortete sie. „Er hat sich von einem griechischen Zauberer die Geschichte einer syrischen Königin berichten lassen, die ihren Herrn und Gemahl vergiftet hat. Die Geschichte wurde als Gedicht vorgetragen und der Zauberer fügte dann die Prophezeiung hinzu, der Kaiser werde durch einen Becher, den ihm eine seiner Geliebten reiche, in schwere Krankheit fallen. Tigellinus hatte diese Worte benützt, um Nero zu erschrecken; er wollte ihn dadurch zur Rückkehr nach Rom bewegen. Gestern Nacht hat der Kaiser von Octavia gesprochen und mich dabei so finster angesehen, dass ich seine Gedanken so sicher erraten konnte, wie wenn er sie ausgesprochen hätte. Heute hat er sich geweigert, mit mir zu speisen und jetzt sitzt Faustina neben ihm, während er sein Gedicht über den Löwen schreibt. Seine Stimmung ist gerade so bissig wie die Bestie, die ihm im Sinne liegt und sein ganzer Tross vermag nicht, ihn zu erheitern. Vor lauter Angst habe ich die ganze Nacht nicht geschlafen und heute nehme ich sogar den Wein, den die Dienerin mir reichen, nur mit Argwohn an. Verstehst du mich?“

„Und was befürchtest du denn?“, fragte der Arzt lächelnd.

„Befürchten!“, rief sie. „Und das fragst du? Was muss der befürchten, der mit diesem Narren zu tun hat? Was haben denn sie alle befürchtet, deren Furcht nur zu begründet war und die nacheinander ins Grab gesunken sind, nur weil Nero es so wollte? Wie töricht bin ich doch gewesen, einen Platz in solcher Umgebung zu erstreben und wie bitter werde ich dafür bestraft! Ich kannte Nero doch genau! Aber ich meinte, mein Einfluss sei stark genug, ihn zu beherrschen! Er bat, er flehte, er schwor bei allen Göttern, dass er mich anbete und dass ich nie Ursache finden werde, an seiner Treue oder Hingebung zu zweifeln, wenn ich in die Verbannung Othos einwilligen wolle! Und jetzt hat er einen wunderlichen Einfall nach dem anderen und die Gespenster, der von ihm über den Styr Geschickten, reizen ihn zu immer neuen Taten teuflischer Bosheit, die die Erinnerung an die alten ersticken sollen. Der elendste Bettler in den Straßen Roms ist glücklicher als ich! Was kann ich tun, Brabano? Wohin fliehen, um mich zu retten?"

Schweigend, mit festem, ernstem Blick betrachtete er ihre verstörte Miene. In seinen Augen lag ein tiefer, ihr unerklärlicher Ausdruck.

Plötzlich verwandelte sich ihre Verzweiflung in Wut.

„Es gibt einen Ausweg!", rief sie mit ganz verzerrten Zügen. „Der Elende kann auch so behandelt werden, wie er andere behandelt hat – und ich will es tun, wenn du mir hilfst, Brabano!"

Mit gespanntem, forschendem Blick sah sie ihn bedeutungsvoll an.

„Nein", erwiderte er mit sanfter, weicher Stimme und besänftigendem Tone. „Beruhige dich doch. Du bist gewiss nicht in Gefahr und wärest du es, so könnte ich dich retten, wenn ich auch machtlos wäre, mich nachher selbst zu schützen."

Sie stieß einen tiefen Seufzer der Erleichterung aus, aber ihre Blicke ruhten noch immer in den Seinen. Wie Balsam fielen seine Worte auf ihr verstörtes Gemüt, ihr Herz jedoch kämpfte immer noch mit Zweifeln. Brabano sah das und lächelte wieder beruhigend.

„Auch ich kenne den Kaiser genau", sagte er langsam. „Es wäre ein nutzloses Beginnen, selbst für mich, dich überzeugen zu wollen, dass irgend jemand ihn von der Ausführung eines einmal gefassten Vorsatzes abhalten könne. Und doch ist er nur eine Drahtpuppe, von deiner Schönheit gelenkt, und das wird er auch bleiben."

Schon fühlte sie sich etwas getröstet und ihre Augen strahlten, aber ihr Herz pochte immer noch heftig.

„Er ist wahnsinnig!", rief sie eindringlich. „In seinen Anfällen von Angst, oder durch Tigellinus´ Bosheit angestachelt, handelt er ohne jede Überlegung. Wie oft schon habe ich ihn am nächsten Tage über gestern vollbrachte Handlungen weinen sehen!"

„Tigellinus ist voll Bosheit, aber sie richtet sich nicht gegen dich", sagte der Arzt. „Auf dich ist mehr Verlass als auf Faustina, deren Einfluss keine Woche dauern würde; das weiß Tigellinus wohl. Nero hat wunderliche Launen, das ist sicher, und in seinen Angstzuständen wird er oft ganz schwermütig; aber dagegen ist deine Schönheit stets das beste Heilmittel und wärest du fort, so fände er keine Beruhigung mehr. Trotz seiner Narrheit weiß er das doch ganz genau. Darum fasse nur Mut."

„Glaubst du das wirklich?“, fragte sie mit dankbarem Ton. „Sogar, wenn er einen Verdacht...“

Sie stockte und sah ihn voll Zärtlichkeit an.

„Trotz allem“, fuhr er mit unbewegter Miene fort. „Ich kann und will auch seine Ideen zerstreuen. Aber meine Poppäa – meine Kaiserin, – ich, ich selbst habe in Rom Ideen gefasst, die nichts mehr zerstreuen kann – Ideen, die mein Leben zerstören und zu meinem Untergang führen müssen.“

„Du!“, rief sie mit einem ungläubigen Ausdruck. „Mein weiser Brabano! Du sagst es, aber ich kann es nicht fassen.“

„Ich wollte, du könntest mich verstehen!“, erwiderte er.

„Dein Leben zerstören – deinen Untergang herbeiführen?“, fragte sie.

„Vielleicht – mir ein neues Leben geben, – aber sicherlich dieses alte enden.“

Mit diesen Worten trat er zurück und breitete seine Arme weit aus; in dieser majestätischen Bewegung kam seine gewohnte Würde und Macht zum Ausdruck.

„Ich bin ein Christ“, sagte er nachdrücklich.

Erstaunt und verwirrt sah sie ihn an.

„Du scherzt wohl?“, rief sie. „Von diesen Christen habe ich auch gehört, aber was haben sie denn mit dir zu schaffen? Das sind doch die Herumstreicher drunten am Fluss und im Tiberviertel, die Nero bei den Spielen den Tieren vorwerfen lassen will – niederträchtige Juden, wie Tigellinus sagt, die allerlei geheimnisvolle Gebräuche üben und nachts kleine Kinder abschlachten. Was willst du damit sagen?“

Mit tiefernstem Gesicht übersah Brabano, wie schwer die vor ihm liegende Aufgabe war. Poppäa konnte ihn niemals verstehen. Nein, mit giftiger Bosheit musste eine Natur wie die ihre die sanften Lehren der Christen hassen, sobald erst eine Ahnung davon in ihrem Verständnis aufgedämmert war. Er hoffte nicht, sie überzeugen zu können; er wusste vielmehr, dass sie, sobald sie die Wahrheit erfasst hatte, ebenso bereit sein würde, ihn zu vernichten, wie es Tigellinus war. Aber er hatte jetzt seinen Fuß einmal auf den rechten Weg gesetzt und musste darauf bis zum Ende weitergehen.

„Du kennst doch die edle Pomponia?“

„Ja, die kenne ich", antwortete Poppäa lächelnd. „Sie steht im Ruf, eine Vestalin zu sein, ist aber nur eine Heuchlerin und lebt nur tugendhaft, weil sie nicht mehr schön und jung ist. Tausendmal habe ich, wie auch du, Crispinella das sagen hören. Was ist mit ihr?"

„Sie ist Christin", sagte Brabano. „Ich habe mich oft über ihre Gelassenheit, ihr würdiges und glückliches Leben und ihre edlen Taten gewundert, die sie trotz des Leichtsinns und der Schlechtigkeit um sie her ausübte. Freilich, sie war der rettenden Gnade des Christenglaubens weniger bedürftig, da sie von jeher tugendhaft war und wie Paulus sagt, ist Christus hauptsächlich gekommen, die Sünder zur Buße zu rufen."

Poppäas Lippen verzogen sich spöttisch, aber ihre Miene drückte dennoch Neugier aus. Die Erwähnung Pomponias hatte ihr Interesse erregt, denn von jeher hatten alle liederlichen Höflinge mit Vorliebe den Namen dieser edlen Römerin zur Zielscheibe ihres Hohnes und Spottes gemacht; ihre Stellung und ihr Reichtum, ihr würdiges Leben und ihre Verwandtschaft mit den Amiciern, zu denen ihr verstorbener Gemahl gehört hatte, verschafften ihr jedoch überall, sogar bei Nero, wenigstens äußerlich Achtung.

„Auch die Glieder der erlauchten Familie der Amicier sind Christen", fuhr Brabano fort. „Die Worte, die mich überzeugten, haben auch bei ihnen das Werk vollendet. Bei deiner Rückkehr nach Rom wirst du noch viel davon hören. Wir haben nicht die Absicht, unsern Glauben zu verleugnen, obgleich wir auch nicht mutwillig unser Leben wegwerfen wollen. Und wir kennen den Hass Neros und den der verderbten Menge um uns her ganz genau – haben wir doch selbst zu dieser Menge gehört! Aber von jetzt an müssen wir von der Wahrheit zeugen."

„Die Amicier – alle!", rief Poppäa in höchstem Erstaunen. „Ist auch Fabian Amicius ein Christ?"

„Der Christenglaube allein kann heilen, versöhnen, retten", fuhr Brabano fort. „Im Vergleich mit ihm ist meine Geschicklichkeit als Arzt gar nichts, denn der Glaube ist sowohl für Gemüt und Herz als auch für den Körper ein heilender Balsam. Er entreißt dem Tod den Sieg und gibt ewiges Leben. Wer an Christus glaubt, wird nimmermehr sterben, so sagt uns Paulus, der Apostel."

„Was heißt das?“, fragte Poppäa mit funkelnden Augen. „Ist das ein Lebenselixier? Erhält es Jugend, Gesundheit und Schönheit? Sage es mir doch, mein Brabano!“

Jetzt zeigte sich Poppäa als Weib mit allen Schwächen ihres Geschlechts. Wie ein Würgengel stand ihr stets der Tod vor Augen und schon das Wort Grab machte sie erzittern. Für dieses Geschöpf des Augenblicks war das Leben alles in allem. Diese Kaiserin der Welt wurde fast erdrückt von der Last ihrer Stellung und im Dunkel der Nacht bebte sie vor Furcht und Entsetzen. Von ihrer frühesten Jugend an hatten ihr die Sklaven allerlei Geschichten von Zauberei, Hexengetränken und allerlei Gräueln erzählt und die Arena hatte mit ihren scheußlichen Schaustellungen diese Phantasiegebilde belebt, dass sie jetzt als Schreckgespenster ihre Träume erfüllten. Poppäa war impulsiv wie ein Kind, aber sie hatte ein klares, gereiftes Verständnis und ihre Leichtfertigkeit, obgleich teilweise angeboren, hatte doch ihre Hauptursache in langjähriger Gewohnheit und dem täglichen vertrauten Umgang mit schlechten Menschen. Jetzt war sie ganz erfüllt von Neugierde und Brabano wurde sehr nachdenklich, als er sie beobachtete.

War hier möglicherweise doch ein Boden, auf dem der Same des Evangeliums wachsen könnte? Kannte sie vielleicht trotz all ihres Hochmuts, ihrer Grausamkeit und ihrer Habgier die Leere alles menschlichen Lebens und sehnte sie sich vielleicht, diesen Abgrund mit der Hoffnung, die nur die christliche Verheißung geben konnte, auszufüllen? War nicht auch seine eigene Bekehrung ein Wunder gewesen? Poppäa war ein fühlendes Weib, sie fürchtete, hoffte und litt. Wäre es möglich, dass aus einer sündigen Vereinigung eine Gemeinschaft des Friedens gemacht werden könnte?

Brabano setzte sich neben Poppäa; aus seinen Augen leuchtete das heiße Verlangen, das seine kraftvolle Seele bewegte und durch seine Stimme klang die tiefe innere Erregung, die sein ganzes Sein erschütterte, als er nun begann, die Geschichte vom Kreuze zu erzählen.

Die Feuersbrunst

Neros Hymnus auf den Löwen war zu rechter Zeit fertig geworden; doch nicht dies, sondern ein Ereignis von viel größerer Bedeutung beschleunigte des Kaisers Abreise von seinem geliebten Eiland. Längst war Tigellinus der Schönheit Capreäs müde; die farbenschimmernden Grotten, die hohen Klippen, die Mauern und Zinnen, die wie weiße Traumgebilde die Höhen um diesen schönsten aller Meerbusen schmückten, übten schon lange keinen Reiz mehr auf den hier mit seiner Energie lahmgelegten Günstling aus. Er bemühte sich vergeblich, die Gedanken Neros wieder auf den Palatin zu hinzulenken, aber er war machtlos, denn der Kaiser hatte nur noch Interesse für seine Verse. Das Gedicht war zwar fertig, aber die Art, wie es vorgetragen werden sollte, erforderte noch tiefes Nachdenken. Schwer lastete diese erzwungene Untätigkeit auf dem kraftvollen Präfekten und schon der bloße Gedanke an die immer noch nicht aufgefundene Myrrha und an die jetzt in Ruhe lebenden Amicier machte ihn wütend. Die Geduldsprobe, auf die er hier gestellt war, ging fast über seine Kräfte und er vergaß beinahe seine gewohnte Unterwürfigkeit und suchte Nero mehr in direkter Weise zu beeinflussen.

Der Kaiser hatte seine Angst, seine Vorahnungen und die gedrückte Stimmung, durch die Poppäa so sehr erschreckt worden war, überwunden und schwelgte nun mit fast kindischem Vergnügen in seiner eingebildeten Dichtergröße. Er versammelte seine Vertrauten um sich und las ihnen sein Werk vor. Zu seiner Rechten saß die wieder in hoher Gunst stehende Poppäa und vereinigte ihre Schmeicheleien, der über den kaiserlichen Dichter ausgeschüttet wurde. Die unglaublichsten Ideen erfüllten den Kaiser. In der großen Halle vor versammeltem Senat wollte er seine Verse vortragen, während der Löwe Caligula in einem goldenen Käfig vor dem Thron aufgestellt war. Den Kopf des Tieres sollte eine Blumenkrone schmücken und seine Mähne sollte mit Blumen durchflochten sein. Als erstes Opfer sollte dem blutdürstigen Tier ein des Hochverrats schuldiger Patrizier vorgeworfen werden – zur

Belustigung des Volkes wollte der Kaiser schon einen solchen ausfindig machen. Daran sollte es nicht fehlen, gab es doch deren so viele in Rom. Für den Augenblick freilich musste der Dichter seine ganze Aufmerksamkeit allein seinem Werk zuwenden! Als Nero etwas später mit Tigellinus über die Zerstörung von Troja sprach und bei der Beschreibung des Brandes äußerst lebhaft wurde, kam dem Günstling ein großartiger Gedanke, in dem sich seine Schlechtigkeit zu nie geahnter Größe erhob.

In dieser Nacht noch schickte der Präfekt einen Boten gen Norden und am folgenden Abend brachte ein Kurier Nachrichten, die die ganze Villa Jovis in Aufregung versetzten. Der Präfekt und sein Gebieter fuhren sofort in größter Eile nach der Hauptstadt ab; der Hof sollte so schnell wie möglich nachfolgen.

Rom stand in Flammen!

In der Nähe des Zirkus Maximus, in einem verfallenen Palast, der nur noch als Lagerraum diente und Tigellinus gehörte, war das Feuer zuerst ausgebrochen. Die Kaufläden und Schuppen, die den Zirkus rings umgaben, waren alle mit leicht brennbaren Stoffen und dem Theaterstaat für die Schauspiele angefüllt. Hier also war der Herd des Feuers und von hier aus wälzten sich die Flammen auf ihrem Siegeszug der örtlichen Seite des Palatins entgegen. Mit geradezu wilder Gier breitete sich das Feuer aus. Das Haus des Lucius auf dem Pincius stand außerhalb des gefährdeten Distrikts, aber Fabians Besitztum lag auf dem Weg, den die Flammen nahmen. Schwarze Rauchwolken zogen über die Subura hin und als der junge Tribun auch diesen Stadtteil bedroht sah, wurde ihm das Schicksal seines eigenen Hauses gleichgültig – er dachte an nichts mehr als an die Sicherheit seiner Verlobten.

Aber selbst jetzt wagte er es nicht, Myrrha in ihr Elternhaus zurückzubringen, trotz der Abwesenheit Neros und Tigellinus´. Er kannte die hinterlistige Art der beiden zu gut, um auch nur das geringste zu wagen und überlegte sofort, dass sie vielleicht gerade die herrschende Verwirrung benützen würden, ihre Pläne gegen das Mädchen zur Ausführung zu bringen. Gerade diese Zeit war dafür sehr günstig und deshalb wurde Fabian noch vorsichtiger als bisher. Die Gegend, in der Myrrha seither Schutz gefunden hatte, war unzweifelhaft dem Untergang verfallen, deshalb musste die Jungfrau sofort geflüchtet werden. Mit

Paulus´ und Gabriels Hilfe brachte daher Fabian Myrrha, und die beiden geängstigten Frauen, Ruth und Miriam, samt der kleinen Maria, über den Fluss hinüber in ein Haus neben dem des Petrus. Auch dieses Haus gehörte mit noch anderen Gebäuden in der Nachbarschaft dem Zekiah und dieser hatte seine eigene Familie hierher in Sicherheit gebracht. Der alte Jude war ganz außer sich über seine großen Verluste und erfüllte die Luft mit seinen Wehklagen.

Inzwischen hatte Volgus die Gladiatorenkaserne verlassen und war seinen Freunden zu Hilfe geeilt. Da seine Kameraden sich in die Sache gelegt hatten, war es ihm unmöglich gewesen, seine Rache an dem Verräter Ethelreds oder an dem falschen Calcus zu nehmen, die er beide jetzt mit der ganzen Heftigkeit seiner wilden Natur hasste. Auch bei seinen anderen Genossen war der Gallier nicht beliebt, aber für die Spiele war er sehr wertvoll. Die Gladiatoren waren sozusagen ein öffentliches Wertobjekt. Durch ihre ungestüme Nichtachtung der Bürgerschaft zogen sie sich zwar oft bittere Feindschaft zu, aber das Gesetz war hier sehr streng: kein Gladiator durfte umgebracht werden, weder öffentlich noch heimlich, weder durch Messer noch durch Gift. In den Fechtschulen wurden durchaus keine Privatstreitigkeiten geduldet; Misshelligkeiten unter den Fechtern konnten freilich nicht vermieden werden, aber gerade, weil er deren blutigen Austrag unbedingt verhindern musste, stand der Oberaufseher der Fechter auf einer sehr hohen Rangstufe und musste stets ein Mann von außerordentlicher Kraft und Auszeichnung sein. Cainor war ein sehr erfahrender Leiter und zügelte seine wilde Schar mit fester Hand. Er gebot jedem Streit gleich beim Beginn Einhalt und sagte den Streitenden, sie fänden später noch Gelegenheit genug, ihren Groll auszufechten. Im Amphitheater wurden dann die persönlichen Feinde einander gegenübergestellt und das davon benachrichtigte Volk hatte für die Kämpfe zwischen solchen Fechtern doppeltes Interesse und pflegte große Summen auf sie zu wetten.

Nachdem die Soldaten abgezogen waren, rief Cainor seine Leute zusammen und machte sie mit Nachdruck auf das in der Gladiatorenschule herrschende Gesetz aufmerksam. Volgus konnte sich nicht dagegen auflehnen, aber er ließ auch seinen Vorsatz nicht fahren; fest presste er seine gewaltigen Kinnladen zusammen, um seine Wut hinunterzuschlucken und der Aufschub, zu dem er wider Willen genötigt war, bestärkte ihn nur noch in seinem Racheplan.

Verdrießlich kehrte er zu seinen Freunden zurück und erzählte ihnen anscheinend gleichgültig den Vorfall, der alle mit tiefer Bestürzung erfüllte. Aber der Apostel durchschaute den Mann, aus dessen entschlossenen Augen ihm die Mordlust des früheren Kampfhahns entgegenblitzte und diese mit Volgus vorgegangene Veränderung bekümmerte ihn sehr. Selbst der alte und milde Petrus war machtlos, die gärende Leidenschaft des Riesen zu dämpfen. Als der Freigelassene seine Herrin Valentina sah, durchbrach bei ihm die seither gezügelte Wut einen Augenblick jede Zurückhaltung und er schwur mit einem kräftigen Fluch, er wolle nichts mehr von dem Christenglauben wissen, bis er den Schleicher Paolo niedergeschlagen und den verräterischen Gallier in Stücke zerrissen habe.

Die Verhaftung Ethelreds erfüllte das ganze Haus des Lucius mit Schrecken und Valentina geriet dadurch in die äußerste Verzweiflung. Selbst ihre Mutter stand diesem Schmerz machtlos gegenüber und ihrem Vater gingen die heißen Tränen seines Kindes tief zu Herzen. Der Vorfall zeigte dem alten Römer recht deutlich, wie sehr sich seine Lage verändert hatte, denn vor ganz kurzer Zeit noch hätte er über ein derartiges Ereignis nur gelacht und durch einen einfachen Befehl an den wachhabenden Hauptmann sofort die Freilassung des jungen Mannes bewirkt. Auch Fabian hatte dieselbe Macht besessen, – aber jetzt fühlten sich beide völlig hilflos.

In ihrem großen Schmerz sehnte sich das junge Mädchen heiß nach ihrer geliebten Schwester, der sanften Myrrha, und deren herzlicher, verständnisvoller Teilnahme. Ihr Vater gönnte nur zu gerne der Unglücklichen jeden möglichen Trost und er begleitete deshalb mit Fulvia seine Tochter über den Tiber. Lucius wollte sich auch mit Fabian beraten und zugleich auch mit Paulus sprechen, auf dessen Urteil und Rat er sich mit merkwürdigem Vertrauen stützte. Brabano war fort, aber die Amicier besaßen noch andere Freunde und nichts durfte unversucht bleiben, dem unglücklichen jungen Briten beizustehen; jeder Aufschub konnte verhängnisvoll werden. Bei den Römern galt weder die Tatsache, dass er ein Ausländer war, noch dass er in seiner Heimat einen hohen Rang bekleidete, das Allergeringste; und wenn Nero nicht beeinflusst wurde, schenkte er dem Schicksal des Fremden wohl kaum auch nur einen Gedanken.

Lucius führte seine Tochter sicher in Myrrhas Arme; dann begrüßte er Fabian und sein Händedruck verreit diesem sofort den Gemütszustand seines Oheims. Beide setzten ihre Hoffnungen auf ihren Freund, den einflussreichen Leibarzt des Kaisers.

Paulus war ausgegangen, als die Besucher das Haus jenseits des Tibers erreichten, aber Myrrhas Gegenwart brachte wenigstens Valentina einigen Trost und die Versicherungen ihrer Schwester, Ethelred müsse bald frei werden, erleichterten ihr das Herz. Ihr Vater hatte das nicht fest behauptet und Myrrhas Versicherungen hatten auch nur den Wert liebevoller Teilnahme.

Bedrückt setzten sich Lucius und Fabian nieder, um ihre nächsten Schritte zu überlegen. Die Größe des Unglücks, das die Stadt getroffen hatte, hinderte ihre Bemühungen und vermehrte ihre eigenen Schwierigkeiten nur noch.

Das Haus, worin Gabriel mit seiner Familie und Myrrha Zuflucht gefunden hatte, ein niederes, aber geräumiges Gebäude, lag ziemlich entfernt vom Fluss, in dem dichtbevölkerten, jüdischen Stadtteil auf einer Anhöhe, die einen freien Blick auf die jenseitige Stadt gewährte. Zwischen dem Hause, seinen beiden Seitenflügeln und einer Mauer an der Rückseite befand sich ein kleiner Hof, der teilweise mit Rasen und Gebüsch angepflanzt war. Er bot ein ruhiges Plätzchen, wo die Bewohner sich ungestört ihrem Kummer hingeben konnten. Die auf allen Seiten herrschende Aufregung und drohende Gefahr beschützten die Flüchtlinge vor neugierigen Nachbarn, denn die ganze Bevölkerung war im höchsten Grad verwirrt und betäubt, als man sah, wie die Flammen sich immer mehr ausbreiteten und überallhin Tod und Verderben trugen. Abteilungen von Soldaten halfen beim Löschen; andere Abteilungen wurden nach den bedrohten Brücken beordert, wo sich die Flüchtlinge zu einer fast undurchdringlichen Masse angestaut hatten. Die Straßen blieben unbewacht und Volgus hatte große Lust, frei und offen herumzustreifen, da er in dieser entlegenen Gegend jede Gefahr für ausgeschlossen hielt. Aber Fabians Vorsicht hielt alle im Hause fest. Seine eigenen Diener, sowie die, die mit Lucius und Fulvia gekommen waren, als sie Valentina zu Myrrha gebracht hatten, waren an verschiedenen Punkten in der Nachbarschaft aufgestellt, um nach etwaigen Spähern auszuschauen und diese treuen und zuverlässigen Sklaven wären für die Familie, der sie angehörten, selbst in den Tod gegangen.

Im südlichen Flügel des Gebäudes lag ein großes Gemach, durch dessen Fenster man Rauch und Flammen deutlich beobachten konnte. Hier war die ganze Gesellschaft versammelt und die Männer besprachen lebhaft die angstvolle Lage, in der sich alle befanden.

Mit heißen, trockenen Augen, die Hände an den Kopf gepresst, lag Valentina auf einem Ruhebett. Die erste heftige Verzweiflung hatte einem stillen Kummer Platz gemacht; Myrrha kniete neben der Schwester und hielt sie zärtlich umschlungen. Ganz versunken in den schauerlich schönen Anblick standen Volgus und Gabriel am Fenster, während Lucius und Fabian bei den bleichen Frauen in der Mitte des Zimmers saßen.

Ethelred war nicht in den Mamertinischen Kerker gebracht worden, darüber hatte sich Volgus Gewissheit zu verschaffen gewusst. Da die Gefängnisse im Innern der Stadt in letzter Zeit überfüllt waren, hatte man den Gefangenen in einer Zelle im Zirkus des Sallust untergebracht und somit war er jetzt vor jeder Feuersgefahr sicher. Dieser Gedanke beruhigte die Freunde wohl etwas und da sie den Geliebten für den Augenblick außer Gefahr wusste, erlangte auch Valentina ihre Fassung einigermaßen wieder. Als jetzt draußen ein Geräusch hörbar wurde, wandte sich Gabriel vom Fenster ab.

„Da ist Paulus!“, sagte er. „Er ist über den Fluss gekommen.“

„Kommt er hierher?“, fragte Fabian nach einer Weile, da der Apostel nicht sichtbar wurde.

„Er hat sich am Nachbarhaus aufgehalten, wo er mit der Frau und dem Sohn des Petrus spricht, sie haben ihn angerufen. Jetzt tritt Petrus zu ihm, und beide kommen zusammen hierher.“

Gleich darauf hört man Fußtritte auf dem Vorplatz und dann betraten die beiden Männer das Zimmer. Lucius und Fabian erhoben sich sie zu begrüßen, während die Frauen sich beeilten, ihnen für Sitze zu sorgen. Der betagte Jünger blieb an Valentinas Lager stehen und legte seine magere Hand auf die erhitzte Stirne des bekümmerten Mädchens; er flüsterte ihr ein Wort der Hoffnung zu und rief damit ein trauriges

Lächeln auf ihrem Gesicht, das noch Tränenspuren zeigte, hervor; dann setzte er sich zu den anderen Anwesenden in die Mitte des Zimmers.

Paulus´ Anzug war ganz in Unordnung und sein Gesicht war von Rauch geschwärzt.

„Da drüben geht es furchtbar zu", sagte er. „Ich bin im dichtesten Gewühl gewesen und habe das Schreckliche aus der Nähe mit angesehen. Es scheint, dass die ganze Stadt mit Ausnahme der auf den Hügeln liegenden Teile zugrunde geht; Tausende von Menschen sind schon umgekommen. Unsere armen Brüder! Gott hat vielen von ihnen einen gnädigeren Tod gewährt als den, für den der Tyrann sie bestimmt hatte. Hunderte sind in ihren Zellen von Rauch und Staub erstickt worden; abgesehen von dem ersten Schrecken haben sie wohl nicht viel zu leiden gehabt und wir dürfen überzeugt sein, dass sie trotz ihrer Angst Trost gefunden haben."

„Wer sind die Toten?", fragte Miriam leise, während Ruth, die Maria auf dem Schoße hielt, mit kummervollem Gesicht zuhörte. „Haben wir sie gekannt?"

„Ach, wir haben sie nur zu gut gekannt!", antwortete der Apostel. „Deine Base, Miriam, das Weib des Simon, David der Steinhauer und viele andere."

Ruth schluchzte laut und Miriams Tränen fielen in die seidenweichen Haare des Kindes. Die unschuldigen Augen der Kleinen öffneten sich weit. Voller Angst sah sie die jammernde Mutter an und plötzlich verbarg sie das Gesichtchen an der Brust ihrer Tante und weinte mit den Frauen. Paulus liebkoste das Kind mit zärtlicher Hand und unter seiner Berührung hob es das Köpfchen wieder, sah mit Verehrung in das mutige Antlitz des Apostels und lauschte seiner trostreichen Stimme.

„Gott hat uns dieses Schicksal beschieden und wir sollten nicht anderes weinen als so, wie unser Herr selbst an Lazarus´ Grabe geweint hat. Ebenso sicher wie die Schatten der Nacht fallen, so gewiss scheint uns einst auch wieder das helle Morgenlicht."

„Was können wir für den jungen Ethelred tun?", fragte jetzt Lucius. „Wir haben auf deine Rückkehr gewartet, um deinen Rat zu erbitten. Bis jetzt sind hauptsächlich Arme und Geringe verhaftet worden; die Christen aus den höheren Ständen scheinen nicht verfolgt zu werden. Pomponia ist Christin; sie wurde bekehrt, während sie mit ihrem erlauchten Gemahl in Korinth lebte, wo du ja eine Gemeinde gegründet hast; auch Berenike hat sich nicht gefürchtet, bei Hof christliche Ansichten laut werden zu lassen. Gilt Neros Feindschaft unserem Glauben, oder ist dieser für ihn nur ein Vorwand, um Hilflose für die mörderischen Spiele im Amphitheater aufgreifen zu können?"

„Nero ist wütend über die Christen, weil Tigellinus ihn dazu aufgestachelt hat", sagte Fabian, der nicht gern sagen wollte, wie wenig christliche Worte Berenike bei Hofe hatte fallen lassen. „Aber hast du vergessen, Oheim, dass Ethelred nicht des Glaubens wegen im Gefängnis liegt, sondern um seiner Treue willen gegen uns?"

„Das ist wahr!", erwiderte Lucius traurig. „Ich hatte nie geglaubt, je eine Zeit erleben zu müssen, wo Treue gegen einen Amicier einen Fremdling ins Gefängnis bringen könnte. Es ist noch nicht lange her, dass unser Name genügt hätte, sofort alle Riegel zu sprengen. Doch was hilft es, davon zu sprechen, jetzt, wo alles anders geworden ist! Komm, Fabian, wir wollen zusammen auf den Palatin gehen und die Fürstin Berenike aufsuchen."

„Gehst du dahin, wo der grausame Nero wohnt?", fragte Maria, die dem Gespräch gelauscht hatte.

Lucius war schon im Gehen, hielt aber noch einmal an und betrachtete erstaunt das kleine Mädchen. Die römischen Patrizier waren nicht gewohnt, den Geringen im Volke, besonders den Geringen unter den Juden, auch nur einen Blick zu schenken und am allerwenigsten den Kindern dieser Armen. Man sah die Kleinen wohl im Straßenschmutz spielen, zwischen den Wagenrädern durchschlüpfen und den Sänftenträgern in den Weg laufen; doch beachtete man sie nicht mehr als die herrenlos herumstreichenden Hunde. Aber Lucius und Fabian waren jetzt beide zur Erkenntnis gekommen, wie schon manche vor ihnen, dass genau betrachtet der Stolz auf Rang und Stellung und ein hochmütiges Betragen nur Überhebung ist und dass allen Menschen, Plebejern wie Patriziern, gleiche irdische Grenzen gesteckt sind. Jetzt, wo diese Patrizier von ihrer erhabenen Stelle unter den Vornehmsten dieser Welt herabgestürzt waren, hatten sie eingesehen, dass sie durchaus nicht mehr waren als die Armen, bei denen sie nun Trost fanden; und nachdem sie ihr ganzes Leben lang in der Finsternis und dem Aberglauben des Heidentums herumgetastet hatten, war ihnen hier bei diesen Juden die

Verheißung eines besseren Lebens nach diesem Leben voll Angst und Not zuteilgeworden.

Lucius bemerkte nun auch die Schönheit des Kindes und sah, dass in seinem Gesichtchen der gleiche gewinnende Reiz lag, dessen er sich aus der Kindheit seiner Töchter erinnerte. Maria war von dem Schoß ihrer Tante herabgeglitten und stand jetzt mit gefalteten Händchen vor dem alten Römer.

„Sage doch dem bösen Nero, wie gut der lieb Ethelred ist, der so helles Haar und ein so freundliches Gesicht hat!“, lispelte das Kind. „Sage ihm auch, welch schöne Geschichten er erzählen kann von seiner Heimat in Britannien, wo das Gras immer grün ist, und wo auf den Hügeln die Rehlein herumspringen und die weißen Lämmchen mit ihrem weichen Fell unter den großen Eichbäumen spielen. Wenn der böse Kaiser wüsste, wie innig der liebe Ethelred das schöne Land liebt, von dem er mir erzählt hat, würde er ihn gewiss nicht zurückhalten; und wenn der Kaiser ihn nur selbst sprechen hörte, würde auch sein Herz weich werden und er könnte Ethelred, der eine solch süße Stimme hat, nichts Böses tun.“

Valentina brach von neuem in Tränen aus und die Hand Fabians zitterte, als er sie auf das Köpfchen des Kindes legte.

„Bete, Kleine, bete ebenso für uns alle, wie für den guten Ethelred, dem du dein Herzlein geschenkt hast und den auch wir alle lieb haben. Der Gott unseres Petrus beschützt uns, deshalb brauchen wir den bösen Kaiser nicht zu fürchten. Gewiss wird Ethelred wieder zu dir zurückkehren.“

Fabian beugte sich nieder und umarmte das Kind; dann verließen er und Lucius das Haus, um auf den Palatin zu gehen.

Im Hof hielten beide; erschreckt von dem Anblick, der sich ihnen bot, einen Augenblick an.

Die ganze Luft war mit dicken, schweren Rauchwolken erfüllt, durch die helle Feuerflammen emporschlugen. Selbst der Fluss schien in Flammen zu stehen. Vom Palatin an, durch das Velabrium, weit über das Forum Pacis hinaus, bis an die Janiculusbrücke hin war die Stadt nur ein einziges, glühendes Feuermeer.

„Das Feuer hat den Viminal erreicht“, sagte Lucius. „Du wirst dir woanders ein neues Haus bauen müssen, mein Fabian.“

„Nein“, entgegnete Fabian, der aufmerksam den Lauf des Feuers beobachtet hatte. „Ich hoffe jetzt, dass mein Haus vom Feuer verschont bleibt, denn der Wind hat sich gedreht und bläst die Flammen gegen den Campus Martius hin. Auch fürchte ich das Feuer nicht, lieber Oheim. Wenn wir unsere frühere Machtstellung wieder erlangen und den Zorn Neros abwenden könnten, würde mir die Zukunft alles gewähren, was ich nur für meine Myrrha und mich erflehen möchte.“

Lucius seufzte tief auf und sagte dann:

„Wenn ich daran denke, wer der Rotbart und seine Ratgeber sind, will mich Verzweiflung erfassen. Doch seit ich des Paulus Lehren gehört habe, sind mir die Augen aufgegangen. Da den um des Glaubens willen Leidenden und Bedrückten wirklich das Reich Gottes gehört, so freue ich mich der Zukunft, mag sie auch mir und den Meinigen bringen, was sie will.“

Schicksalsfügungen

Nero eilte nach Rom. Mit Tigellinus und seinen übrigen erlesenen Günstlingen flog er, so schnell es die Leichtfüßigkeit seiner schnellsten Araber gestattete, dem Norden zu. Vor ihm her jagte eine berittene Schar Prätorianer; ihre goldenen Harnische blitzten in der Sonne, ihre feurigen Schlachtrosse galoppierten den vergoldeten Wagen Neros voraus und der Reisezug schreckte bei seinem Vorüberziehen die Winzer von ihrer Arbeit auf. Die Straßen waren breit und gut erhalten, denn die Straße nach Capreä wurde so sogfältig gepflegt und im Stande erhalten, wie die Wege in den Gärten des Palatins. Seit Capreä kaiserliche Residenz geworden war, hatten sich die Landleute an die Eilboten und Wagen, an den Hof und sein Gefolge gewöhnt, die von Zeit zu Zeit nach den Palästen des Tiberius zogen; aber noch nie hatten sie die prunkende Gesellschaft eine solche, sonst wenig in der Gewohnheit des Kaisers liegende Eile an den Tag legen sehen.

Nur zu kurzer Rast hielt der Reisezug zuweilen unterwegs an; aber dennoch war die Nacht vergangen und der Morgen schon ziemlich fortgeschritten, als die eiligen Reisenden in der Ferne die ersten Zeichen der Feuersbrunst sahen. Je kleiner die Entfernung von Rom wurde, desto mehr wuchs die Aufregung des Kaisers, denn ein Bote nach dem anderen erreichte ihn und brachte ihm weitere Nachrichten über die Ausbreitung des Feuers.

Mit doppelter Geschwindigkeit eilten die Reisenden vorwärts; aus Neros Augen funkelten eine ganz eigenartige Erregung und selbst Tigellinus teilte einigermaßen das ungewohnte Interesse seines Herrn. Besser als irgend sonst jemand kannte er das furchtbare Geheimnis dieser schrecklichen Zerstörung; aber er war so über alle Begriffe abgehärtet gegen Gewissensbisse und so gleichgültig gegen alle Folgen seiner Handlungen, dass er diese Zerstörung Roms nur für ein nebensächliches Ereignis ansah, dass zu seinem eigenen Nutzen und Frommen dienen sollte. Als sie dem Schauplatz näherkamen, machte die Größe und Schönheit des Feuers einen tiefen Eindruck auf Nero und nahm dessen Aufmerksamkeit vollständig gefangen. Er brach ab und zu in Rufe der Bewunderung, des Erstaunens und Entzückens aus, die sein Präfekt mit einem befriedigten und sehr vielsagenden Lächeln anhörte, als wolle er dem Kaiser klar machen, wem er dieses wunderbare Schauspiel zu verdanken habe.

Die vorausreitende Wache hatte die Appische Straße freigemacht, aber einige Meilen vor der Stadt wandten sich die Reisenden scharf nach Westen, überschritten den Fluss und eilten auf der Via Portuensis nordwärts, um ein Landgut des Tigellinus auf dem Vatikanischen Hügel zu erreichen. Das sollte ihr erstes Reiseziel sein, denn wie die Boten gemeldet hatten, lagen südlich vom Zirkus Maximus noch glühende Balken und heiße Asche und wenn auch das große Gebäude selbst nicht beschädigt war, fielen doch noch immer an der Straße Mauern und Häuser zusammen, der Wind trieb Rauch und Feuerfunken über die ganze Gegend hin und die Glut des Feuermeeres wehte mit ihrem versengenden Rauch selbst um die kaiserlichen Paläste auf dem Palatin. Jedenfalls musste die Aussicht von dem Landhaus des Tigellinus auf dem Vatikanischen Hügel großartig sein und nach einem Ruhetag konnte dann der Kaiser mit seinem Gefolge auf den Palatin ziehen, um von dort aus die wilde Pracht des fortschreitenden Feuers in Ruhe und mehr aus der Nähe zu genießen.

Nero fuhr, aufrecht in seinem elfenbeinernen Wagen stehend, an die Spitze des Zuges, und während seine weißen Araber dahinjagten, gab sich der Kaiser ganz der Bewunderung des großartigen Anblicks hin. Tigellinus hielt sich mit seinen schwarzen Pferden so nahe an Neros Seite, dass er mit ihm plaudern konnte, vermied aber mit großer Geschicklichkeit, die Räder des kaiserlichen Wagens mit denen des seinigen zu streifen. Beide waren ganz gefesselt von dem schauerlich-schönen Schauspiel, das sie mit jedem Augenblick deutlicher sehen konnten. Hinter ihnen erklangen die Ausrufe, das Geschrei und die Unterhaltung des wild erregten Gefolges.

Südlich von der Janiculusbrücke erreichten die Reisenden die Via Septiminia und hier zwischen dem Hügel und dem Flussmitten in der Straße zog Nero plötzlich die Zügel an.

„Welchen Weg gehen wir?“, fragte er Tigellinus.

Auch der Günstling zog rasch die Zügel an und sah sich um.

„Geradeaus!“, lautete die Antwort. „Wie ich sehe, hält die Wache; ich werde ihnen Bescheid sagen. Lass uns diesen Abhang hier hinauffahren, von dort oben haben wir jedenfalls eine weite Aussicht über die Stadt; der Anblick wird uns erfreuen, ehe wir weiterfahren, denn eine solche Augenweide genießt man höchstens einmal im Leben. Große Städte sind für derartige verheerende Schauspiele doch gar zu kostbar.“

„Die Gegend hier ist abscheulich“, bemerkte Nero, indem er um sich blickte und die Luft mit der Nase einzog. „Ein rechter Gegensatz zu der Großartigkeit des Feuers!“

„Wenn nur der Wind mit genügender Stärke das Feuer nach dieser Richtung her jagen wollte, dann würden wir Gelegenheit bekommen, diese Stadtgegend neu aufzubauen“, sagte Tigellinus. „Aber da ist nichts zu hoffen. Gewiss werden die Flammen das Forum Romanum in Asche legen und das Judenviertel verschonen. Auf der Anhöhe dort wollen wir einen Augenblick Atem schöpfen. Wir könnten dann auch aussteigen und, während wir die Feuersbrunst einige Zeit in aller Ruhe betrachten, einmal wieder die steifen Glieder strecken. Nachher geht es dann meinem Hause zu.“

„Lass die Leibwache ganz in unserer Nähe halten und sage den Germanen, sie sollen gut aufpassen, während wir hier ruhen!“, gebot

Nero. „Das Feuer wird eine Menge obdachlos gewordenen Gesindels auf diese Seite des Flusses treiben.“

Während er sprach, hatte der Präfekt mit seiner dünnen Peitsche nach einer Anhöhe gedeutet, die sich links von der Straße über einem eng zusammengebauten Häuserkomplex erhob. Nachdem Tigellinus die Befehle des Kaisers weitergegeben hatte, setzte sich der Zug rasch wieder in Bewegung.

Am Fuß des kleinen Hügels verließ er die sanft ansteigende Landstraße und bog in einen schmalen Weg ein, der aber immerhin noch etwas breiter war als die vielen durcheinanderlaufenden Gässchen dieser Gegend. Auf einem freien, ebenen Rasenplatz verließen die Reisenden die Wagen, gaben diese in die Obhut der Sklaven und stiegen die Anhöhe hinauf.

„Wer sind die Kerls, die dort davonstürmen?“, fragte Nero, als verschiedene Gestalten vor ihnen hereilten.

„Landstreicher, die vor unserer Leibwache flüchten“, antwortete der Günstling. „Aber dort liegt ein Haus im Freien, von dem aus man gewiss eine noch bessere Aussicht hat“, fuhr er fort. „Wollen wir nicht hingehen?“

Während Nero als einzige Antwort auf das Haus zuschritt, betrachtete Tigellinus es näher und hielt dann, einen halblauten Ausruf ausstoßend, plötzlich an.

„Bei meinem Leben!“, rief er. „An der Haustür dort sehe ich eine große, wohlbekannte Gestalt. Bei allen Göttern! Auch wir sind gesehen worden.“

„Wer ist es?“, fragte Nero mit erwachender Neugier.

Aber nach einem Zuruf an die Soldaten war der Präfekt schon außer Hörweite; er deutete mit dem gezogenen Schwert auf das Haus und augenscheinlich hatten ihn die Reiter auch verstanden, denn sie gehorchten seinem Befehl augenblicklich; mit der Schnelligkeit gutgeschulter Soldaten standen sie sofort in Reih und Glied; dann stürmten sie vorwärts und umzingelten das Haus; auch die bei den Wagen wartende Eskorte stürzte zur Hilfe herbei und folgte dem blitzenden Schwert des Präfekten.

Der Mann, auf dessen Riesengestalt Tigellinus aufmerksam geworden war, hatte sorglos unter der Haustüre gestanden; als aber der laute Ruf ertönte, zog er sich eiligst zurück; dann schaute er noch einmal zur Türe heraus und in dem nächsten Augenblick entstand in dem Zimmer, das er nun betreten hatte, eine große Aufregung. Am Fenster tauchten Gesichter auf, andere sahen hinter der Riesengestalt, die die Türöffnung fast erfüllte, ängstlich hervor.

Die Gestalt war Volgus und das Haus durch ein seltsames Verhängnis gerade das, worin Myrrha mit Gabriel und seinen Angehörigen Zuflucht gefunden hatte.

Schweratmend und unentschlossen blieb der Riese stehen, als die Soldaten das Grundstück einschlossen. Er presste krampfhaft seine Hände zusammen und sah Fulvia fast flehentlich an, die bleich aber gefasst hinter ihm stand.

„Was bedeutet denn das?“, fragte Gabriel.

Kurz nachdem Lucius und Fabian das Haus verlassen hatten, waren auch Petrus und Paulus in die Stadt gegangen, um zu helfen, wo Hilfe möglich war. Gabriel war mit Volgus und den Frauen in dem Hause zurückgeblieben, wo Fulvia und Valentina Lucius´ Rückkehr erwarten wollten. So unerwartet war die Ankunft der Soldaten gewesen, so blitzschnell ihr Vorgehen unter der Leitung des Präfekten, dass es nur wenigen der wachhabenden Sklaven gelungen war, durch den von den Soldaten gezogenen Kordon hindurchzuschlüpfen. Die zwei, die allein noch das Haus zu erreichen vermocht hatten, wussten nur, dass die Soldaten die Uniform der Prätorianer trugen und das hatten die Hausbewohner selbst schon gesehen.

Bei dem Lärm, den die sich nähernden Eindringlinge machten, sah sich der Riese nach einer Waffe um. Eine eichene Stange, mit der nachts die Haustüre verriegelt wurde, stand in seinem Bereich; er ergriff sie und stellte sich so auf, dass er sie hochschwingen konnte.

„Aus dem Weg!“, schrie er. „Jedem Soldaten, der durch diese Türe kommt, schlage ich den Hirnschädel entzwei.“

„Halte Frieden!“, sagte Gabriel mit erhobener Hand.

„So würde jetzt Paulus sprechen. Wir dürfen keinen Widerstand leisten.“

„Ruhig, Volgus!“, gebot auch Fulvia. „Zuerst wollen wir hören, was die Leute herführt. Ich pflege mich vor Soldaten nicht zu fürchten und die Gattin des Lucius ist nicht gewohnt, beim Anblick von Waffen zu zittern."

„Ich habe ihren Anführer erkannt", entgegnete der Riese und seine Stimme klang wie tiefes Grunzen. „Wenn ich nur den umbringen könnte – das wäre mehr wert als alles, was sonst noch geschehen kann."

Wenige Augenblicke später schritt Tigellinus mit gezogenem Schwert durch die Haustüre und betrat das Zimmer. Zwei seiner Soldaten folgten ihm auf den Fersen, aber er wies sie zurück und stand nun allein in dem Gemach.

Sobald das Haus umstellt gewesen war, hatte er die Kette der Soldaten durchschritten, voll Begierde, zu wissen, was des Volgus Anwesenheit hier zu bedeuten habe. Fast mit Sicherheit ahnte er, dass dieses Haus auch Myrrha berge und als er nun im Zimmer stand und seine Ahnung bestätigt sah, atmete er voll Befriedigung tief auf.

Der kampfbereite Riese mit seiner drohenden Stange, der sanfte Gabriel, die erschreckten Frauen und die Mädchen, die aufgesprungen waren und ihn entsetzt anstarrten, als er unter der Tür erschien, boten ein Bild, das Tigellinus mit spöttischem Lächeln betrachtete.

„Seid gegrüßt, liebe Freunde!", sagte er, indem er den mit einer schneeweißen Feder geschmückten Helm abnahm. „Hör´, alter Volgus, es scheint deine Gewohnheit zu sein, dem Prätor zu drohen, der dir doch in seinen jungen Tagen und ehe er diese hohe Stellung einnahm, so oft im Amphitheater Beifall geklatscht hat? Schäme dich, Kerl! Weg mit dem Balken – das ist eine elende Waffe in den geschickten Händen eines Gladiatoren – sonst muss ich am Ende in der Gegenwart dieser edlen Frauen, mit meinem Schwert als Werkzeug, den Zimmermann machen. Erlauchte Fulvia, schöne Valentina und du, sanfte Myrrha, welch sonderbarer Zufall führt euch an einen solchen Ort?"

Niemand antwortete; wie betäubt sahen sie alle den Sprecher an.

Maria hatte sich an den Rock ihrer Mutter geklammert, sie sah den Eindringling an, als ob auch sie dieselbe Furcht fühlte, die den Erwachsenen die Zunge lähmte und fragte zitternd und ängstlich:

„Ist das der grausame Kaiser, Mutter? Der böse Nero der seine eigene Mutter totgemacht hat?"

Ein böses Lächeln erhellte das Gesicht des Günstlings.

„Die liebe, kleine Unschuld!“, sagte er, als Ruth erschrocken ihre Hand auf den Mund des Kindes legte, um es am Weitersprechen zu hindern. „Nein, es ist nicht der Kaiser, mein Vögelchen, aber der ist auch ganz in der Nähe. Wenn er kommt, musst du ihm deine reizende Frage wiederholen. Er wird daraus sehen, wie sorgsam deine lieben Eltern dich unterrichten.“

Mit verändertem Wesen wandte er sich jetzt an Fulvia und sagte: „Die Flammen haben euch wohl vertrieben und hier Zuflucht suchen lassen?“

„Du hast recht, edler Präfekt“, antwortete die Matrone. „Diese guten Menschen hier sind Klienten von uns und das Feuer hat ihr Hab und Gut zerstört. Um für ihre Sicherheit zu sorgen, sind wir hierhergekommen.“

„Eine edle Tat! Aber war es denn nötig, Lucius oder ein Freigelassener hätten dazu hingereicht. Und du, alter Volgus, hast du dich auch vor den Flammen gefürchtet? Brauchtest du diese edlen Frauen, um dich sicher über den Fluss und aus der Gefahr zu bringen? Hast du vergessen, was ich dir bei unserer letzten Begegnung gesagt habe – dass dir Schmach und Schande droht? Es ist das Schicksal aller Gladiatoren, wenn sie dem Kampf ausweichen und ein ruhiges Leben einem ehrenvollen Tod vorziehen.“

„Deine Worte habe ich nicht vergessen und ich habe dir auch die Antwort darauf durch einen deiner Hauptleute zukommen lassen“, erwiderte der Riese.

„Wahrhaftig!“, rief Tigellinus lachend. „Und eine schändliche Antwort war es! Teilweise kommt sie aber auch auf die Rechnung deines Herrn, des edlen und erhabenen Lucius. Nero hat sie nicht vergessen, denn sie hat ihn geärgert. Ein schlechtes Vorzeichen, alter Fechter, für dein künftiges, ruhiges Leben!“

Jetzt trat ein Soldat in das Zimmer.

„Der Kaiser verlangt nach dir“, sagte er zu Tigellinus, indem er ihn grüßte. „Er ist ungeduldig.“

Der Präfekt setzte seinen Helm wieder auf und wandte sich um, dem Ruf zu folgen. An der Tür blieb er aber stehen und sagte zu Fulvia:

„Ich werde bald zurückkommen, edle Frau. Inzwischen muss ich dich deines zarten Schützlings berauben, da ihm der Kaiser einen

Verweis schuldet. Du sollst ihn aber wiedersehen, mein Wort darauf – das heißt, nur wenn wir die Ehre deiner Gegenwart bei den Spielen haben werden. Komm, Bursche", damit machte er sich mit strengem Gesicht und finsterem Blick an Volgus. „Wirf deinen Prügel weg und folge mir!"

Darauf drehte sich Tigellinus auf dem Absatz um und verließ das Gemach, um dem Befehl seines kaiserlichen Herrn zu gehorchen.

Volgus folgte dem Präfekten, aber er hielt die Stange fest in den Händen. Als er das Zimmer verließ, warf er noch einen Blick voll Angst und Kummer auf die stumm dastehenden Jungfrauen.

Der Präfekt, dem der Riese auf dem Fuße folgte, schritt den Hügel hinab und mit ihm ging auch Volgus an den Soldaten vorbei zum Tor hinaus. In einiger Entfernung wartete, von seinen Begleitern umgeben, Nero auf seinen Günstling, dessen Vorgehen ihn in Erstaunen gesetzt hatte und er war höchst neugierig, den Grund zu erfahren, der seine Leibwache in solcher Eile zu dem bescheidenen Hause geführt hatte. Er vermutete, Tigellinus werde irgendein Opfer seines Hasses aufgespürt haben und dachte einen Augenblick daran, sich auch an der Jagd zu beteiligen. Doch wollte er zuerst Näheres über den Vorfall wissen und hatte deshalb die ungeduldige Botschaft geschickt. Als Tigellinus mit Volgus aus dem Hause trat, erkannte Nero sofort die kolossale Gestalt des einstigen Fechters.

„Tigellinus ist ein Narr!", sagte der Kaiser unwillig zu Philemon, einem Eunuchen, der in seiner Nähe stand. „Das Riesentier hinter ihm könnte ihn mit Leichtigkeit in Stücke zerschmettern und doch geht er so ruhig vor ihm her, wie wenn er seiner Braut zum Altar voranschritt. Ob er ihm verziehen hat, dass er ihm solches Vertrauen schenkt?"

Kaum hatte Nero diese Worte gesprochen, als er mit einem Schreckensruf rückwärts sprang und der nun folgende Vorgang rechtfertigte sein Entsetzen.

Tigellinus hatte angehalten und sprach mit den Soldaten.

„Bewahrt diesen Schuft!", sagte er, auf Volgus zeigend und einen Offizier zu sich winkend. „Die Leute sollen auf ihrem Posten bleiben. Vor meiner Rückkehr darf niemand das Haus hier verlassen."

Volgus war inzwischen durch die Reihe der Soldaten hindurchgegangen und stand nun im Freien. Als sich der Offizier ihm näherte, um ihn in Gewahrsam zu nehmen, schwang der Riese seine Waffe; die Umherstehenden stießen einen warnenden Schrei aus, aber er kam zu spät – der Schlag warf den Offizier wie ein Holzklotz zu Boden und trieb ihm seinen Helm tief ins Gesicht hinein.

Mit lautem Lachen sprang der Riese beiseite, stürzte einem engen Gässchen zu und verschwand.

Zwei Reiter wollten ihm nachjagen, aber Tigellinus rief sie zurück.

„Halt!", schrie er. „Halt, ihr Dummköpfe! Der Kerl würde euch nur in dieses Gassengewirr locken und einen nach dem anderen in Stücke hauen. In diesem Augenblick kann ich keinen von euch entbehren; der dumme Kerl hier hat, was er verdient. Werft seinen Leichnam in das Gebüsch dort am Straßenrand."

Aber der Offizier erhob sich wieder und suchte seinen verbeulten Helm zurechtzurücken.

„Er überfiel mich unvermutet, großer Prätor!", sagte er.

„Wo hast du denn dein Schwert gehabt?", fragte Tigellinus zornig.

„Er schritt ganz ruhig hinter dir, mein Prätor", verteidigte sich der Offizier. „Ich hielt ihn für einen gutwilligen Gefangenen. Das war Verrat, nicht die Tat eines ehrlichen Soldaten."

„Du solltest dem Elenden noch für seinen sanften Hieb dankbar sein", sagte Tigellinus lachend. „Er hätte dich auch ohne Mühe erschlagen können. Schon gut – er hat durch diesen Schlag nur noch mehr auf dem Kerbholz, wenn wir ihn in die Arena schicken. Vergessen werden wir ihn sicher nicht!"

Tigellinus trat nun zu Nero, der den Vorfall, ärgerlich mit dem Fuße stampfend, beobachtet hatte.

„Ich sagte es ja!", rief er dem Präfekten entgegen. „Ich sagte schon Philemon, du seiest ein Narr. Du kannst den Göttern danken, dass die Waffe des Ungeheuers nicht auf deinen Schädel gefallen ist. Als du vor ihm hermarschiertest, erwartete ich das jeden Augenblick."

„Ich danke hiermit den Göttern, Göttlicher!", erwiderte der Günstling lächelnd. „Aber ein Sklave wie dieser Volgus braucht mehr als nur Mut, einen Prätor in Gegenwart seiner Soldaten niederzuschlagen. Ich war ganz sicher."

„Für den Augenblick ist er zwar entkommen", sagte Nero. „Das macht aber nichts, denn den Kerl werden wir bald genug wieder aufgespürt haben. Was gibt´s noch?"

„Selbstverständlich müssen wir seiner wieder habhaft werden", lautete die Antwort des Präfekten. „Ich gäbe einen Tag meines Lebens darum, ihn in der Arena zu sehen. Wie wäre es, wenn wir ihn ohne Waffen dem Caligula gegenüberstellten? Aber das Haus dort drüben birgt noch andere Schätze, mein Kaiser. Fulvia mit ihren Töchtern und einer Anzahl christlicher Juden ist drinnen, dazu noch ein Teufelskind, das nette Sachen von dir erzählt."

„Fulvia!", rief Nero erstaunt. „Meinst du die Gattin des Lucius?"

„Ja, ja", sagte Tigellinus vergnügt. „Und die Myrrha, nach der wir damals den Hauptmann Rufus ausgeschickt haben."

„Ich erinnere mich", erwiderte Nero mit finster gerunzelter Stirne. „Was hast du eben von mir gesagt?"

„Ein Christenkind ist dort, das alles herplappert, was von dir an den Straßenmauern geschrieben steht", sagte der Günstling boshaft. „Ein nettes Kind, wie gemacht für eine Speerspitze!"

„Befiehl einem der Soldaten, es aufzuspießen!", befahl Nero düster. „Was ist´s mit Fulvia?"

„Das Speervergnügen können wir auf gelegenere Zeit aufschieben; man darf nicht vergessen, wer diese Frauen sind. Aber ihre Anwesenheit in solcher Gesellschaft erregt meinen Verdacht. Willst du sie nicht unter Bewachung auf den Palatin schicken? Wenn dann der alte Lucius kommt, um sie abzuholen, können wir ihm auseinandersetzen, dass wir die Frauen nur aus Vorsicht zu ihrer eigenen Sicherheit in Gewahrsam genommen haben. Das hier ist eine erbärmliche Gegend und das Feuer wird viel Gesindel hierher über den Fluss treiben. Diese Frauen sind schutzlos und wenn wir sie bis zu unserer Rückkehr auf dem Palatin festhalten, können wir uns inzwischen die Sache näher überlegen."

„Gib den Befehl!", sagte Nero. „Der alte Lucius hat so wie so noch etwas auf dem Kerbholz und jeder Hinweis auf ihn ist mir lästig. Beeile dich, denn ich bin hungrig und möchte endlich dein Landgut erreichen!"

Inzwischen saßen die Bewohner des kleinen Hauses tiefbekümmert beisammen.

„Was wird er wohl tun?“, fragte Myrrha, als Tigellinus mit Volgus fortgegangen war.

„Ja, was wird er tun?“, wiederholte Ruth, die Hände ringend. „Ach, du unglückliches Kind!“, rief sie aus, indem sie Maria in die Arme schloss. „Hast du gehört, was der böse Mann zu dir gesagt hat und bemerkt, wie deine törichten Reden seine teuflische Bosheit erregt haben? Ach, mein geliebter Gabriel, was wird uns geschehen?“

„Friede! Sei getrost!“, sagte Fulvia. „Noch bin ich nicht ganz machtlos und ich hoffe euch beschützen zu können. Früher hätte die Gattin des Lucius diesen unverschämten Kerl mit einem Stirnrunzeln auf die Knie zwingen können.“

„Ach, liebste Mutter, diese Zeiten sind leider vorbei!“, seufzte Valentina.

„Wir haben keinerlei Unrecht getan!“, erwiderte Fulvia. „Was kann uns der Kaiser vorwerfen? Wenn Volgus in unserem Hause mit seinen Soldaten gekämpft hat, so hat er es getan, um das Hausrecht des Lucius zu verteidigen und Volgus ist ja unser Freigelassener. Der Wagenlenker soll nur wiederkommen!“

„Erzürne ihn nicht, Mutter!“, bat Myrrha.

„Sie kämpfen!“, schrie Gabriel, der am Fenster stand. „Volgus ist durchgegangen.“

„Wieder!“, rief Myrrha aus.

Fulvia eilte an Gabriels Seite, während ihre Töchter zaghaft durch den Türspalt schauten.

„Er ist in Sicherheit!“, sagte Myrrha. „Gott sei Dank!“

„Wären wir es nur auch!“, murmelte Miriam vor sich hin. „Der Gott Abrahams, Isaaks und Jakobs beschütze uns.“

Ängstlich zogen sich alle wieder ins Zimmer zurück und Gabriel setzte sich neben Ruth, die das Kind in ihrem Schoße hielt, und umschlang beide mit seinen Armen.

Nach einiger Zeit hörte man draußen wieder Fußtritte und gleich darauf betrat Tigellinus das Zimmer.

„Ich bringe eine Botschaft des göttlichen Nero, erlauchte Fulvia!“, sagte er.

„Ist der Kaiser hier?“, fragte Fulvia erstaunt.

„Habe ich das nicht schon gesagt?", antwortete er. „Er ist dort unten bei den Wagen, fühlt sich aber ermüdet. Wir sind in größter Eile aus dem Süden hergereist, der Hof folgt langsamer nach. Anderenfalls wäre die himmlische Poppäa auf dem Palatin, um die Gattin des Lucius zu begrüßen. Die Nachricht von dem Brand hat uns so schnell hierhergebracht."

Fulvia erwiderte nichts; furchtlos blickte sie den Mächtigen an.

„Der Kaiser ist ängstlich besorgt um dich und möchte die Gattin eines edlen Senators nicht an einem unbeschützten Ort lassen und ich fürchte für die Töchter", fuhr Tigellinus fort. „Leider, leider habe ich Erfahrung darin, wie schlecht die Menschen sind. Jetzt in diesem Durcheinander geht es schrecklich zu und du kannst nicht ohne Schutz im Tiberviertel bleiben."

„Unsere Sklaven sind in der Nähe", sagte Fulvia. „Auch wird Lucius bald zurückkommen."

„Ist er hier gewesen?", fragte Tigellinus. „Bei diesen Juden? Wahrlich, für einen vornehmen Römer sind das sonderbare Klienten. Aber einerlei! Der Kaiser befielt, dass du mit deinen Töchtern auf den Palatin gehen und dort bleiben sollst bis zu seiner Rückkehr von dem Landhaus, wohin er jetzt fährt. Der Palatin ist ganz sicher und es soll euch an nichts fehlen. Sobald das Feuer erloschen ist, kannst du heimkehren."

„Mit meinen Töchtern?", fragte die Matrone.

„Gewiss", sagte Tigellinus mit bedeutungsvollem Lächeln und verneigte sich vor den nebeneinanderstehenden Jungfrauen. „Ich hoffe nur, dass ich nicht bis nach deiner Heimkehr zurückgehalten werde. Die sanfte Myrrha wird sich erinnern, dass wir einst Freunde gewesen sind?"

„Sind wir das jetzt nicht mehr?", fragte Myrrha nähertretend.

„Gewiss, wenn es dir recht ist, süße Myrrha", antwortete er. „Eher würde ich mich selbst umbringen, als es an Höflichkeit gegen dich fehlen zu lassen."

„Meine Mutter hat dich einst sehr liebgehabt", sagte Myrrha.

„Deine Mutter hat mich stets liebgehabt", sagte Tigellinus und sein Ausdruck wurde plötzlich ein ganz anderer. „Vielleicht war sie die Einzige, der ich je teuer gewesen bin."

„Oh nein, edler Tigellinus!", fiel Valentina ein.

Er unterbrach sie mit einer tiefen Verbeugung und sagte, wieder lächelnd:

„Wenn ich noch länger in dieser Gesellschaft bleibe, ist es um mich getan. Ich muss forteilen."

„Kann ich nicht mit dem Kaiser sprechen?", fragte Fulvia.

„Es ist zu spät", antwortete Tigellinus, indem er durch die Türe auf die Straße deutete, wo die weißen Wagen davonjagten. „Ich habe bereits der Wache, die eure Sänften begleiten soll, die nötigen Befehle gegeben. Die Sänften haben wir hier in der Nähe entdeckt und haben auch deine herumlungernden Sklaven zusammengetrieben."

„Gut!", sagte Fulvia. „Aber diese Leute hier – unsere Klienten?"

Tigellinus sah Gabriel, der schweigend, geduldig und erwartungsvoll dastand, aufmerksam an.

„Sie stehen im Verdacht, Christen zu sein", sagte er endlich. „Der Kaiser hat befohlen, diese alle in Gewahrsam zu bringen."

Ruth sank in die Arme ihres Gatten und Miriam fiel schreckensbleich auf das Ruhebett.

„Wohin sollen sie gebracht werden?", fragte Fulvia.

„Erlauchte Frau, habe Geduld mit mir!", sagte der Günstling, indem er seine Hand würdevoll auf die Brust legte. „Nicht immer erklärt der Herrscher seine Befehle näher und ich bin nur ein armer Präfekt. Die Wache hat den Befehl erhalten, die Leute wegzuführen, zweifellos in eine gelinde Haft, aus der du sie bald wirst befreien können."

„Du treibst deinen Spott mit mir!", sagte Fulvia strenge.

Der Präfekt trat zurück, denn jetzt trat, von zwei Soldaten begleitet, ein Offizier ins Zimmer.

„Du brauchst sie nicht zu binden", sagte Tigellinus.

„Komm!", befahl der Offizier Gabriel. „Folge uns, Jude!"

„Ich allein?", sagte dieser.

„Alle!", lautete die Antwort.

Als Gabriel seinen Arm um seine Gattin schlang, sprang Myrrha vor und umarmte Ruth.

„Verliert nur den Mut nicht!", sagte Fulvia zu den weinenden Frauen, als sie und Valentina Abschied von ihnen nahmen. „Wir verlassen euch nicht!"

„Gott wird euch nicht verlassen!“, tröstete Myrrha. „Lebt wohl für jetzt, meine treuen, geliebten Freunde!“,

„Sein Wille geschehe!“, sprach Gabriel feierlich, indem er an der Türe stehen blieb und die Hände zum Himmel erhob, als sein Weib mit Miriam und Maria, von den Soldaten bewacht, das Haus verließ. „Kein Leid kann die treffen, die auf den Herrn trauen! Lebt wohl!“

„Ich kann nicht länger warten, um Zeuge eures Schmerzes zu sein“, sagte Tigellinus, der mit zornigen Augen den Kummer der Frauen beim Abschied von ihren Freunden beobachtet hatte. „Die Sänften werden gleich kommen und der Offizier hat die nötigen Befehle. Ich muss schleunigst dem Kaiser nacheilen. Lebt wohl!“

Die Frauen antworteten ihm nicht; mit einem letzten Gruß wandte sich Tigellinus ab und verließ das Haus.

Volgus

Volgus hielt bald inne in seiner Flucht. Er fühlte eine gewisse Verachtung für seine schwachen Gegner und meinte, er könne es fast mit der ganzen Kompanie aufnehmen. Sobald er bemerkte, dass er nicht verfolgt wurde, schlich er durch ein enges Gässchen zurück, verbarg sich hinter einem dichten Gebüsch und beobachtete das Haus, das die Prätorianer umstellt hatten.

„Oho!", rief er aus, als er sah, wie Gabriel und die Seinen weinend und niedergeschlagen von einer Schar Soldaten in der Richtung nach der Vaticanusbrücke abgeführt wurden. „Meine Herrin konnte also ihre armen Freunde nicht retten. Ob wohl der Präfekt wagt, die Familie des Lucius zu demütigen?"

Seine Zweifel wurden bald gelöst. Gleich nach dem Weggang von Gabriel und seiner Familie verließ auch Tigellinus das Haus; dann rief der zurückgelassene Offizier sofort die Sklaven mit den Sänften herbei und Fulvia, Valentina und Myrrha wurden unter Bedeckung in südlicher Richtung davongetragen; augenscheinlich ging der Weg über die Amiliusbrücke.

In düsteres Nachdenken versunken, sah ihnen der alte Gladiator nach. Sobald der Zug außer Sicht war, schlich er sich vorsichtig herbei und nachdem er das Grundstück durchsucht hatte, schritt er kühn auf das Haus zu. Er trug zwar noch immer die hölzerne Stange in der Hand, aber für sich selbst fürchtete er keine Soldaten, die etwa noch im Haus verborgen sein konnten, um ihn zu fassen, falls er wieder auftauchen sollte.

Eine solche Vorsicht hatte man jedoch nicht für nötig gehalten, denn niemand hatte angenommen, dass sich der Flüchtling in dieser Nachbarschaft aufhalten könnte. Volgus konnte also ruhig durch den Hof gehen und die verlassene Wohnung betreten. Hier herrschte Totenstille. Im Innern des Hauses sah man kein Zeichen des plötzlichen, traurigen Aufbruchs der Bewohner. Das Ruhebett, die Stühle, die Tische, alles stand am gewohnten Platz und erinnerte ganz ergreifend an die einfachen Menschen, die aus diesem bescheidenen Zufluchtsort weggerissen worden waren, um das Schicksal aller derer zu teilen, die irgendwie den Zorn und Hass des kaiserlichen Tyrannen auf sich gezogen hatten.

Ganz niedergeschlagen sah sich Volgus um und überlegte, ob er dableiben und die Rückkehr des Lucius abwarten solle; aber da fiel ihm ein, dass ja Lucius und Fabian auf den Palatin gegangen waren und dass auch die Soldaten die Richtung dorthin eingeschlagen hatten, dass also sein Herr den Frauen entweder auf dem Weg begegnen müsste oder gleich im Kaiserpalast das Vorgefallene erfahren werde. Infolge des Brandes führte ja der einzige noch mögliche Weg, den Lucius und Fabian benutzen konnten, wenn sie in Gabriels Haus zurückkehren wollten, auch über die Amiliusbrücke. Dann aber kam Volgus der Gedanke, die beiden könnten überhaupt nicht beabsichtigen, hierher zurückzukehren, sondern vom Palatin aus gleich auf den Pincius gehen; da Fulvia und Valentina ihre Sänften und Sklaven bei sich hatten, würden sie vielleicht keinen größeren Schutz zu bedürfen für nötig halten.

Aber wie es den Frauen auch gehen mochte, ob sie in Gefahr waren oder nicht, – und Volgus vermutete das erstere, – jedenfalls waren Gabriel mit Ruth, Miriam und dem Kinde gefangen und nachdem Tigellinus sie sogar im Beisein von Fulvia hatte ergreifen lassen, war es unzweifelhaft, dass sie ohne jedes Mitleid behandelt werden würden, genauso wie die Gefangenen, die man jetzt Christen hieß.

Der Freigelassene fühlte tief, wie allein er jetzt dastand und sah sich mit mürrischer Unzufriedenheit in dem verlassenen Zimmer um.

Dann ging er durch den Hof in das benachbarte Haus, wo Petrus mit Frau und Sohn wohnte, und klopfte an die verschlossene Tür. Als keine Antwort erfolgte, blieb er mit tiefgesenktem Kopf niedergeschlagen auf den Stufen stehen. Dass Petrus´ Familie auch verhaftet worden wäre, hatte er nicht gesehen, aber dies war möglicherweise schon vor seiner Rückkehr geschehen. Hastig stieß er die Tür auf und blickte hinein, aber wie das soeben verlassene Haus war auch dieses ganz leer. Vielleicht waren die Bewohner geflohen, als sie die Verwirrung im Nachbarhaus bemerkten! Volgus trat ins Haus und rief laut, aber nur die leeren Wände gaben seinen Ruf zurück. Als er nun wieder im Sonnenschein stand und auf die brennende Stadt hinschaute, schien das Pochen seines Herzens den wilden Lärm jenseits des Flusses zu übertönen.

„Alle fort!“, murmelte er. „Bald werden Petrus und Paulus folgen und ob ich meine Herren Lucius und Fabian je wiedersehen werde, bezweifle ich sehr. Der Glanz der Amicier ist erloschen und nichts ist geblieben, als der Rotbart und seine Günstlinge und die haben nur Sinn für solche Leute, wie ich früher einer war und für das Gemetzel im Amphitheater. Wie der blutgierige Präfekt sagt, hätte ich der Arena nie den Rücken wenden sollen; nun, ich hab´s zwar getan, aber mein Temperament von damals ist mir doch noch nicht ganz abhanden gekommen. Ich bin kein Christ – Paulus weiß es wohl. Der Schleicher, der Paolo, lebt noch, und ebenso jener niederträchtige Calcus, den Cainor in der Kaserne beschützt hat. Den Kerl treibe ich vielleicht in der Weinstube auf. Beiden will ich nachspüren und wenn ich erst den Herrn Paolo zuschanden gehauen habe, suche ich den Gallier und schmeiße ihn in ein brennendes Haus; für diesen Sport lohnt es sich noch, zu leben! Weiß ich einmal gewiss, dass alle meine Freunde verloren sind, dann pfeife ich auf diese ganze blutige Stadt und gehe nach Griechenland, wo Gladiatoren stets willkommen sind; vielleicht mache ich dort noch einen neuen Rekord in der Arena.“

Seine Augen funkelten wild; er warf die Stange beiseite und ging mit großen Schritten die Anhöhe hinab, über die Via Septiminia, der Janiculusbrücke zu. Hunderte von Flüchtlingen, die das Feuer vertrieben hatte, versperrten den Weg, doch Volgus drängte sich durch. Als er aber die Brücke erreichte und sah, dass sie von Soldaten besetzt war, zögerte er ganz unwillkürlich, jedoch nur einen Augenblick, denn er bemerkte sofort, dass er in dem Wirrwarr wohl durchkommen konnte. So schob er sich denn mit seinem ganzen Umfang in die Menschenmasse hinein und bahnte sich einen Weg. Kein Soldat hielt ihn an und er erreichte sicher das andere Ufer. Im Süden loderten die Flammen bis zum Flusse hin, aber ein großer Platz, der Zugang zu der Brücke, war noch unberührt und hier hatten sich zahllose Männer, weinende Frauen und erschreckte Kinder angesammelt; einige starrten ganz blöde in die Flammen, andere saßen auf ihren aufgehäuften Habseligkeiten, die sie in der Eile aus ihren Häusern fortgeschleppt hatten und die sie nun vor herumstreichenden Räubern und Dieben zu schützen suchten.

Plötzlich hörte Volgus Waffengeklirr neben sich und fühlte einen Druck auf seinem Arm. Als er sich schnell umwandte, sah er sich einen Zug Soldaten gegenüber, dessen Anführer Clytes ihn freundlich begrüßte. Clytes war der Hauptmann, unter dessen Befehl die Wachmannschaft der wilden Tiere in der neuen Arena stand. Augenscheinlich hatte er heute den Auftrag erhalten, mit seinen Leuten die Wasserträger zu bewachen; diese mussten das Wasser aus dem Fluss in Eimern den vielen hundert Sklaven zutragen, die das Wasser dann auf die brennenden Gebäude gossen – ein nutzloses Bemühen, der rasenden Feuersbrunst Einhalt zu tun.

„He, Volgus!", rief der Soldat, indem er seinen Helm abnahm und sich den Schweiß von der berußten Stirne wischte. „Heute habe ich schon mindestens ein Dutzend deiner Kameraden getroffen und alle haben sich wie Helden benommen! Ja, ja! Ein Gladiator ist der rechte Mann in Zeiten der Not. Er geht in ein brennendes Haus wie der Müßiggänger in der Weinstube. Tausende sind jetzt an der Arbeit und jeder rettet ein Menschenleben in der Minute! Das Feuer hat die Gladiatorenkaserne verschont, deine alte Heimat ist also in Sicherheit. Man sagt, der Kaiser sei unterwegs; wenigstens ein Dutzend seiner Boten sind schon über die Brücke gekommen. Sie haben den Befehl gebracht, die Gebäude am Fuße des Viminal abzureißen; vielleicht wird dadurch das Feuer eingedämmt."

Volgus sah sofort, dass der Hauptmann durchaus nicht die Absicht hatte, ihn festzunehmen, ja, dass er und seine Untergebenen augenscheinlich von dem Haftbefehl gar nichts wussten. Deshalb erwiderte er den Gruß herzlich.

„Hast du vielleicht den erlauchten General Lucius und den Tribun Fabian gesehen?", fragte er.

„Nein!", antwortete Clytes. „Die nicht, aber einen anderen, den die beiden alle Ursache haben, nicht zu vergessen, – den britischen Barbaren, der einmal meinem großen Löwen Caligula gegenübergestanden hat. Jetzt ist er der Nachbar der holden Bestie."

„Was meinst du?", fragte der Riese hastig. „Sprich, Mensch!"

„Was tue ich den anders?", erwiderte der Soldat und lacht herzlich über das lebhafte Interesse des anderen. „Ich spreche von einem jungen Mann, der mit Lucius und seiner Gesellschaft an dem Morgen, als

Caligula durch seine eisernen Stäbe brach, zur Besichtigung der Käfige gekommen war. Sowohl der Kaiser als der edle Präfekt hatten doch befohlen, die Bestie gut zu hüten und dieser Barbar fuchtelte mit seiner Klinge so um die Mähne des Tieres herum, dass ich jeden Augenblick meinte, er stoße sie ihm bis zum Griff in den Hals. Hätte er das Tier ins Herz getroffen, wahrhaftig, ich glaube, man hätte mir das meine aus der Brust geschnitten. Alle Götter! Aber die Jungfrau war in Lebensgefahr, so gut wie ich, und ich habe für uns alle gezittert!"

„Meinst du Ethelred? Was ist´s mit ihm?"

„Ja, so lautete der barbarische Name; ich habe ihn gehört, als der junge Mann mir übergeben wurde. Er ist ein blondhaariger Jude, schön wie ein Grieche, und Mut hat er – er wäre würdig, Soldat zu sein!"

„Oder Gladiator!", grunzte Volgus. „Was ist denn mit ihm?"

„Ich habe ihn sicher hinter Schloss und Riegel in der neuen Arena. Gestern habe ich ihn aus dem Zirkus des Sallust hergebracht, wo man ihn mit den Christen zusammengepfercht hatte. Dein Freund Cainor muss einen Teil der Spiele anordnen; er hörte von der Verhaftung des Briten und will ihm jetzt einen besonderen Platz in seinem Programm anweisen. Er soll nicht einfach dem Löwen vorgeworfen werden, nein, mit seinem Schwert muss er bis auf den Tod mit jedem Fein kämpfen, den man ihm gegenüberstellt. Cainor meinte, es wäre schade, so viel Mut unbenutzt zu lassen und da hat der Unterpräfekt den Befehl gegeben. Ich musste den Gefangenen selbst holen."

„Ja, ja, den jungen Mann kenne ich gut!", sagte Volgus, indem er möglichst schnell alle Umstände überdachte. „Ich bin froh, dass er unter deinem Befehl steht; da kann ich ihm doch einen guten Rat geben, wie er sich im Kampf zu benehmen hat."

„Cainor wird das schon tun", sagte der Hauptmann lachend. Trotz des Lärms um ihn her schwatzte er doch gerne; sein Posten hier war langweilig und die Plauderei mit einem gleichgesinnten Genossen zur Abwechslung sehr angenehm. „Ich selbst will ihm auch eine Warnung zugehen lassen", fuhr er fort. „Aber nützen wird ihn das alles nicht viel. Bei ihm handelt es sich nicht mehr um aufwärts gehaltene Daumen, denn er ist schon für irgendein Vergehen zum Tod verurteilt. Er muss seine vornehmen Freunde beleidigt haben, denn der junge Paolo, der ja so intim mit deinem Herrn steht, hat mir eine große Belohnung für eine gemeine Tat angeboten."

„Für was für eine?", fragte Volgus.

„Sprich nicht darüber, alter Freund!", antwortete der Soldat. „Du kennst ja diese Patrizier so gut wie ich; am Hofe stiften sie so viel Teufeleien an, als ein alter Hund Flöhe hat. Ihr Geld nehmen wir aber doch, wenn wir auch ihr Vertrauen missbrauchen. Was mich anbelangt – den jungen Paolo würde ich gern unter den Bestien sehen! Er hat mir eine Handvoll Geld versprochen, wenn ich den Briten in dem Augenblick, wo er den Ring betritt, mit dem Schwert am Bein verletze."

Volgus stieß einen grimmigen Fluch aus; sein Gesicht wurde dunkelrot und seine Augen blickten hart wie Stahl.

„Oho!", rief Clytes. „Seid ihr befreundet?"

„Ja!", erwiderte Volgus. „Ich bin sein Freund. Kannst du mir nicht zu einem Wort mit ihm verhelfen? Auf Gladiatorenehre, ich will gut aufpassen und nichts sagen, was dir schaden könnte."

„Morgen!", sagte der Soldat.

„Nein, gleich!", beharrte Volgus. „Sage mir die Losung, dann gehe ich sofort hin."

Noch zögerte Clytes; aber er kannte Volgus gut und sah nichts Böses in dessen Absicht.

„Gut", sagte er endlich zu dem Riesen, der ängstlich auf den Erfolg dieses Nachdenkens gewartet hatte. „Die Losung heißt „Akte". Gib sie dem Aufsicht führenden Offizier und sage ihm, dass ich dich schicke. Er wird dir dann erlauben, durch die Gitter mit dem Gefangenen zu sprechen. Wenn du diesem etwas mitbringen willst, habe ich nichts dagegen und morgen kannst du wieder kommen, wenn ich dort bin. Wir leeren dann in der griechischen Weinstube eine Flasche miteinander und ich erzähle dir etwas Neues; ich hab´s von einem Kameraden aus Ostia. Hoffentlich ist bis dorthin das verfluchte Feuer erloschen."

„Vielen Dank", sagte Volgus. „Leb wohl!"

Ohne ein weiteres Wort eilte er weg und drängte sich in der Richtung nach der neuen Arena durch die Menschenmenge. Sein Weg führte ihn durch eine Reihe von Gassen und Straßen, die das Feuer bis jetzt verschont hatte. Da der Gladiator nun wusste, dass nur ein Teil der Prätorianer den Befehl erhalten hatte, ihn zu verhaften, und hoffte, diese seien heute nach einer anderen Gegend befohlen, fürchtete er nichts für sich selbst. Die Wut, die er vor Clytes mühsam unterdrückt hatte, kochte heiß in ihm auf; er wiederholte seinen Racheschwur gegen Paolo und gelobte sich in seinem Herzen, er wolle ihn auffinden und ihn töten – ohne Rücksicht auf die Folgen für sich selbst. Aber zuerst musste er Ethelred sehen, denn dessen neues Gefängnis beunruhigte Volgus einigermaßen. Indem er auf den lodernden Feuerherd zurückschaute, der sich zwischen ihm und dem Palatin ausdehnte und der schon einen Teil der Subura in Asche gelegt hatte, überlegte er, ob man der Flammen wohl Herr werden könne, ehe sie so viel vom Campus Martius aufgefressen hätten, dass den Gefangenen in den Zellen der neuen Arena Gefahr drohe. Doch wurden ja auch die Bestien dort verwahrt und Nero würde diese wertvollen Gegenstände seines kaiserlichen Interesses gewiss nicht in den Flammen umkommen lassen. Schon wurden auf dem Platz vor der Arena Soldaten aufgestellt, die durch Niederreißen einer genügenden Anzahl Gebäude eine breite Straße herstellen sollten, die die Flammen nicht überspringen könnten.

Seine Siebenmeilenschritte brachten den Riesen bald in die Nähe des Pantheons; hier wendete er sich nach links und ging die breite Straße entlang, die an den Haupteingang der Arena führte. Er kannte den wachhabenden Offizier nicht, aber das Losungswort verschaffte ihm Eintritt. Der Soldat hatte ihn vor dem brennenden Stadtteil herkommen sehen und war neugierig, Näheres zu erfahren; aber Volgus eilte in den Hof, ging den gepflasterten Weg entlang und erreichte das innere Gittertor, das zu den Tierkäfigen führte. Diese Käfige befanden sich in der Mauer, die den Ring im Halbkreis auf beiden Seiten umgaben. In der Nähe des Tores stand der Käfig des gewaltigen Löwen Caligula. Die Tiere waren alle unruhig und ein dumpfes, unaufhörliches Grollen erfüllte die Luft.

„Das Feuer regt sie auf", erklärte der Wächter, der auf Volgus´ Ruf hin diesem die Türe geöffnet hatte. „Die Tiere wissen, dass etwas Ungewöhnliches draußen vorgeht, und gestern Nacht, als der ganze Himmel rot war, brüllten sie ohne Aufhören. Die Wärter sagen, die Panther seien ganz wild gewesen. Wenn die Tiere in ihrer jetzigen Stimmung bleiben, bis sie in den Ring gelassen werden, dann brauchen sie sicher kein Aufreizen mehr, um zu kämpfen."

Volgus gab nun wieder das Losungswort und fragte:

„Wo ist der Brite Ethelred?"

Der Mann schloss das Tor zu und führte den Riesen einen schmalen, unter den Stützmauern des Gebäudes hinlaufenden Weg entlang.

Ein Ruf vom Tore her ließ den Wächter anhalten; er horchte einen Augenblick und sagte dann zu seinem Gefährten:

„Man ruft mich. Der Brite ist in der Zelle gegenüber dem vergitterten Fenster, dort um die Ecke. Von hier aus kannst du das Fenster nicht sehen, aber es ist dort, es geht auf die Straße. Ich muss fort."

Ein zweiter Ruf erscholl und nachdem der Wächter mit dem Finger den Weg gezeigt hatte, ging er zurück und ließ Volgus sich seinen Weg allein suchen.

Der Riese ging den Gang hinunter, dann um die Ecke und hielt schließlich vor einer eisernen Türe dem Fenster gegenüber an.

„He, holla!“, rief er und packte die eisernen Stäbe.

Sogleich wurde Ethelred sichtbar, der sich in der dunklen Zelle von einem Lager erhoben hatte und nun vortrat.

„Bist du es, Volgus?“, fragte er. „Willkommen, mein Freund!“

„Vielleicht kann ich die Tür herausreißen!“, sagte der Riese und schüttelte so kräftig daran, dass ihre Angeln in dem Stein knirschten.

„Sachte, sachte!“, rief Ethelred lachend. „Eher reißt du deine starken Sehnen entzwei. Erhalte dir lieber deine Kraft zum Schutz meiner holden Herrin, denn mir geht es gut.“

„Freut mich, dich so munter zu finden“, sagte Volgus. „Aber denen, die dich hierherbrachten, will ich zu ihrem Recht verhelfen!“

„Bist du nur gekommen, mir das zu sagen, alter Freund? Wie geht es...“

„Meiner Geliebten?“, vervollständigte der Freigelassene die Rede, als Ethelred anhielt, da ihm das zärtliche Wort, mit dem er nun Valentina nennen durfte, noch nicht leicht über die Zunge ging. „Aber ich bin kein Christ, Ethelred, denn Paulus würde mir nicht gestatten, es den Halunken, die meinen Herrn zugrunde gerichtet haben, so heimzuzahlen, wie sie es verdienen. Meine holde Herrin ist...“

Er hielt plötzlich inne und kratzte sich in sichtlicher Verlegenheit den Kopf.

„Wie geht es dir, mein Junge?“, fragte er dann langsam.

„Gut“, antwortete Ethelred voll Angst. „Aber die geliebte Herrin meines Herzens, Volgus, meine holde Valentina – so sprich doch!“

„Bei meinem Weggang war sie ganz wohl“, sagte Volgus fest. „Nur war sie sehr bekümmert deinetwegen.“

„Meinetwegen bekümmert!“, rief Ethelred weich. „Deine Worte sind wohltuend und um sie zu hören, will ich gerne das Gefängnis erdulden. Erzähle mir von ihr!“

„Wenn ich nur selbst wüsste, was! Geschehen wird ihr nichts, obgleich sie an den kaiserlichen Hof gegangen ist, wo sie aber früher schon hundertmal gewesen ist. Ihre Mutter und vielleicht auch ihr Vater sind bei ihr – aber dieses Mal ist sie doch anders als sonst hingegangen!"

„So rede doch!", rief Ethelred, den das Benehmen des Riesen beunruhigte.

So aufgefordert, erzählte Volgus die Ereignisse des Morgens; er bemäntelte seine Sorge nicht und sagte geradezu, er halte die Familie seines Herrn tatsächlich für Gefangene des Tyrannen. Nach Art aller Freigelassenen kannte sein Glauben an den Patrizier, dem er diente, keine Grenzen; dieser konnte kein Unrecht begehen und war über alles Missgeschick erhaben – aber als Gladiator kannte Volgus auch die Macht Neros und in den Ohren der Menschen, die in der Gladiatorenkaserne gelebt und in der Arena gekämpft hatten, klang das Wort „Kaiser" gleich wie das Wort „Allmacht".

Ethelred kannte die Sitten und Gebräuche der Römer zu wenig, um die Bedeutung des Gehörten ganz zu fassen; aber während seines Aufenthaltes in der Hauptstadt hatte er doch genug gelernt, um die Furcht begreifen zu können, die der Name Nero allein überall hervorrief und um einzusehen, dass die Herrin seines Herzens höchst wahrscheinlich in Gefahr schwebte.

Als Volgus geendet hatte, stöhnte der junge Mann laut auf.

„Und ich bin hier festgenagelt!", rief er, indem er auch an dem Gitter rüttelte. „Unfähig, zu helfen! Nur beten kann ich für sie."

„Ihr droht keine augenblickliche Gefahr. Wärest du auch frei, du könntest doch nicht viel tun, mein Junge!", tröstete Volgus.

„Wir könnten wenigstens Lucius und Fabian aufsuchen. Ganz gewiss tun die ihr Möglichstes und wir könnten ihnen helfen."

„Ja, das schon – wenn sie nicht auch Gefangene des Tyrannen sind. Im Zirkus Maximus gibt es Zellen – und beide Herren sind heute Vormittag auf den Palatin gegangen."

„Nero war aber nicht dort, wie du mir gesagt hast."

„Freilich; aber der Präfekt lässt kein Gras unter seinen Füßen wachsen und fünfzig Boten können inzwischen Befehle gebracht haben. Weißt du das nicht, Junge? Wenn du nur frei wärst, um wenigstens mir zu helfen! Wir könnten uns doch rächen."

Ein Geräusch zog die Aufmerksamkeit der beiden auf sich. Es kam von der Straße draußen, obwohl man den Lärm von dort durch das

Fenster in der Mauer leicht hören konnte. Volgus lauschte angestrengt, um zu ergründen, was es bedeute.

„Die Wache kommt!", sagte er.

„Oder es ist das durch die Entfernung gedämpfte Geschrei der Tiere", erwiderte Ethelred. „Sie haben die ganze Nacht hindurch gebrüllt, aber da hat man sie viel deutlicher gehört. Oder – doch nein – es sind Fußtritte. Vielleicht ist es der Freund, der mich schon vor dir besucht hat. Er ist in den Sallustzirkus gekommen und gestern Abend auch hierher, um sich zu überzeugen, wie bequem ich untergebracht bin. Es war der sanfte Paolo."

„Paolo!", rief Volgus mit wildem Ausdruck. „Hoffentlich ist er´s."

„Ja, ja!", rief Ethelred lachend und er vergaß für den Augenblick seinen Kummer. „Er hat mir seine Dienste angeboten, aber der Hauptgrund seines Kommens war, sich an meiner Lage zu erfreuen. Er hat auch keinen Augenblick gezögert, mir mein wahrscheinliches Schicksal recht klarzumachen und damit ich es gewiss begreife, malte er mir die herrlichen Szenen, die er in der Arena schon gesehen hat, bis ins Kleinste aus. Er versprach, mir mit Hilfe seines Vaters für einen leichten Tod sorgen zu wollen und er floss dabei von heuchlerischer Teilnahme über. Mich hat er nur belustigt, nicht beleidigt, denn sein Besuch unterbrach wenigstens die tödliche Einsamkeit."

Das Geräusch der sich nähernden Fußtritte auf dem Steinboden wurde jetzt deutlicher. Hastig sah sich Volgus um und als er einen großen Backsteinpfeiler gewahrte, der von der inneren Mauer in den Weg vorsprang und dessen Schatten hinreichte, um selbst die große Gestalt des Volgus der Beobachtung zu entziehen, warnte er Ethelred mit einem leisen Worte und zog sich dann hinter den Pfeiler zurück. Seine Augen funkelten erwartungsvoll, als er, sein lautes Atmen mühsam unterdrückend, dastand.

Fast im selben Augenblick kam Paolo um die Ecke; er beugte sich nieder, als er durch die niedere vergitterte Tür sah, und rief:

„Mein Ethelred – lieber Brite!"

„Bist du es?", fragte Ethelred ruhig.

„Gewiss!", rief Paolo; doch als Ethelred vortrat, zog er sich etwas zurück. Obgleich er sehr freundlich aussah und mit weicher Stimme sprach, war doch seine tiefe, boshafte Befriedigung unverkennbar. „Hast du gut geruht, mein edler Brite?"

„Ich habe schon weichere Lager gehabt, aber im Gefängnis darf man nicht anspruchsvoll sein. Ich wette drauf, dein Bett ist weicher gewesen, guter Paolo."

„Sicherlich! Ach, ich habe mit wahrer Betrübnis deiner gedacht, hier unter den Tieren, die du so bald noch näher kennen lernen sollst. Natürlich habe ich deinen Gedankengang geahnt und dich bemitleidet – oh, oh!"

Mit entsetzten, weit hervortretenden Augen fuhr der Römer plötzlich auf; seine Gestalt schien zu erstarren und die Haare standen ihm zu Berge. Ethelred konnte sich eines Lächelns über das Bild gemeiner Furcht, das Paolo bot, nicht enthalten. Wie festgebannt stand der Römer da, als jetzt Volgus, der seine Wut nicht länger zügeln konnte, aus seinem Versteck mit einem solch wilden Blick hervorstürzte, wie ihn der elende Patrizier sonst nur bei den Bestien im Amphitheater gesehen hatte. Er versuchte zu schreien, aber die Stimme versagte ihm. Der Gladiator sprang vor und sogar Ethelred, der sich jetzt erst dessen ernster Absicht ganz bewusst wurde, fühlte eine mit Mitleid gepaarte Furcht für das Opfer. Er rief seinem Freunde warnend zu, aber die Wut des Fechters war nicht mehr zu bändigen.

In seiner Angst drückte der Brite gegen die Türe und die Schlempe des Riegels, die durch das gewaltige Rütteln des Riesen schon gelockert worden war, fiel aus der Mauer; die Türe flog auf und dem herbeistürzenden Volgus gerade ins Gesicht. Paolo erhielt dadurch einen Augenblick Gnadenfrist; sein Schreckensruf schallte laut durch den Raum, aber die Angst hatte ihn so gelähmt, dass er nicht fliehen konnte. Hilflos fiel er auf den Steinboden, wo er wie tot liegen blieb, als sich jetzt die Riesengestalt neben ihn aufpflanzte.

Im selben Augenblick beugte sich der Brite über den Daliegenden, indem er zugleich seine Hand dem Riesen auf die Brust legte und ihn so zurückhielt.

„Nein, guter Volgus", sagte er beruhigend. „Der Mensch ist unsern Zorn gar nicht wert."

Volgus unterdrückte die Töne, die wie ein Gurgeln aus seinem Munde drangen; wie dicke Stricke lagen seine gespannten Sehnen an seinem Hals. Ethelred stieß den entsetzten Paolo mit dem Fuß an und schob ihn gegen die Zelle. Dem Römer wurde klar, dass der Brite sein Retter sei; er nahm daher alle seine Kraft und Geistesgegenwart zusammen und kroch in das Gefängnis hinein, worauf Ethelred die Türe schloss.

„Mir will scheinen, guter Volgus, als ob wir beiden den besänftigenden Einfluss des edlen Paulus nötig hätten“, sagte er lachend.

Durch das Wesen des Freundes etwas beruhigt, stand der Riese ganz untätig da.

„Jetzt ist er der Gefangene“, fuhr Ethelred fort, indem er auf den zusammengekauerten Mann hinter dem Gitter zeigte. „Ich wollte nur, wir könnten ihn da drinnen halten.“

„Ja, ja! Aber ich habe dem Clytes versprochen, nichts zu tun, was ihm schaden könnte“, murmelte der Gladiator, als er wieder sprechen konnte.

„Dem Paolo schaden?“

„Nein, dem Clytes, als Befehlshaber hier. Aha, ich hab´s!“, schrie er. „Der junge Herr soll fein bedient werden.“

„Wie?“, fragte Ethelred.

„Er bleibt gefangen, das sage ich dir. Nein, nein, ich tue dem Halunken nichts“, fuhr er fort, als er die Zelle betreten wollte und der Brite ihn zurückhielt.

Nun ging Volgus in die Zelle hinein und ergriff einen kleinen hölzernen Stuhl, den einzigen Sitz, den das Gefängnis bot, sprang damit in den Gang und stieg an das Fenster hinauf. Der Stuhl war gerade hoch genug, dass er das Fenstergitter erreichen konnte; mit aller Kraft fasste er zu und riss auch glücklich zwei der verrosteten Stäbe heraus.

„Schnell, schnell herauf, Junge!“, sagte er zu Ethelred. „In einem Augenblick bist du draußen und die Straße ist sicher. Mit einem fliehenden Gefangenen fühlt jeder Vorübergehende Teilnahme; selbst wenn man dich sieht, brauchst du keine Angst zu haben.“

Ethelred begriff sofort; unterstützt von den kräftigen Armen seines Gefährten schwang er sich an die Fensteröffnung hinauf und schaute hinaus.

„Alles ruhig!“, sagte er. „Niemand ist in der Nähe.“

„Spring auf die Straße hinunter und warte auf mich. Ich will nur den holden Paolo selbst einschließen und den richtigen Weg hinausgehen.

Den Wächter will ich schon eine wunderbare Geschichte vormachen, die sie sicher glauben werden."

„Aber du tust dem Paolo nichts?"

„Nein, du darfst mir trauen", sagte der Riese, der jetzt bei strahlender Laune war, lachend. „Ich drücke seiner zarten Haut kein Erinnerungszeichen auf. Beeile dich!"

Ethelred verschwand durch das Fenster und der Riese hörte, dass er die Straße erreichte. Er rief leise und erhielt Antwort. Dann wandte er sich der Türe des Gefängnisses zu und klopfte mit seinem Schwertknauf die Riegelhülse wieder an ihren Platz in die Mauer hinein.

„Leb´ wohl!", sagte er mit einem letzten Blick auf den in der Zelle kauernden Mann. „Dein Vater wirst du schon brauchen, um dich zu befreien."

Paolo hörte das grimmige Lachen des Riesen, als dieser in dem zum Eingang führenden Korridor verschwand, mit einem Gefühl unsäglicher Erleichterung. Zehn Minuten nachher traf Volgus mit Ethelred auf der Straße zusammen.

„Dein Freund sitzt in der Klemme und die Wache ist ganz bestürzt", erzählte er. „Ich habe ihnen vorgeschwindelt, aus Freundschaft für die Familie des Lucius habe Paolo die Flucht des britischen Fürsten ins Werk gesetzt. Mit einem falschen Schlüssel, den sich der Herr Attilius verschafft habe, sei die Tür geöffnet worden und der Gefangene sei durch das Fenster entkommen, das seine Sklaven von außen her freigemacht hätten. Um allen Verdacht von sich abzulenken, sei jetzt der Römer in die Zelle eingeschlossen. Mich habe er mit einer großen Summe bestechen wollen, das von mir entdeckte Geheimnis nicht zu verraten – aber ich hätte das Geld ausgeschlagen. Der edle Herr sitzt tief in der Klemme!"

„Aber glauben sie denn deine Geschichte?"

„So gut als eine andere!", sagte Volgus im höchsten Vergnügen. „Du kennst die Wächter nicht. Ob sie´s nun glauben oder nicht, jedenfalls passt ihnen die Geschichte und sie können sich damit reinwaschen. Da sie Paolo sicher hinter Schloss und Riegel haben, werden sie ihn auch dort lassen und nur durch einen Befehl des Unterpräfekten oder gar des Tigellinus selbst wird ihn sein Vater freibekommen. Wer weiß", und der Riese lachte wieder, „Tigellinus, der Sinn für einen Spaß hat, lässt vielleicht den jungen Schuft seine Rolle zu Ende spielen und das wäre bessere Gerechtigkeit, als sie sonst gewöhnlich in Rom geübt wird."

„Wohin gehen wir jetzt?", fragte Ethelred.

„Zuerst wollen wir dir für eine Waffe sorgen und dann einen sicheren Ort suchen, wo wir unser weiteres Tun besprechen können", antwortete Volgus. „Komm schnell!"

Ethelred folgte Volgus; sie verließen die breite Straße und wandten sich den engen Gässchen des Campus Martius zu.

Im Pompejusgefängnis

Einmal in ihrem verbrecherischen Lauf, geriet sogar die schrankenlose Macht Neros in Gefahr. Die Hauptstadt lag in Schutt und Asche; zwei Drittel der Riesenstadt hatte das Feuer zerstört. Von allen Seiten ertönten die Klagen der unglücklichen Bevölkerung und laute und leise Flüche erhoben sich gegen den Herrscher, der ihre Leiden gefühllos mit ansah und der höchst wahrscheinlich der Urheber ihres Elends war. Das Volk hatte erfahren, dass Nero von dem Turm des Mäcenas aus das große Feuer in selbstgedichteten Liedern verherrlicht hatte und eine ganze Drachensaat von bedrohlichen Geschichten über ihn keimte auf. Seine Beamten waren entsetzt über die große Zerstörung und Seneca, für die Sicherheit des Palatins besorgt, beschwor den Kaiser, Maßregeln zur Erleichterung des herrschenden Elends zu treffen. Aber wie in der verzweifelten Stadt das Feuer gewütet hatte, so wütete jetzt in Neros Herz die Angst und er war vorerst zu jedem Entschluss unfähig. Mit Tigellinus stand es anders, – dieser fühlte sich auch der schwierigsten Lage gewachsen, – auf seinen Befehl wurde Getreide aus den Vorratshäusern in Ostia herbeigeschafft und dem Volk der freie Zutritt zu den kaiserlichen Gütern gewährt. In den Hainen ließ er Zelte errichten; mit freigiebiger Hand verteilte er Gelder. Durch einen kaiserlichen Erlass wurde der Preis des Brotes herabgesetzt, überdies gewährten auch Seneca und Malito den Bedürftigen aus eigenen Mitteln Hilfe. Das alles verbesserte zwar teilweise den Zustand in der Stadt, aber der erregte Volksgeist forderte Rache; er wollte für das vergangene Verbrechen Opfer haben und der Genius des teuflischen Präfekten fand diese auch. Die Christen mussten die Schuldigen gewesen sein – sie waren die Brandstifter, die Rom angezündet hatten! In allen noch erhaltenen Stadtteilen wurden durch öffentliche Anschläge jedermann aufgefordert, die Christen anzuzeigen, jene Sekte der verhassten Juden, der man schon längst alles Schlimme nachsagte und die nun aus Bosheit und Rache dieses Schwärzeste aller Verbrechen ausgeführt hätten. Das ohnehin fast wahnsinnig erregte

Volk griff diese Behauptung schnell auf, die, als von den Behörden auf dem Palatin ausgegangen, doch Wahrheit sein musste.

Auch Nero wurde durch diese sich immer mehr ausbreitende Meinung aufgerüttelt. An der Spitze seines Gefolges besuchte er die provisorischen Spitäler und verteilte Almosen. Dem Volk versprach er summarische Rache. Jeder als Anhänger des Christentums Verdächtige, den seine Soldaten ergreifen würden, sollte im Amphitheater geopfert werden. Vorher schon waren die Christen dem Untergang geweiht gewesen, aber jetzt, unter dem zwiefachen Fluch, wurde Mitleid mit ihnen ein öffentliches Verbrechen. Die diesjährigen Spiele sollten alle vorhergegangenen übertreffen und zu diesem gleichsam zweiten Brandopfer sollten die Hilfsmittel des ganzen Reiches herangezogen werden.

Lucius und Fabian waren Gefangene. Selbst ihre hohe Stellung half ihnen nichts mehr. Nachdem die beiden Männer im Palast festgenommen worden waren, sollten sie die Befehle des Tyrannen über ihr Schicksal abwarten und die während des Brandes herrschende Verwirrung machte es möglich, dass ihre Verhaftung keinen Anstoß erregte. Die Bestürzung, die dem großen Unglück folgte, verhinderte jede missliebige Äußerung und jede Empörung. Auch die schwerbetroffenen Verwandten der Amicier fühlten sich in dieser Schreckenszeit wie gelähmt und zitterten für sich selbst und ihre Hausgenossen. Die Verschwörung, an der sich Brabano beteiligt hatte, war wie ein morsches Haus in sich selbst zusammengefallen. In der Zeit der jetzt eintretenden Reaktion nach der wilden Aufregung feierte die Macht Neros Triumphe. Oheim und Neffe, General und Tribun schmachteten in den Zellen des Palatins und auch Fulvia und ihre Töchter wurden als Gefangene behandelt und jeder Verkehr mit ihnen war verboten. Alle fühlten sich im tiefsten Elend, ohne Hoffnung, ohne Hilfe. Ihr einziger Trost lag in dem Gedanken, dass Berenike unter demselben Dach mit ihnen wohne und dass auch Brabano ihnen nah sei; auf diese beiden setzten sie jetzt ihr ganzes Vertrauen.

Aber Gabriel und seiner Familie, der geduldigen Ruth und ihrer Schwester, fehlte sogar ein solch schwacher Hoffnungsschimmer. In einem Gefängnis neben dem abgebrannten Teil des Campus Martius waren sie mit der widerlichen Menge, die nach dem Brande die

Gefängnisse füllte, zusammengepfercht. Alle Arten von Verbrechern waren an diesem entsetzlichen Ort miteinander eingesperrt und die Herzen der armen Frauen brachen fast vor Jammer über all das Schreckliche, das sie hier erleben mussten. Sie hatten zwar stets ein sehr bescheidenes Leben geführt, waren aber doch an Reinlichkeit und Sauberkeit gewöhnt; und obgleich sie zu den Unterdrückten gehörten, hatten sie doch nie zuvor Schmach und Entbehrungen erdulden müssen. Jetzt mussten sie beides in höchsten Grad leiden, denn die ihnen gebotene Nahrung war ekelerregend und die schauerliche Umgebung brachte sie fast außer sich vor Entsetzen. Die kleine Maria war wie vernichtet. Vergebens verlangte sie nach ihrem Vater; sie bat Mutter und Tante dringend, ihr zu sagen, warum sie so unglücklich seien und flehte sie an, sie von diesem Ort fortzubringen. Die Bitten des Kindes vermehrten noch den Schmerz der gequälten Frauen, aber sie waren machtlos und konnten nur weinen. Eng aneinandergeschmiegt saßen sie auf den Steinboden; sie schauderten vor den brutalen Menschen zurück, die den Raum füllten, die mit den ohnehin rohen Soldaten Späße machten und den hilflosen Frauen alle erdenklichen Beschimpfungen zufügten. Gabriels Nähe hätte den Seinen wenigstens einen, wenn auch geringen Schutz gewährt, aber er war in einem anderen Teil des Gefängnisses untergebracht.

In dieser Umgebung fanden Petrus und Paulus die Frauen. Diese Brüder im Herrn nahmen sich jetzt, da ein schweres Schicksal so viele der Ihren traf, kaum noch Zeit zum Schlafen. Obgleich sie schon jetzt beinahe als Heilige galten, lebten sie doch noch im Fleisch und auch sie waren den von Gott dem Fleisch auferlegten Bedürfnissen unterworfen; soviel sie konnten, kämpften sie dagegen an und gönnten sich nicht einmal die nötige Zeit zum Essen und Ruhen. Petrus war schon alt, aber Paulus stand noch in voller Kraft und beide kannten keine Furcht. Als das Unglück von allen Seiten hereinbrach und ihre Schüler und Glaubensgenossen stündlich in Mengen in die Kerker geworfen wurden, fühlten sich die Apostel mit einer inneren Tatkraft ausgestattet, die selbst die ihrer Feinde überbot. Von den Hospitälern, wo sie neben den im Feuer Verwundeten gekniet hatten, gingen sie zu den um des Glaubens willen Gefangenen und beteten mit ihnen. Mit leuchtendem Gesicht, auf seinen Stab und den kräftigen Arm des Paulus gestützt, ging der hochbetagte Jünger schwankenden Schrittes auf dem Prüfungsweg dahin, der ihn sicherlich an das Ende seiner Pilgerschaft führen musste. Dem starken Mann an seiner Seite war der Märtyrertod nicht weniger sicher als ihm; aber das Herz Paulus sollte zuvor noch eine Freude erleben, die ebenso groß war, wie der Trost, den der Apostel durch sein Erscheinen den Gefangenen brachte. Die Wächter kannten die beiden Häupter der Christen wohl, aber die Soldaten verhinderten ihre Verhaftung, denn durch ihre Besuche erfuhr man, wer zu den Christen gehörte; und da die Behörden das Schicksal der Apostel sicher in den Händen hatten, verzögerte man aus böser Absicht ihre Gefangennahme.

Zwei Tage nach Ethelreds Flucht aus der neuen Arena begegnete Volgus den Aposteln vor den Mauern des Pompejusgefängnisses, in dem Gabriel gefangen lag. Der Ex-Gladiator und der junge Fürst hielten sich nicht länger verborgen. In den Häusern des Lucius und Fabian war deren Schicksal bekannt geworden und die mutigen Männer hielten es unter diesen Verhältnissen nicht mehr für nötig, sich verborgen zu halten. Sie waren bereit, alles aufs Spiel zu setzen und keine Gefahr zu scheuen, um nur mit ihren Freunden in Verbindung zu treten. Konnten diese nicht gerettet werden, so wollten die Getreuen wenigstens ihr Schicksal teilen – dazu war Ethelred fest entschlossen. Die Trennung von Valentina verursachte ihm wohl großen Schmerz, aber für ihre Sicherheit fürchtete er nichts; ihr Vater war in Gefahr, nicht sie. Es war ihm unmöglich, zu glauben, irgendein Mensch, Kaiser oder Präfekt, könne imstande sein, auch nur einen Finger gegen ein solch liebliches Geschöpf zu erheben. Valentina wohnte ja im Palast und hatte außer dem Kummer um ihren Vater kein Ungemach zu erdulden. Der Brite selbst hatte schon viele Gefahren bestanden, er war jung, und die Hoffnung schwellte seine Brust. Obgleich anders geartet, war Volgus dem jungen Gefährten doch eine große Stütze; im Gefühl seiner Kraft und seines Mutes, verbunden mit seiner unbezwinglichen Sorglosigkeit, verlachte der alte Fechter jedes Hindernis.

Als die beiden Männer am Gefängnistor vorübergingen, sah sie Paulus. Er rief sie an und blieb mit Petrus stehen, bis sie herzutraten.

„Oho!“, rief Volgus. Es war dies sein gewohnter, dröhnender Gruß. „Bist du noch frei, guter Vater? Haben dich denn die Sammler für die Spiele übriggelassen? Ja, ja, in diesen Tagen des Feuers und anderer

Teufeleien müssen wir für jeden Gnadenbeweis vom Palatin dankbar sein; es sind deren wenig genug!"

Dem Apostel fiel das veränderte Wesen des Mannes auf.

„Willkommen!", sagte er. „Ja, du und wir beide sind noch frei."

„Wie lange noch?", meinte der Riese lachend. „Auch deine Zeit wird schon noch kommen und vielleicht die meine auch, wenn ich ihnen einmal einen Vorgeschmack gegeben habe von dem, was noch in mir steckt. Sie haben wacker vorangemacht mit den Meinen."

„Sie sind des Herrn!", verbesserte Paulus.

„Dieser nimmt sich der Seinen aber recht wenig an", bemerkte der alte Fechter trocken, ohne auf des Paulus mahnenden Blick zu achten.

„Hast du irgendwelche Nachrichten von ihnen?", fragte Ethelred ängstlich.

„Ja, aber nur wenige", antwortete Paulus. „Heute in aller Frühe bin ich in den kaiserlichen Garten gegangen, um Brabano zu treffen. Ein treuer Diener hat mich zu ihm eingelassen; wir haben uns im geheimen besprochen und in dem Hain miteinander gebetet."

„Gebetet?", wiederholte Volgus mit heiserem Lachen. „Ich wollte, wir hätten eine Gelegenheit zum Kämpfen."

„Die Gelegenheit hast du", sagte Paulus milde. „Wir haben gekämpft, wie noch selten Menschen gekämpft haben und stehen noch mitten im Kampf. Sie nur uns an!"

„Wahrhaftig, du hast gekämpft!", sagte Ethelred, als er die ermattete, staubbedeckte Gestalt ansah. „Gottes Segen sei mit dir!"

Der Jünger legte seine magere Hand auf die jugendliche Schulter des Briten; aus seinen Augen strahlte ein warmes Licht.

„Das Gebet des Gerechten vermag viel!", sagte er.

„Wie viel?", fragte Volgus roh. „Kannst du meinen Herrn und meine holde Gebieterin aus den Klauen des Rotkopfes herausbeten? Tu es und sofort will ich mich wieder zu eurem Glauben bekennen. Wer am meisten gibt, ist der größte Wohltäter in diesem Leben."

„Etwas Wahreres hast du zeit deines Lebens noch nie gesagt!", bemerkte Petrus mit seiner milden Stimme. „In diesem Leben ist es so; schenke der wahren Meinung deines Spruches nur einmal eine Stunde ruhiger Überlegung."

Auf Volgus machte der Ernst des Jüngers keinen Eindruck, was Paulus mit großem Kummer bemerkte. Traurig betrachtete er die vor ihm stehende kolossale Gestalt.

„Sie hatten Mose und die Propheten", murmelte er. „Und –"

„Nein", sagte Petrus, auf dessen Angesicht jetzt wieder sein gewohntes mildes Lächeln lag. Er hob seinen Arm auf und dies Mal legte er ihn seinem Gefährten um die Schulter; in liebender Umarmung zog er dessen Ohr an seine Lippen. „Hast du in der ermüdenden Arbeit die Erinnerung verloren, lieber Paulus?", flüsterte er. „Ermattet denn der Geist der Liebe gegen die, die uns enttäuschen und können Wolken den Stern verdunkeln? Gesegnet sei der Christ, der auch den strauchelnden Bruder liebt, weil er das Menschenherz kennt und es retten will."

Tränen traten in die ernsten Augen des großen Apostels, als er sie auf das geliebte Antlitz heftete und seine Gestalt wurde bei der zärtlichen Berührung des Jüngers unbeugsam wie Eisen.

„Es tut mit gut, dich zu sehen, Volgus", sagte Paulus.

„Oh ja", erwiderte der Riese. „Dich zu sehen, tut mir auch gut, Vater. Einen Menschen, der kein Gladiator ist, könntest du gewiss besser machen, aber ich bin mit deinem Glauben fertig. Behalte deine Gebete nur zu deinem eigenen Trost. Ich bete um andere Dinge. Ich flehe darum, einen gewissen Calcus, einen schleichenden Gallier, in die Hände zu bekommen. Habe ich dem erst den Kopf abgerissen, so nehme ich seinen Körper und schlage damit einen gewissen Paolo tot, den ich schon einmal irgendwo finden werde, wo mir kein sanfter Ethelred in den Arm fällt. Dann hindert mich auch mein Versprechen nicht mehr, auf Gladiatorenehre den Clytes nicht in Unannehmlichkeiten zu bringen. Um all eure Himmelsträume gäbe ich meine Rachegedanken nicht her. Wenn ich diesen Kerker ansehe und an die Gefahr meiner Gebieter denke, werde ich ganz verrückt."

Paulus schaute Ethelred forschend an, der vergeblich versucht hatte, den heftigen Worten seines Gefährten Einhalt zu tun.

„Der Anblick dieses Kerkers schneidet uns allen in die Seele", sagte Petrus. „Sollen wir hineingehen?"

„Ist das auch nicht gefährlich?", fragte Ethelred mit einem Blick auf Volgus.

„Ich bin überall sicher", sagte der alte Fechter schmunzelnd. „Die Soldaten scheinen vergessen zu haben, dass ein Haftbefehl gegen mich erlassen worden ist. Das Gedächtnis ist oft schwach und das Feuer hat alle öffentlichen Anzeigen verbrannt. Sie sind auch nur in der Subura bekannt gemacht worden und dieser Stadtteil existiert nicht mehr. Außerdem", und Volgus lachte wieder lustig auf, „wer mich ansieht, dem schwindet das Gedächtnis an den Haftbefehl."

Die vier Männer traten jetzt durch das düstere Tor in das Gefängnis ein. Die Schildwache erlaubte es ihnen ohne weitere Fragen, band sie aber mit Handfesseln paarweise zusammen. Bei der Rückkehr sollten ihnen am Ausgang die Fesseln wieder abgenommen werden. Petrus und Paulus wurden aneinander gekettet, ebenso Ethelred und Volgus. Dem Riesen legten die Wachen unter hellem Lachen die Handfesseln an.

Nachdem die Männer einen langen Gang hinunter gegangen waren, kamen sie in ein großes Gemach mit steinernen Wänden, worin sie Ruth und Miriam mit einigen christlichen Schicksalsgenossen fanden. Die Christen hatten sich in der Menge von Verbrechern, mit denen sie hier eingepfercht waren, zusammengefunden und sich in einen stillen Winkel zurückgezogen, um hier im Frieden beten und sich besprechen zu können.

Mit Ausrufen der Freude und mit heißen Tränen wurden Petrus und Paulus begrüßt. Bei ihrem Kommen saß Ruth auf einer steinernen Bank unter einem kleinen Gitterfenster, das etwas Luft und Licht in das Gemach einließ, und hielt Maria in ihren Armen. Schnell übergab sie nun das Kind der neben ihr sitzenden Miriam, fiel auf ihre Knie und erfasste das Gewand des Apostels.

„Gabriel, mein Gabriel!", rief sie aus. „Teurer Freund, kannst du nichts für uns tun? Darf ich ihn nicht wenigstens sehen?"

Der Apostel beugte sich über die weinende Frau und flüsterte ihr einige Trostworte zu. Jetzt ließ sich Maria auf den Boden gleiten und klammerte sich heftig an Paulus an.

„Hild doch meiner Mutter, lieber Paulus!", rief das Kind. „Sie weint immer die ganze Nacht hindurch. Tante Miriam sagt, wenn Vater nicht kommt, werde sie gewiss sterben. Dürfen wir denn Vater nicht sehen?"

„Mein Kind, der Vater der Vaterlosen ist bei dir. Wenn du erst älter bist, wirst du das verstehen."

„Wird sie denn überhaupt älter werden?“, fragte Ruth traurig.

„Du bist frei!“, rief Miriam bitter aus. „Du bist nicht in diesem schauerlichen Ort eingesperrt. Uns haben deine Lehren hierhergebracht und für deinen Glauben müssen wir sterben!“

„Still, Frau!“, sagte Volgus vorwurfsvoll.

Ethelred dreht sich rasch um und schaute seinen Gefährten voll Verwunderung an; Paulus sagte kein Wort.

„Nein, liebe Schwester!“, hub jetzt Linas, ein in der Nähe stehender Mann, an. „Wir leiden nicht für den Glauben unseres Paulus. Wenn wir auch durch seine Lehren jetzt in großem Trübsal sind, so schulden wir ihm doch unendlich viel Dank. Schon ehe Paulus hierhergekommen ist, habe ich das Wort vernommen und ich danke Gott, dass ich würdig befunden werde, mein Leben zum Zeugnis seiner Wahrheit zu geben. Ist das euer Mut?“

„Wie schäme ich mich!“, sagte Miriam, indem sie den Mann mit Tränen in den Augen ansah. „Ja, ich weiß, manche der Frauen sind hier selbst den Männern zur Stütze geworden. Von jetzt an werde ich standhaft bleiben.“

„Du darfst wohl meinen, wenn du nur dem Herrn vertraust“, sagte der Apostel freundlich. „Gott schenke mir die Freiheit, solange ich die Kraft habe, seinen Willen zu tun und die Betrübten zu trösten. Dürfte ich wählen, so wollte ich gerne die Leiden aller teilen.“

Volgus zog Ethelred mit sich an die Türe und sprach dort mit einem Mann, der im Gang draußen stand. Dieser lauschte mit freudestrahlendem Gesicht und eilte dann rasch dem Eingang zu, wo er einen seiner Vorgesetzten zu treffen hoffte. Der alte Fechter hatte ihm eine Bitte vorgetragen; wer im Amphitheater das Ehrenzeichen gewonnen hatte, stand bei den Gefangenenwärtern hoch in Ehren. Patrizier und Präfekten mochten zugrunde gehen, aber der Mann, der die römische Bevölkerung ergötzte, blieb in den Augen der Plebejer immer groß.

Als die beiden zu ihren Freunden zurückkehrten, erzählte Ethelred: „Volgus hat gebeten, man möge Gabriel in diesen Teil des Gefängnisses bringen. Ich hoffe sehr, dass seine Bitte erfüllt wird.“

„Ich weiße keinen Grund, warum es nicht getan werden sollte", sagte Volgus. „Und zudem habe ich als Kamerad und Waffengefährte noch extra darum gebeten."

Mit freudestrahlenden Augen starrte Ruth den Riesen sprachlos an. Erwartungsvoll scharten sich die Christen um sie her und wagten kaum das Schweigen zu brechen, in das Angst und bange Ungewissheit alle versetzt hatte.

Aber bald wurde die Stille durch das Erscheinen Gabriels unterbrochen, der durch den Gang geführt und in das Gemach geschoben wurde.

„Dank dir, Kamerad!", sagte Volgus zu dem Mann, der den Gefangenen begleitet hatte und nun mit stolzem Lächeln dastand. „Das hast du gut gemacht!"

Gabriel drückte die halb ohnmächtige Ruth an seine Brust und beide weinten vor schmerzlicher Freude, während die Freunde sie teilnehmend umstanden. Dann begrüßte Gabriel erst Miriam und dann die anderen alle.

„Ich bin undankbar gewesen!", schluchzte Miriam, indem sie auf den steinernen Sitz sank.

„Friede!", sagte Ruth. „Lasst uns über sein Kommen fröhlich sein! Nun, da du da bist, Gabriel, fürchte ich nichts mehr. Während wir getrennt waren, habe ich erst recht die stützende Kraft deiner Gegenwart erkannt; ich weiß jetzt, dass ich zusammen mit dir dem Tode furchtlos ins Auge schauen kann. Wenn ich deine Hand festhalten darf, hat selbst das Amphitheater keine Schrecken mehr für mich."

„Müssen wir dorthin?", fragte Miriam.

„Ja, das müssen wir", antwortete Gabriel traurig. Es ist ganz gewiss. Niemand von uns bleibt verschont und ich flehe nur zu Gott, dass wir nichts Schlimmeres als die wilden Tiere erdulden müssen."

„Ach, ach!", schrie Miriam auf und schlug die Hände vors Gesicht. Einen Augenblick lang überwältigte sie das Gehörte. „Wer wird meine Hand festhalten?"

„Ich!", sagte das Kind, indem es sich an sie schmiegte. „Ich will deine Hand halten."

Mit seltsamen Augen sah der riesige Gladiator den Vorgang an.

„Und ich!“, fügte Linas hinzu. „Ich bin ganz allein und habe niemand zu trösten. Wir beide wollen die Händchen des Kindes halten.“

„Das sind mutige Leute!“, sagte Volgus nach einigem Nachdenken zu Ethelred. „Ich erinnere mich noch gut der Zeit, wo die Arena selbst mich mit Schrecken erfüllte. Einmal habe ich mit einem guten Schwert und starkem Schild gegen ein ganzes Rudel Leoparden gekämpft, von denen jeder einzelne mindestens zwölf Leben zu haben schien. Sie waren nicht umzubringen – damals hatte auch ich Angst.“

„Dir hat eines gefehlt, was auch mir selbst noch fehlt“, erwiderte Ethelred. „Vielleicht finden wir beide das noch.“

„Es gewährt mir eine schmerzliche Freude, wieder mit euch vereint zu sein“, sagte Gabriel. Sein Blick fiel auf Maria.

„Das ist das Schmerzlichste“, sagte er zu Paulus.

„Möchtest du sie zurücklassen, da doch Christus euch drüben erwartet?“, fragte der Apostel.

Gabriel hob die Augen zum Himmel auf.

„Es ist eine kummervolle Welt!“, sagte er. „Gottes Wille geschehe!“

„Jetzt müssen wir gehen“, sagte Petrus endlich. „Wir wollen auch noch die anderen Gefängnisse besuchen.“

Die Männer verabschiedeten sich liebevoll von den Freunden; und als die vier wieder außerhalb des Gefängnisses waren, blieben sie einen Augenblick vor dem Eingang stehen.

„Wohin gehst du?“, fragte der Apostel.

„In der Nähe der Kaserne haben wir einen sicheren Unterschlupf“, antwortete Volgus. „Dort kann ich bequem nach meinem Gallier Ausschau halten. Er ist jedoch gewarnt worden und hält sich in seinen vier Wänden auf. Noch einmal zu den Soldaten zu laufen, wagt er nicht, denn Cainor hat es ihm streng verboten. Ich habe aber nicht das feste Versprechen gegeben, von dem Kerl abzulassen, nein, selbst nicht um die Stellung des Cainor würde ich das tun.“

„Wirst du den edlen Brabano bald wiedersehen?“, fragte Ethelred den Paulus.

„Morgen früh vor Sonnenaufgang!“

„Darf ich dich da begleiten?“, fragte der junge Mann lebhaft.

„Ja, ja, wir wollen beide mitgehen!“, rief Volgus.

Lächelnd erwiderte Paulus: „Wir würden einen schönen Tumult in den kaiserlichen Gärten hervorrufen, guter Volgus, wenn deine wohlbekannte Gestalt dort sichtbar würde. Die Zusammenkunft muss sehr geheim gehalten werden; sie verläuft ganz friedlich, das versichere ich dir. Ethelred kann mitkommen; ich bin überzeugt, Brabano wird damit einverstanden sein und unser Freund wird dir dann alles berichten, was wir erfahren."

„Wo treffen wir uns?", fragte Ethelred.

„An derselben Pforte, wo du einst mit Markus gesprochen hast", antwortete der Apostel. „Du siehst, ich habe das nicht vergessen."

„Aber wo können wir dich und unseren Petrus auffinden, guter Paulus?", fragte der Riese. „In der letzten Zeit haben wir dich sehr vermisst."

„Ist das wirklich der Fall?", versetzte der Apostel und schaute Volgus scharf an. „Du kannst mich in der Begräbnisstätte finden, die du ja kennst. Dort halten wir noch jede Nacht unsere Zusammenkünfte ab. Du bist stets willkommen. Aber, lieber Volgus, ich bitte dich, komme, ehe du deinen Gallier gefunden hast."

Paulus wandte sich um und reichte Petrus den Arm. Langsam gingen die beiden die Straße hinab, während Volgus, durch des Apostels Worte nachdenklich gestimmt, mit Ethelred seiner Wohnung zuschritt.

Brabanos Fall

Es war noch dunkel, als Ethelred am Tor der kaiserlichen Gärten auf dem Palatin ankam, wohin er sich mit Paulus zusammenbestellt hatte. Ohne Hindernis hatte er den Ort der Zusammenkunft erreicht, trotz der Unordnung, die noch viele Wochen nach der Feuersbrunst besonders in der Nacht und am frühen Morgen in der Stadt herrschte. Einige Nachtschwärmer trieben sich zwar auch hier, in der Nähe der kaiserlichen Paläste herum, aber sie belästigten den Briten nicht; in dieser Gegend wohnten ja nur die Vornehmen und diese, ob sie nun von einer fröhlich durchlebten Nacht heimkehrten oder auf Abenteuer auszogen, hatten stets Gefolge mit sich. Die Marodeure wussten wohl, welches Schicksal ihrer wartete, wenn sie um diese Zeit einen Patrizier überfielen und sie waren deshalb so vorsichtig, einen solchen Versuch gar nicht zu machen. Hier hatte man auch nach der Feuersbrunst keine Zelte den Obdachlosen aufgeschlagen, sondern zu diesem Zweck den Garten am Fuße des Abhangs gewählt. Dieser war durch eine Mauer von dem ausschließlich für die Frauen der Kaiserin und die Bewohner des Palastes bestimmten Teil der Gärten getrennt. So früh sich Ethelred auch einstellte, der Apostel war ihm doch noch zuvorgekommen; in dem noch herrschenden Dämmerlicht sah der junge Mann schon aus einiger Entfernung dessen Gestalt ruhig wartend an dem Torpfosten lehnen.

„Willkommen!“, tönte ihm der Gruß des Apostels entgegen. „Da drinnen wartet ein Soldat auf uns, den Brabano geschickt hat. Wir müssen um unseres Freundes Willen die äußerste Vorsicht anwenden. Komm, wir wollen uns beeilen!“

Der junge Brite folgte Paulus, der die Türe aufmachte; zusammen betraten die beiden den Garten, wo sich der Soldat, aus dem Schatten tretend, ihnen zugesellte. Durch einen Wink gebot ihm Paulus, voranzugehen. Der Soldat schlug die Richtung nach dem Palaste ein und schritt den Gästen unter den duftenden, vom Nachttau noch feuchten Zweigen der Bäume voraus. Ethelred vermutete, der Führer solle ihnen nicht nur den Weg zeigen, sondern er werde hauptsächlich von Nutzen sein, im Fall ihnen einer der Bewohner des Palastes begegnen sollte.

Nach einigen Minuten standen die drei im Dunkel eines dichten Haines, der etwas abseits von den breiten Wegen des Parkes lag. Hier verließ der schweigsame, leise auftretende Führer, der mit den Pflichten seines Amtes sehr vertraut zu sein schien, den Apostel und seinen Gefährten. Diese achteten seine Zurückhaltung und enthielten sich jeder Frage an ihn.

„Brabano wird gleich kommen. Wir haben uns schon oft hier getroffen", lauteten die Worte, mit denen Paulus das Schweigen brach.

Ethelred konnte die Frage, die sich ihm auf die Lippen drängte, nicht unterdrücken.

„Zu welchem Zweck getroffen?", fragte er

„Um zu beten", antwortete Paulus. „Auch mussten wir über das Wohl und Weh der Brüder beraten. Viele von ihnen sind in großer Not und Brabano hat Macht und kann ihnen helfen. Er gibt mir auch Geld für die Armen. Ich habe ihm von den Gemeinden erzählt, die durch das ganze Reich gegründet worden sind und habe diesen durch seine Vermittlung Briefe geschickt. Wäre ihm ein längeres Leben bestimmt, so könnte er das Evangelium mit überzeugender Kraft verkünden. Doch das steht bei Gott!"

„Wird er denn nicht mehr lange leben?", fragte Ethelred erstaunt.

„Er selbst glaubt es nicht; und dann hat er ja auch noch hier Pflichten. Wie ich dir gesagt habe, er hat uns schon viel geholfen."

„Ich bin ja erstaunt über diese Zusammenkunft zu so früher Stunde", sagte Ethelred, der seine Neugier nicht länger bemeistern konnte. „Wahrlich, ein so mächtiger Mann wie Brabano könnte dich doch sprechen, wann er will! Daheim bei meinem Vater und in seiner Umgebung ist das alles doch anders."

„Du weißt ja, wie die Christen hier angesehen werden", versetzte Paulus. „Sogar Brabano könnte jetzt in Gefahr kommen. Niemand darf uns sehen, wenn wir von hier weggehen. Unser Weg führt uns durch ein Mauerpförtchen in die unteren Gärten, wo wir uns unbemerkt unter die Menge mischen können. Zum Hierherkommen ist dieser Weg aber nicht sicher genug; man könnte uns sehen und uns folgen."

Beim ersten Schein der Morgenröte konnte der junge Mann jetzt die außerordentliche Schönheit seiner Umgebung bewundern. Im Dämmerlicht sah das Rebengewirr wie Samtvorhänge aus, die einzelne Ranken wie mit Spitzen umsäumt.

Da und dort glänzte durch die dunklen Blätter der weiße Marmor irgendeiner Statue und das Plätschern der Springbrunnen tönte wie liebliche Musik. Als die Helle zunahm, öffneten auf dem Rasen viel tausend Blumen ihre Augen dem Lichte und der Gesang der wiedererwachten Vöglein erfüllte die Luft mit süßen Melodien.

„Hier ist das Paradies!“, rief Ethelred entzückt aus.

„Der Morgen ist überall schön!“, ertönte so unerwartet eine Stimme neben Ethelred, dass dieser erschrak. „Für mich ist das die beste Stunde zum Nachdenken.

Brabano war leise und unbemerkt zu seinen Besuchern getreten. Jetzt bog er den Vorhang von Farnkräutern, der ihn bisher verborgen hatte, beiseite und trat auf den Weg heraus. „Seid gegrüßt, liebe Brüder!“

„Hier bringe ich dir unsern jungen Freund, den britischen Fürsten Ethelred“, sagte Paulus. „Da er voll Verlangen war, so bald als möglich Näheres über die Tochter des Lucius zu hören und ich Verständnis für die Ungeduld der Jugend habe, nahm ich ihn mit hierher.“

„Er ist willkommen“, entgegnete Brabano, indem er Ethelreds Hand ergriff. „Mein Diener hatte ihn mir beschrieben; ich wusste daher schon, wer dich begleitet.“

„Nun, dein Diener scheint scharfe Augen zu haben, selbst im Dämmerlicht!“, sagte Ethelred lachend.

„Manchmal sind scharfe Augen notwendig“, erwiderte der Arzt langsam. „Erflehe du des Himmels Segen für uns, guter Paulus. Wir wollen zusammen niederknien.“

Auf dem sandigen Pfad unter den Bäumen fielen sie auf die Knie nieder und auch der Brite beugte sich mit ihnen. Sie beteten nicht laut, aber das Herz des jungen Mannes flehte inbrünstig für Valentinas Wohl. Dann erhoben sich die drei Männer.

„Hast du etwas von Lucius gehört?“, fragte Paulus.

Der Arzt seufzte. Er stand noch ganz unter dem feierlichen Eindruck seines Gebets. Die Veränderung, die sich in seiner ehrgeizigen, herrschsüchtigen Seele vollzogen hatte, verwirrte ihn selbst noch immer.

„Was weißt du von ihm?“, fragte Ethelred besorgt.

„Von Nero selbst weiß ich nichts, aber die Kaiserin kennt seine Absichten“, antwortete Brabano. „Lucius mit seiner ganzen Familie muss sterben. Fabian darf widerrufen und wird dann in die Verbannung geschickt, ein Zugeständnis, das man seinem Einfluss auf die Prätorianer macht. Nero wollte es nicht gewähren, aber Tigellinus ist vorsichtig.“

„Lucius sterben! Und Valentina, seine Tochter? Ist das wahr?“, stieß der junge Mann schweratmend hervor.

„Und die andere, – die liebliche Braut seines Neffen, – was ist´s mit ihr?“, forschte Paulus.

„Ihnen kann er doch kein Leid zufügen!“, rief Ethelred mit gebrochener Stimme. „Dieser Kaiser ist doch auch ein Mensch!“

„Er ist wie von einem bösen Geist besessen!“, entgegnete Brabano bitter. „Aber noch bin ich nicht ohne Hoffnung. Das Herz der Kaiserin ist gerührt worden und sie will mit dem Kaiser sprechen. Seit ihre Gesundheit einen Stoß erlitten hat, lauscht auch Poppäa auf das Wort des Herrn.“

Paulus´ Lippen bewegen sich leise.

Als Ethelred jetzt sprechen wollte, erhob Brabano warnend die Hand. Er hatte ganz nahe und deutlich einen Laut gehört und stand nun ganz angestrengt lauschend da.

„So bald!“, murmelte er.

Nach wenigen Augenblicken wurde sichtbar, was Brabanos Aufmerksamkeit erregt hatte.

An verschiedenen Punkten in der Nähe tauchten Soldaten auf und ein Hauptmann trat hinter einem Gebüsch hervor.

Die Überraschten verstanden sofort die Bedeutung dieses Vorfalls, aber keiner bezeugte irgendwelche Furcht. Wie ein flüchtiger Schatten glitt ein Ausdruck der Überraschung über Brabanos Gesicht, aber er stand still und aufrecht mit seiner gewohnten Würde da und wartete auf die Anrede des Hauptmanns.

„Verzeihung, edler Brabano“, begann der Offizier, der den Namen Rufus führte und dem Arzt gut bekannt war. „Ich habe den Befehl, dich zu verhaften und in das Privatzimmer des Präfekten zu führen.“

„Mich! Verhaften – zum Präfekten – geht das vom Kaiser aus?“

„Nein, Herr! Von dem erlauchten Präfekten.“

Der Arzt lächelte ironisch.

„Den Leibarzt des Kaisers verhaften – des Cäsar?“, fragte er.

Als der Hauptmann schwieg, sagte Brabano befehlend: „Gib Antwort!“

„Wen ich auch hier in dem Wäldchen finde, den soll ich verhaften!“, entgegnete der Offizier.

„Wenn du nun aber den Kaiser gefunden hättest, was dann?“, forschte Brabano.

Der Hauptmann bewegte sich verlegen.

„Du wirst mich hoffentlich nicht für das verantwortlich machen, was vielleicht ein Irrtum ist“, sagte er. „Ich bin Soldat und muss gehorchen. Hab Mitleid mit mir, Herr.“

„Ist das nicht seine Pflicht?“, fragte jetzt Paulus den Arzt.

Dankbar sah Rufus den Sprechenden an, aber Brabano gab keine Antwort.

„Entlasse deine Mannschaft!“, sagte er endlich zu dem Hauptmann. „Wir werden dich begleiten.“

Der Offizier zögerte einen Augenblick, dann schüttelte er den Kopf.

„Kommt, Freunde!“, wandte sich Brabano an seine Gefährten. „Der Offizier soll nach Belieben mit uns verfahren.“

Bei diesen Worten schoss dem Hauptmann das Blut ins Gesicht. Er winkte seinen Leuten, sich aufzustellen; er selbst trat an Brabanos Seite, Paulus und Ethelred folgten, und alle gingen aus dem Gehölz auf den breiten Weg dem Palaste zu. Dort angekommen, betraten sie hintereinander die große Marmorhalle.

Die Sklaven, die zu so früher Stunde schon hier beschäftigt waren, blieben zuerst bei diesem Anblick vor Verwunderung starr stehen und sahen einander aufs höchste bestürzt an. Dann eilte etwa ein Dutzend von ihnen leichtfüßig durch die Halle und Brabano wusste, dass jetzt die Stunde seiner Demütigung gekommen war und dass der Palatin durch die Nachricht von seinem Fall aus dem Schlaf erweckt werden würde.

Obgleich es noch sehr früh am Tag war, hatte sich der Präfekt doch schon erhoben. Er hatte zwar in der letzten Nacht an einem Festmahl teilgenommen, aber nur wenig dabei getrunken. Eine Sache, die ihm viel wichtiger war, als alles, was ihn gewöhnlich beschäftigte, nahm ihn augenblicklich ganz hin und er war in tiefes Nachdenken versunken.

Brabano war stets vorsichtig gewesen, aber die Späher des Tigellinus hatten ihre Augen überall gehabt und durch sie hatte der Präfekt auch von den morgendlichen Zusammenkünften in dem Hain gehört. Zuerst hatte er an eine Liebesgeschichte gedacht und darüber gelacht; als er aber erfuhr, mit wem der Arzt im Garten zusammentraf, wurde ihm die Wichtigkeit der Sache klar. Brabano hatte Geld hergegeben – das deutete auf eine Verschwörung hin. Ohne Zögern verfolgten die geheimen Agenten des Präfekten die Spur und bald wusste Tigellinus die Wahrheit – Brabano half den verfolgten Christen. Poppäa war ernstlich krank geworden und Nero darüber voller Angst. In Tigellinus stieg die Vermutung auf, die Kaiserin habe Gift bekommen und dieser Gedanke erschreckte in gewaltig.

Tigellinus kannte den Arzt. Seine eigene Macht war durch die Willkür und Launen seines Gebieters sehr beschränkt, während Brabano durch seine Wissenschaft über eine von allem anderen unabhängige Macht verfügte. Deshalb fürchtete ihn der Präfekt. Der Arzt war der einzige

Mensch, der bei Tigellinus, der sich sonst über alle Furcht erhaben dünkte, ein Gefühl der Furcht erweckte. Jetzt eben mühte er sich ernstlich mit einem Problem ab, dessen Lösung ihn verwirrte. Wenn Brabano ein Verräter war, so standen sogar die Grundmauern des Palastes nicht mehr fest und sicher! Er konnte allerdings aus der Welt geschafft werden und zwar so plötzlich, dass seine Pläne von selbst in sich zusammenfielen; aber der tückische Prätor fürchtete, dass Brabano selbst im Grabe die Lebenden noch vergiften – dass ihm auch nach seinem Tode an seinen Mördern Rache zu üben möglich sein könnte. Solch hohen Respekt hatte die kraftvolle Natur des Arztes dem ungestümen Sinn des Präfekten eingeflößt! Tigellinus fürchtete sich vor einem Verstand, der sich überall in Achtung gesetzt hatte und einen Einfluss errungen hatte, neben dem selbst der Befehl eines Cäsar hinfällig wurde. Was er aber über den Arzt erfahren hatte, war zu wichtig, als dass Tigellinus hätte zuwarten können; er musste den Kampf mit Brabano aufnehmen und siegen, oder er selbst war verloren. Einen Augenblick dachte Tigellinus an einen Kompromiss, verwarf aber den Gedanken sofort wieder. Ihm lag es näher, zuzuschlagen, als irgend jemand zu vertrauen. Bei einem Kompromiss konnte er den Kürzeren ziehen und hatte er sich erst auf Vergleiche eingelassen, so war er hilflos. Alle diese Schwierigkeiten schürten seine Wut immer mehr an; die ganze Nacht lief er ruhelos in seinem Zimmer hin und her und suchte sich selbst Mut einzuflößen. Aufgeregt sah er dem Morgen und der Verhaftung entgegen, mit der der den Hauptmann beauftragt hatte.

Endlich dämmerte auch für seine Ungeduld der Morgen herauf und damit brach die Stunde an, auf die er gewartet hatte. Die Helle nahm zu und nun wusste der Präfekt, dass der entscheidende Streich entweder gelungen oder missglückt war, denn er hörte die Soldaten zurückmarschieren. Ihre Tritte klangen hell auf dem Marmorboden und schallten in der Morgenstille laut durch die Halle. Jetzt ertönte Waffengeklirr in dem kleinen Empfangszimmer neben dem Gemach des Präfekten, die Türe öffnete sich, und ein Sklave trat ein, dem Rufus auf dem Fuße folgte.

„Ich habe Sie, Herr!“, sagte der Offizier. „Einer davon ist der erlauchte Leibarzt des Kaisers.“

„Und der andere?“

„Es sind noch zwei, edler Präfekt. Einer ist ein Jude, der andere ein Barbar – ein Brite."

„Drei!", sagte Tigellinus nachdenklich zu sich selbst.

Diese Nachricht schien ihm, aus irgendeinem Grunde, seine Aufgabe zu erleichtern. Er erhob sich, um den Mann entgegenzutreten, vor dessen durchdringenden Augen er, wie er sich wohl bewusst war, eine eiserne Maske tragen musste.

Als der Präfekt eintrat, standen die drei Gefangenen in der Mitte des Zimmers beieinander; die Soldaten warteten draußen.

Tigellinus blieb stehen und betrachtete die drei Männer schweigend. Da er sich in der Würde seines Amtes fühlte, kehrte auch sein Selbstvertrauen zurück. Wie unzählige Male hatte er so den Opfern seiner Wut oder seiner Doppelzüngigkeit gegenübergestanden! Diese Rolle war ihm sehr vertraut. Aber während sein Blick fest auf den bewegungslosen Gestalten ruhte, fühlte er seinen Entschluss wanken. Er verdeckte seine Schwäche durch finsteres Stirnrunzeln und seine Stimme klang zornig, als er anhob:

„Wie kommt es, edler Brabano, dass du mir vorgeführt wirst, wie ein gemeiner Dieb, den man nachts in den Gärten des Palastes gefangen hat? Wer sind die Leute, die du hier bei dir hast?"

Der Arzt blieb ruhig und schweigend stehen.

„Antworte!", befahl Tigellinus.

„Wem? Tigellinus oder dem Präfekten?"

„Beiden!", donnerte Tigellinus.

„Nur deine zweite Frage werde ich beantworten", erwiderte Brabano ruhig. „Dieser hier ist Paulus, ein Prediger, den du übrigens schon gesehen hast. Der andere ist ein Fürst aus Britannien."

„Den du auch schon gesehen hast", fügte Ethelred lächeln hinzu.

Tigellinus warf einen schnellen Blick auf den jungen Mann und wandte sich dann wieder an Brabano.

„Ich habe schon länger von deinen geheimen Zusammenkünften in der Dunkelheit Kenntnis gehabt, habe ihnen aber bis jetzt keine Achtung geschenkt. Aber dieser Mann hier ist ein christlicher Jude, den unser erhabener Kaiser in gerechtem Zorn mit all seinen Genossen verurteilt hat. Die Nacht ist die Zeit der Gefahren und Verschwörungen und wir

Beamten hier im Palaste müssen die Augen offenhalten. Ich hoffe, du kannst dein Tun erklären."

„Gewiss!", erwiderte Brabano, der seine Worte abwog und mit eindrucksvollem Nachdruck sprach. „Ich bin ein Christ."

Tigellinus stieg das Blut heiß in den Kopf; er brach in ein höhnisches Gelächter aus. Dann winkte er dem Sklaven, ihm einen Sitz zu bringen und indem er sich auf diesen sinken ließ, sah er den Sprecher mit erstaunten Augen an.

„Du!", rief er endlich aus. „Bei allen Göttern! Das ist unglaublich."

Brabano schwieg und die Lippen des Tigellinus verzogen sich geringschätzig.

„Ein Christ!", rief er. „Welcher Zauber steckt doch darin! Zuerst packt er den alten Lucius, der kindisch geworden ist; dann den Tribunen Fabian, der seinen klaren Verstand noch beieinander hat, und nun den kaiserlichen Leibarzt, unseren Brabano, der Stellung und Leben für eine unsägliche Torheit aufs Spiel setzt. Ist es denn eine Verschwörung? Sprich, Verräter! Wenn die Sicherheit unseres edlen Kaisers es verlangt, kann selbst deine Macht dich nicht mehr vor der Folter retten!"

„Die Sicherheit des Kaisers steht durchaus nicht in Gefahr", entgegnete Brabano. „Ich bin nur ein Christ."

„Und du, Jude!", schrie der Präfekt wütend, indem er aufsprang und sich vor Paulus hinstellte. „Ist das dein Werk?"

Der Apostel sah ihn ruhig an.

„Ich hoffe es!", lautete seine Antwort.

„Weißt du auch, was dir widerfahren wird?", fragte der Präfekt und seine Züge verzerrten sich.

Der Apostel schüttelte kaum merkbar, langsam und bedächtig den Kopf.

Das Gesicht des Präfekten wurde aschfahl vor Wut.

„So höre zu!", schrie er. „Da du so gleichgültig bist, kannst du es dir überlegen. Ich werde dich lebendig in einem Kessel siedenden Öls kochen lassen!"

„Oh!", rief Ethelred in spöttischem Ton. „Und ich? Für Brabano die Folter, für Paulus siedendes Öl! Welchen Liebesdienst willst du denn mir erweisen?"

„Dir?“ Tigellinus´ Zorn sank um einen Grad; er schaute in das ihn furchtlos anblickende Gesicht und fuhr fort: „Dir, mein Kampfhahn? Wahrhaftig, es wäre grausam, dich zu vergessen. Bist du auch ein Christ?“

„Ich bin noch im Zweifel darüber!“, antwortete Ethelred. „Es fehlt mir noch so viel dazu, dass ich Zeit zum Überlegen brauche.“

Paulus sah seinen jungen Freund lächelnd an.

„Du verbindest wenigstens deinen Mut mit Verstand“, sagte Tigellinus boshaft. „Dein Zweifel kann dich vielleicht retten.“

„Nein“, erwiderte Ethelred. „Der Zweifel kann uns nicht erretten, sondern nur der Glaube, wie Paulus sagt. Ich will aber mit denen, die mir in Rom Gastfreundschaft erwiesen haben, verbunden bleiben und will mich daher auch gleich zu den Christen zählen.“

„Du sollst da einen guten Platz bekommen“, sagte Tigellinus und winkte Rufus zu sich her. Er flüsterte ihm einen Befehl zu, worauf sich der Hauptmann verneigte und dann das Zimmer verließ. Tigellinus wandte sich nun wieder an Brabano.

„Dich zu fürchten, war sehr töricht! Zu meiner Schande muss ich gestehen, dass ich es getan habe“, sagte er. „Aber, bei allen Göttern, ich bin im Irrtum gewesen. Ich habe dich für einen willensstarken, tatkräftigen Mann gehalten, aber du hast mich enttäuscht. Verborgen unter einem Schein von Kenntnissen trägst du das Herz eines Esels in der Brust.“

„Das bedaure ich!“, erwiderte Brabano.

„Das soll mir zur Warnung dienen. Nie mehr werde ich die Menschen nach dem äußeren Schein beurteilen. Vielleicht entpuppt sich auch der alte Seneca noch als Christ! Gleich und gleich gesellt sich gern! Wie viele sonst noch aus dem Palast müssen wir in die Arena schicken?“

Die hohe Gestalt Brabanos in den kostbaren Gewändern stand stolz, aber nicht herausfordernd da; der Arzt hatte nichts von seiner Würde eingebüßt.

„Du übereilst dich!“, sagte er ruhig. „Ich werde mit dem Kaiser sprechen.“

„Da machst du dir vergebliche Mühe“, rief Tigellinus lachend. „Nero hat ein ganz eigenes Gefühl gegen die Brandstifter Roms. Es genügt, dass du dich als Christ bekennst.“

„Ich glaube nicht an das Gefühl, von dem du sprichst!“, entgegnete Brabano bedächtig. „Aber draußen, durch das ganze Reich, wird ein solches Gefühl lebendig werden! Fordere es lieber nicht heraus.“

Der Präfekt schaute finster vor sich hin; dann sagte er:

„Dein Urteil ist gesprochen!“

„Und die Kaiserin? Ich kann mir ihr noch reden?“, fuhr Brabano fort.

Tigellinus fuhr auf. Seine Augen rollten wild, als seine Gedanken mit Blitzesschnelle diesen Weg verfolgten, den er in seiner Wut ganz übersehen hatte.

„Halt!“, sagte Brabano, der die Veränderung im Gesicht des Präfekten beobachtet hatte. „Ich verdiene Tadel. Es ist gar schwer, das Böse in uns ganz zu unterdrücken. Nur noch an Gott will ich mich wenden.“

Nun traf ihn ein strahlendes Lächeln des Apostels.

„Dennoch werde ich mit ihr noch reden“, fuhr Brabano fort, „aber nicht, um mich zu verteidigen, sondern in einem ganz anderen Geiste.“

Rufus, der aus der Halle zurückkam, erschien jetzt unter der Türe und meldete:

„Der Kaiser ist erwacht und erwartet dich!“

„Gut!“, knurrte Tigellinus. „Führe diese Leute in das Empfangszimmer neben den kaiserlichen Gemächern und bringe dann auch den Senator Lucius, den Tribunen Fabian mit Fulvia und ihren Töchtern dorthin. Wir wollen dort ein glückliches Wiedersehen feiern“, sagte er mit höhnischem Lachen zu den Gefangenen. „Bei dem Urteil, das über euch alle gefällt werden soll, kann dann einer den anderen trösten.“

Ethelreds Herz frohlockte trotz der misslichen Lage bei dem Gedanken an ein Wiedersehen mit Valentina. Rufus trat vor und Paulus und der Brite schickten sich an, ihm zu folgen. Brabano jedoch veränderte plötzlich sein Benehmen.

„Geht, meine Freunde“, sagte er zu diesen. „Ich habe dem Präfekten allein noch ein Wort zu sagen.“

„Geh auch du, edler Brabano“, sagte Tigellinus in demselben höhnischen Ton wie vorher.

Die Augen des Arztes sprühten Feuer. Voll Hoheit stand er da und seine edle Gestalt glich der eines rächenden Richters. Mit majestätischer

Bewegung streckte er den Arm aus und deutete mit dem Finger auf den Präfekten, bis dieser unter seinem Blick erbebte.

„Wenn ich gehe“, sagte der Arzt, und seine Stimme klang hell durch das Gemach, „ehe du mich gehört hast, bist du, so wahr ich lebe, nicht weniger dem Tod verfallen als ich. Ich schwöre es.“

„Dem Tod verfallen!“, schrie sein Widersacher. „Du Zauberer!“

„Sterben wirst du“, fuhr Brabano fort, „elend, in Schimpf und Schande.“

„Ich kann dich sofort töten!“, rief der Präfekt. „Jetzt, hier; und niemand wird mich tadeln. Kannst du dem widersprechen?“

„Tu es!“, rief Brabano und aus seinen Zügen leuchtete ein stolzer Triumph. „Tu es; beordere deine germanische Wache an die Palasttore – du wirst die Soldaten wie Blätter im Winde vor der versammelten Volksmenge fallen sehen! Verkrieche dich wie eine Ratte, während das ganze Reich, jede Provinz, erwacht und Konsul und Statthalter sich gegen Rom auf den Weg machen, jeder begleitet von seinen rachedurstigen Kohorten. Schreie vergeblich nach dem Kaiser, der nicht weniger ratlos als du selbst sein wird, wenn die tobende Menge sich um euch schart und dir deine Verbrechen, eines nach dem anderen, gellend in die Ohren schreit und kein einziges vergisst. Nirgends wird Hilfe für dich sein angesichts der neun brandgeschwärzten Distrikte der Kaiserstadt! Tor!“, fuhr er fort. „Du wärest froh, dich den unglücklichen Christen unter den wilden Tieren zugesellen zu können, um nur nicht das Vermächtnis antreten zu müssen, das ich dir und deinem Gebieter, dem schwachköpfigen Werkzeug deiner Hände, hinterlassen werde.“

Tigellinus erbleichte vor Schrecken. Der Angstschweiß trat ihm in großen Tropfen auf die Stirne, als jetzt die Befürchtungen der letzten Nacht mit verdoppelter Stärke wiederkehrten. Das war Brabano, der Brabano, den seine Furcht sich ausgemalt hatte!

„Verlass uns!“, gebot der Präfekt, indem er Rufus einen Wink gab und in seinen Stuhl zurücksank. „Geht!“

Paulus hatte dem Gespräch unbewegt zugehört, aber Ethelred war aufs höchste verwundert darüber. Mit Erstaunen und freudiger Bewunderung schaute er auf den erregten Leibarzt. Sehr ungern ging er gerade jetzt, aber Rufus drängte ihn der Türe zu. Ehe er jedoch in die Halle hinaustrat, warf er noch einen begeisterten Blick auf Brabano, der in ernster Größe dem sehr nachdenklich geworden Präfekten gegenüberstand, dessen Angst deutlich sichtbar war, selbst durch die Maske des Zorns, die auf seinem Gesicht lagerte.

Als die Männer das Gemach verlassen hatten, schwand die Erregung aus den Zügen Brabanos, aber sein Aussehen war noch sehr ernst. Mit düsterem Blick schaute er auf den kaiserlichen Günstling, der schweigend wartete, bis Brabano endlich das Wort ergriff.

„Tigellinus, Präfekt, Wagenlenker und Schurke", erklang es langsam von den Lippen Brabanos und seine Stimme tönte machtvoll, – „du hast gesagt, mein Herz gleiche dem eines Esels, aber ich hätte es mit meinen Kenntnissen verdeckt. Du sollst dieses Herz sehen, wie es nach dir wohl niemand mehr sehen wird und ich werde dir eine Mitteilung machen, der du die Rettung deines elenden Lebens verdanken magst. Jahrelang habe ich inmitten deiner Späher gelebt, aber ich habe auch die meinen gehabt. Du hast deine Zeit mit Vergnügungen, Schändlichkeiten und Lastern verbracht, ich habe die meine dem Nachdenken gewidmet. Trotz deiner großen Macht bin ich dadurch im Vorteil gewesen. Meinst du, ich habe meine Zeit verloren? Nicht ein einziges Ereignis auf dem Palatin ist mir unbekannt oder von mir unaufgezeichnet geblieben. Britannicus und Octavia, der Bruder, die Schwester, die Gattin Neros, Agrippina, seine kaiserliche Mutter, alle aus dem erhabenen Geschlecht des Claudius mit einer Menge von Patriziern und vielen Hunderten von Plebejern, verdanken dir ihr Schicksal – alle sind von dir elend hingemordet worden. Du bist der Urheber aller dieser Verbrechen gewesen und jede Einzelheit ist mir bekannt. Ich bin noch weiter gegangen. Deine geheimsten Absichten habe ich ergründet und ich kenne den niederträchtigen Ehrgeiz, der dich in deinen Träumen höhnt. Unermüdlich haben meine Sklaven jedes deiner Verbrechen mit Beweisen und Beglaubigungen, mit allen sie beweisenden Umständen niedergeschrieben – alles – alles – die endlosen Morde und deine unzähligen Diebstähle; deine Verbrechen gegen die Frauen, die jammernd ihrem Schicksal entgegengegangen sind und ihre in die Verbannung oder in den Tod geschickten Männer beweint haben, – vor allem dein größtes Verbrechen, das letzte, dass das Maß deiner Verworfenheit vollgemacht hat – jene Fackel, die du in die ausgeplünderte Stadt geschleudert hast. Wenn ich sterbe, erhält jeder

Statthalter und jeder Senator eine Abschrift dieser Liste mit allen Einzelheiten der Beweise; und jeder erfährt, dass der andere auch eine solche Liste bekommen hat. An jeder Mauer in der Stadt wird sie angeschlagen; jedem Feldherrn der Armee und jedem Hauptmann im Prätorianischen Lager wird gleichfalls eine zugestellt und jeder Soldat erfährt den Ort, wo sein ermordeter Verwandter begraben liegt. Ich habe Zeit, Geld und Überlegung genug gehabt, um diesen Schlag gegen dich vorzubereiten. Glaubst du vielleicht, dass selbst die Hölle dir noch Zuflucht gewähren könnte, wenn alle, die Ursache haben, dich zu hassen, zu gleicher Zeit von deinen Schandtaten hören? Weißt du nicht, dass dann Tausende ihr Leben in die Schanze schlagen würden, um dich zu verfolgen? Und Nero? Die wahnsinnig erregte Volksmenge, die sich dann um den Palatin her ansammelt, wird den ganzen Hügel dem Erdboden gleichmachen und den Kaiser unter dem Schutt begraben! Verstehst du?“

Brabano schwieg. Sein Feind lag regungslos auf seinem Ruhelager und sah ihn mit erschrockenen Augen an; er war bleich, stumm, unfähig, sich zu rühren. Eine Zeitlang herrschte Totenstille in dem Gemach. Dann fuhr Brabano unbarmherzig fort:

„Das sind die großartigen Vorbereitungen, die ich seit Jahren gemacht habe; aber, elender Tropf, der du bist, fasse Mut! Mein Stolz liegt in den letzten Zügen und flackert nur noch wie ein verlöschendes Licht auf! Mein Hass ist tot und damit auch alle meine Rachepläne. Sprich nur ein Wort und du bist gerettet!“

Tigellinus´ zusammengesunkene Gestalt richtete sich von seinem Lager auf; er erhob eine zitternde Hand.

„Nein, nein!“, sagte Brabano und seine Lippen verzogen sich. „Missverstehe mich nicht; ich fühle weder Mitleid noch Bedauern. Mein Ehrgeiz hat mit dieser Welt nichts mehr zu tun; mich treibt eine neue Hoffnung. Lägen hinter mir nicht so viele vergeudete Jahre, Jahre, in denen ich der Gerechtigkeit Hohn gelacht und die Barmherzigkeit verspottet habe, dann wollte ich mein Leben retten, um den Glauben zu predigen, der jetzt mein ganzes Sein erfüllt. Die gefangenen Christen sind schon dem Tod geweiht; sie zu retten, ist es zu spät. Wenn ich auch meine Anordnungen zurückzöge, so wären doch selbst Nero und du ohnmächtig, die Christen vor dem betörten Volk zu schützen. Märtyrer muss es geben und wo andere leiden, werde ich nicht feige zurückweichen. Für meinen Herrn kann ich nichts tun, als mit seinen würdigeren Kindern sterben und davor schrecke ich nicht zurück!"

Tigellinus gebrach es sonst nicht an Mut. Aber die Erkenntnis, dass Brabano Mittel besaß, ihn und mit ihm den ganzen Palatin zu vernichten, hatte ihn ganz darnieder geschmettert. Er zitterte vor einer Macht, der er nicht mit roher Gewalt entgegentreten konnte und duckte sich vor einem Geist, der ihm Bewunderung einflößte, den er jedoch nicht verstand. Aber er war wild und grausam, und unter den letzten Worten des Arztes hatten sich seine Lebensgeister wieder etwas gehoben.

„Du begehrst etwas von mir, dessen bin ich sicher", sagte er.

„Nur wenig", erwiderte Brabano ruhig. „Mein Vermögen darf nicht angetastet werden. Ich hinterlasse es solchen, die es für die gute Sache verwenden. Fabian Amicius und der Brite Ethelred sind meine Erben."

Tigellinus nickte.

„Sie müssen frei werden", fuhr Brabano fort, „und mit ihnen die Töchter des Lucius. Ich wollte noch mehr verlangen, aber meine Gedanken beunruhigen mich und ich wanke, wo ich einst stark war. Gott wird einem Neuling im Glauben verzeihen, ich möchte nicht sündigen. Paulus zu schützen, wage ich nicht; bin ich doch nicht würdig, auch nur seine Schuhriemen zu lösen – und zudem hat er einen Beschützer, auf dessen Gnade auch ich meine ganze Hoffnung setze. Lucius und die edle Fulvia – ihr Lebensende ist so wie so nahe und der alte Krieger würde mich und die anderen zum Tode Verurteilten nicht verlassen, Fulvia aber würde den hassen, der sie von dem Gatten trennen wollte. Und die Fürstin Berenike! Sie ist meine Freundin, aber keine Christin. Auch du hast sie einst hochgehalten und sie hasst die Amicier. Gib nicht zu, dass sie meinen Fall diesen zuschreibt und in ihrer Wut den Kaiser noch mehr gegen sie aufreizt. Nun bin ich fertig."

„Du wirst also nichts gegen mich unternehmen?", fragte Tigellinus.

„Wahrhaftig nicht!", lautete die Antwort. „Niemand weiß, dass ich ein gewisses Haus besitze und in diesem sind alle diese Listen versteckt. Ein Sklave, dem ich die nötigen Befehle gegeben habe, wird bei meinem Tode frei. Bis ihm mein Siegel zugestellt wird, schweigt er. Fabian Amicius werde ich anweisen, Feuer an dieses Haus zu legen, ehe er die Stadt verlässt, nachdem er meine Erbschaft angetreten hat. Du kennst ihn genau und weißt, dass er meinen Wunsch erfüllen wird. Durch einen kaiserlichen Erlass an den Senat muss Nero dem Tribunen Fabian unbedingt Schutz geloben und dich wird mein Tod vor Fabians Abreise aus Rom sicherstellen."

„Gut!", sagte Tigellinus mit bebender Stimme. „Da dein Stolz dich zum Stoiker macht, sollst du deinen Willen haben. Glaube aber ja nicht, dass ich, sobald ich einmal die Sache so eingefädelt habe, mich davon abbringen lasse. Wenn dir auch andere Gedanken kommen sollten, ich bleibe fest; auch werde ich dir nichts ersparen, sobald ich erst meiner Sicherheit ganz gewiss bin."

„Du bist schon jetzt sicher", erwiderte Brabano. „Der Würfel ist gefallen. Ich bin kein Stoiker – ich bin ein Christ."

Die Kinder Miriams

Brabano hatte sich bei seinen Verhandlungen sowohl durch seine gründliche Kenntnis des Mannes, mit dem er zu tun hatte, als auch durch das Ziel, das er erstrebte, leiten lassen. Das Haus, worin die Listen lagen, konnte aufgefunden, sein Sklave festgenommen werden. Selbst die Hunderte von Agenten, die er benützte und die seiner vollen Börse stets zur Verfügung gestanden hatten, konnten aufgespürt werden. Der kluge Mann fühlte, dass er nun genug gefordert habe und wollte deshalb den Bogen nicht zu straff anspannen. Jetzt, im Bann seines persönlichen Einflusses, war der Präfekt still und nachgiebig, aber hatte er sich erst wieder gefasst, so konnte er leicht seinem Schicksal Trotz bieten wollen. Ein solch unerschrockener Mann wie Tigellinus, mit seinen unerschöpflichen Hilfsquellen und seiner grenzenlosen Frechheit, konnte aus jeder Gefahr noch einen Ausweg finden. Lucius war alt, wie Brabano gesagt hatte und für die mit ihrem Gatten so innig verbundene Fulvia wäre eine Begnadigung, die nur ihr allein gegolten hätte, keine Gnade gewesen. An sich selbst dachte der Arzt nicht; keinen Augenblick stieg auch nur der Gedanke an seine eigene Rettung, unter Ausschluss der seine Freunde, in ihm auf.

Brabano war überzeugt, dass Tigellinus sein gegebenes Versprechen halten und dass auch Nero keinen Versuch machen würde, seines Günstlings Willen zu durchkreuzen. Unter solchen Überlegungen verließ der Arzt mit dem Präfekten dessen Audienzzimmer und begab sich mit ihm in das des Kaisers. Brabano ging frei, ohne Bewachung; beide wussten, dass es deren nicht bedurfte.

Bei ihrem Eintritt in das kaiserliche Gemach fanden sie dort schon Lucius, Fulvia und ihre Töchter mit Paulus und Ethelred wartend vor. Die Gefangenen waren allein. Rufus hatte sich in die Vorhalle zurückgezogen, wo er an der Türe stand, und Nero war noch nicht erschienen.

Tigellinus sprach kein Wort. Er ließ seinen Begleiter bei den Fremden und schritt weiter in die Privatgemächer des Kaisers. Mit großer Herzlichkeit wurde Brabano von allen begrüßt. Paulus und Ethelred hatten den anderen schon von der Szene mit Tigellinus, soweit sie deren Zeugen gewesen waren, erzählt; deshalb sahen alle den Arzt bei seinem Eintritt fragend an.

„Was ist der Erfolg?", fragte Lucius, der Brabanos ernsten Ausdruck wohl bemerkte.

„Wir werden nicht lange im Zweifel darüber sein", antwortete dieser. „Tigellinus ist jetzt bei Nero und keiner von beiden hat ein Herz für uns. Da wir das wissen, sollten wir in alles ergeben sein."

„Ich für mich bin ganz ergeben", sagte Lucius. „Aber mein Herz blutet für meine teuren Angehörigen, die ich nicht länger zu schützen vermag. Nie hätte ich geglaubt, diesen Tag erleben zu müssen."

„Der Tag ist schön", meinte Ethelred, indem er durch das Fenster in den Garten sah, den die Sonne hell erleuchtete. „Wären wir nur alle miteinander in Britannien! Dieselbe Sonne bescheint dort die grünen Hügel!"

Brabano lächelte dem Briten zu und sagte:

„Auch ich wollte, du, mein tapferer, junger Freund, wärest mit denen, die du liebst, schon dort."

„Könnte dein Vater den Jüngling nicht auslösen, wenn er von seiner Gefahr wüsste?", fragte Lucius. Seine Augen ruhten dabei auf dem jungen Freunde und auf Valentina.

„Bei Nero auslösen?", rief Brabano. „Wenn Lösegeld nützen könnte – wir alle besitzen doch etwas von den Gütern dieser Welt. Nein, mein Freund, wenn sein Zorn erregt ist, verschmäht Nero sogar Geld. Wir müssen unsere Hoffnung auf anderes setzen!"

Fabian sagte nichts. Mit düsterem Ausdruck in den Zügen stand er neben Myrrha. Die beiden Mädchen hielten sich tapfer, jede Spur von Tränen war verschwunden. Schon die bloße Gegenwart Valentinas machte Ethelred glücklich und die Jungfrau schien seine Freude zu teilen. Paulus stand beiseite und betrachtete schweigend mit gekreuzten Armen die anderen.

Die Türe ging auf und Nero trat ein, begleitet von Tigellinus und zwei Germanen seiner Leibwache. Der Kaiser setzte sich auf den für ihn bereitstehenden Sitz, von dem aus er die Versammelten betrachten konnte und starrte sie kaltblütig an. Er gab sich alle Mühe, seinem Gesicht einen würdigen Ausdruck zu verleihen und gerechten Zorn zu heucheln, anstatt die Feindseligkeit offen zu zeigen, die sein Herz erfüllte. Gegen die beiden Mädchen fühlte er keinen Grimm. Sein Hass galt hauptsächlich Lucius und Paulus, deren Gegenwart ihm lästig war. Innerlich frohlockte er auch bei dem Gedanken, einen Patrizier für das Amphitheater zu haben.

Nachdem sich Tigellinus an Neros Seite niedergelassen hatte, begann der Kaiser zu sprechen. Mit der Miene eines Richters sah er auf die ehrwürdige Gestalt seines einstigen Feldherrn. Sein welkes, durch Ausschweifungen farblos gewordenes Gesicht und seine matten, ausdruckslosen Augen ließen ihn denen, die seine schrankenlose Macht kannten, geradezu als Schreckgespenst erscheinen.

„Ein beklagenswerter Tag für Rom", sagte er heuchlerisch, „an dem einer unserer edelsten Feldherrn unter den Feinden des Staates und sogar ein Tribun, den ich hochgehalten und ein Freund genannt habe, unter den Verschwörern befunden worden ist. Hast du etwas zu erwidern?"

„Nichts, wenn die eine Tatsache, dass wir Christen sind, schon als ein Verbrechen angesehen wird", antwortete Lucius, der die Hoffnungslosigkeit jedes Wortes einsah.

„Solltest du das nicht wissen, da ich doch dich selbst mit dem Befehl betraut hatte, die Christen zu verhaften?", entgegnete Nero. „Für die gibt es keine Rettung, denn die Christen haben Rom in Brand gesteckt. Schämst du dich nicht, erlauchter Lucius, mit dieser Verbrecherbande gemeinsame Sache zu machen?"

Fulvia warf Nero einen entrüsteten Blick zu, aber Lucius stand regungslos da.

„Und du, Fabian Amicius, was ist´s mit dir?"

Fabian richtete sich stolz auf und sah verächtlich auf die geputzte Gestalt, die trotz ihrer kostbaren Kleider und dem sie umgebenden Schein von Majestät einen gemeinen Anblick bot.

„Ich habe nichts getan, was deinen Zorn verdient!", antwortete Fabian.

„Du bist ein Christ!", erwiderte Nero. „Du hast auf diesen verräterischen Juden gehört; zu einer Zeit, wo ich dich für treu hielt, hast du mit unseren Feinden in Palästina Verschwörungen angezettelt. Wir werden dein Tun dort untersuchen und ergründen, mit wem du in Verbindung gestanden hast; auch deine Genossen sollen bestraft werden."

Fabian lachte und entgegnete:

„Meine Aufgabe in Palästina ist recht harmloser Art gewesen." Er schaute Myrrha an, indem er fortfuhr: „Diese liebliche Jungfrau habe ich lange schon geliebt. Wie du weißt, ist sie eine Waise und hat in früher Jugend ihren einzigen Bruder verloren. Ihre Mutter, die treffliche Miriam, hatte ihr viel von dem Verlorenen erzählt und so hielt sie sein Andenken heilig. Aber sein Schicksal, das Myrrha nicht kannte, bekümmerte sie sich sehr. Ich wusste, dass ich in ihrer Gunst steigen würde, wenn ich ihr Nachricht von dem Bruder bringen könnte und um seine Spur zu finden, bin ich nach Palästina gereist."

Lucius und Fulvia sahen Fabian mit erstaunten Augen an und Myrrha stockte fast der Atem.

„Das hast du für mich getan!", rief sie.

Paulus´ Angesicht drückte das höchste Interesse aus. Als der Name Miriam fiel, sah er den Sprecher gespannt an.

„Ist deine Reise geglückt?", fragte Tigellinus boshaft. „Bist du auch nach Tarfus gegangen?"

Jetzt war die Reihe zu staunen an Fabian und Paulus´ Interesse nahm immer mehr zu. Verwundert und fragend schaute der Tribun den Präfekten an.

„Allerdings bin ich zuerst nach Tarfus und von dort geradewegs nach Judäa gegangen", sagte er. „Ich konnte aber nirgends das geringste erfahren."

„Ein Reisender erfährt auch nicht viel", bemerkte Tigellinus trocken.

Nero wurde ungeduldig. Er war früh geweckt worden und fand nun für seine abgestumpften Sinne gar keinen Nervenkitzel in dieser Sache; deshalb wünschte er zu Ende zu kommen. Den Leichnam seiner Mutter, die auf seinen Befehl ermordet worden war, hatte er einst ohne die geringste Spur von Erregung betrachtet; die einzige Bemerkung, die er damals machte, galt der Schönheit seines Opfers; auch die jetzt vor ihm stehenden Menschen und ihre Not hatten nur ein ganz vorübergehendes Interesse in ihm erweckt.

„Was willst du damit sagen?", fragte er Tigellinus verdrießlich.

„Nichts!", antwortete der Günstling. „Unser einstiger Freund, der Tribun, leidet an großer Einbildungskraft. Er ist also nicht nach Palästina gegangen, um das Vergnügen zu haben, mit Berenike zurückreisen zu können, oh nein!",

„Ist es wahr, dass die Fürstin auch bezaubert worden ist?", fragte Nero erregt; seine Augen waren jetzt blutunterlaufen.

„Nein!", antwortete Tigellinus. „Die Fürstin ist eine Frau ganz und gar nach unserem Sinn; der Tribun hat sich, scheint mir, da eine günstige Gelegenheit entschlüpfen lassen; doch er verachtet ja das Glück. Nein, die Fürstin ist nicht angesteckt worden; wie es aber mit mir selbst gehen könnte, darüber habe ich meine Zweifel! Deshalb habe ich für mein Zusammensein mit allen diesen verblendeten Leuten hier den Schutz deiner erhabenen Gegenwart erbeten. Sie sehen einem traurigen Schicksal entgegen, aber wir können es nicht ändern. Sie selbst sind die Halsstarrigen! Mich schaudert, wenn ich an ihr Los denke", fügte er mit einem heuchlerischen Seufzer bei. „Aber das Volk wird vor Freuden närrisch werden, wenn es sie alle in der Arena sieht!"

„Ist das notwendig? Bist du nicht geneigt, Gnade zu üben?", fragte Lucius.

Tigellinus schüttelt den Kopf und sagte:

„Es wäre eine Ungerechtigkeit. Die Christen sind Narren und Verbrecher. Der Kaiser hat sein Wort verpfändet, dass alle öffentlich vor dem Volk bestraft werden sollen. Solche Menschen verdienen gar kein Mitleid, nur unser Herz ist bekümmert."

Fabian sah ihn mit blitzenden Augen an, aber der Präfekt blieb ungerührt; ihm schien die Sache Spaß zu machen.

„Diesen Juden da", sagte Nero mit einem Blick auf Paulus, „wollen wir in der Mitte des Rings an einen Pfahl binden, seinen Körper mit Honig bestreichen und einen Bienenstock neben ihm aufstellen."

„Der Vorschlag macht deinem Geiste alle Ehre!", bemerkte Tigellinus lächelnd. „Aber an dem Tag werde ich mich von der Arena fernhalten – wenn wir nicht eine Schutzwehr um unsere Tribüne her errichten können."

„Da hast du recht“, erwiderte Nero nachdenklich. „Aber wir können doch nicht um alle Bänke Schutzvorrichtungen anbringen lassen und die Bienen könnten am Ende auch das Volk belästigen.“

„Dem Juden habe ich schon in deinem Namen schöne Aussichten eröffnet, Göttlicher!“, rief Tigellinus lachend, während die Frauen bei seinen Worten erbebten. „Ich habe ihm ein Bad in kochendem Öl versprochen! Selbst für einen Bienenschwarm ist das doch ein ganz netter Ersatz.“

„Das soll er haben und ich sehe zu!“, rief Nero vergnügt. „Und die anderen?“

„Seid ihr bereit, euer Urteil zu hören?“, fragte Tigellinus die Gefangenen mit spöttischem Lachen. „Unser erhabener Gebieter hat dich kaum eines Blickes gewürdigt, mein Brabano!“, Mit frechem Blick betrachtete er die edle Gestalt dessen, vor dem er sich vor so kurzer Zeit noch geduckt hatte. „Ein rascher Sturz! Gestern hast du noch einen entweihenden Blick auf eine Kaiserin richten können und heute würde jede Küchenmagd sich verächtlich von dir abwenden. Du bist der Tor aller Toren!“

Mit stolzem Lächeln schaute ihn Brabano an und heftete dann sein Auge fest auf den Kaiser.

Nero senkte den Blick und bewegte sich unbehaglich hin und her.

„Dem Verrat Brabanos werde ich meine besondere Aufmerksamkeit schenken!“, sagte er dann.

„Und dich von Einflüsterungen des Präfekten beeinflussen lassen!“, bemerkte der Leibarzt.

Heftiger Zorn loderte in Nero auf.

„Von keinerlei Einflüsterungen werde ich mich beeinflussen lassen“, schrie er ganz heiser. „Dich will ich zu einem Schauspiel machen, das nicht so bald vergessen sein wird!“

„Siehst du?“, warf Tigellinus lachend hin.

„Genug!“, rief Nero, indem er aufstand. „Ich bin müde. Führt die Gefangenen fort!“, gebot er den Germanen.

„Halt!“, unterbrach ihn Tigellinus, noch immer lachend. „Warte, erhabener Herr! Ich möchte diesem Barbaren mit dem langen Schwert noch etwas sagen.“

Mit fragendem Blick blieb Nero stehen; Tigellinus enttäuschte ihn selten.

„Man hält ihn für einen Briten“, fuhr der Günstling fort. „Tatsächlich ist er auch durch Adaption der Sohn des regierenden Fürsten – eine unbedeutende Herrschaft, hat aber doch Anspruch auf einige Beachtung. Der junge Barbar hat höchst unklug gehandelt, dass er sich ohne Begleitung nach Rom gewagt hat; aber seine Untertanen hatten Geld von Seneca geborgt und das wollte er heimzahlen. Durch Nachforschungen habe ich das erfahren; kürzlich bin ich mit dem Fürstensohn zusammengetroffen und da ich mich an jedes einmal gesehene Gesicht wiedererinnere, erweckte das seine mein Interesse und meine Neugier. Der Fremde ist kein Brite, göttlicher Kaiser! Sein Vater ist in Tarfus während einer Empörung gegen Lucius gefallen und der junge Fürst ist auf dem Marsch nach Rom in den Bergen den Soldaten entflohen. Man glaubte, er sei umgekommen – aber wir sehen ihn hier vor uns. Die Geschichte ist recht interessant, wenn man sie noch weiterverfolgt!“

Ganz verwirrt und bestürzt schaute Ethelred um sich.

„Auch ich erinnere mich nun, aber nur ganz undeutlich“, sagte er. „Ich entfloh den Soldaten und wanderte durch die Wälder. Später wurde ich von Germanen aufgefunden, die meinen Hunger stillten und bei denen ich kräftig heranwuchs. Im Kampf gegen die Briten wurde ich verwundet und gefangengenommen. Später nahm mich mein Vater, der ohne Nachkommen ist, an Kindesstatt an; unter seinem Volke bin ich zum Manne gereift. An Tarfus habe ich aber keine Erinnerung mehr; dagegen schwebt mir eine noch frühere Zeit wie ein Traum vor der Seele. Ich kann mich auch an einzelne Gesichter erinnern und das des Präfekten hat mich ganz eigenartig erregt.“

„Diese Erinnerung kann zu deinem Glück ausschlagen“, bemerkte Tigellinus lachend.

„Woher weißt du das alles?“, fragte Lucius den Günstling.

„Wenn ich sein Gesicht nicht wiedererkannt hätte, wüsste ich auch nichts davon!“, antwortete Tigellinus. „Obgleich ich älter bin als er, spielten wir doch als Kinder miteinander. Ich würde gar nicht davon reden, aber von alter Zeit her trage ich eine Neigung für seine Eltern in meinem Herzen und vielleicht auch ein törichtes Gefühl für meine Jugendtage. Damals in Sizilien hat der Junge Gamil geheißen und seine

Eltern, die in Agrigentum wohnten, hießen Petria und Miriam. Sieh ihn dir nur an, alter Lucius, er ist Miriams verlorener Sohn!"

Ein Schrei heftiger Erregung folgte diesen Worten. Nachdem ihre Bedeutung Myrrha klar geworden war, schlug sie die Hände zusammen und starrte mit bleichem Gesicht den jungen Mann an, der noch ganz verwirrt und bestürzt dastand. Alle betrachteten ihn mit Verwunderung und großem Interesse und ein Gefühl der Freude und Zärtlichkeit ergriff Lucius, Fabian, Fulvia und Valentina; aber bei Paulus war die Erregung am sichtbarsten. Sein Gesicht zuckte krampfhaft und seine strenge Zurückhaltung verschwand. Mit heißen Tränen in den Augen überließ er sich seinen Empfindungen. Hier standen die zwei blühenden Wesen, deren Gesichter schon beim ersten Sehen ihn so seltsam angezogen hatten und in ihnen fand er nun die Kinder seiner geliebten Schwester.

Die anderen ahnten sein Glück nicht. Er versuchte das Klopfen seines Herzens zu bemeistern, während die Freunde, die für den Augenblick ihre traurige Lage vergessen hatten, sich um die wiedervereinigten Geschwister drängten und ihren verwirrten Ausrufen herzliche Glückwünsche beifügten.

Jetzt trat Paulus näher. Er nahm Ethelreds und Myrrhas Hände in die Seinen; in seinen Augen, die mit warmen Blicken auf den beiden ruhten, glänzten Tränen.

„Eure Mutter war Miriam", sagte er. „Miriam – meine geliebte Schwester. Während vieler Jahre habe ich liebend ihrer und euer gedacht. Ich habe nicht geahnt, dass mir der Herr in diesem Leben noch eine solch glückliche Stunde schenken werde."

Mit Verwunderung und Ehrerbietung sahen die Freunde, die seine Worte kaum fassten, den Apostel an. Fabian, der jetzt verstand, welche Wonne Paulus beseelte, stellte sich neben ihn.

Tigellinus beobachtete den Vorgang mit unsäglichem Vergnügen und Nero mit erwachender Neugier. Dann sagte er zu seinem Günstling:

„Du bist doch stets ein Genie in solchen Veranstaltungen. Aber hätten wir diese hübsche Überraschung nicht bis zu den Spielen aufschieben und dann alle miteinander in einen Käfig sperren können?"

Brabano hatte beiseite gestanden und mit ruhigem Blick die Ereignisse beobachtet. Bei diesen Worten nahm sein Gesicht einen drohenden Ausdruck an.

„Freilich hätten wir das gekonnt!“, antwortete Tigellinus, indem er dem Kaiser zulächelte, den Arzt jedoch fest im Auge behielt. „Aber ich muss mich einer Schwäche schuldig bekennen. Als Knabe habe ich einmal Miriam ein Versprechen gegeben. Sie ist mir stets treu geblieben, wie ich dir, und ich möchte dich deshalb bitten, den Briten und seine Schwester zu begnadigen. Um das Gleichgewicht herzustellen und die Gesellschaft vollzählig zu machen, wollen wir Fabian und die Tochter des Lucius auch mit ihnen freilassen. Es wäre doch schade, die einst so hochgeachtete Familie ganz auszurotten und ihre Brut wird zu unseren Lebzeiten nicht mehr gefährlich werden. Der Brite zählt für nichts, Fabian war einst unser Freund und die Mädchen sind noch jung.“

Lachend erwiderte Nero:

„Barmherzigkeit treibt dich nicht, dies traue ich dir gar nicht zu; deinem Tun liegt wohl eine tiefere, besonders kluge Absicht zugrunde. Meinetwegen tue, was du willst, nur lass uns jetzt zum Essen gehen. Ich bin dir Dank schuldig, denn bei allen Göttern, ich habe wahrhaftig Hunger bekommen!“

„Ich werde die Befehle unseres erhabenen Gebieters ausführen lassen“, sagte Tigellinus bedeutungsvoll, aber nicht ohne Sarkasmus, zu Brabano. „Ein Hauptmann wird dich sofort abholen. Den Tribunen Amicius habe ich nur frei ausgehen lassen, damit er das Vergnügen habe, dein Ende vom Zuschauerraum aus mitanzusehen. Das wird ein Anblick für die Götter werden.“

Der Günstling reichte Nero den Arm, um ihn aus dem Saal zu führen und man hörte sein höhnisches Gelächter noch aus der Vorhalle hereinschallen.

Caligula Redivivus

In strahlender Schönheit brach der Morgen des ersten Tages der Festspiele an. Rom hatte ein Erwachen wie fast niemals zuvor. Aus allen Teilen der Stadt strömten die Menschenmassen dem Amphitheater zu, das Nero für dieses größte Schauspiel, das er seinen Untertanen je gegeben hatte, ganz besonders hatte herrichten lassen. Er wollte die Pracht aller vorangehender Herrscher wieder aufblühen lassen, ja sie noch überbieten. Der schwindenden Treue des unzufriedenen Reiches musste neue Lebenskraft zugeführt werden; durch die Befriedigung, die er durch diese Spiele dem Volke gewährte, wollte er sich neue Ehre und neues Ansehen erwerben. Aus allen umliegenden Städten strömten die Schaulustigen herbei und alle Straßen waren gedrängt voll Menschen. Sowohl die kleinen Leute aus den Vorstädten und dem flachen Lande als die Weingärtner aus den Bergen eilten mit ihren Familien herbei und brachten Lebensmittel für eine Woche mit. Die abgebrannten Stadtteile waren von Tausenden bevölkert, die sich hier Schutzhütten aufgerichtet hatten und veranlasst durch die verschwenderische Freigiebigkeit, mit der Nero dem Volk aufzuhelfen suchte, zeigte sich in der Stadt eine fieberhafte Tätigkeit, die Trümmer durch Neubauten zu ersetzen. Gold gab es in Hülle und Fülle und das Volk fühlte sich glücklich; Abteilungen stolzer Prätorianer marschierten durch die Straßen und ein langer Zug vergoldeter Sänften und Wagen brachte die Patrizier zu den Spielen.

Das große, schön geschmückte Amphitheater war mit schaugierigen, erwartungsvollen Menschen dicht besetzt. Über die hintereinander aufsteigenden Sitzreihen waren schattenspendende Sonnendächer gespannt und die Tribüne des Kaisers mit ihren goldenen Stangen und purpurnen Behängen glänzte und gleißte im Sonnenschein. In der Nähe des kaiserlichen Podiums hatten die vielen Patrizier ihre Plätze, die durch Rang und Reichtum berechtigt waren, sich um den Kaiser zu scharen.

Als weite Ebene, mit weißem Sand wie mit einer Schneedecke zugedeckt, lag die Arena. Durch das laute Geräusch der versammelten

Menge, das wie das ferne Tosen der Brandung tönte, hörte man ab und zu das Brüllen der Bestien; sie waren erschreckt durch die ihnen ungewohnte Anwesenheit der vielen Tausende von Menschen, deren Ausdünstungen bis in ihre Höhlen drang, wo sie, als Vorbereitung für den Tag, halb verhungert und dadurch doppelt blutdürstig gefangen lagen.

Die Aufseher in ihren Festgewändern standen auf ihren Posten; die Hauptleute trugen goldene Brustharnische und federngeschmückte Helme. An den Schranken, die die Eingänge zu den inneren Höfen abschlossen, aus denen die Gladiatoren, die wilden Tiere und die Opfer in den Ring geführt wurden, standen Schildwachen. Aus den Quartieren der Fechter drang Waffengeklirr, da dort Schilde und Schwerter geprüft wurden. Am Haupteingang hielt sich ein in die Augen fallende Gruppe auf – die großen Gestalten hoben sich dunkel von ihrer hellen Umgebung ab. Die bekannte Gestalt Cainors ragte über alle anderen empor, als er mit seinen Kameraden die erregte Menge überschaute, die dagegen ihrerseits die Fechter mit glühendem Interesse prüfend betrachtete.

Rechts von der kaiserlichen Tribüne war ein Platz, der die allgemeine Aufmerksamkeit auf sich zog. Die Augen aller anwesenden Patrizier wandten sich ihm zu. Von jeher hatten die Amicier auf Grund ihres hohen Ranges in allen Amphitheatern Roms diesen Ehrenplatz neben der Kaisertribüne innegehabt. Heute war die Loge schwarz ausgeschlagen und fast leer; nur zwei Gestalten saßen bleich und stumm, aber in stolzer Haltung, auf den Kissen. Die dahinerliegende Loge war ebenfalls schwarz verhangen und bildete daher mit der der Amicier für die Zuschauer nur einen einzigen Raum; sie gehörte Brabano. Schon war das Schicksal ihrer Eigentümer der Menge verkündet worden, die aber, verderbt durch böse Gewohnheit und Begierde nach etwas Neuem, das Urteil schweigend angehört hatte. Es gab augenblicklich keinen Krieg, der die Tapferkeit des alten Feldherrn heischte; er hatte den Römern im Feld Dienste geleistet und jetzt hatten diese Römer nichts dagegen, ihn in der Arena sterben zu sehen. Einen der Männer in der auf Tigellinus ausdrücklichen Befehl schwarzverhängten Loge kannten die Zuschauer wohl; aber der andere, eine hohe Gestalt mit stolzen, edlen Zügen und blonden Haaren, war ein Fremder. In dem einen erkannte das Volk den

Tribunen Fabian Amicius; der andere war Ethelred. Sie waren nicht, wie die Menge glaubte, auf den Befehl des Kaisers hergekommen – nein – eine viel stärkere Macht hatte sie hergeführt.

Ganz in der Nähe befand sich die vollbesetzte Loge des Senators Attilius. Paolo, dem die kurze Haft in der Zelle, worein ihn Volgus gelockt hatte, in keiner Weise geschadet hatte, sah jetzt mit wutfunkelnden Augen auf seinen Feind hinter den schwarzen Vorhängen. In der Gesellschaft des Senators und seines Sohnes saßen Paulina, Senecas Gattin, und die Buhlerin Crispinella, die durch ihre Schönheit und die Gunst, in der sie bei Hof stand, überall sehr beliebt war. Die beiden Frauen teilten den Hass ihres Gefährten für die Insassen der schwarzumhangenen Loge keineswegs; sie kannten den jähen Schicksalswechsel unter Nero, der auch sie selbst treffen konnte, nur zu gut! Sogar Crispinellas Stimme wurde weich, als sie von den Unglücklichen sprach.

Ein Trompetenstoß erschallte, dann noch einer; bei diesem Klang setzte sich das Volk zurecht. Noch ein Trompetenstoß und Nero mit seinem glänzenden Gefolge erschien auf der Tribüne; dann schritt er an die Brüstung und begrüßte seine Untertanen mit erhobenen Händen. Das mächtige Gebäude schwankte von dem den Kaiser begrüßenden Getöse; die wankelmütige Menge war jetzt voll Blutdurst und in fieberhafter Erwartung. Ihr genügte jeder Herrscher, der gerade diese Begierden und Leidenschaften befriedigte und einstimmig tat die große Versammlung die Aufregung kund, die in ihren Adern kochte.

Tigellinus, der Präfekt und Prätor, stand im goldenen Waffenschmuck neben seinem Herrn und hinter ihnen ordneten sich die Vornehmen des Hofes. Fabian sah zu und plötzlich begann sein Herz heftig zu schlagen; er neigte den Kopf und flüsterte seinem Freunde ins Ohr. An des Kaisers Seite stand ein Mann von dunkler Gesichtsfarbe, stolzer Haltung, mit einer Krone auf dem Haupte und neben ihm befand sich Berenike. Sie war von imponierender Schönheit, aber sehr bleich und um ihre Augen waren dunkle Ringe sichtbar. Die Augen schimmerten in natürlichem Glanz, als ob sich in ihnen ein verborgenes Feuer widerspiegle. Fabian wusste, was ihr Hiersein für sie bedeutete und sein Herz fühlte tiefes Mitleid mit der Fürstin, trotz allem, was zwischen ihnen vorgefallen war. Der Mann neben ihr war ihr königlicher Bruder.

Da Herodes Agrippa als Gast des Kaisers zu den Spielen von Judäa herbeigeeilt war, war auch Berenike gezwungen, den Schauspielen beizuwohnen. Sie musste den Märtyrertod des Mannes mitansehen, den sie zuletzt und am heißesten geliebt hatte; sie musste unter den unbarmherzigen Augen des römischen Hofes Zeuge seiner Todesqual sein; und während er litt und starb, musste sie sich der Freiheit Fabians erinnern und ihrer Machtlosigkeit, ihm und Myrrha Schaden zuzufügen. Fabian wusste, dass Berenike bald den Staub Roms von ihren Füßen schütteln werde und trotz aller Schweren, das ihm zu tragen auferlegt war, hatte er doch noch eine Träne übrig für die Frau, an deren Ohr die Worte des Apostels vergebens gedrungen waren.

Der Kaiser ließ sich nun auf seinen Sitz nieder und gab dann das Zeichen zum Beginn der Spiele.

Ein Ausrufer trat in den Ring und in dem er diesen umschritt, verkündete er die Reihenfolge der heutigen Vorführungen. Dann wurden die Tore weit geöffnet und in feierlichem Zug marschierten die auserlesenen Gladiatoren in die Arena. Die entzückte Versammlung war ganz Auge. Durch Generationen hatte man das Volk an diese Schauspiele gewöhnt und jetzt dürstete es darnach, wie ein wildes Tier nach Blut.

Cainor, das silberne Schwert in der Hand und einen Lorbeerkranz auf dem Kopf, führte seine Fechter an. Er trug nur ein Lendentuch, sonst war er ganz nackt und sein Körper leuchtete in der Sonne. Sogar seinen Helm hatte er abgelegt, nur Schwert und Schild hielt er fest. Hinter ihm schritt beherzt und entschlossen der große Virgil und neben diesem Hainor, dessen rundes Gesicht sogar trotz der drohenden Todesgefahr gutmütig dreinschaute. Nun kamen der Grieche Melchus und der geschmeidige Calcus; die schwarzen Augen des Galliers funkelten vor Erregung. Er gehörte jetzt zu den Schwertkämpfern und die Besucher der Fechtschule, die seine Fertigkeit im Faustkampf gesehen hatten, begrüßten ihn mit Freudengeschrei. Heute galt es den Kampf um sein Leben! Placidus war der Menge wohl bekannt; er gehörte schon lange zu den Fechtern in der Arena und gar manches Mal hatte ihn hier das Volk sowohl Mensch als Tier besiegen sehen. Jetzt wurde seine alle Kameraden überragende Gestalt von der Menge wie ein alter Freund begrüßt und mit einem Lächeln auf den Lippen erwiderte er diesen Gruß.

Wenn er heute siegte, errang er das silberne Ehrenzeichen; er konnte sich dann auf seinen Lorbeeren ausruhen und brauchte nie mehr zu fechten.

Langsam zogen die Fechter über den weißen Sand, ruhig, furchtlos, in ihr Schicksal ergeben. Wohl schoss ihnen in der Erregung des Augenblicks das Blut heiß durch den gestählten Körper, aber auf ihren Wangen zeigte sich keine Spur davon; äußerlich waren alle ganz ruhig. Vor der Tribüne, auf der alle brutalen Leidenschaften in dem Herrscher, der dort saß, verkörpert waren, hielten die Gladiatoren an und grüßten diesen mit dem gewohnten Ruf:

„Ave Caesar! Moruturi te salutant!" (Heil Cäsar! Die den Tod Geweihten grüßen dich!)

Die Zuschauer jauchzten ihnen von den Bänken aus zu. Während die Matronen von dem jenseitigen Tiberviertel, aus der Campagnia und den Volskerbergen auf ihren Plätzen sitzen blieben, sprangen ihre erregten Männer und die erstaunten Knaben lebhaft auf und drängten vor.

Aber Nero blieb ungerührt. Er zog den Kaisermantel mit dem breiten roten Saum fester um sich und stieß mit der Hand den Purpurvorhang zurück, der zu nahe an seinem Gesicht hing.

Einer jedoch teilte die Aufregung der Menge.

Volgus war sich ganz selbst überlassen gewesen. Er hatte frei die Stadt durchstreift und war seit seiner Flucht im Tiberviertel von keinem Soldaten mehr belästigt worden. Die viel wichtigeren Angelegenheiten, die ihn in Anspruch nahmen, die Christen, Brabano, die wechselnden Launen seines Herrn ließen Tigellinus keine Zeit für einen kecken Gladiatoren übrig. Bei einer Anfrage des Rufus über diesen Fall hatte der Präfekt wenig Interesse dafür gezeigt. Da Rufus auch für den Riesen die große Bewunderung hegte, die alle Gladiatoren den Soldaten einflößten, hatte er den Liktoren einen Wink über diese Gleichgültigkeit des Präfekten zukommen lassen. Das Wort eines Prätorianers genügte – Volgus wurde unbelästigt gelassen, obgleich er nicht freigesprochen war.

Ohne die geringste Befürchtung hatte er sich morgens von Ethelred getrennt, als dieser seiner Verabredung mit Paulus gemäß auf den Palatin ging. Er wusste, der junge Brite war Manns genug, für sich selbst zu sorgen; als aber der Tag schwand und sein Freund nicht zurückkehrte, machte er sich auf den Weg, ihn zu suchen. In einer Weinschenke auf dem von den Flammen verschonten Teil des Forum Pacis traf er abends

Markus und erfuhr von diesem das Ereignis in dem kaiserlichen Garten. An Markus´ Aussagen war nicht zu zweifeln, er hatte sein Wissen von einem Kameraden, der bei der Leibwache stand. Ethelred war zum zweiten Male gefangen; und zugleich hörte der alte Gladiator auch von dem Schicksal, das Brabano und Paulus betroffen hatte. Volgus ging zuerst in das Haus des Lucius, dann in das Fabians, aber keiner der Sklaven wusste etwas von dem Vorgefallenen. Fabian war nicht zurückgekehrt. Der Riese wurde ganz trübsinnig; immer fester zog sich das Netz über allen, an denen sein Herz hing, zusammen! Am folgenden Tag ging er über den Fluss, um Petrus aufzusuchen. Aber die Nachricht, die ihm da zuteilwurde, vermehrte nur seinen Kummer. Der ehrwürdige Jünger war am Abend zuvor verhaftet und in den pompejanischen Kerker geführt worden. Volgus hörte alles schweigend an und kehrte dann in seine Wohnung zurück. Am nächsten Morgen, an dem die Spiele begannen, war er der erste in der Arena.

Die dem Tode geweihten Gefangenen standen unter Markus´ Obhut. Sie waren aus den verschiedenen Gefängnissen der Stadt hergebracht worden und wurden nun in einem weiten Raum hinter dem Spoliarium für ihr Erscheinen in der Arena bereitgehalten. Hier führte Clytes die Aufsicht und Rufus befehligte die Wache am Eingang zu der kaiserlichen Tribüne. Aus dem Quartier der Gefangenen an den Eingang des Rings gelangte man durch einen Gang, der zwischen dem Spoliarium und den Käfigen der wilden Tiere hinführte. Sorgfältig angebrachte Schutzvorrichtungen verbargen aber den unglücklichen Opfern sowohl die Schrecken auf der einen als auch die Gefahren auf der anderen Seite des Ganges; erst in der Gegenwart der wartenden Menge sollte sich ihnen der erste grauenvolle Anblick darbieten.

Der alte Fechter stand auf so freundschaftlichem Fuß mit den Anführern der Wachen, dass er überall, wo sie im Theater befehligten, freien Zutritt hatte. In den ersten Stunden half er Clytes bei seinen verschiedenen Aufgaben, dem Abladen des Sandes für das Spoliarium, den Vorbereitungen für die wegzuführenden Leichname und dem Herbeiführen der Gefangenen, denen vor dem Eintritt in den Ring ihre geringen Habseligkeiten abgenommen wurden; mit allen diesen Vorbereitungen war er genau vertraut. Seine Freunde unter den Unglücklichen suchte er nicht gleich auf. Sie wurden erst in letzter

Stunde aufgestört; die Soldaten waren so barmherzig, ihnen Gelegenheit zu gönnen, wenn möglich die ihnen bevorstehenden Schrecken im Schlaf zu vergessen.

Als aber die Menge versammelt war und laute Trompetenstöße das Erscheinen Neros verkündeten, stand Volgus vorne an den Schranken. Er warf einen glühenden Blick auf das Amphitheater und die Menschenmassen darin; lebhaft stiegen die Erinnerungen in ihm auf. Dann betraten seine früheren Genossen den Ring und begannen ihren Umzug. Wie oft war auch er in diesen Reihen marschiert! Wie oft hatte er diesen großartigen Anblick vor Augen gehabt und, vor der Tribüne stehend, in den verhängnisvollen Gruß eingestimmt. Der kleine Kaiser, der jetzt, trotz seiner prunkvollen Kleidung, wie ein Affe auf dem Thronsessel saß, vor dem Volgus so viele Kämpfe ausgefochten hatte, war noch ein Kind in den Gärten des Palatins gewesen, als er seinen ersten Gegner in den Sand geworfen hatte. Stets war er Sieger geblieben! Etrusker, Griechen, Spanier, Germanen und jede Art wilder Tiere hatte sein Mut und seine Tapferkeit zu Boden gestreckt. Und nun, trotzdem er sich unter dem strengen, römischen Gesetz das Ehrenzeichen erworben hatte, war er ein Flüchtling auf dem Schauplatz seiner früheren Triumphe und musste die vertrauten Bilder durch einen Spalt in den Schranken besehen, wie eine Ratte im Versteck.

Einerlei! Er hatte noch nicht abgeschlossen! Sein Auge blitzte, als er Calcus in den Reihen der Fechter erblickte. Hier blühte ihm noch die Gelegenheit für ein langersehntes wildes Glück und auch Paolo hatte nur Galgenfrist! Er schaute auf – richtig, dort drüben saß er neben seinem Vater in seiner Loge. Jetzt wandte Volgus seinen Blick dem Platz seines Herrn zu.

Ja – täuschten ihn denn seine Augen? Dort saßen ja Fabian und Ethelred!

Aber seine Freude wurde schnell gedämpft. Er kannte ganz genau alles, was sich auf diesen Ort der Gräuel bezog. Die Loge war schwarz behangen, folglich war ein Teil der Familie seiner verehrten Gebieter zum Tode verurteilt. Seine Gedanken flogen! Wer, wer? Wieder richteten sich seine Blicke auf Paolo in der Loge und auf den geschmeidigen Calcus in der Arena.

„Oho!“, rief er frohlockend. „Ich bin kein Christ.“

Nero war diesmal von dem sonst herrschenden Gebrauch abgewichen; er ließ die wilden Tiere nicht zur Besichtigung ausstellen und vergeudete auch nicht die kostbare Zeit mit alltäglichen Märchen, Wagenrennen und Faustkämpfen. Die Zeit lag weit hinter ihm, wo solch harmlose Genüsse seinen Geschmack befriedigt hatten. Die Darstellungen der Gladiatoren waren das einzige dieser Art, was er sich noch bieten lassen wollte und Tigellinus stimmte ihm bei, denn für jede Stunde hatte Nero etwas Aufregendes versprochen! Tausende von Fechtern waren für diese Feste geschult, Tausende von wilden Tieren weit hergebracht worden und Tausende von Christen befanden sich in banger Erwartung ihres Schicksals nebenan. Der Kaiser besaß die Mittel, sein Wort einzulösen. Er und seine Untertanen wollten in Blut schwelgen und das ganze Festspiel sollte mit außergewöhnlicher Geschicklichkeit angeordnet werden.

Tigellinus trat vor und gab das Zeichen. Als Cainor und seine Fechter durch das östliche Tor abgezogen waren, öffnete sich eine Türe unter der Tribüne und eine einzelne Gestalt wurde in die Arena geführt. Ihr zur Seite schritten zwei Bewaffnete und die drei Gestalten hoben sich scharf von dem weißen Sand ab. Sie wandten sich um und standen einen Augenblick dem Throne Neros gegenüber; dann wurde der Gefangene in die Mitte des Rings geführt, worauf ihn seine beiden Begleiter verließen. Seine Arme waren nicht gebunden, aber es war ihm ein Schriftstück in die Hand gesteckt, das eine Lobrede auf die Wissenschaft enthielt, eine letzte Verhöhnung des Verurteilten. Im Gegensatz zu den sonstigen Opfern war dieser Gefangene bekleidet und die Pracht seiner Gewänder überstrahlte die kostbarste Kleidung auf den Sitzen der Vornehmen. Ein mit Juwelen geschmückter Purpurmantel fiel in reichen Falten von seiner Schulter und ein goldener Kragen hing ihm um den Hals.

Als er allein dastand, die Arme faltete und mit ruhigem Blick furchtlos die kaiserliche Gesellschaft betrachtete, durchbebte ein Gefühl der Bewunderung die ganze Versammlung. Sofort erhob sich im Theater ein Geräusch murrender Stimmen. Der Name des Opfers klang von Mund zu Mund, denn seit Jahren war dieser Mann dem Volk wohlbekannt. Auch dem Gefangenen war der Schauplatz, auf dem er sich befand, nicht fremd. Aber sonst war sein Platz neben der

Kaisertribüne gewesen, hoch erhaben über der neugierigen Menge, die ihn jetzt mit geringer Teilnahme, aber aufmerksam betrachtete, als er nun, ein reich geschmücktes Opfer, vor ihr auf dem weißen Sand stand.

Es war Brabano.

Er wusste nicht, auf welche Weise er sterben sollte; er so wenig wie das Volk, aber jedenfalls war die ganze Anordnung sehr ungewöhnlich. Allein sollte er sterben, einsam und verlassen unter der großen Menge. Aber er trug den Kopf hoch, sein Angesicht war so ruhig wie bei einem Fest auf dem Palatin und seine Augen sprachen Fabian und Ethelred Trost zu, denn auf ihren Gesichtern konnte er die Teilnahme lesen, die sie erfüllte. Er warf einen Blick auf die Kaisertribüne. Unverwandt, als ob sie ein Gespenst erblickte, starrte Berenike ihn an, ein Gemisch von Mitleid und Entsetzen im Herzen. Poppäa war nicht anwesend; sie lag schwer krank, dem Tode nahe, im Palast.

Tigellinus hatte die Ausführung seiner Rache nicht hinausgeschoben, nach seinem mächtigen Feind Zeit gegeben, seinen Sinn zu ändern. Er hatte ihn zum ersten Schlachtopfer auserwählt. Ehe Brabano durch die verhängnisvolle Türe die Arena betreten hatte, als er wartend neben seinen Wächtern stand, hatte sich der Präfekt zu ihm gestellt; mit triumphierenden Augen hatte er den Vorbereitungen zugesehen und mit vibrierender Stimme den einstigen Freund „auf seinen Ehrenposten zum Eröffnen des Festes“ geschickt. Jetzt saß der Präfekt auf der Tribüne. Seine Neugier war ebenso groß wie die des armseligen Plebejers auf den Bänken und in seinen Hass mischte sich unwillkürlich Bewunderung für die edle Haltung seines Feindes.

Auf der gegenüberliegenden Seite der Arena traten nun aus zwei kleinen Pförtchen in der Mauer, die zu beiden Seiten eines vergitterten Eingangs lagen, zwei Sklaven; an starken Stricken ließen sie die Gittertüre fallen und sprangen dann, Zuflucht suchend, blitzschnell zurück. Durch die Öffnung ließ sich ein dumpfes Grollen vernehmen, ein großer Löwe stürzte in den Ring und das Grollen seiner Stimme klang lauter und lauter, bis man es meilenweit vernehmen konnte. Durch den fremden Anblick verwirrt und überrascht, war die riesige Bestie stehen geblieben. Der Löwe war frei, aber nicht in seiner heimatlichen Wildnis; der Sand unter seinen Tatzen glich dem Sand der Wüste, aber die Massen der unbekannten Wesen, die ihn umringten, hielten einen Augenblick seine Wildheit in Bann. Langsam kroch er über die weiße Fläche, die mächtigen Schultern eingezogen, hungrig, blutgierig, aber ganz verwirrt.

Die Menge ermutigte das Tier durch ein Freudengeschrei, das sie dem Mann bei seinem Eintritt vorenthalten hatte. Der riesige Löwe gefiel ihr. Es war der berühmte Caligula, den Nero selbst so genannt hatte und den er nun mit einem befriedigten Ausdruck auf seinen schlaffen Zügen betrachtete. Die Größe des Löwen rechtfertigte den Stolz des Tyrannen, aber er musste bessere Proben seiner Wildheit ablegen, wenn er dem ihm beigelegten Namen Ehre machen sollte.

Brabano wandte sich nun und betrachtete seinen Gegner. Sein Los war leichter, als er vermutet hatte. Ein Schlag mit diesen mächtigen Pratzen und alles war zu Ende! Fast friedlich würde er die Krone erlangen, von der ihm Paulus gesagt hatte und die ihm sein Glaube verhieß. Er bemerkte das Zögern der Bestie, deren Augen im Sonnenschein blinzelten; die unzähligen Augen, die auf den Löwen herabschauten, hatten diesen den Mut genommen.

Furchtlos schritt Brabano auf das mächtige Tier zu; er griff in seine Mähne und als es mit dumpfem Grollen zurückwich, stieß er es mit dem Fuße an. Er zweifelte nicht an seiner Wildheit; auch wusste er, dass es nach ihm noch mehr Christen zerfleischen sollte und doch fühlte er für die Bestie, wie für ihren Herrn, Verachtung, gepaart mit Trauer. Wieder schritt der Mann vor; der Löwe besah sich zweifelnd das glänzende Gewand; seine Farbe glich dem Blut, aber der Glanz des goldenen Kragens fiel darauf – er machte einen Sprung rückwärts, und den mächtigen Körper in den Sand drückend, zog er sich immer mehr zurück.

In wahnsinniger Erregung stand die Menge auf den Bänken.

„Caligula, Caligula!", brüllte sie. „Der Feigling führt den richtigen Namen! Gebt dem Mann eine Peitsche! Lasst ihn die Bestie aus dem Ring treiben!"

Viele riefen, der Patrizier soll begnadigt werden; andere, die etwas von den christlichen Lehren gehört und erfahren hatten, Brabano sterbe um seines Glaubens willen, standen mit erhobenen Armen und aufwärts gehaltenen Daumen.

Nero lächelte höhnisch, aber Tigellinus´ Stirne verfinsterte sich. Er hob die Hand zum Zeichen und der Soldat auf dem Posten neben dem Tor öffnete die Schranken. Von den zornigen Rufen, die sich über sie ergossen, aufgestachelt, drangen die Sklaven mit Speeren bewaffnet in die Arena und stürzten auf den davonschleichenden Löwen, der sich an der Mauer entlangdrückte, zu. Sein langer Schweif schleifte im Sand und seine roten Augen schauten flehend auf die spottende und schreiende Menge über ihm.

Aber die erste Berührung mit dem Speer veränderte das Bild. Kaum hatte die Spitze die gelbe Haut durchstochen, als der Wüstenkönig all seinen Mut wiederfand. Sein Grimm verwandelte ihn förmlich, trotz seines Umfangs wurde er so beweglich wie ein Eichhörnchen. Mit lautem Gebrüll drehte er sich um und obgleich die Sklaven wie Fliegen davonflogen, war doch ein Entrinnen durch die Türe unmöglich. Kein anderer Ausweg war offen, der Umschwung war zu unerwartet und die erschrockenen Wichte flohen vergeblich. Einige suchten auf die Bänke zu klettern, woher sich ihnen hilfreiche Hände entgegenstreckten; aber die Menge der Zuschauer war begeistert von dem Anblick. Der Mann, der den verhängnisvollen Stoß ausgeführt hatte, wurde von den heiligen Tatzen zerdrückt, zwei andere wurden im wilden Lauf blutig und zerrissen zu Boden geworfen. Der Löwe stürzte durch den offenen Eingang aus der Arena hinaus und von draußen erklangen nun gleich lautes Geschrei und Schreckensrufe.

Aber auf der Tribüne saß eine Bestie, die die Offiziere mehr fürchteten als den wütenden Löwen; nur deshalb trieben sie ihre Untergebenen gegen diesen vor, um ihn wieder in den Ring zu jagen. Aber die Waffen wurden vergeblich geschwungen. Das große Tier, in dem nun die Kampfbegier erwacht war, hätte noch einer größeren Abteilung Soldaten getrotzt. Unter seinen Tatzen fielen ganze Reihen Soldaten wie Puppen zu Boden, aber die Menge konnte dieses Schauspiel nicht einmal genießen. Schilde, Brustharnische und Helme häuften sich in wirrem Durcheinander mit abgerissenen Gliedern und zermalmten Leichen. Der Lärm des Kampfes drang zu den lauschenden Ohren drinnen auf den Bänken und versetzte das Volk, das die Ursache ahnte, in wilde Erregung.

Und in der Mitte der Arena stand die einsame Gestalt mit gefalteten Armen noch immer wartend da; Brabano war voll Mitleid für die Unglücklichen; weiter achtete er nicht auf das Trauerspiel in seiner Nähe. Sein Lauf war vollendet, er war jetzt im Frieden.

In dem eingeschlossenen Hofraum zwischen der Arena und den Käfigen wurde der Kampf zwischen Caligula, den Sklaven und Soldaten fortgesetzt, Pfeile flogen in das braungelbe Löwenfell und noch weitere Wärter kamen mit glühenden eisernen Stangen. Mit diesen wurde gegen die mächtige Bestie gestoßen und vor Schmerzen wütend, floh sie. Zum zweiten Mal stürzte sie in die Arena, dieses Mal ein grauenvoller Anblick. Die Mähne des Löwen war mit Blut und Staub bedeckt; mit wild aufgerissenem Rachen und zähnefletschend stürmte er vor. Als die

Männer ihn mit schauerlichem Geschrei begrüßte, schoss er über den Sand hin, sprang empor, versuchte seine Tatzen in die Mauer einzukrallen und schnappte nach den winkenden Armen auf den untersten Bänken. Die brüllende Menschenmasse reizte seine Wut von neuem an.

Jetzt flößte die einsame Gestalt im Mittel der Arena dem Löwen keine Furcht mehr ein. Er sah sie, wie es schien, fast nur wie ein Schatten, kaum der Mühe wert, seine Wut an ihr auszulassen; aber sie war ihm ein Hindernis in seinem Lauf durch die Arena. Fabian und Ethelred erkannten beide, dass der letzte Augenblick nun gekommen war und Fabian, der aufgestanden war, sah, wie Berenike ihr Gesicht verhüllte.

Der Löwe sprang auf sein Opfer los; Brabano fiel, als die mächtige Tatze seine Brust traf und lag still mit aufwärtsgerichtetem Antlitz.

Seine Freunde wussten, dass er sofort gestorben war.

Der Löwe hielt sich nicht damit auf, den Gefallenen zu zerreißen oder zu zermalmen. Als angesichts des Todes das Toben der Menge nachließ, stürzte der Löwe wieder dem offenen Eingang zu und dieses Mal hielten ihn die Soldaten nicht zurück, als er durch die aufgezogene Gittertüre in seinen Käfig zurückkehrte.

Der Haupttag in der Arena

Mit sehr gemischten Gefühlen hatte Volgus von seinem Platz an den Schranken, die den Gang zum Spoliarium abschlossen, Brabanos Ende mitangesehen. Auch ihn hatte die allgemeine Aufregung bei diesem Schauspiel ergriffen und er schätzte den hohen Mut des ihm so wohlbekannten Mannes nach seinem wahren Wert. Volgus war überzeugt, dass Fabian und Ethelred, im Fall sie nicht schon Vorkehrungen getroffen hätten, bald kommen würden, um Clytes den Leichnam ihres Freundes abzukaufen; jetzt fühlte er sich aber nicht in der Stimmung, ihnen zu begegnen. Gewiss waren sie von Schmerz überwältigt und da der Riese sich machtlos fühlte, sie zu trösten, wollte er auch nicht Zeuge ihres Kummers sein. Wohl sehnte er sich, Näheres über Lucius und die Seinen zu erfahren, aber damit hatte es noch Zeit.

Volgus verließ nun seinen Posten und ging dem Aufenthaltsort der Gefangenen zu. Dort schaute er durch die Türe und sah die Unglücklichen in den verschiedensten Stellungen ihr Schicksal erwarten; einige hatten sich in Gruppen abgesondert und standen beieinander, andere hielten sich unter Tränen umschlungen. Viele saßen einsam da und weinten leise und noch mehr lagen auf den Knien und hoben Hände und Augen zum Himmel empor. Besuche wurden hier nicht zugelassen, Volgus jedoch trat ein, ohne von der Wache an der Türe zurückgehalten zu werden. Man bemerkte seine Anwesenheit kaum; der von Säulen getragene Raum war so groß und der Insassen waren es so viele, dass Volgus beim Eintreten nur einen Teil davon übersehen konnte. Als er einen der Säulengänge entlangging, erscholl plötzlich sein Name und er blieb bei einer Gruppe von Gefangenen stehen, die ihm wohlbekannt waren.

„Zekiah!“, rief er aus.

„Ja!“, sagte der alte Mann. „Unsere Stunde hat geschlagen. Von allen, die ich liebe, habe ich Abschied genommen! Ich bin ich in den Händen der Bösen. Der Herr sei mit uns und schenke uns einen schnellen Tod!

Ich bin alt und müde; möge sich Christus über die erbarmen, denen des Lebens Morgensonne noch scheint!“

Dabei sah er Gabriel an, der an seiner Seite stand und Ruth umschlungen hielt; Miriam und Maria waren dicht bei ihnen.

Volgus begrüßte die Freunde, aber die Frauen trauten sich nicht, auch nur ein Wort zu sagen, sie nickten bloß. Zwar totenblass, aber mutig und fest entschlossen sahen sie aus.

Das laute Geschrei der Menge, das wie der brausende Wellenschlag des Meeres klang, erschütterte ihre Nerven; aber sonst waren sie gefasst und ruhig.

„Christus ist bei uns!“, sagte Gabriel. „Musst du auch sterben?“

„Nein, ich bin kein Christ!“

Gabriel erwiderte nichts.

„Weißt du was von Paulus?“, fragte Zekiah.

„Er liegt im Maximusgefängnis“, berichtete Volgus und wiederholte, was er gehört hatte. „Von Petrus habe ich nichts in Erfahrung gebracht.“

„Petrus ist hier“, sagte Zekiah und deutete auf einen anderen Teil des weiten Raums. „Seine Gegenwart ist hier ein großer Segen. Er hat uns den Mut zum Sterben gegeben.“

„Er ist nicht Christus!“, verbesserte Ruth, die ihre Wange an die Brust ihres Mannes presste.

Der alte Gladiator stand nachdenklich, mit gesenktem Kopfe da.

„Wahrlich, das ist ein großes Unrecht!“, murmelte er.

„Alles dient zum Besten!“, sagte Gabriel mit sanfter, leiser Stimme. „Von Palästina nach Korinth, von Korinth nach Korsika, von dort nach Spanien und von Spanien nach Rom bin ich gewandert und habe überall Dornen auf meinem Weg gefunden. Obgleich ich noch jung bin, würde ich freudig diese Welt verlassen, wenn ich nur die Qual und Pein meiner Lieben auf mich nehmen könnte.“

„Wie selbstsüchtig!“, flüsterte Ruth mit einem Lächeln auf ihrem bleichen Gesicht und schlang die Arme um des Gatten Hals. „Nein, ich, die Frau, sollte dein Leiden tragen!“

Tief bewegt schien Volgus mit sich selbst zu kämpfen.

„Ich habe nie ein Weib gehabt!“, sagte er endlich.

Nun trat ein Mann herzu und blieb bei der Gruppe stehen. Auch seine Züge, wie die der anderen Gefangenen, trugen Spuren einer schweren, aber siegreich durchkämpften Leidenszeit und seine Augen lagen tief in ihren Höhlen.

„Willkommen, Linas!", grüßte Zekiah. „Bist du bereit, alter Freund?"

„Ich bin bereit!", versetzte der Mann. „Wie man mir gesagt hat, müssen wir bald gehen. Da ich ganz allein stehe, bin ich hergekommen, um meine Hilfe anzubieten, so sich jemand fürchten sollte. Verzeiht mir, wenn ich anmaßend bin, – Gottes Gnade scheint mit allen Brüdern und Schwestern zu sein. Wie steht´s mit dir, Schwester?", fragte er Miriam.

„Gut!", antwortete sie einfach.

„Ich habe dir versprochen, deine Hand festzuhalten", sagte das Kind. „Das habe ich nicht vergessen."

„Der Herr segne dich, du Kind Gottes!", sagte Linas, indem er sich zu Maria herabbeugte. „Wenn Petrus zustimmt, wollen wir beide allein vorangehen. Deine kleinen Füßchen werden sicher nicht straucheln. Deine kindliche Festigkeit wird auch den Schwächsten Mut einflößen."

Volgus wandte sich ab und ging weiter.

Wohin er schaute, überall in der Halle trat ihm der gleiche standhafte Geist entgegen. Alle, Männer wie Frauen, schienen von großer Begeisterung erfüllt zu sein, die sie aufrecht hielt. Alle sahen bleich und elend aus und manche waren auch sehr beunruhigt, aber der alle beherrschende große Friede hatte sogar die strengen Soldaten, die zu den Gefangenen hereingeschaut und sich über ihren Anblick verwundert hatten, mit Staunen erfüllt. In dem Raum, wo die wirklichen Verbrecher gefangen lagen, war der Anblick so ganz anders! Von dorther erschollen Klagen und Schreckensrufe; Stöhnen und Fluchen vermischte sich mit den fruchtlosen Ermahnungen der Wächter.

Volgus kam jetzt zu den Freunden zurück.

„Brabano ist tot!", berichtete er kurz.

„Der berühmte Arzt?"

„Ja."

„Wie ist er gestorben?"

„Mutig. Fest wie ein Eichbaum stand er in der Arena!"

„Durch Christus!", sagte Gabriel.

„Schmerzlos ist er gefallen", fuhr Volgus fort. „Fast ohne dass er es sich bewusst war, hat ihn der Todesstreich getroffen."

„Gelobt sei Gott!"

„Von meinem Herrn habe ich noch nichts erfahren können", erzählte Volgus weiter. „Aber sein Platz draußen ist schwarz verhängt. Das ist ein böses Zeichen! Er ist mit seiner Familie auf dem Palatin. Da jedoch Fabian und der Brite Ethelred frei sind, hoffe ich, der Kaiser lässt sich noch erweichen!"

„Nein!", versetzte Zekiah sanft. „Lucius ist hier mit der edlen Fulvia."

Volgus stieß einen heiseren Schrei aus. Wild schaute er um sich.

„Und meine jungen Herrinnen?", rief er. „Sieht deshalb mein Herr Fabian so todesblass aus? Sind deshalb er und der Brite allein auf dem Platz der Amicier?"

„Das weiß ich nicht", erwiderte Zekiah. „Aber Lucius ist ganz gewiss hier." Volgus stürzte davon. Bald hier, bald dort in dem weiten Gemach tauchte seine Riesengestalt auf. Dann stürmte er zur Türe hinaus. Zuerst wollte er Fabian sogar in seiner Loge aufsuchen, dann stieg der Gedanke in ihm auf, in die Kaisertribüne einzudringen, den Kaiser niederzuschmettern und seinen Leichnam in die Arena zu werfen. Da ertönte wieder das Gebrüll der Menge und Volgus eilte auf seinen früheren Platz hinter den Schranken zurück.

Starr und steif, mit ausgestrecktem Armen, Schild und Schwert noch festhaltend, lag ein Leichnam auf dem Sand; das rechte Knie war noch gebogen, wie der Mann hingesunken war; sein Sieger stand über ihn gebeugt.

Calcus war der Sieger. Mit einem grausamen Lächeln auf den Lippen verneigte er sich vor der tobenden Menge. Nero warf einen Kranz auf den Sand.

Mit bösen, wilden Blicken sah der alte Gladiator auf den siegreichen Gallier.

„Heute noch musst du sterben!", murmelte er. „Ich will dich schon packen!"

Nachdem der Leichnam aus der Arena hinausgeschleift und frischer Sand auf den blutbefleckten Boden gestreut worden war, verkündete ein Adil das Nahen einer Abteilung der Christen. Die Gittertüren vor den Eingängen, die zu den Käfigen der Bestien führten, wurden hinaufgezogen und verschiedene dieser Käfige von Sklaven geöffnet.

Durch einen unterirdischen Gang, der von ihren Zellen unter dem dazwischenliegende Hofe herführte, konnten nun die schwarzen Panther ihren Weg in die Arena finden.

Volgus eilte in die Halle der Gefangenen zurück. Er suchte seine Gefühle zu beherrschen.

„Mein Herr!“, rief er aus, als er den großen Raum betrat. Sein Auge war auf Lucius gefallen und nun eilte er dem Platze zu, wo dieser mit Fulvia und Petrus stand.

„Unser treuer Volgus!“, begrüßte ihn Fulvia.

Neben der Würde seines Alters und seines Standes lag in der Erscheinung des alten Feldherrn ein Etwas, das der Freigelassene nie zuvor bemerkt hatte. Er wurde sofort ruhig, denn sein Gebieter sah aus, wie an jenem Tage, wo er die Geburt seiner Tochter mit einem großen Fest feierte. Von Petrus schien auf seine ganze Umgebung ein tiefer Friede auszugehen. Sein Antlitz fühlte; aber seine magere Gestalt schien von übermenschlicher Kraft beseelt und seine milden Augen schauten segnend von einem zum anderen und brachten allen großen Trost.

„Deine Herrinnen sind gerettet!“, sagte Lucius. „Aus seiner Fülle hat uns Gott gesegnet! Mich armen Soldaten lässt er einen herrlichen Tod in seinem Dienste sterben! Von der geliebten Frau, mit der ich im Leben verbunden gewesen bin, werde ich nun auch im Tode nicht getrennt und meine Kinder bleiben zurück, um seiner Sache zu dienen. Nicht so, wie wir es gewünscht hätten, sind wir von ihnen getrennt worden, aber Gottes Wille geschehe! Sage ihnen, was ich schon unserem geliebten Fabian gesagt habe: Seit ich die Wahrheit erkannt und begriffen hatte, dass etliche den Märtyrertod sterben müssen, bin ich mit unserem Los ganz ausgesöhnt. Das wird den teuren Kindern ein Trost sein. Nicht wahr, meine Fulvia?“

Fulvia sah ihn innig an.

„Ja, so ist es!“, lautete die Antwort.

Der Freigelassene hörte traurig zu.

„Meine jungen Herrinnen sind frei!“, murmelte er. „Nun das ist doch etwas.“

„Der Herr hat das Herz des Tyrannen so gelenkt“, sagte Petrus milde.

„Wo ist Paulus?“, fragte Volgus mechanisch. Er wollte erfahren, ob er wie Lucius von dem Palatin hierhergebracht worden sei.

„In Gottes Hand, wo er immer ist“, antwortete Petrus, indem er die Augen zum Himmel erhob.

Volgus verstand den Sinn der Worte nicht; als er noch schweigend dastand, betraten die Soldaten das Gemach.

„Macht euch bereit!“, gebot der Hauptmann.

Unter den Gefangenen entstand eine Bewegung, als die am nächsten stehenden sich der Türe näherten.

„Geh!“, sagte Lucius und er und Fulvia streckten dem alten Diener die Hände hin. „Leb wohl!“

Volgus kniete vor ihnen nieder und küsste ihre Hände; als die Gatten dem Zug der Gefangenen eingereiht wurden, verließ er das Gemach. Draußen in dem Gang, nahe dem Eingang zur Arena, blieb er unentschlossen stehen, – er wusste kaum, was tun. Ein Soldat winkte ihm, wegzugehen, aber er stand unbeweglich. Jetzt erschienen die Christen; Petrus, der ehrwürdige Jünger Christi, führte den Zug an. Seine ernst gebeugte Gestalt war jetzt hoch aufgerichtet; der Kranz weißer Haare umgab sein Haupt wie ein Heiligenschein.

Volgus trat zur Seite und, fast plötzlich, verwandelte sich seine Teilnahmslosigkeit in große Aufmerksamkeit, seine Unentschlossenheit wich einer heftigen Erregung. Der Gallier Calcus, den ihm von Nero zugeworfenen Kranz auf dem Kopfe und das blutige Schwert noch in der Hand, trat durch die Eingangstüre heraus und ein Haufen seiner Genossen überschüttete ihn mit Lobeserhebungen. Wie ein Schlachtross die kommende Schlacht, so witterte Volgus die sich hier bietende Gelegenheit. Sein Feind war in seine Hand gegeben.

Mit lautem Geheul stürzte er auf ihn los.

Sofort stand der Gallier kampfbereit da; leicht gebeugt streckte er sein Schwert vor, um den Anprall seines Feindes mit der Waffe aufzufangen. Aber wie einen Strohhalm schob es Volgus auf die Seite, schlug Calcus mit der bloßen Hand den Schild weg und warf ihn selbst zu Boden. Dann packte er den schlaff gewordenen Körper des Galliers, hob ihn hoch empor und wollte ihn gerade gegen die Steine schmettern, als eine weiche Stimme sein Ohr traf und sein Arm mit sanfter Gewalt zurückgehalten wurde. Langsam ließ er den Gallier auf die Erde fallen, hielt ihn aber dabei fest; mit der einen Hand hatte er ihn an den Haaren, mit der anderen an der Gurgel gepackt.

Als Volgus den Kopf umwendete, schaute er in das Gesicht des Petrus. Da wurde er von neuem unentschlossen. Verwirrt und erregt irrten seine Augen umher. Lange stand er neben dem hilflosen Menschen, dessen Züge sich schon im Todeskampf verzerrten – dann löste sich der eiserne Griff seiner Hände und der alte Fechter trat zurück.

„Geh!", sagte er, indem er dem zitternden Missetäter auf die Beine half. „Mit mir ist´s zu Ende, aber ich verzeihe dir."

Mit einem Schrei, wie der einer verwundeten Katze, sprang der Gallier davon und brachte sich in Sicherheit.

„Friede, Volgus!", gebot der Anführer, als die Soldaten über den Vorgang lachten. „Bringe uns nicht in Angelegenheiten. Geh weg, Alter", fuhr er fort, indem er sich zu Petrus wandte. „Geh in die Halle zurück. Dir steht ein anderes Los bevor. Ich handle nach meinen Befehlen!"

Lächelnd sah der Jünger den alten Fechter an und warf dann einen fragenden Blick auf den Hauptmann. Als jetzt die Christen feierlich an ihm vorbei dem Eingang zuschritten, breitete Petrus segnend seine Hände über sie aus und unter diesen segnenden Händen hindurch schritten sie wie durch einen Triumphbogen in die Arena.

Volgus wollte nichts weiter hören oder sehen. Er eilte den Korridor hinunter, bog in den schmalen Gang zum Spoliarium ein und blieb an einer kleinen, zur Arena führenden, Türe stehen. Durch einen breiten Spalt in dieser Türe konnte er ganz gut die Arena übersehen. An der Mauer zu seiner rechten Seite stand ein Gestell mit Waffen, die irgendein Wärter nach eigenem Geschmack hier schön geordnet hatte. Unter diesen Waffen fand sich eine starke, ganz fremdartige Art. Sie war ein Andenken an irgendeinen siegreichen Raubzug in Germanien. Zu schwer für gewöhnliche Menschenhände, lehnte sie jetzt mit ihrem eichenen Griff als alte Siegestrophäe an der Mauer. Volgus nahm sie auf und lächelte, als er ihr Gewicht fühlte. Dann schaute er in die Arena.

Die Menge auf den Zuschauerplätzen wurde stille, als die traurige Prozession in den Ring trat. Hunderte feierliche Gestalten zogen langsam durchs Tor. Junge und alte Männer, weißhaarige Matronen und zarte Jungfrauen mit ruhigem Antlitz und gefalteten Händen wandelten ernst in dem feierlichen Zuge. Allen voraus schritten ein Mann und eine Frau, die zwischen sich ein Kind an der Hand führten.

Keine Spur von Mitleid erwachte in der großen Versammlung. Dies war ja doch nur erst der Anfang eines Schauspiels, von dessen Erinnerung man noch lange zehren würde! Das also waren die niederträchtigen Christen, die die Stadt angezündet hatten! Sie hatten den Tod reichlich verdient! Als die große Menge aber die Haltung und die zum Himmel gerichteten Gesichter der Opfer sah, durchrieselte alle ein seltsames, ihr selbst unverständliches Gefühl.

Bis in die Mitte des Theaters führten die Soldaten den Zug und zogen dann ab. Die Christen blieben stehen, nur eine große, weißhaarige Gestalt trat vor und streckte die Hand empor. Beim Anblick dieses Mannes stieß die ganze versammelte Menge einen einzigen kurzen, scharfen, durchdringenden Schrei aus – dann folgte Todesstille! Die Zuschauer hatten den römischen Feldherrn, den edlen Patrizier Lucius erkannt! Mit derselben Ruhe, mit der Lucius einst die römischen Legionen angeführt hatte, gab er auch jetzt ein Zeichen – die ganze Christenschar sank auf die Knie und auch Lucius kniete nieder.

Auf dem Podium erhob jetzt Tigellinus seinen goldenen Stab. Draußen rasselten Ketten; mit fieberhafter Eile öffneten die Sklaven die unterirdischen Käfige der wilden Tiere. Eine Anzahl schwarzer, flinker, geschmeidiger Gestalten schlichen eine nach der anderen durch die Öffnungen in den Ring und unter dem größeren Mitteleingang erschienen einige Löwen. Wie Caligula, dessen wahnsinniges Brüllen man noch immer hörte, blieben auch diese Bestien beim ersten Anblick der Menge wie erstarrt stehen. Die Panther waren voll Unruhe, aber in der Gegenwart der Löwen wagten sie zuerst nicht vorzugehen, – mit feuersprühenden Augen überschauten sie den Platz. Jedoch die Berührung des weichen, von der Sonne durchglühten Sandes, der herrliche Sonnenschein, dessen sie so lange beraubt gewesen waren, erregten die Bestien. Von dem wonnigen Gefühl der Freiheit getrieben, jagten sie plötzlich dahin. Ihre Körper glichen schwarzen, rollenden Bällen – nur das Schimmern der weißen Zähne war zu erkennen.

Im Amphitheater herrschte tiefe Stille. Das Volk saß wie durch Zauber gebannt. Tief und unvergesslich prägte sich dieses überwältigende Bild den Gemütern ein. Die Männer senkten den Kopf, die Frauen pressten ihre Kinder an die Brust.

Nero winkte und Tigellinus gehorchte, indem er ein Zeichen gab.

„Was kommt?“, fragte Crispinella, sich an Paulina wendend. Sie beugte sich vor und schaute nach der Kaisertribüne. Ihre Worte brachen den Bann, in dem sie sich alle befunden hatten.

„Der große Löwe!“, sagte Paolo.

„Sieh!“, rief sein Vater und zeigte mit dem Finger hinunter. Das Gebrüll wurde noch stärker als die Wärter Caligula aus seinem Käfig trieben; sie jagten ihn durch den Gang in die Arena, unter die Augen der Menge. Sein Erscheinen machte die schon anwesenden Tiere ebenso wild, wie er selbst war. In ihrer Wut stürzten sie aufeinander los und ihr Geschrei und Gebrüll erfüllte die Luft. Mit glühenden Augen, mit Krallen und Zähnen zerrissen die Bestien einander in ihrer Raserei! Die selbst für die gefühllosen Blicke der Zuschauer entsetzliche Masse der kämpfenden Tiere wälzte sich immer näher und näher zu der geduldigen, wartenden Christenschar.

Nun erhob sich das ganze Volk wie ein Mann.

Ein Mensch mit einer gewaltigen Axt in der Hand hatte eine kleine Türe neben dem Haupteingang zum Spoliarium aufgestoßen und rannte jetzt eiligst durch die Arena. Zwischen den Tieren und ihren Opfern hielt er an und beschaute sich den Zuschauerraum, wie wenn er ein wohlbekanntes Bild erblickte. Der Mann war groß und muskulös; neben ihm wären selbst die größten der Fechter, die vorhin vor dem Kaiser gestanden hatten, fast wie Zwerge erschienen. Mit ausgestrecktem Arm und hocherhobener Waffe stand er da – wie eine Bronzefigur in der hellen Umgebung.

Plötzlich kam ihm wie ein schwarzer Ball die geschmeidige Gestalt eines Panthers in den Wurf; das Tier hatte die kämpfenden Genossen verlassen und sprang auf die bleichen Menschen los. Die große Axt blitzte durch die Luft und der Panther lag gespalten am Boden. Wild und knurrend stürzten auch die anderen Tiere herbei, aber der Mann fällte sie alle. Jetzt schlug er einen Löwen nieder. Er sprang mitten in den entsetzlichen Knäuel hinein. Sein Riesenkörper war mit Blut bedeckt, aber immer noch schwang er seine Waffe und jeder Schlag war ein Todesstreich. Endlich blieb nur noch Caligula übrig. Erst war das große Tier zurückgewichen, aber jetzt standen Mensch und Tier einander gegenüber.

Im Theater herrschte Totenstille. Kein Laut erscholl in der tausendköpfigen Menge. Mit angehaltenem Atem, ganz Auge saßen alle da.

Der Mann wartete den Ansprung des Löwen nicht erst ab; er griff seinerseits an. Das im Sprung begriffene Tier, getroffen von der Axt, schlug seine Krallen tief in den Körper seines Gegners ein und beide rollten zusammen in den Sand. Indem er seine Axt fest an sich zog, sprang der Mann schnell wieder auf. Der Löwe schlug ihn zum zweiten Mal zu Boden und zum zweiten Mal arbeitete sich der Mann in die Höhe. Wieder sprang der Löwe vor, aber die mächtige hochgeschwungene Waffe traf mit lautem Krach den großen Kopf – Caligula fiel zum Tod getroffen um; seine Tatzen bohrten sich in den Sand.

Atemlos und blutüberströmt stand der Riese da.

Er warf einen Blick auf die stumme, begeisterte Menge und auf die rührende Gruppe, die noch wartend neben ihm kniete. Dann ließ er die Axt fallen, beugte sich schnell nieder und als er sich erhob, sah das Volk, dass er ein Kind in den Armen hielt. Blitzschnell war er durch die Arena gelaufen und hatte seine leichte Bürde wie eine Feder Fabian zugeworfen, der sich hastig vorbeugte und sie auffing.

Plötzlich erwachte das Amphitheater zu neuem Leben. Das Toben der Menge klang wie lauter Donner und erschütterte das mächtige Gebäude bis in seine Grundmauern. Wie auf Befehl streckte sich jeder Arm empor und die Daumen zeigten zum Himmel auf.

Aber Volgus hatte nur Ruths Antlitz gesehen, die sich erhoben hatte und nun von Gabriel umschlungen dastand. Sie sah, wie Ethelred Fabian das Kind abnahm und mit ihm in der Menge verschwand – sie wusste, ihr Kind war in Sicherheit. Der Ausdruck ihres gen Himmel gerichteten Antlitzes war über alle Beschreibung erhaben.

Die Offiziere hatten sich keine Mühe gegeben, dem Vorgang Einhalt zu tun, da sie von der Kaisertribüne keinen Befehl dazu erhielten. Nero hatte sich nicht weniger als der geringste Zuschauer hinter den Schranken für das unerwartete Ereignis interessiert und Tigellinus war sprachlos. Aber jetzt fielen die Gitter von einer Öffnung nach der anderen und Tiger in Mengen stürzten aus ihren Käfigen auf den Schauplatz. Sie waren wild, halb verhungert und hatten den Blutgeruch schon in der Nase – für sie gab es kein Zögern.

Doch der Riese hatte den Platz vor den Verurteilten wieder eingenommen; die Menge verhielt sich ganz ruhig; ihr Ruf um Gnade galt nicht ihm. Neben ihm im Sand lag seine Waffe; er selbst stand mit zum Himmel erhobenen Armen hoch aufgerichtet da.

„Ich bin ein Christ!“, rief er laut. „Herr, Herr! Ich glaube!“

Als in diesem Augenblick ein Tiger den alten Fechter zu Boden riss, stimmte eine Frau in seiner Nähe ein Lied an. Es war der Triumphgesang, den Fabius einst in dem kleinen Kirchhof gehört hatte. Die anderen Frauen fielen ein und die Melodie klang hell und klar, als nun auch alle anderen einstimmten. Der Gesang „Christus victor“ übertönte den Lärm der Zuschauer – die Tiger hatten ihr Werk begonnen. Der Anblick war fürchterlich, aber der Gesang klang voll und herrlich:

Christus! Du Siegesfürst und Held,
Uns schreckt kein Jammer dieser Welt!
Aus dunklem Tal, aus Todesnacht
Sei Hosianna dir gebracht!

In dem Amphitheater war es ganz still geworden. Wieder ertönte das Lied:

Umfängt den Leib auch bittere Not –
Du bist der Seele Morgenrot!
Wir gehen durch Qual und Todespein
Ins offene Himmelsreich hinein.

Der Gesang wurde jetzt leiser, denn die keinerlei Widerstand leistenden Christen wurden der Reihe nach von den Tieren in den Sand gerissen.

Nicht Glaub´, nicht Liebe je vergeht –
Oh Herr, solang die Welt besteht!
Nimm unsern Geist in deine Hand,
Führ´ uns – ins ew´ge –

Der Gesang verstummte.

Das Opfer war gebracht. Die Diener eilten jetzt scharenweise in den Ring, um die übersättigten Bestien wegzutreiben und die zertretene, blutbefleckte Sandfläche, die mit den grässlichen Überbleibseln der armen Opfer bedeckt war, wieder instand zu setzen. Ein Trompetenstoß unterbrach diese Arbeit. Feierlich zog eine Schar ernstblickender Gladiatoren in die Arena. Cainor führte den Zug an.

Nero sah geduldig zu und auch Tigellinus gab keinen Wink. Etwas auf der Seite, allein und fast unverstümmelt lag die Riesengestalt des alten Gladiators. Seine Kameraden hoben den Toten auf eine aus Speeren gebildete Tragbahre und trugen ihn hinweg von dem Schauplatz seiner einstigen Triumphe, wo er heute seinen letzten und größten Sieg errungen hatte.

Die Trennung

Die Tage vergingen und die Spiele nahmen ihren Verlauf. Ein Heer von Gladiatoren fiel und Tausende von Christen fanden den Tod; sie wurden gefoltert, zerrissen und verstümmelt und die Bestien, die sie töteten, wurden auch wieder getötet. Nero hatte sein grausames Versprechen gehalten; in Rom floss noch immer das Blut in Strömen, aber die Amicier hatten die lange Todesqual längst überstanden.

In Fabians Seele hatte sich die Erinnerung an die Ereignisse, die dem Tod seiner Verwandten unmittelbar folgten, für immer tief eingebrannt. Von dem Amphitheater weg eilte er in das schwerstgetroffene Heim auf dem Pincius, um dessen tiefbekümmerte Bewohnerinnen zu trösten. Aber Valentina und Myrrha weinten nicht allein; Freigelassene und Sklaven trauerten mit ihnen.

Auf Fabians Anordnung hin hatte Clytes im Spoliarium die sterblichen Überreste der Verwandten des Tribunen sorgfältig aufbewahrt. Von dort hatte sie Fabian in einen nahegelegenen Tempel gebracht, wo sie verbrannt worden waren. Die Asche wurde nicht in Urnen gefüllt, sondern in die Winde gestreut. Ebenso hatte sich Fabian um Brabanos Leichnam bemüht, aber schon vor ihm hatte sich ein Käufer für seinen Leichnam eingestellt – und Clytes zeigte dem Patrizier eine Handvoll Gold! Fabian dachte an Poppäa, die auf dem Palatin dahinsiechte und an Berenike; eine dieser beiden Frauen hatte ihre Treue bewiesen.

Ethelred war in die Fechtschule geeilt, wo Volgus würdig aufgebahrt lag. Der Leichnam sollte in das Haus Fabians auf dem Viminal übergeführt und von dort aus zur Ruhe gebettet werden.

Fabian war noch Tribun und der Gedanke an seinen Rang entlockte ihm ein Lächeln; auf sein Ansuchen würde ihn der Kaiser natürlich sofort entlassen. Der junge Mann war tief betrübt, aber nicht verzweifelt. Seine Zukunft stand zwar unsicher vor ihm, aber er fühlte noch Lebensmut in sich und die Geliebte seines Herzens war frei! Gram und

Kummer hatten jetzt sie uns Valentina gebeugt, aber beide waren jung und hatten alles, was der Jugend Trost und neue Lebenskraft zu geben vermag. Lucius war eines würdigen Todes gestorben und Fulvia hatte sein Schicksal geteilt. Die Zeit konnte zwar das Vorgefallene nicht verwischen, aber sie konnte den Trauernden Ruhe und Trost bringen. Das Leben lag ja noch vor ihnen.

Im Hause des Lucius wurden Fabians letzte Erinnerungen wieder besonders lebendig, als ihm dort die jüngste Bewohnerin entgegentrat, die kleine, bleiche Maria mit ihren seidenen Haaren und den schwarzen Augen, in denen noch die Tränen um die verlorenen Eltern standen. Mit gemischten Gefühlen sah der junge Mann das Kind an und gab ihr keine Antwort auf ihre Frage nach Ethelred. Er sah aber wohl, dass das Kind Myrrha, die es in den Armen hielt und mit ihr heiße Tränen vergoss, einen merkwürdigen Trost gewährte und auch Valentina fand Beruhigung für ihren Schmerz in der Liebe zu dem Kind.

Fabian dachte daran, dass auch Myrrha einst eine Waise gewesen war, fast so einsam wie diese betrübte Kleine hier und er gelobte sich in seinem Herzen, dass das Kind sich nie verlassen fühlen solle.

Maria plauderte von den wilden Tieren, wie sie in der Arena dahergekommen waren, von den Christen, mit denen sie gegangen war, von der mitleidlosen Menge rings umher, von ihrem lieben Vater, der ihr und der lieben Mutter zugelächelt habe, sie sollten tapfer sein. Valentina und Myrrha verstanden die Reden des Kindes kaum, obgleich ihnen die Schauspiele im Amphitheater nicht fremd waren. Aber sie hatten die Arena nur selten und mit Widerwillen besucht und dann stets nur die Gladiatoren fechten sehen, – und selbst von diesen Szenen hatten sie oft die Augen abgewendet. Auch waren sie mit den entsetzlichen Einzelheiten der letzten Tage verschont worden. Fabian hatte ihnen nur gesagt, ihre Geliebten seien würdig und ohne Schmerzen gestorben, – jetzt seien sie im Paradies.

Die Zeit erfüllte Fabians Hoffnungen, die Tage brachten den Trauernden Trost und Nero und Tigellinus, ganz hingenommen von ihrem grausamen Tun, schienen sie vergessen zu haben.

Volgus war beerdigt worden. Fabian und Ethelred hatten tagtäglich das Gefängnis besucht; die Reihen seiner Bewohner lichteten sich immer mehr. Den Jünger Petrus mit Frau und Sohn, die ihm noch geblieben waren, sahen die jungen Leute öfters, aber von Paulus konnten sie nichts erfahren, trotz Fabians offener Hand, – eine der Zellen des Maximusgefängnisses hatte den Apostel verschlungen!

Die grässlichen Festspiele gingen ihrem Ende zu. An einem herrlichen Morgen stand Fabian vor der Säulenhalle in Lucius´ Hause. Er schaute über die Stadt hin, wo trotz der schwarzen Trümmerhaufen, die den Lauf des Feuers kennzeichneten, schon wieder reiches Leben herrschte. Aber das Rom vor ihm war nicht länger sein Rom. Seine alten Beziehungen bedrückten ihn und sein Ehrgeiz als Soldat war tot. Sein Streben ging jetzt in neuen Bahnen, sein Herz hatte der Glaube weich gemacht und sein Geist war ganz von Liebe erfüllt.

Heute war er bei Myrrha daheimgeblieben, aber Ethelred hatte sich in die Stadt begeben und eben jetzt sah Fabian ihn zurückkehren. Der Brite kam die Stufen von der Straße heraufgestiegen.

„Ich bringe Nachrichten!“, rief er. „Und eine Botschaft.“

Fabian ahnte deren Inhalt.

„Von Paulus?“

„Ja. Er ist in das Pompejusgefängnis gebracht worden. Der Prätor hat seine Drohung nicht vergessen. Paulus und Petrus müssen morgen sterben.“

Obgleich diese Nachricht keineswegs unerwartet kam, betrübte sie Fabian doch sehr.

„Er hat nach dir gefragt!“, sagte Ethelred.

„Seine Botschaft enthält wohl die Bitte, die anderen sehen zu dürfen, ich ahne es.“

Fabian wandte sich um und schaute nach den Zimmern des Hauses, wo sich das Köstlichste befand, was die beiden jungen Männer auf Erden besaßen.

„Ja, das ist sein Wunsch und er weiß, dass es auch der unsere ist!“, berichtete der Brite. „Aber weder Valentina noch Myrrha sollen in das Gefängnis gehen. Markus ist Paulus´ Wächter. Ich habe ihm etwas zugesteckt. Er will seinen Gefangenen unter Bedeckung hierherbringen.“

Fabians Augen leuchteten hell.

„Sie sind schon unterwegs“, fuhr Ethelred fort. „Ich bin schnell vorausgelaufen, um dich vorzubereiten.“

„Welche Vorbereitung!“, versetzte Fabian mit feuchten Augen. „Morgen müssen sie sterben.“

Von Ethelred begleitet, ging Fabian ins Haus, um Myrrha und Valentina von dem Kommen der Freunde zu benachrichtigen.

Die Empfangsvorbereitungen erschienen fast wie Spott! Die Sklaven breiteten Matten und Teppiche im Atrium aus und auf den Tisch des Speisezimmers wurden allerlei Speisen aufgetragen. Die besten Weine funkelten in Kristallbechern und die Zimmer und Säulenhallen wurden mit Rosen geschmückt. Die Springbrunnen durften zum ersten Mal wieder plätschern und die Freigelassenen und Sklaven stellten sich vor dem Vestibül auf, gerade wie, wenn der Kaiser erwartet würde.

Das alles war nur ein Ausfluss ihrer Liebe und wurde von den betrübten Mädchen unter heißen Tränen angeordnet. Aber Fabian verstand sie und half ihnen mit Herz und Hand.

Nach kurzer Zeit erschienen die hochverehrten Gäste. Die Soldaten warteten draußen, während Marcus seine Gefangenen in das Atrium führte. Als sich Fabian für deren Sicherheit durch sein Ehrenwort verbürgt hatte, erlaubte ihnen der Soldat, mit ihren Freunden in ein anderes Gemach zu gehen. Er selbst blieb zurück und tat, von den Sklaven bedient, dem reichbeladenen Tisch alle Ehre an.

Sobald die Freunde sich in dem anderen Zimmer gegrüßt hatten, nahmen sie Platz. Paulus setzte sich zwischen Ethelred und Myrrha. Mit freundlichen Augen lächelte Petrus ihnen zu, denn Paulus hatte ihm mit tiefer Bewegung und oft von Schluchzen unterbrochen sein Wiederfinden von Miriams Kindern erzählt.

Die beiden Apostel waren müde, aber nicht bedrückt. Ein Ausdruck von Ruhe und Glück lag auf ihren Zügen und sie brachten Sonnenschein in das Haus, wo man sie mit tiefer Trauer erwartet hatte.

„Eine lange Pilgerreise liegt hinter mir, meine lieben Kinder“, sagte Petrus. „Aber ich sehe mit einem Gefühl des Friedens darauf zurück. Seit ich Christus kennenlernte, dem ich gedient habe, ist mir nur Freude beschieden gewesen. Will euch das wunderlich dünken nach allem, was wir kürzlich erlebt haben? Glaubt mir, die Leiden dieser Zeit sind uns zur Läuterung bestimmt; aller Schmerz ist vergänglich und der Kummer richtet unser Sinnen auf die glücklichere Zukunft, – niemand hat Christus vergeblich geliebt.“

„So lange Zeit bin ich des Predigens gewohnt, dass mir fast scheinen will, als hätte ich jede andere Redeform vergessen“, sagte nun der große Apostel. „Meine Lieben, um uns zwei dürft ihr nicht trauern; glaubt mir, ich habe dieses Schicksal seit Jahren vorausgesehen.“

„Wir haben dich nur gefunden, um dich wieder zu verlieren!“, schluchzte Myrrha; sie brach in Tränen aus, indem sie ihren Arm um Paulus schlang. „Oh, hätte ich doch früher gewusst, dass du der Bruder meiner geliebten Mutter bist!“

„Ich habe dich von Anfang an geliebt!“, sagte der Apostel voll Freundlichkeit. „Bei dem Anblick von euch beiden fühlte ich stets etwas wie eine Ahnung der Wahrheit in mir aufsteigen. Ach, Kind, hättest du nur deine Mutter länger gekannt!“

„Das ist auch mein größter Schmerz!“, rief Ethelred aus. „Du weißt ja, dass ich sie noch viel früher verloren habe als du.“

„Du bist uns davongelaufen“, versetzte Myrrha. „Sie hatte dich verloren – und ich, deine unglückliche Schwester, auch. Von klein auf warst du beherzt und unerschrocken!“

„Aber jetzt seid ihr eins im anderen glücklich!“, nahm Paulus wieder das Wort. „Und glücklich seid ihr mit den Freunden, mit denen ihr den Rest eures Lebens verbringen sollt. In Tarfus, in meiner Jugend...“

Sinnend lehnte sich Paulus zurück; er schien längst vergangene Tage ins Gedächtnis zurückzurufen. Zuerst sprach er von Miriam; seine Stimme klang heiter und vergnügt, jede Spur von Strenge war verschwunden. Ihm war die Schwere seiner Arbeit vom Herzen genommen und sein Herr hatte ihm am Ende seines Wirkens noch einen Augenblick der Ruhe gewährt. Paulus erzählte von seiner Jugend; seine Erinnerungen wurden immer lebendiger und er schien selbst wieder jung zu sein; er lachte und sein Lachen klang wie Musik. Er überblickte noch einmal sein ganzes Leben wie einer, der sich am Ende seiner Laufbahn sieht. Die Geschichte seiner Bekehrung erzählte er mit einer Kraft und Lebendigkeit, die alle hinriss. Dann berichtete er eingehend von seiner Arbeit, aber seine Erzählung rief durchaus nicht den Eindruck hervor, als sei sie eine große Last und Mühe gewesen. Jetzt war sein Werk vollbracht und der Apostel fühlte nur Dank für alles, was er hatte erleiden und vollbringen dürfen. Seine Worte klangen wie ein Triumphlied. Als sich dann sein Geist für den letzten Abschied vorbereitete, gab er den Lieben um ihn her aus seiner reichen Lebenserfahrung noch Winke für ihr künftiges Leben. Er schloss mit einem glücklichen Lächeln und einem Seufzer der Befriedigung.

Begeistert hatten ihm alle gelauscht. Auch Petrus mit dem Silberhaar hatte friedvoll, mit gefalteten Händen dagesessen und mit den anderen diese schöne Stunde genossen. Jetzt ergriff auch er das Wort. Das Haus war nicht länger ein Trauerhaus; der helle Tag lachte zu den Fenstern herein und warmer Sonnenschein erfüllte das Zimmer. Der Geist derer, die hier betrauert wurden, schien in ihr früheres Heim zurückgekehrt zu sein und es durch ihre unsichtbare Gegenwart zu segnen. Petrus sprach von dem Herrn, dessen Namen immer auf den heiligen Lippen des Jüngers lag. Die Stimme des alten Mannes klang weich und seine Worte atmeten lauter Liebe. Wie herrlich war das! Die Seelen der Zuhörer waren erfüllt von hehrer Begeisterung und die Erinnerung an alles, was über sie und die unglückliche Stadt hereingebrochen war, verschwand darüber. Die Erinnerung an den Jammer und das Blutvergießen, an den Schmerz und die Grausamkeiten – wurden verjagt, wie das Morgenlicht ein bedrückendes Traumgespenst verjagt. Der vom Himmel gekommene Erlöser hatte ihnen und der ganzen Welt eine herrliche Zukunft eröffnet; der Tod hatte seinen Stachel verloren und war die Türe zu der Herrlichkeit geworden, die über den Sternen wohnt. Christi Reich war auf Erden gegründet worden und auch sie hatten Teil daran. Ihr ganzes Leben lang bewahrten die Freunde die Erinnerung an diese gesegnete Stunde – sie war ihnen für immer geheiligt!

Die für den Besuch bemessene Zeit war abgelaufen; ernst erhoben sich alle; der Augenblick des Abschieds nahte; aber die Bitterkeit war ihm genommen.

„Lebt wohl!“, riefen beide Apostel, als sie wieder unter der Bedeckung der Soldaten waren und der letzte Augenblick herannahte.

Sie umarmten die Zurückbleibenden und Paulus presste Ethelred und Myrrha zärtlich an sein Herz.

„Gott hat euch auch hier noch eine Zukunft beschieden“, sagte Petrus beim Gehen. „Lebet so, wie ihr wisst, dass wir es wünschen würden! Gedenket unser in Liebe und morgen, wenn die Sonne untergeht, erhebt eure Augen zum Himmel und sucht uns dort. Mit einem kurzen Händedruck werden Paulus und ich auseinandergehen, wenn unsere Wege sich trennen. Bald werden wir in der Stadt des Lichts auf ewig wieder miteinander vereinigt sein. Lebt wohl!“

Petrus segnete alle.

Die Freunde folgten den geliebten Gestalten mit den Augen, bis sie, ebenso ruhig und gelassen wie die Soldaten dahinschreitend, in der Ferne verschwanden. Durch ihre erregten Gefühle klang den Zurückgebliebenen noch der Widerhall der Abschiedsworte wie Musik in den Ohren:

„Der Friede Gottes, welcher höher ist als alle Vernunft, sei mit euch von nun an bis in Ewigkeit!“

Die Lichter auf dem Vatikanischen Hügel

Kaum dämmerte der Morgen im Osten, als mehrere Wagen, begleitet von zahlreichen Dienern, auf der von Rom nach Nordwesten führenden Straße am Vatikanischen Hügel vorbeizogen. Es waren keine Rennwagen, wie sie im Zirkus benützt wurden, sondern breite, feste Reisewagen, bequem mit Kissen ausgelegt. Hinter den Wagen kam ein langer Zug von Lastpferden und schwer beladenen Maultieren; das Ganze war eine reiche, prächtige Ausrüstung für eine offenbar sehr weite Reise. Wagen und Pferde, samt der Kleidung der Sklaven und Diener, bewiesen den Reichtum und wohl auch den hohen Rang der Besitzer dieser Karawane. Da waren Körbe mit Kleidern, mit Wein und Lebensmitteln; zusammengelegte Zelte samt seidenen Vorhängen und Teppichen, um darauf die müden Glieder auszuruhen und die Augen vor den hellen Strahlen der Mittagssonne zu schützen. Die edlen Vollblutpferde waren voll Feuer und trabten mutig in der herrlichen Morgenluft dahin und die zügelführenden Sklaven hatten die ganze Kraft ihrer starken Muskeln nötig, um die Pferde in der Reihe zu halten.

Noch in der Dunkelheit hatte der Reisezug die Aliusbrücke überschritten und war dann in ziemlicher Eile auf der Via Triumphalis dahingezogen; jetzt aber schien die Gefahr eines Einspruchs oder einer Verfolgung geringer geworden zu sein, denn der Zug bewegte sich nun langsamer nordwärts. Vier vornehme Gestalten waren abgestiegen und gingen miteinander hinter den Wagen her.

Oft schauten die vier jungen Menschenkinder nach der Stadt zurück, in der die Lichter beim zunehmenden Morgengrauen erloschen. In den Herzen dieser Reisenden blieb die Stadt ein heiliger Ort, der Schauplatz unaussprechlicher Freuden und unsagbarer Leiden.

Hand in Hand schritten die vier dahin, Fabian mit Myrrha, Ethelred mit Valentina.

In einem der Vorderen Wagen lag Maria. Ihr Gesichtchen ruhte auf weichen Kissen und sie schlief den friedvollen, ungestörten Schlaf der Unschuld. Neben ihr saß, sie achtsam behütend, Regnus, der Bruder Fulvias; seine Verwandten hatten ihn aufgefordert, sich ihnen anzuschließen und mit ihnen größere Sicherheit außerhalb des unmittelbaren Bereichs der Macht Nero zu suchen.

Seit einiger Zeit schon waren Vorbereitungen für diese Reise getroffen worden. Nun, da die Freunde ihre traurigen Pflichten alle erfüllt, da sie die letzten Abschiedsworte mit Petrus und Paulus gewechselt hatten, hielt sie nichts mehr zurück. Ihre Besitztümer in Rom hatten sie der Obhut treuer Freigelassener übergeben und sie selbst befanden sich jetzt auf dem Wege nach Britannien.

Eine lange Reise lag vor ihnen und der Gedanke daran mutete die Mädchen seltsam an. Sie hatten ihre Heimat heiß geliebt und schreckten fast vor den unbekannten Gefahren und dem Wechsel der Verhältnisse zurück; aber ihre Herzen waren voll Liebe und ihr Vertrauen in Fabian und Ethelred stand felsenfest. Ethelred hatte alle Angst vor Mühen und Beschwerden verlacht und als Fabian vorgeschlagen hatte, ein Schiff zu kaufen und die Reise ganz zu Wasser zu machen, hatte er allen die Landreise als ein großes Vergnügen ausgemalt.

„Denkt doch nur an die grünen Hügel und die frischen Täler, an die Berge, die in die Wolken ragen und an die silbernen Flüsse! Ich habe alles schon gesehen. Ausreichende Begleitung haben wir ja, der Weg ist sicher und mein Volk wird euch mit der allergrößten Gastfreundschaft aufnehmen. Und doppelt willkommen wirst du sein als meine geliebte Braut."

Über dieses Thema sprach der Brite stets mit Begeisterung.

„An murmelnden Bächlein oder an den Ufern großer Seen werden unsere Zelte aufgeschlagen", malte er seinen Zuhörern die Reise weiter aus. „Im Schatten gewaltiger Eichen halten wir unsere Plauderstündchen und schlafen nachts unter den funkelnden Sternen. Nach allem, was wir hier gelitten haben, bietet uns diese Reise eine herrliche Aussicht auf Stille und Sicherheit; für meine Valentina fürchte ich nicht das geringste."

Ethelreds Plan wurde angenommen und der Morgen nach dem letzten Abschied von Petrus und Paulus fand die Gesellschaft auf dem Wege.

Fabian wagte weder für sich selbst noch für seine Freunde noch länger auf die Nachricht Neros oder Tigellinus´ zu bauen; ein Stein fiel von seinem Herzen, als sein Gesuch um Entlassung ohne weiteres genehmigt wurde. Die Gräuel Roms bedrückten ihn schwer. Die Einziehung seiner Besitztümer oder eine weitere Verfolgung seines Geschlechts befürchtete er nicht mehr, denn der Tyrann und sein Günstling, ganz vertieft in ihre augenblicklichen Vergnügungen, würden ihn gewiss vergessen, sobald durch seine Abwesenheit die Vorwürfe verstummten, die sein bloßes Dasein in ihnen hervorrief. Mit prophetischem Auge sah der junge Römer das sichere Ende der grausamen Regierung Neros voraus und naturgemäß musste bei dessen Sturz auch Tigellinus untergehen. Vor kurzem noch hätte Fabian vielleicht Gut und Leben für diesen Zweck hingegeben, aber jetzt wollte er nichts mehr mit Kämpfen und politischen Umtrieben zu tun haben. Er hatte jetzt ein Recht auf sein Liebesglück! Nero zu stürzen, blieben ja noch Leute genug übrig, die nicht nur aus Rache, sondern auch aus Pflichtgefühl im gegebenen Augenblick zuschlagen würden. Zur rechten Zeit wollte dann auch er mit seiner Myrrha zurückkehren und sich und Rom zum Schauplatz seines neuen Strebens machen und neue Ehren gewinnen. Inzwischen wollten die Flüchtlinge alle in dem fernen, freien Lande, dessen Fürst Ethelred war, sich ihres Glücks und ihrer Sicherheit freuen und die trüben Erinnerungen vergessen, die sie jetzt noch bedrückten.

Als der Tag anbrach und die Sonne aufging, zogen die Reisenden leichteren Herzens weiter. Heute war der Todestag der geliebten Apostel, zugleich aber auch der Tag ihrer Herrlichkeit. Der betagte Jünger hatte seinen jungen Freunden diesen Gedanken besonders nahe ans Herz gelegt. Ihre eigene Prüfungszeit war vorüber. Wie der neue, strahlende Tag der Erde belebte, so verjüngte sich die ganze Hoffnung in ihren Herzen und die ganze Welt, – eine volle reiche Zukunft, – lag vor ihnen.

Bis zum Abend hatte der Reisezug eine lange Strecke Wegs zurückgelegt; nun wurde in einem Wäldchen, bei einer kristallreinen Quelle haltgemacht. In dem Dorf, durch das ihr Weg die Reisenden zuletzt geführt hatte, war zwar ein Gasthaus gewesen, aber die Reisenden sehnten sich nach der Ruhe, die sie nur in der Stille und Einsamkeit finden konnten.

Nachdem die von den Dienern zubereitete Mahlzeit bei Fackelschein in den Zelten eingenommen war, gingen die Gefährten hinaus in die köstliche Abendluft. Ziellos wanderten sie umher und erreichten den Gipfel eines grünen Hügels, von wo aus man das liebliche Tal überblickte, durch das sie heute gezogen waren; die Abendschatten breiteten jetzt ihre Schleier darüber aus und hingen wie ein dunkler Vorhang zwischen dem Beschauer und der fernen Stadt. Die Freunde fühlten sich ermüdet, aber glücklich; Hand in Hand, voll Frieden und mit einem Gefühl warmer Dankbarkeit für die Bewahrung vor den Gefahren, die nun hinter ihnen lagen, setzten sie sich nieder.

Der Tag, der den Reisenden das Gefühl der Freiheit gegeben hatte, neigte sich auch in Rom über den letzten Akt des großen Trauerspieles. Petrus hatte den Märtyrertod erlitten, – bleich und still, das ehrwürdige Haupt nach unten gerichtet, hing er am Kreuz. Auch der gewaltige Apostel, der unerschrockene Paulus, war ernst, aber triumphierend dem Schicksal entgegengegangen, das er schon so lange für sich vorausgesehen hatte. Aber in den durchglühten Gefängnissen schmachteten noch Tausende Christen. Die wilden Tiere waren überfüttert. Nero und Tigellinus, geistreich wie immer, setzten nun ihren Scheußlichkeiten die Krone auf.

An dem östlichen Abhang des Vatikanischen Hügels hatte Nero in früheren Jahren einen Garten, so schön wie die Gärten auf dem Palatin, anlegen lassen. Die schneeweißen Sandwege führten bis an den Fluss hinunter, den Hintergrund bildete das Marmorgebäude des Neronischen Zirkus. Der Garten war großartig und wunderbar schön und aus seinen Myriaden von Blumen schien ein Geist der Güte und Reinheit aufzusteigen. Hier plätscherten Springbrunnen, sangen Vögel und die stillen Zypressen und zarten Weiden beschatteten Jasmin, Rosen und Narzissen. Die Farbenpracht des Gartens erfüllte das Herz mit Wonne und die weiche Luft war gesättigt von den süßen, wohlriechenden Düften. Dieser Platz hier war voll wunderbarer Schönheit – und doch voller Sünde; er war ein dem Bösen geweihtes Paradies, aber er wurde geheiligt; sein Boden wurde fruchtbar gemacht durch die Asche der Heiligen; getauft mit ihrem Blut und ihrem Todesschweiß, ist er ein heiliger Boden für alle Zeiten geworden.

Hier an diesem Ort bereiteten Nero und Tigellinus ein ebenso prächtiges wie teuflisches Schauspiel vor. Die gewöhnlichen Martern hatten endlich die kaiserlichen Zuschauer ermüdet und der Anblick, der

von Löwen getöteten und von wilden Bestien zerrissenen Opfern, war durch die häufige Wiederholung langweilig geworden. Darum sollten jetzt die Nerven des Volkes durch etwas ganz Neues gekitzelt werden. Die weißen Wege entlang und in den bunten Blumenbeeten waren in regelmäßigen Entfernungen starke Pfähle tief in den Boden eingerammt und an jeden Pfahl ein Christ angebunden worden, Männer, Frauen und

Kinder in schöner Abwechslung. Mit wohlüberlegter Absicht hatte man ganze Familien so zusammengestellt, dass jedes Glied die Leiden des anderen sehen und außer den eigenen Körperqualen noch einen viel tieferen Seelenschmerz fühlen musste. Ein dünner Pfahl mit scharfer Spitze stand vor jedem Angebundenen; dieser stützte das Kinn des Opfers und hielt seinen Kopf aufrecht; selbst nicht in Qual und Pein des Todes durfte das Angesicht sich senken, um den Schmerz zu verbergen. Vom Boden bis zu den Hüften jedes einzelnen waren mit Pech und Öl getränkte Brennstoffe aufgeschichtet.

Der ganze Garten war mit diesen lebenden Fackeln geschmückt; Reihe um Reihe standen sie an allen Wegen vor den im Wind wehenden Zweigen der Bäume und zwischen blühenden Rosen und Myrten. Die Gartentore waren allem Volk weit geöffnet; jedermann sollte Neros neueste und größte Schaustellung sehen und genießen dürfen. Um alle Unordnung im Keim zu ersticken und die Ruhe bei dem Feste zu erhalten, hatte man Soldaten aufgestellt. Den ganzen Nachmittag hindurch waren die Menschen herbeigeströmt; sie besahen sich die Anordnungen, wunderten sich und dachten darüber nach. Als es dunkelte, wurden die Feuer angezündet. Nero und Tigellinus, jeder in einem elfenbeinernen Wagen, fuhren zwischen den Flammenreihen hindurch und nahmen die Huldigungen der ihnen zujauchzenden Volksmenge lächelnd entgegen. Vielleicht sollte das laute Geschrei des Volkes das Stöhnen und Seufzen übertönen, das aus den Flammen zum Himmel emporstieg, denn sobald jene Fackeln erloschen waren, hörte auch das Huldigungsgeschrei auf. In diesem Schweigen verließ die Menge den mit Kohlen übersäten und rauchgeschwärzten Ort, dessen Schönheit jetzt dieselbe Finsternis zudeckte, die auch die Überreste der gespensterhaften Fackeln verhüllte. Die lebenden Fackeln waren erloschen und die Spiele waren zu Ende. Jetzt hatte nur noch das Schicksal mit dem Tyrannen und seinen Gehilfen Abrechnung zu halten!

Aber auch die Freunde auf dem fernen Hügel bekamen ein seltsames Schauspiel zu sehen. Im Dunkel der Nacht schienen plötzlich zahllose Sterne aufzuflammen; wie Leuchtkäfer erschienen sie zuerst am Horizont und flammten dann heller und heller höher zum Himmel empor.

„Was ist denn das?“, fragte Myrrha, als alle voll Staunen und Bewunderung zuschauten.

„Ich weiß es nicht“, antwortete Fabian. „Aber diese seltsame Helle ergreift mich ganz wunderbar. Mir ist, als sähe ich ein Gesicht.“

„Es ist ein Gesicht“, flüsterte Valentina ganz hingerissen.

„Ich könnte mir fast einbilden, erlöste Seelen flögen zum Himmel auf“, sagte Ethelred. „Noch nie habe ich den Himmel so wunderbar schön gesehen.“

„Das kommt daher, dass wir ihn jetzt mit dem Herzen und ganz anders als früher betrachten“, versetzte Fabian. „Aber seht, oh seht, wie jene Sterne sich aneinanderreihen! Welch eine eigenartige und doch so bekannte Linie sie bilden!“

Alle sahen gespannt hin.

Der Lichter waren es immer mehr geworden, bis der Horizont wie im vollen Glanz der Morgenröte strahlte. In einer ganz neuen Schönheit, seine Form durch Lichter gekennzeichnet, erglänzte der Umriss des Vatikanischen Hügels am nächtlichen Horizont; sein Gipfel, auf dem ein leuchtendes Kreuz zu stehen schien, erglühte feurig. Wie strahlende Pfeile, in allen Farben spielend, schossen Feuergarben empor, während hoch oben am dunklen Himmelszelt die ewigen Sterne wie eine himmlische Verheißung über dem Kreuz auf dem leuchtenden Hügel strahlten.

Nachwort

Der Roman reiht sich ein, in die zum Ende des 19. Jahrhundert sehr beliebten und erfolgreichen historischen, prochristlichen Romane. Als bekannteste Vertreter sind „Ben Hur“ von Ben Wallace und „Quo Vadis?“, von Henryk Sienkewicz zu nennen. Sie zeichnen sich durch eine hohe historische Korrektheit aus und sind teilweise sehr detailliert in ihren Beschreibungen von Grausamkeiten. (Zerreißen durch wilde Tiere, Verwendung als lebende Fackel usw.) Sienkewicz erhielt 1905 den Nobelpreis für Literatur. „Quo Vadis?“, war ein wesentlicher Grund dafür.

Auch in ihren Andeutungen am Ende gibt es Ähnlichkeiten. So zeichnet sich nach der Christenverfolgung durch Nero im Jahr 64 ein Umschwung in der Religion der damaligen westlichen Welt ab. Rom war eine Weltmacht und das Zentrum Europas. Man glaubte an Götter und Mythen. Im Lichte dieser historischen Romane und der ihnen zugrunde liegenden historischen Fakten, ist es ist sicher kein Zufall, dass die heutige Katholische Kirche ihren Sitz im Vatikan in Rom hat.

Paulus

Paulus von Tarsus, vermutlich im Jahr 10 n.Chr. in Tarsus/Kilikien geboren und 64 n.Chr. in Rom gestorben, ist der Titelheld dieses Werkes, wenn auch nicht die Hauptfigur. Er war ein griechisch gebildeter Jude mit römischem Bürgerrecht und verkündete zeit seines Lebens das Evangelium. Man vermutet, dass er mit 33 Jahren Christ wurde und später mehrere christliche Gemeinden im östlichen Mittelmeerraum gründete. Vorher war er längere Zeit als Christenverfolger in Palästina und Syrien tätig.

Zuerst im 1. Clemensbrief mitgeteilten Notiz soll Paulus ebenso wie Petrus den Märtyrertod erlitten haben. In den Ende des 2. Jh. entstandenen Paulusakten heißt es, er sei in Rom unter Kaiser Nero durch das Schwert hingerichtet worden. Man geht davon aus, dass er im Zuge von Neros Christenverfolgung im Jahr 64 den Tod fand. Eine Kreuzigung wäre ihm dann eigentlich als römischem Bürger erspart geblieben.

Einige Forscher gehen davon aus, dass sowohl Paulus als auch Petrus nach einem längeren förmlichen Prozess hingerichtet wurden.

Petrus

Simon Petrus wurde in Galiläa geboren und starb vermutlich im Jahre 64 in Rom. Er gehörte wohl zu den ersten Jüngern, die Jesus in seine Nachfolge berief.

Die römisch-katholische Kirche bezeichnet ihre Päpste als „Nachfolger Petri", da sie davon ausgehen, dass Petrus der erste Bischof von Rom gewesen sei. Die übrigen Kirchen lehnen diesen Anspruch ab, da es umstritten ist, ob es im 1. Jahrhundert überhaupt schon einen römischen Bischof gab.

Seit etwa 200 wird eine bestimmte Stelle auf dem Vatikanischen Hügel als Petrusgrab verehrt. Kaiser Konstantin der Große ließ darüber die Petersbasilika bauen, die 1507 abgerissen und durch den Bau des Petersdoms ersetzt wurde. Dabei wurde dessen Altar über dem angenommenen Petrusgrab platziert.

Der Gedenktag von Paulus und Petrus für alle bedeutenden christlichen Kirchen ist der 29. Juni.

Nero

Nero Claudius Caesar Augustus Germanicus lebte vom Dezember 37 bis Juni 68 n.Chr. und war von 54 bis 68 Kaiser des römischen Reiches und war über die weibliche Linie ein Urenkel des Kaisers Augustus.

Nero genoss eine hervorragende Ausbildung in Literatur, Latein und Mathematik. Nach seinem 12. Lebensjahr wurde Seneca aus der Verbannung zurückberufen und zum Lehrer Neros bestimmt. Bereits mit 14 Jahren wurde er für Erwachsen erklärt und zum Senator und Prokonsul ernannt.

Seine Mutter Agrippina forcierte eine Ehe zwischen ihrem 16-jährigen Sohn und der 13-jährigen Tochter des Claudius, Octavia.

Agrippina verlor nach und nach die Kontrolle über ihren Sohn. Sie drohte deshalb durch Intrigen, Verschwörungen und Bestechungen Nero zu stürzen. Nero, der seine Mutter fürchtete, setzte eine Untersuchungskommission ein, der auch Seneca angehörte, die Agrippina jedoch nichts nachweisen konnte. Unter Mithilfe seines ehemaligen Lehrers Anicetus, inzwischen zum Admiral geworden, wollte er Agrippina mit einem eigens dafür präparierten Schiff versenken lassen. Es gelang ihr jedoch, an Land zu schwimmen. Am 23. März 59 ließ er sie in ihrer Villa ermorden. Als Rechtfertigung wurde ihr ein Anschlag auf Nero unterstellt und notdürftig bewiesen. Die Beteiligung von Seneca und Burrus an diesem Verbrechen ist unklar.

Nero galt als einer der umstrittensten Kaiser der römischen Geschichte und war wenig beliebt. Gründe waren sicherlich Neros unberechenbare Handlungen, wie die Familienmorde, die Hinrichtungswellen oder unterstützten Selbstmorde, sowie seine Vernachlässigung des Staates und seine Haltung gegenüber dem Senat.

Nach einer Phase des Machtverlustes und der Verfolgung beging Nero am 9. oder 11. Juni 68 Selbstmord durch einen Dolchstoß in den Hals.

Tigellinus

Ofonius Tigellinus (geboren in Agrigent, gestorben im Jahre 69) war Prätorianerpräfekt und Günstling des Kaisers Nero. Er war wahrscheinlich griechischer Herkunft.

Während der Herrschaft Caliulas wurde Tigellinus wegen Ehebruchs mit Iulia Agrippina Minor, der Schwester des Kaisers, nach Griechenland verbannt (39), aber von Claudius im Jahr 41 wieder zurückgerufen.

Als er durch eine Erbschaft zu Wohlstand gekommen war, kaufte er Land in Apulien und Kalabrien und befasste sich mit der Zucht von

Rennpferden. Dadurch gelang es ihm, die Gunst Neros zu gewinnen, dem er in der Folgezeit bei seinen Lastern und Grausamkeiten half und den er auch dazu anstachelte.

Tigellinus wurde erst zum Präfekten der Vigiles und dann im Jahr 62 zum Präfekt der Prätorianergarde gemacht. Er war an der Ermordung von Neros Gattin Octavia beteiligt. Es gelang ihm, den Philosophen Seneca aus seiner Funktion als Berater des Kaisers zu drängen. Im Jahr 64 stand er unter dem Verdacht, im Zusammenhang mit dem großen Brand Roms das Feuer gelegt zu haben, das, nachdem es bereits gelöscht war, in seinen Gärten erneut ausbrach.

Im Jahr 65, während der Untersuchungen zur missglückten Verschwörung des Piso, bildeten er und Poppäa Sabina eine Art Staatsrat; Tigellinus erhielt die Auszeichnungen eines Triumphators (ornamenta triumphalia). Bei der längeren Reise durch Griechenland, die Nero im Jahr 66 unternahm, gehörte Tigellinus zu Begleitern des römischen Monarchen. Als sich Neros Untergang abzeichnete, verließ ihn Tigellinus und brachte zusammen mit Gaius Nymphidius Sabinus die Prätorianergarde ebenfalls dazu, ihn fallenzulassen.

Unter Galba wurde er gezwungen, sein Kommando abzugeben, jedoch gelang es ihm durch verschwenderische Geschenke an Titus Vinius, den Günstling des Kaisers und seiner Tochter, sein Leben zu retten. Otho hingegen bestimmte bei seiner Thronbesteigung, dass jemand, der so allgemein vom Volk verabscheut wurde, entfernt werden müsse. Tigellinus erfuhr in den Bädern von Sinuessa, dass er sterben sollte, und schnitt sich die Kehle auf, nachdem er sich nur wenig um einen Aufschub bemüht hatte.

Tigellinus hatte eine Tochter, die Gattin des römischen Senators Cossutianus Capito wurde.

Das brennende Rom

Der Große Brand Roms war der größte aller Stadtbrände von Rom in antiker Zeit. Er ereignete sich vom 19. bis 26. Juli 64 zur Regierungszeit des Kaisers Nero. Nach einer Angabe von Tacitus wurden von den 14 Stadtbezirken Roms drei völlig zerstört, in sieben Bezirken standen von den Gebäuden nur noch wenige halbverbrannte Trümmer und nur vier Bezirke seien unversehrt geblieben.

Zu jener Zeit herrschte Hochsommer starker Wind, ein Funke genügte, um ein Feuer zu entfachen, das sich in den engen Gassen und den Holzhäusern sehr schnell ausbreiten konnte. Das Feuer entstand wohl in den Buden am Circus Maximus, wo brennbare Ware gelagert und verkauft wurde. Von hier aus breitete sich das Feuer mit dem Wind mit hoher Geschwindigkeit in nordwestlicher Richtung aus.

Nero soll sich zu Beginn des Brandes im rund 50 km entfernten Antium aufgehalten haben, eilte aber sofort nach Rom und engagierte sich bei den Löscharbeiten. Die Löschmöglichkeiten der römischen Feuerwehr waren angesichts des Infernos äußerst begrenzt. In der kollektiven Panik wurden viele zu Tode getreten. Um das Übergreifen des Feuers zu verhindern, versuchte man aber Brandschneisen in die Häuserblocks zu schlagen und mit kontrollierten Gegenfeuern zu arbeiten. Dies scheint jedoch in dem Durcheinander von privaten Rettungsversuchen und Plünderungen manchen Bewohnern nicht verständlich gewesen zu sein, so dass es zu den Gerüchten kam, hier sollte auf kaiserlichen Befehl mutwillig zerstört werden, was nicht von selbst brannte.

Erst am sechsten Tag (24. Juli 64) gelang es, am äußersten Rande des Esquilin mit einer Brandschneise das Feuer zu stoppen. Gleichwohl brach das Feuer erneut aus, diesmal in dem Vorort Aemiliana, was das Gerücht bestärkte, Nero habe nur den Ruhm erlangen wollen, eine neue Stadt zu erbauen und sie nach sich zu benennen. Gerade das erneute Ausbrechen des Brandes hatte schlimmere Nachrede, weil sie in den aemilianischen Besitzungen des Tigellinus ausgebrochen war.

Festzustehen scheint jedenfalls, dass nach dem Stadtbrand von 390/386 v. Chr. das Privateigentum als erloschen galt.

Um daher das Gerede um Neros Schuld am Feuer zu beenden, gab Nero denen, die wegen ihrer Schandtaten verhasst das Volk Christen nannte, die Schuld und belegte sie mit den ausgesuchtesten Strafen. Bei ihrem Tod wurde auch noch Spott mit ihnen getrieben, indem sie, bedeckt mit den Fellen wilder Tiere von Hunden zerrissen oder ans

Kreuz geheftet starben oder zum Feuertode bestimmt, sich zur nächtlichen Erleuchtung verbrennen lassen mussten, wenn sich der Tag neigte. Nero hatte seinen Park zu diesem Schauspiele geöffnet und gab ein Zirkusspiel, wobei er sich im Aufzug eines Wagenlenkers unter das Volk mischte, oder auf dem Wagen stand.

Die genaue Anzahl der Christen – 30 Jahre nach dem Kreuzestod – ist nicht bekannt, man schätzt jedoch, dass es etwa 200 bis 300 waren, was ca. 10 % der Christen in Rom beträfe. Der Feuertod war in Rom die durchaus übliche Bestrafung für Brandstifter.

Der Brand wütete schätzungsweise sechs Tage.